高等学校经管类专业系列教材

数字经济时代的市场营销学

SHUZI JINGJI SHIDAI DE SHICHANG YINGXIAOXUE

张慧 编著

西安电子科技大学出版社

内 容 简 介

本书聚焦数字经济时代的营销学,内容涵盖市场营销基础理论、企业战略与营销管理、营销环境分析、消费者购买行为、市场竞争战略、市场营销调研、目标市场营销战略、产品与品牌管理、价格与渠道策略、促销策略,以及社交媒体、移动互联网和网络社群等新兴营销领域。此外,本书还紧密结合现代社会市场营销活动的实践,引入了国内外市场营销的最新研究成果和案例。

本书可作为高校工商管理类专业本科生的必修课教材,也可作为经济学、管理科学与工程、金融学、电子商务等专业的选修课教材,还可作为高职院校市场营销、工商管理、会计学等专业学生和社会营销从业人员的参考读物。

图书在版编目(CIP)数据

数字经济时代的市场营销学 / 张慧编著. -- 西安:西安电子科技大学出版社, 2025. 6. -- ISBN 978-7-5606-7664-7

Ⅰ. F713.50

中国国家版本馆 CIP 数据核字第 2025MD1176 号

策　　划　　陈　婷
责任编辑　　宁晓蓉
出版发行　　西安电子科技大学出版社(西安市太白南路 2 号)
电　　话　　(029) 88202421　88201467　　　邮　　编　　710071
网　　址　　www.xduph.com　　　　　　　　电子邮箱　　xdupfxb001@163.com
经　　销　　新华书店
印刷单位　　陕西天意印务有限责任公司
版　　次　　2025 年 6 月第 1 版　　　　　　2025 年 6 月第 1 次印刷
开　　本　　787 毫米×1092 毫米　1/16　　　印　　张　　19
字　　数　　449 千字
定　　价　　49.00 元

ISBN 978-7-5606-7664-7

XDUP 7965001-1

*** 如有印装问题可调换 ***

前　言

　　市场营销学是一门与企业营销紧密联系的应用型学科。在数字化浪潮席卷全球的当下，我们身处一个由数据驱动、信息互联的数字经济时代。在这个时代，市场营销学扮演着非常重要的角色，它不仅是企业生存和发展的关键，更是推动整个经济体系不断向前的重要力量。本书主要介绍了数字经济时代的营销哲学，企业战略与营销管理，营销环境分析，市场及购买行为分析，市场竞争战略，市场营销调研，目标市场营销战略，产品组合与新产品开发，品牌、包装与服务策略，价格、渠道、促销策略以及数字经济时代营销的新发展等内容。本书以全球新科技革命、数字经济发展以及中国特色社会主义新时代为背景，力求体现现有专业教学内容的持续更新和教学模式的不断改革，展现人才培养模式的新思路，以及这些模式的具体实施途径。

　　本书的特点主要体现在：

　　(1) 注重交叉融合。本书着力凸显网络新技术、大数据分析技术等与营销管理决策的交叉融合应用。例如，数字经济时代营销观念的新发展和营销管理的新实践、大数据驱动的市场定位和市场细分、新零售和全渠道营销、社交媒体营销、移动互联营销、网络社群营销等都充分展示了这种交叉融合。

　　(2) 强化价值引领。本书的内容和案例设计注重体现市场营销活动中的伦理和道德考量，强调营销行为的合法性、合理性和社会影响。弘扬诚信、责任和善意，弘扬以爱国主义为核心的民族精神和以改革创新为核心的时代精神。

　　(3) 打造立体化教材。本书与现代信息技术深度融合，将技术变革和教学手段创新应用到教材编写中。书中嵌入了二维码来呈现案例、小知识等数字资源，方便读者通过多种方式学习市场营销课程的相关内容。

　　(4) 关注营销领域的最新发展。随着信息技术的发展，营销体系的内容更加丰富，方法也更加智能化。本书引入了营销理论的最新发展及营销决策的最新方法，实现了学科前沿、传统理论与实践体系的有机融合。

　　本书由张慧提出编写大纲和要求，并负责统纂定稿。具体编写分工如下：第1章、第8章、第12章、第13章由张慧编写，第2章和第3章由冯军政编写，

第 4 章和第 7 章由张素平编写，第 5 章和第 9 章由郑佳编写，第 6 章由周泯非编写，第 10 章由沈运红编写，第 11 章由许晓冰编写。

由于时间仓促，加之编者水平有限，书中疏漏和不足之处在所难免，敬请各位专家、学者以及广大读者批评指正，提出宝贵意见，以便今后进行修改和完善。

张　慧

2024 年 12 月

目　　录

1

第 1 章　数字经济时代的营销哲学

───── 学习目标 ─────

● 掌握市场与市场营销的相关概念；
● 掌握市场营销管理哲学的演进过程；
● 了解市场营销组合的几种理论观点。

" 引例 "

红牛能量饮料成功的背后

红牛作为能量饮料行业的佼佼者，在全球市场上享有盛誉。其成功离不开一系列精心策划的营销管理策略。这些策略不仅确保了红牛在竞争激烈的市场中始终保持领先地位，还赢得了消费者的广泛喜爱和高度忠诚。

首先，红牛明确了其市场定位。它瞄准的是那些追求活力、需要快速补充能量的年轻人群。这一人群通常具有积极的生活态度和健康的生活方式，他们注重产品的功能性和品质。因此，红牛在产品研发上始终强调功能性，致力于为消费者提供能够快速补充能量、提高注意力和反应速度的高品质饮料。

其次，红牛在营销手段上非常注重创新。它不局限于传统的广告投放和促销活动，而是积极探索各种新的营销方式。例如，红牛大力赞助各种极限运动赛事，如赛车、滑板比赛等，通过这些活动展示红牛产品的活力形象，并成功吸引了大量年轻运动爱好者的关注。此外，红牛还与音乐节、电竞赛事等年轻人喜爱的文化活动合作，进一步扩大了品牌影响力。

再者，红牛充分利用社交媒体等新媒体渠道进行营销。它在各大社交媒体平台上建立了自己的品牌形象，通过发布有趣、有吸引力的内容吸引了大量粉丝。同时，红牛还与网红、意见领袖合作，借助他们的影响力推广产品，提升了品牌知名度和美誉度。

最后，红牛非常注重与消费者的互动和沟通。它通过各种方式收集消费者的反馈和意见，及时了解市场需求和变化，并据此调整产品策略和营销策略。这种以消费者为中心的经营理念使得红牛能够始终保持与市场的紧密联系，确保其在竞争激烈的市场中始终保持领先地位。

总之，红牛的成功得益于其精准的市场定位、创新的营销手段、充分利用新媒体渠道以及与消费者的紧密互动。这些策略共同构成了红牛独特的营销管理策略体系，为其在全球市场上的成功奠定了坚实基础。

市场营销学是一门建立在经济科学、行为科学和现代管理理论基础之上的综合性应用科学。在市场经济迅速发展和市场竞争日益激烈的今天，如何开展市场营销已经成为工商企业经营成败的关键，也日益受到各界人士的高度重视。本章将带您初步了解市场营销学的基本概念和理论。

1.1 ▶▶▶ 市场和市场营销

1.1.1 市场及其构成要素

1. 市场的概念

市场营销在一般意义上可理解为与市场有关的人类活动。因此，要了解市场营销，我们首先要了解市场及其相关概念。

在日常生活中，人们习惯将市场看作商品交换的场所，即买主和卖主进行交易的地点或地区。在这个意义上，市场是一个地理概念，它可以是实体的市场，如集市、商场等，也可以是虚拟的市场，如电子商务平台。

经济学家从揭示经济实质的角度提出了市场的概念，他们认为市场是商品交换关系的总和。这里的市场主要是指买卖双方、卖方与卖方、买方与买方、买卖双方各自与中间商、中间商与中间商之间在流通领域中进行商品交换时发生的关系。这种定义是从商品交换过程中人与人之间经济关系的角度出发的，是一种经济学含义上的定义。

管理学家则侧重从具体的交换活动及其运行规律去认识市场。在他们看来，市场是供需双方在共同认可的条件下所进行的商品或劳务的交换活动。美国著名营销学家菲利普·科特勒站在生产者角度指出："有关市场的传统观念认为，市场是买方和卖方聚集在一起进行交换的实地场所。"

由于市场是在商品所有者为满足各自需要而相互交换产品的基础上产生的，因此，消费需求是市场的基本特征。在市场经济条件下，消费需求的含义集中体现了现代市场的本质特征。这一概念对企业开展市场营销具有重要意义，因为企业正是以消费者需求为出发点作出生产经营决策的。菲利普·科特勒从这一角度对市场作出了定义：市场是指具有特定需要和欲望，而且愿意并能够通过交换来满足这种需要或欲望的全部潜在顾客。这个定义正是市场营销学中关于市场的定义，也是目前市场营销学教材所普遍采用的定义。

2. 市场的构成要素

市场营销学中的市场包含三个要素：人口、购买力和购买欲望，三者缺一不可。所以有营销学家把市场用简单的公式概括为

$$市场 = 人口 + 购买力 + 购买欲望$$

人口是构成市场的基本要素，哪里有人、有消费者群，哪里就有市场。一个国家或地

区的人口多少，是决定市场大小的基本前提。

购买力是指人们支付货币购买商品或劳务的能力。购买力的高低由购买者收入的多少决定。一般来说，收入多，购买力强，市场和市场需求就大；反之，市场就小。

购买欲望指消费者购买商品的动机、愿望和要求。它是消费者把潜在的购买能力变为现实购买行为的重要条件，是构成市场的基本要素之一。

如果有人口和购买力，而无购买欲望，或者有人口和购买欲望，而无购买力，对卖方来说，都不能形成现实的有效市场，只能叫作潜在市场。除具备购买力和购买欲望的现实购买者外，还有暂时不具备购买力，或是暂时没有购买欲望的潜在购买者。这些潜在购买者的条件如果有了变化，如收入提高后具备了购买力，或是受宣传介绍的影响，由无购买欲望转变为有购买欲望，其潜在需求就会转变为现实需求。这些有潜在需求的购买者就是卖方的潜在市场。对卖方来说，明确本单位产品的现实市场和潜在市场，以及需求量的多少，对正确制定生产和营销决策具有重要意义。

1.1.2　市场营销及其核心概念

1. 市场营销的含义

国内外学者对市场营销的定义有上百种，企业界对市场营销的理解更是各有千秋。美国学者基恩·凯洛斯曾将关于市场营销的定义分为三类：一是将市场营销看作一种为消费者服务的理论；二是强调市场营销是对社会现象的一种认识；三是认为市场营销是通过销售渠道把生产企业与市场联系起来的过程。这种分类从一个侧面反映了市场营销的复杂性。实际上，伴随着营销理论与实践的不断创新，市场营销的概念在不同时期有不同的主流表述方式。如美国市场营销协会(AMA)在 1960 年对市场营销所下的定义是："市场营销是引导货物和劳务从生产者流转到达消费者或用户所进行的一切企业活动。"而到了 1985 年，该定义在 AMA 那里则变为："市场营销是个人和组织对理念(或主意、计策)、货物和劳务的构想、定价、促销和分销的计划与执行过程，以达到个人和组织目标的交换。"2007 年 AMA 公布的对市场营销的新定义是："市场营销是创造、传播、传递和交换对顾客、客户、合作者和整个社会有价值的市场供应物的一种活动、制度的过程。"

著名营销学家菲利普·科特勒对市场营销的定义是：市场营销是个人和群体通过创造并同他人交换产品和价值以满足需求与欲望的一种社会和管理过程。

对市场营销概念的理解，需要注意以下五个方面：

(1) 市场营销活动的目标是满足交换双方的需求和欲望。人类为了生存和发展，会产生各种物质和情感上的欲望，这些欲望在一定条件下强化为需求，而需求是营销工作的出发点，营销活动就是为了满足这种需求而展开的。

(2) 交换是市场营销的核心。营销活动的主体和客体参与市场行为是自主的选择，是一种互取所需的交换过程。交换是构成营销活动的基础。通过资源的交换，双方的利益需求得到满足。同时，这种交换又是双方自愿进行的，任何一方都有权选择和拒绝。

(3) 市场营销的价值实现手段是"创造产品与价值"。成功的企业赢得市场，伟大的企业创造市场。营销活动不仅仅是为了寻找并发现顾客已有的需求并予以满足，更重要的是要通过营销行为影响、挖掘、创造顾客的需求。企业不仅要服务于市场，更要创造市场。

创造性营销是营销的最高境界。

(4) 营销是一个管理过程。营销是一个以市场需求为中心的管理过程，包括营销环境分析、消费者行为研究、市场调查与预测、市场细分、目标市场选择、产品开发、产品定价、产品储存和运输、产品销售、销售渠道选择与管理、产品促销、提供服务等一系列与市场有关的旨在满足和创造消费需求、实现企业目标的商务活动。

2. 市场营销的核心概念

1) 需要、欲望和需求

需要、欲望和需求是市场营销学中的核心概念，它们各自有着不同的含义。

需要是指人类基本的、未满足的生理或心理感受状态。这些需要是内在的、天生的，并且通常不会因为外界环境的改变而有所变化。例如，食物、水、安全、归属感等都是人类的基本需要。

欲望是指人们想要满足某种需求的具体愿望。欲望是建立在需要的基础之上的，是一种为了满足特定需要的具体愿望。例如，当一个人饿了，他的需要是食物，但他的欲望可能是想吃某种特定的食物，如披萨或寿司。

需求则是指有购买力和购买意愿的欲望，即对有能力购买并且愿意购买的某个具体产品的欲望。在市场营销中，了解消费者的需求至关重要，因为这有助于企业确定目标市场，并制定适当的营销策略来满足这些需求。例如，一个饥饿的人可能想要吃披萨，但如果他没有足够的钱或者披萨店太远，他的这种欲望就无法转化为需求。只有当他有足够的购买力，并且披萨店在他可接受的范围内时，他的欲望才能转化为对披萨的需求。

综上所述，需要、欲望和需求构成了市场营销学中的重要概念框架，它们之间既有着密切的联系也有所区别。企业需要了解消费者的需要，识别他们的欲望，并确定那些既有购买欲望又有购买力的需求，以便制定有效的市场营销策略来满足这些需求。

2) 产品和服务

在营销学中，产品包括能够满足人们需要和欲望的任何事物。人们购买轿车，不是为了得到一种机械，而是为了获得它提供的交通服务。产品实际上是获得利益或服务的一种载体。这种载体可以是有形的物品，也可以是无形的、不可触摸的"服务"，如人员、地点、活动、组织和观念等。例如，为了满足轻松、愉悦的需求，人们可以选择参加音乐会，欣赏歌手的演唱(人员)；到风景区旅游、观光(地点)；参加亲朋好友的聚会(活动)；加入航海俱乐部(组织)；参加一场研讨会，接受新的思想(观念)；等等。市场营销者必须清醒地认识到，不论产品形态如何，如果不能满足人们的某种需要和欲望，就必然会失败。

3) 交换、交易和关系

交换是指从他人处取得所需之物，并以自己的某种东西作为回报的行为。市场交换的产生需要具备五个条件：

(1) 有两个或两个以上的参与者(买卖双方)。

(2) 交换双方都拥有对方认为有价值的东西。

(3) 交换双方都拥有沟通信息和向另一方传送货物或服务的能力。

(4) 交换双方都可以自由接受或拒绝对方的产品。

(5) 交换双方都认为值得与对方进行交换。

交易是交换的基本组成单位，是交换双方之间进行的价值交换。如果双方正在洽谈并逐渐达成协议，称为在交换中。如果双方通过谈判并达成协议，交易便发生。交易的方式有多种，如货币交易、易货交易以及由此衍生出的种种其他交易(如服务、观念等的交易)。从逻辑上讲，交易是某一方付出 X，得到另一方的 Y 作为回报。因此，市场营销就是要促成交易的发生，并且使这种交易更加有效。

建立在交易基础上的营销，可称为交易营销。与交易营销相比，企业若想获得更多收益，就需要关系营销。关系营销是营销者与有价值的顾客、分销商、零售商、供应商及广告代理、科研机构等建立、保持并加强长期合作关系，通过互利交换及共同履行诺言，使各方实现各自目标的营销方式。与顾客建立长期合作关系，是关系营销的核心内容。与各方保持良好的关系，要靠长期承诺和提供优质产品、良好服务、公平价格以及加强经济、技术和社会各方面的联系来实现。关系营销可以节约交易的时间和成本，其营销宗旨从追求每一次交易利润的最大化，转向实现与顾客和其他关联方共同长期利益的最大化，实现"双赢"或"多赢"。企业建立起这种以战略结盟为特征的高效营销网络，也使得竞争方式由原来的单个公司之间的竞争，转变为整个网络团队之间的竞争。

4) 顾客让渡价值和顾客满意

顾客让渡价值是按照消费者的主观心理感受来衡量的，实质上是顾客从产品中所获得的收益与所付出的成本之间的差额。顾客所付出的成本包括货币成本(如产品购买费、交通费、住宿费等)和非货币成本(如时间、精力、体力等)。顾客价值包括货币价值(如产品价值的保值、增值等)和非货币价值(体现在产品的购买和使用过程中，如良好的服务带来身心的愉悦，优质的产品提升人的地位和形象等)。消费者在购买产品或服务时，总是希望能够最大限度地获得收益，同时付出较低的成本。所以，为了在竞争中取胜并吸引更多的潜在顾客，企业必须通过不同的方式和途径让顾客获得更多的让渡价值。例如，企业可以通过不断改进产品、提升服务、在保证质量的前提下降低产品价格以及改变销售模式等策略来提高顾客让渡价值。

创造顾客让渡价值的目的在于使顾客满意，进而提高顾客的忠诚度。顾客满意是指顾客对其期望已被满足的程度的感觉。菲利普·科特勒认为，顾客满意是指一个人通过对一个产品的可感知效果或结果与他的期望值相比较后，所形成的愉悦或失望的感觉状态。当顾客从购买和消费某种产品中获得的效用与期望值一致时，顾客就会满意；当所获得的效用低于期望值时，顾客就会不满意；当获得的效用超出期望值时，顾客就会非常满意。可见，顾客满意是一种期望值与可感知效果相比较的结果，它是一种顾客的心理反应，而不是一种行为。顾客满意对于企业来说有着重要的意义。一个高度满意的顾客会持续忠诚于企业，会为企业及其产品说好话，对价格不敏感。所以，保持顾客的高度满意是企业工作的重点。

5) 市场营销者

市场营销者是指希望从别人那里获取资源，并愿意以某种有价之物作为交换的人。在交换双方中，如果一方比另一方更主动、更积极地寻求交换，我们就将前者称为市场营销者，后者称为顾客。当交换双方都在积极寻求交换时，他们都可被称为市场营销者，这种营销方式被称为双向市场营销。

1.2 市场营销学的产生和发展

1.2.1 市场营销学的发展阶段

市场营销学作为一门学科,起源于美国,随后传播到欧洲各国、日本以及其他国家,并在全球范围内得到了广泛的实践和完善。从 19 世纪末 20 世纪初至今,市场营销学的发展经历了多个重要阶段,每个阶段都标志着理论和实践的显著进步。

1. 初创阶段(1900—1920 年)

19 世纪末 20 世纪初,随着世界主要资本主义国家先后完成工业革命,商品经济得到了空前的发展。美国作为当时的工业强国,其商品生产和交换的规模不断扩大,市场营销活动日益频繁且复杂。与此同时,美国工程师弗雷德里克·泰罗以提高劳动生产率为主要目标的"科学管理"理论和方法应运而生,产品数量迅速增加,竞争日趋激烈,这迫使企业日益关注产品销售,促进了分销体系的迅速发展和改进。

在这种形势下,美国高校承担商科教学的教师们开始对交换领域的定价、分销、推销、广告等问题进行研究,并分别开设了一些新课程。1902 年,美国密歇根大学开设了"美国工业分销和管理"课程,内容涉及对各种产品的分类与分等、品牌、批发和零售等。1905年,W. E. 克罗西在美国宾夕法尼亚大学开设了名为"产品市场营销"的课程;1910 年,拉尔夫·巴特勒在威斯康星大学开设了"市场营销方法"课程,这是"市场营销"这个名词首次作为大学课程的名称。美国哈佛大学的赫杰特齐教授于 1912 年出版了第一本以分销和广告为主要内容的教科书——《市场营销学》(美国哈佛大学出版社出版)。该书被认为是市场营销学科作为一门独立学科出现的标志,书中所研究的推销技巧开始普遍受到企业的重视,并得到广泛应用。

在初创阶段,市场营销学主要关注商品的流通和销售问题,旨在解决生产者和消费者之间的时空障碍。在这一阶段,市场营销学尚未形成完整的理论体系,其研究方法和手段也相对简单,学者们更多地依赖于经验和实践,缺乏系统性和科学性。

2. 应用研究阶段(1921—1950 年)

进入 20 世纪 20 年代后,市场营销学进入了应用研究阶段。随着市场竞争的加剧和消费者需求的多样化,企业逐渐认识到市场营销的重要性,并开始将市场营销理念应用于实践。在这一阶段,市场营销学的研究重点逐渐从商品流通转向消费者需求和行为。学者们开始关注市场调研、产品定位、促销策略等方面的问题。同时,市场营销学的理论体系也逐渐完善,形成了包括市场细分、目标市场选择、市场定位等在内的核心概念和方法。这些理论和方法的应用,不仅提高了企业的市场竞争力和经营效益,也推动了市场营销学的不断发展和完善。

与此同时,一些大学相关专业的教授将市场营销研究深入到各个层面,调查和运用大量实际资料,形成了许多新的理论。例如,美国学者弗莱德·克拉克和韦尔法在其出版的《农产品市场营销》(1932 年)一书中指出,农产品市场营销系统包括集中(农产品收购)、平衡(调节供求)和分散(化整为零销售)三个相互关联的过程。拉尔夫·亚历山大等美国学者在 1940 年出版的《市场营销》一书中强调,市场营销的商品化职能包含适应顾客需要的过程,销售是"帮助或说服潜在顾客购买商品或服务的过程"。

在这一阶段,市场营销理论研究与企业的市场营销实践研究结合起来,进入了应用研究阶段。1937 年,市场营销权威组织——美国市场营销协会(AMA)成立。该协会由美国市场营销教师协会(1933 年成立)和美国市场营销学会(1930 年成立,由实业界人士组成)合并而成。AMA 在美国设立了几十个分会,从事市场营销理论研究和营销人才的培训工作,并出版市场营销专著和市场营销调研专刊,对市场营销学的发展起了重要的推动作用。如今,美国市场营销协会的成员遍布全球,已成为一个国际性组织。

尽管应用研究阶段后期的市场营销学著作已基本形成了一定的框架体系,但仍局限于产品的推销、广告宣传、推销策略等内容。

3. 迅速发展阶段(1951—1980 年)

20 世纪 50 年代以后,市场营销学进入了迅速发展阶段。随着科技的不断进步和经济全球化的加速发展,市场营销环境发生了深刻变化。企业面临着更加激烈的市场竞争和消费者需求的快速变化,需要更加灵活、多样的市场营销策略来应对这些挑战。在这一阶段,市场营销学的研究领域不断扩展,涉及消费者行为、市场调研、产品定位、促销策略、营销渠道等多个方面。同时,市场营销学的理论体系也日趋成熟和完善,形成了包括营销组合、营销战略等在内的完整理论体系。

1957 年,通用电气公司的约翰·麦克金特立克阐述了"市场营销观念"。他认为,当一个组织能脚踏实地地从发现顾客需要,然后提供各种有针对性的服务,最终使顾客得到满足,便是以最佳的方式实现了自身的目标。这种思想清楚地表明了营销概念的重点已从"以产定销"转变为"以销定产",从而形成了以市场为导向的指导思想。这是市场营销学研究的第一次革命,标志着营销思想正从幼稚走向成熟。

美国学者奥尔德逊和科克斯在 *Marketing Behavior and Executive Action* 一书中,赋予了市场营销新的概念,他们提出的新概念强调了买方的需求、潜在的需求。1960 年,美国密歇根大学的 E.杰罗姆·麦卡锡在 *Basic Marketing*(《基础营销学》)一书中,强调市场营销的核心是明确目标市场,提出了以消费者为中心的市场营销组合策略(即 4P 理论)。从此,企业的经营观点从"以生产为中心"转为"以消费者为中心",市场也就成了生产过程的起点,而不仅仅是终点,营销也就突破了流通领域,延伸到生产过程及售后过程。市场营销活动不仅仅是推销已经生产出来的产品,而且要通过对消费者的需求与欲望的调查、分析和判断,通过企业整体协调活动来满足消费者的需求。

1967 年,美国经济学教授菲利普·科特勒出版了 *Marketing Management: Analysis, Planningand Control* 一书,对营销原理作了精辟的阐述。该书成为欧美国家和日本大学里最为普遍使用的教科书之一,已被译成多种文字,多次再版。菲利普·科特勒对营销学研究做出了巨大贡献,也因此被誉为"现代营销学之父"。

4. 成熟深化到数字化发展阶段(1980 年至今)

自 20 世纪 80 年代起,市场营销学进入了成熟和深化阶段。在这一阶段,市场营销学的研究领域更加广泛和深入，涵盖了数字化营销、社交媒体营销、大数据营销等新兴领域。同时，市场营销学的理论体系也更加完善和系统化，形成了包括关系营销、整合营销等在内的现代市场营销理论体系。

在成熟和深化阶段，市场营销学的核心理念逐渐从以产品为导向转向以消费者为导向。企业需要运用新技术和新手段来更好地满足消费者的需求，提高市场竞争力和经营效益。因此，数字化营销、社交媒体营销等新兴领域成为市场营销学的重要研究方向。此外，随着全球化进程的加速推进和市场竞争的日益激烈，国际市场营销也成为市场营销学的重要研究领域。企业需要了解不同文化背景下的消费者行为和市场环境差异，制定适应性的市场营销策略来应对挑战。因此，国际市场营销的研究和实践也成为市场营销学的重要组成部分。

总之，市场营销学的发展历程经历了初创阶段、应用阶段、形成和发展阶段以及创新发展等多个阶段。从最初的商品流通和销售问题到如今的数字化营销和国际市场营销等新兴领域的研究和实践，市场营销学不断适应市场环境的变化和消费者需求的变化，为企业的发展提供了有力的支持和保障。未来，随着科技的不断进步和市场环境的不断变化，市场营销学将继续发展创新，为企业创造更大的商业价值。

1.2.2　市场营销学在中国的传播与发展

20 世纪三四十年代，市场营销学初次传入中国，这一时期的标志性教材包括丁馨伯以梅纳德(Harold H. Maynard)、维德勒(Walter C. Weidler)和贝克曼(Theodre N. Beckman)所著的 *Principles of Marketing* 为蓝本编译的《市场学原理》和侯厚吉撰写的《市场学》。前者于 1934 年通过世界书局出版；后者则在 1935 年由黎明书局推向市场。当时，市场营销学的教育在中国的一些大学商学院中开始萌芽，主要由欧美归来的学者承担教学任务。然而，由于长期的社会动荡和特定的政治经济条件，这一学科的研究和应用在当时并未得到充分的展开。

1978 年至 1983 年是市场营销学在中国的再启蒙时期。在这一阶段，北京、上海、广州等地的学者开始积极从国外引进市场营销学的知识和理论，并为该学科的普及、研究、应用和人才培养做出了巨大贡献。他们通过翻译论著和教材、出国访问和学习、邀请外国专家来华讲学等多种方式，系统地引入了当代的市场营销理论和方法。此外，一些高等院校也纷纷开设了市场营销课程，并编写了相应的教材。在这一时期，中国还与一些国际组织如日内瓦的国际贸易中心(ITC)进行合作，举办了市场营销培训班，进一步推动了市场营销学在中国的传播和应用。同时，中美合办的大连培训中心也聘请了美国的营销专家来讲课，为营销理论和方法的实践应用提供了有力支持。在这一阶段，除了高校图书馆引进的外文原版教科书外，学者们还积极翻译和编译了各种相关教材，使得市场营销学的教育资源更加丰富多样。随着暨南大学、哈尔滨工业大学等高校率先开设市场学课程，越来越多的国内高校也开始加入到这一行列中。

1984 年至 1994 年，中国市场营销学进入迅速传播和应用阶段。在这一时期，随着国内改革开放的推进、经济的迅猛发展和市场竞争的加剧，企业界开始意识到营销管理的重要性。市场营销理论与方法的学习和应用逐渐从原第一机械工业部、外经贸部、商务部、中国人民银行等部门和高校扩展至全国，引发了广泛的学习和运用市场营销理论的热潮。为了加强学术交流、推动市场营销学的普及与发展，1984 年 1 月，全国高等财经院校、综合性大学市场学教学研究会在湖南长沙成立(后于 1987 年更名为中国高等院校市场学研究会)。该机构汇聚了来自全国 100 多所高校的市场营销学者，通过定期的交流和研讨，为市场营销学的传播、深化和创新应用做出了重要贡献。随后，多个省份相继成立了市场营销学会，广泛吸纳学者和有影响力的企业家参与研讨活动，并通过各类培训班、电视讲座和广播讲座等形式，积极传播营销知识。广东省营销学会还定期出版《营销管理》会刊，为行业内的交流和学习提供了重要平台。在这一时期，市场营销教育也取得了长足的发展。截至 1988 年，国内高校普遍开设了市场营销课程，专业教师超过 4000 人。同时，不少学校增设了市场营销专业，有 50 多所大学开始招收市场营销方向的研究生。自 1991 年起，部分高校开始培养市场营销方向的博士生，为行业输送了更多高层次的人才。

与此同时，国内学者在市场营销学教材的编写方面也取得了丰硕成果，陆续编著出版了 300 多种市场营销学教材，销售量超过 1000 万册。其中，《市场学辞典》和 210 万字的《现代市场营销大全》也在这一时期出版，为教学和研究提供了重要的参考资料。值得一提的是，1991 年 3 月，中国市场学会在北京成立。该学会汇聚了来自高等院校、科研机构的学者以及国家经济管理部门的官员和企业的经理人员等多方力量。此后，中国高等院校市场学研究会、中国市场学会作为中国营销学界的主要学术团体，积极开展了一系列活动，促进了学术界和企业界之间的交流与合作以及理论与实践的紧密结合。他们为企业提供营销管理咨询和培训服务，并在学术研究和对外交流渠道建设方面做了大量卓有成效的工作，进一步推动了市场营销理论在中国的深入发展。

1995 年以后，中国市场营销的理论研究与应用进入了深入拓展的新时期。这一时期的开端，得益于邓小平南方谈话为建立社会主义市场经济体制的改革定下的基调。随后的几年里，改革在各个领域全面推进：国有企业加快了改革步伐，民营企业开始茁壮成长，而外资企业的大量涌入，使得中国内地迅速崛起为全球知名的"世界工厂"。在这一经济背景下，买方市场的特征逐渐凸显，市场竞争也日趋激烈。因此，如何强化营销策略和推动营销创新成为企业界亟待解决的重要课题。

1995 年在北京隆重召开的"第五届市场营销与社会发展国际会议"，被公认为市场营销理论在中国的传播、研究与应用迈入新阶段的标志性事件。这一时期，中国营销学界在国际学术交流方面取得了显著进展，成功举办了多场国际和国内的市场营销学术会议。同时，学者们也敏锐地抓住了中国高层领导对市场营销日益关注和重视的契机，围绕中国企业实现"两个转变"(即从计划经济向市场经济转变，从粗放经营向集约化经营转变)的核心主题，开展了一系列富有成效的营销创新研究。此外，他们还针对"跨世纪的中国市场营销""中国市场的特点与企业营销战略""新经济与中国营销创新"等专题进行了深入的学术探讨，取得了一批理论与实践紧密结合、颇具价值的研究成果。在这一过程中，不少学者也致力于探索市场营销学的中国化路径，为推动市场营销理论与本土实践的更好融合做出了积极贡献。

截至 2024 年，全国共有千余所高校和职业技术学校开设了市场营销专业，形成了从中专、大专、本科到研究生层次的完整教育体系，为社会输送了大量的营销专业人才。这些人才不仅具备扎实的理论知识，还拥有丰富的实践经验，为中国市场营销的持续发展注入了源源不断的活力。

1.2.3 市场营销学的性质与研究对象

市场营销学是一门应用科学，它建立在经济科学、行为科学和现代管理理论的基础之上。它不仅仅是对市场现象的描述，更是对市场规律的深入探索和总结，旨在指导企业在竞争激烈的市场环境中更好地满足消费者需求，实现经营目标。这门学科具有很强的实践性和应用性，它的理论和方法能够直接应用于企业的市场营销实践，帮助企业解决实际问题，提升市场竞争力。同时，市场营销学也在不断地发展和创新，以适应市场环境的变化和消费者需求的变化。因此，学习和掌握市场营销学对于企业和个人来说都具有重要的意义，它不仅是企业成功的关键，也是个人职业发展的重要支撑。

市场营销学的研究对象主要是以满足顾客需求为中心的企业市场营销活动及其规律。包括研究企业如何识别、分析、选择和利用市场机会，如何从满足目标市场顾客需求出发，有计划地组织企业的整体活动，通过交换将产品从生产者手中转向消费者手中，以实现企业的营销目标。简言之，它研究的是如何更好地满足顾客的需求，从而实现企业的各项经营目标。在这个过程中，市场营销学不仅关注具体的营销策略和手段，还关注这些策略和手段如何与企业的整体战略和目标相协调，以及如何在不断变化的市场环境中保持有效性。

1.2.4 数字经济时代的市场营销学

随着科技的飞速发展和互联网的普及，数字经济时代已经悄然来临。在这个时代，数据成为新的生产要素，信息技术改变了传统经济活动的运作方式，也深刻地影响了市场营销学的发展。市场营销学作为一门研究市场现象、揭示市场规律、指导企业营销实践的科学，在数字经济时代面临着新的机遇和挑战。

数字经济是以数字化的知识和信息为关键生产要素，以数字技术创新为核心驱动力，以现代信息网络为重要载体，通过数字技术与实体经济深度融合，不断提高传统产业数字化、智能化水平，加速重构经济发展模式与政府治理方式的新型经济形态。在数字经济时代，互联网、物联网、大数据、人工智能等技术手段广泛应用于各个领域，改变了人们的生活方式和工作方式，也对企业的市场营销活动产生了深远的影响。

在数字经济时代，市场营销的环境发生了根本性的变化。首先，消费者行为发生了巨大的变化。他们更加倾向于在线上搜索、比较、购买产品和服务，对个性化、定制化的需求日益增加。其次，市场竞争日益激烈。随着市场的开放和技术的进步，企业面临来自国内外的激烈竞争，需要不断创新和变革营销策略以脱颖而出。最后，数据成为市场营销的核心资源。企业需要掌握大量消费者数据和市场数据来制定精准的营销策略和优化市场布局。

在数字经济时代，市场营销呈现出以下几个特点。一是数字化营销成为主流。企业需要掌握数字化营销技术和手段，如搜索引擎优化、社交媒体营销、电子邮件营销等，以更好地与消费者互动和沟通。二是个性化营销受到重视。企业需要根据消费者的兴趣、偏好和需求制定个性化的营销策略，提高消费者的满意度和忠诚度。三是多渠道整合营销成为趋势。企业需要在不同的渠道上保持一致的品牌形象和信息传递，以提高营销效果。四是数据驱动的决策成为常态。企业需要通过数据分析来指导营销策略的制定和执行，实现精准营销和智能决策。

在数字经济时代，市场营销也面临着一些挑战，也需采取相应的对策：

(1) 消费者隐私保护的挑战与对策。在数字经济时代，消费者隐私保护成为市场营销的重要问题。企业需要收集和使用消费者数据来制定营销策略，但同时也需要保护消费者的隐私权益。企业需要建立完善的消费者数据保护机制，确保消费者数据的合法性和安全性。同时，企业还需要积极与消费者沟通，明确告知数据收集和使用的目的和范围，以增强消费者的信任感和满意度。此外，企业还需要加强技术研发，采用加密技术和匿名化处理等手段保护消费者数据的安全性和隐私性。

(2) 营销效果评估的挑战与对策。在数字经济时代，营销效果评估成为市场营销的难题。传统的营销效果评估方法已经无法满足数字经济时代的需求，企业需要寻找新的评估方法和指标来评估营销效果。例如，企业可以通过数据分析和挖掘技术来评估数字化营销的效果；还可以通过社交媒体和消费者互动来评估品牌影响力和口碑效应；同时企业还需要建立完善的营销效果评估体系，对营销策略的制定和执行进行全面的评估和优化，以实现精准营销和智能决策。

(3) 激烈市场竞争的挑战与对策。在数字经济时代市场竞争日益激烈，企业需要不断创新和变革营销策略才能在竞争中脱颖而出。例如企业可以通过差异化竞争策略来打造独特的品牌形象和产品特色；还可以通过合作与联盟来扩大市场份额和资源共享；同时企业还需要关注市场变化和竞争对手动态，及时调整战略规划和营销策略以保持竞争优势；此外企业还需要加强人才培养和团队建设，提高营销人员的专业素养和创新能力，以应对市场竞争的挑战。

总之，数字经济时代为市场营销学的发展带来了前所未有的机遇和挑战。企业需要不断创新和实践市场营销策略，以适应新的市场环境和消费者需求；同时企业也需要关注市场营销的伦理和社会责任问题，以实现可持续发展和社会共赢。未来随着技术的不断进步和市场环境的不断变化，市场营销学将继续发展创新，为企业的营销活动提供更多的可能性和选择；同时市场营销学也将更加注重跨学科融合和实践应用，为企业和社会创造更大的价值。数字经济时代是一个充满机遇和挑战的新时代，企业需要紧跟时代步伐，不断创新和变革，以适应日益激烈的市场竞争和消费者需求的变化，实现可持续发展。

1.3　市场营销管理哲学及其演进

1.3.1　市场营销管理哲学的主要内容

市场营销管理哲学是指企业在开展市场营销活动时所秉持的基本态度、价值观和指导思想。市场营销管理则是指企业选择目标市场，通过创造、传播和传递优质的顾客价值，为建立和发展与目标市场之间的互利交换关系而进行的分析、计划、执行与控制过程。它的基本任务就是通过营销调研、计划、执行与控制来管理目标市场的需求水平、时机和构成，以达到企业目标。为了保证营销管理任务的实现，营销管理者必须对目标市场选择、市场定位、产品开发、定价、分销、信息沟通与促销作出系统决策。

市场营销管理的本质是需求管理。在现实生活中，企业市场营销管理的任务，会因目标市场需求状况的不断变化而有所不同。营销者通常需要应对各种不同的需求状况，调整相应的营销管理任务。常见的需求状况主要有以下几方面。

(1) 负需求。负需求即多数人不喜欢，甚至愿意花一定代价来回避某种产品(如高胆固醇食品等)的需求状况。对于负需求市场，营销管理的任务是"改变营销"，即通过重新设计产品、降低价格和积极促销等手段，来改变市场的观念和态度，将负需求转变为正需求。

(2) 无需求。无需求即消费者对产品(如陌生产品、非习惯性产品、废旧物资等)缺乏兴趣或漠不关心的需求状况。对于无需求市场，营销管理的任务就是设法把产品的好处和人与社会的需要、兴趣联系起来。

(3) 潜伏需求。潜伏需求即现有产品或劳务尚未满足的隐而不现的需求状况。如人们对无害香烟、智能汽车和癌症特效药品的需求。对于潜伏需求，营销管理的任务就是致力于市场营销研究和新产品研发，以期有效地满足这些需求。

(4) 下降需求。下降需求即市场对一个或几个产品的需求呈下降趋势的情况。营销管理者要分析需求衰退的原因，通过开辟新的目标市场、改变产品特性或采用更有效的促销手段来重新刺激需求，扭转其下降趋势。

(5) 不规则需求。不规则需求即市场对某些产品(服务)的需求在不同季节甚至一天的不同时段呈现出很大波动的状况，如对旅游宾馆、公园、公共汽车、博物馆等服务的需求。市场营销管理者要通过灵活定价、大力促销及其他刺激手段来改变供需的时间模式，努力使供需在时间上协调一致。

(6) 充分需求。充分需求即某种产品或服务的需求水平和时间与预期相一致的需求状况。这时，营销管理的任务是密切关注消费者偏好的变化和竞争状况，经常测评顾客满意程度，不断提高产品质量，设法保持现有的需求水平。

(7) 过度需求。过度需求即某产品(服务)的市场需求超过企业所能供给或愿意供给水平的需求状况。对此，营销管理的任务是实施"低营销"，通过提高价格，合理分销产品，减少服务和促销等手段，暂时或永久性地降低市场需求水平。

(8) 不健康需求。不健康需求即市场对某些有害物品或服务如香烟、毒品、黄色书刊等的需求。对不健康需求，营销管理的任务是"反市场营销"，即运用宏观市场营销的道德和法律手段加以约束或杜绝。

顾客是需求的载体，市场营销管理实际上也是顾客关系管理。建立和维系与顾客的互惠关系，是市场营销管理的基本目标。在传统营销中，企业往往更注重新顾客的开发管理，以争夺更高的市场占有率。随着市场环境的变化，越来越多的企业已将营销管理的焦点转移到与有价值的老顾客建立长期互惠关系上，从而追求更高的顾客占有率。

1.3.2　市场营销管理哲学的演进

营销观念是市场营销管理哲学的具体实施，是企业经营活动的指导思想，即如何看待顾客和社会的利益，也就是如何处理企业、顾客和社会三者之间的利益关系。无论是西方国家企业还是中国企业，营销观念都经历了由"以生产为中心"转变为"以顾客为中心"，由"以产定销"转变为"以销定产"的演变过程。这一演变过程既反映了社会生产力及市场趋势的发展，也反映了企业领导者对市场营销发展客观规律认识深化的结果。20 世纪初期以来，随着世界经济和市场的发展，市场格局迅速发生变化，由此促进了企业营销观念的不断变革。营销观念主要有以下两个发展阶段，即以企业为中心阶段和以顾客为中心阶段。营销观念主要有以下几个类型。

1. 生产观念

生产观念是指导企业营销活动的最古老的观念，它产生于 19 世纪末 20 世纪初。生产观念认为，消费者总是喜爱可以随处买得到且价格低廉的产品。在生产观念的指导下，企业的经营重点和经营管理的中心任务是努力提高生产效率、增加产量、降低成本、生产出让消费者随处可以买得到并且买得起的产品。生产观念得以产生和流行的条件：一是产品供不应求，市场经济呈卖方市场状态；二是某种产品的市场前景良好，但生产成本很高，

福特 T 型车的
生产观念

必须通过提高生产率、降低成本来扩大市场。以生产观念指导营销管理活动的企业特征是：企业生产什么就卖什么；以生产决定销售，即以产定销。如美国汽车大王亨利·福特当时为了千方百计地增加 T 型车的生产效率，采取流水线的作业方式，以扩大市场占有率。至于消费者对汽车款式、颜色等的主观偏好，他可以全然不顾，生产的汽车一律是黑色。这就是企业只关心生产而不真正关心市场的典型体现。

2. 产品观念

产品观念的产生与生产观念有交叉期，是生产观念的延续和反映。产品观念认为，消费者喜欢高质量、多功能和具有某些特色的产品，并愿意为之支付更高的价格。在产品观念的指导下，企业的经营重点和经营管理的中心任务是努力改进产品质量、生产优质产品，并不断精益求精。以产品观念为指导思想的企业特征是忙于发明、改进和制造高质量产品，但产

诺基亚手机的
产品观念

品却经常找不到销路或市场，最终将导致"营销近视症"(marketing myopia)，即企业在市场营销管理中缺乏远见，只看见自己的产品质量好，而忽视市场需求的变化，最终使企业经营陷入困境。以产品观念指导营销管理活动的企业特征是以产定销。生产观念和产品观念都没有把市场需求放在首位，其本质都是以生产为中心。二者的区别在于：前者注重以量取胜，后者注重以质取胜。

以产品为导向的观念是"营销近视症"产生的原因。1961 年，西奥多·莱维在其文章中指出，有些行业衰退的原因在于过于关注产品，而不是顾客需要。企业如果仅以产品质量为中心，即使产品品质优良，也可能因无法满足顾客需求而被市场淘汰。我国曾经的自行车王牌品牌是永久和凤凰，质量的确不错，但就是因为没有及时根据顾客的需要改进产品、增加品种，患了"营销近视症"，结果被捷安特等品牌超越。

3. 推销观念

推销观念产生于资本主义国家由"卖方市场"向"买方市场"过渡的阶段。大量生产使得供给趋于饱和，需求却增长缓慢，市场问题十分尖锐，推销观念在此背景下盛行开来。推销观念认为：消费者通常有一种购买惰性或抗衡心理，若听其自然，消费者就不会大量购买本企业的产品，因而营销管理的中心是积极销售和大力推广，其口号是："我们卖

秦池酒的兴衰

什么，就让人们买什么"。例如，生产面粉的美国皮尔斯堡公司当时的营销口号为"本公司旨在出售面粉"，并在公司设立了商情调研部门，派出大量推销人员来扩大销售。推销观念认定消费者不会因自身需要和欲望主动购买，必须经由推销刺激才能诱使其采取购买行动，认为产品是"卖出去的"，不是"被买走的"。在推销观念指导下，企业致力于产品推广与广告活动，以期获得充分的销售量和利润。

推销观念的可取之处是厂商重视发现潜在顾客，通过加强促销活动，使消费者对产品有所了解或者产生兴趣，进而实现交换。这里所谓的潜在顾客，是因不了解产品或其他原因尚未产生购买意愿的顾客。但从广义上说，推销观念也仍然是建立在"我们能生产什么，就卖什么"的基础上，同属于"以产定销"的范畴——着眼于现有产品的推销，对消费者只希望通过促销手段诱使其购买，至于顾客满意与否及是否会重复购买，则较为忽视。

4. 市场营销观念

市场营销观念产生于 20 世纪 50 年代。第二次世界大战后，资本主义经历了 20 年的发展期。随着第三次科技革命的兴起，西方各国企业更加重视研究和开发，产品技术不断创新，新产品竞相上市。大量军工企业转向民品生产，使社会产品供应量迅速增加，许多产品供过于求，市场竞争进一步激化。同时，西方各国政府相继推行高福利、高工资、高消费的政策，社会经济环境出现快速变化，消费者有较多的可支配收入和闲暇时间，对产品质量的要求逐渐提高，消费需求变得更加多样化，购买选择更为精明，要求也更为苛刻。在这种形势下，企业认识到，如果不按消费者需求组织生产和经营，企业不管采取怎样的推销措施，企业的产品还是会过剩，因此，市场营销观念在这样的背景下产生了。

市场营销观念认为，企业的一切计划与策略应以消费者为中心，确定目标市场的需要与欲望，比竞争者更有效地提供目标市场所期望的物品或服务，进而比竞争者更有效地满足目标市场的需要和欲望。由此可见。市场营销观念是：从一个界定明确的目标市场出发，以消费者为中心，协调影响消费者的所有营销活动，并通过建立基于顾客价值和满意之上的长期顾客关系来取代利润。在市场营销观念的指导下，企业的经营重点和经营

苹果公司的
成功营销之道

管理的中心任务是要善于发现和了解目标市场的需要，并千方百计地满足它，在消费者满意的基础上，实现企业的目标。以市场营销观念指导营销管理活动的企业特征表现为：一是"顾客需要什么，企业就生产什么"；二是突出以消费者为中心，是典型的"以销(需)定产"，即按消费者的需求组织生产，通过满足消费者需要，让消费者满意，进而实现企业的目标；三是实行整体市场营销，即实行以产品、价格、渠道和促销为主控的营销模式，产品、价格、渠道和促销活动均要以消费者需求为出发点。市场营销观念有四个重要支柱，

即目标市场、整体营销、顾客满意和盈利率。这就是说，市场营销观念是从选定的目标市场出发，通过整体营销活动，实现顾客满意，从而提高盈利率。

5. 社会营销观念

社会市场营销观念是对市场营销观念的补充、完善和发展。20 世纪 70 年代以来，西方国家市场环境发生了许多变化，如能源短缺、通货膨胀、失业增加、消费者保护运动盛行等。在这样的背景下，人们纷纷对单纯的市场营销观念提出了怀疑和指责，认为市场营销观念没有真正被付诸实施，即使某些企业真正实行了市场营销，但它们却忽视了满足消费者个人需要同社会长远利益之间的矛盾，从而造成了资源的大量浪费和环境污染等社会弊端。针对这种情况，有些学者提出了一些新的观念来修正和代替单纯的市场营销观念，如"人类观念""理智消费观念""生态主宰观念"等。菲利普·科特勒认为，可代之以"社会市场营销观念"，这一提法现在已经为多数人所接受。

星巴克的社会责任与营销策略

所谓社会市场营销观念，是指不仅要满足消费者的需要和欲望并由此获得企业的利润，而且要符合消费者自身和整个社会的长远利益，要正确处理消费者欲望、企业利润和社会整体利益之间的矛盾，统筹兼顾，求得三者之间的平衡与协调。该观念显然有别于单纯的市场营销观念：一是不仅要迎合消费者已有的需要和欲望，而且还要发掘潜在需要，兼顾长远利益；二是要考虑社会的整体利益。

上述五种营销观念的形成和发展，都与一定时期社会经济发展水平、市场供求和竞争状况等相适应，是在商品经济不断发展和市场营销实践经验不断积累的基础上逐步发展、完善起来的。分析以上五种营销观念可以看出，前三种观念属于生产观念范畴，都是以产品为中心，企业首先考虑的是产品而不是顾客，然后通过推销去出售已经生产出来的产品，要求顾客的需求符合企业的供给，把市场作为生产和销售过程的终点。而后两种观念是以顾客为中心，企业首先考虑的是顾客的需要，不是企业已有的产品，然后根据顾客的需要，设计生产符合市场需要的产品，并对市场营销因素进行合理有效的组合，制定出既满足需求，又有利于企业长期发展的营销策略。

随着商品经济和科学技术的进一步发展，企业的市场营销观念也需不断发展。例如，决不能将现代营销观念理解为企业只是被动地满足顾客已明确的需要，企业还应善于主动去发现机会、创造需求、引导消费。一方面，被动地跟着市场跑，不利于企业发挥优势与专长，而且由于竞争者的存在，跟着市场跑，很难占到市场先机；另一方面，很多时候顾客的需求是模糊的、不明朗的，这就要求企业善于创新，开发新需求，引导新消费，创造新市场。其实，市场上的许多新产品都不是消费者首先想出来的，而是先由科研人员开发出来，再由有眼光的企业家和营销人员将它们推向市场，推荐给消费者。可以说，市场营销和每一个人都有关，市场营销改变着我们的生活。

1.3.3　数字经济时代营销观念的新发展

随着数字技术的迅猛发展和广泛应用，数字经济时代已经到来。在这个时代，传统的营销方式已经无法满足市场的需求，新的营销观念不断涌现。这些新的营销观念不仅反映了数字经济时代的特点和趋势，也为企业提供了更广阔的营销视野和思路。

1. 营销新观念

1) 数据驱动的营销

在数字经济时代，数据成为营销的核心资源。企业需要收集和分析大量的消费者数据，包括购买历史、浏览行为、社交媒体互动等，以深入了解消费者的需求、偏好和行为模式。通过对数据的挖掘和分析，企业能够更准确地定位目标市场，制定更精准的营销策略，提高营销效果。

数据驱动的营销不仅能够提升企业的销售业绩，还能够优化企业的运营和决策流程。例如，通过对销售数据的分析，企业能够预测未来的市场趋势和产品需求，从而提前调整生产计划和库存管理。此外，数据驱动的营销还能够帮助企业更好地了解竞争对手的情况，从而制定更有针对性的竞争策略。

2) 个性化营销

在数字经济时代，消费者的需求日益多样化和个性化。企业需要关注每个消费者的独特需求，提供定制化的产品和服务。个性化营销不仅能够满足消费者的需求，还能够提升消费者的购物体验和忠诚度。

为了实现个性化营销，企业需要对消费者进行细分，了解每个细分市场的特点和需求。然后，企业可以通过定制化的产品、个性化的推荐和专属的优惠等方式，满足每个消费者的需求。例如，一些电商平台利用消费者的购买历史和浏览行为，为消费者推荐相关的产品，提高购买转化率。

3) 社交化营销

社交媒体和数字平台的普及使得消费者之间的互动和交流更加频繁。企业需要利用社交媒体等渠道，与消费者建立紧密的联系，倾听他们的声音，及时回应他们的需求。社交化营销不仅能够增强品牌认同感和忠诚度，还能够扩大品牌的影响力和传播范围。

为了实现社交化营销，企业需要积极参与社交媒体平台的互动和交流，与消费者建立良好的关系。此外，企业还可以通过社交媒体平台发布有价值的内容，吸引消费者的关注和分享，提高品牌的知名度和美誉度。

4) 内容营销

在数字经济时代，内容成为吸引和留住消费者的重要手段。企业需要创作高质量、有价值的内容，吸引消费者的注意力。内容营销不仅能够增强品牌的影响力和传播范围，还能够提高消费者的购买意愿和忠诚度。

为了实现内容营销，企业需要制定明确的内容策略，确定目标受众和传播渠道。然后，企业可以通过创作博客文章、视频、图片等多样化的内容形式，传递品牌的价值和理念，吸引消费者的关注和认同。此外，企业还可以通过与意见领袖和网红合作，扩大内容的影响力和传播范围。

5) 整合营销

整合营销在数字经济时代具有至关重要的意义。随着市场的日益复杂和消费者需求的多样化，单一的营销手段已经难以满足企业的需求。线上线下渠道、传统媒体与数字媒体各自具有独特的优势，但孤立使用往往效果有限，甚至可能造成资源的浪费。因此，企业需要整合各种营销资源和手段，打破营销孤岛，实现多渠道、全方位的营销推广。通过整合营销，企业能够更好地覆盖目标市场，提升品牌曝光度和知名度，增强与消费者的互动和沟通，从而建立更紧密的品牌关系。同时，整合营销还能够提高营销效率和效果，降低营销成本，为企业创造更大的商业价值。因此，在数字经济时代，整合营销已成为企业提升市场竞争力和实现可持续发展的重要手段。

以上这些新的营销观念在数字经济时代具有重要的意义和价值。企业需要结合自身实际情况和市场环境，灵活运用这些新的营销观念，以提升市场竞争力和实现可持续发展。

2. 营销新观念的特点

数字经济时代的营销观念经历了显著的变革。传统的营销方式已经无法满足日益复杂和多变的市场需求，因此，企业需要转变营销观念，以适应数字经济时代的发展。

(1) 数字经济时代的营销观念强调以消费者为中心。企业需要深入了解消费者的需求、偏好和行为，通过数据分析和人工智能等技术手段，精准地定位目标消费者，并提供个性化的产品和服务。这种以消费者为中心的营销观念，有助于提高消费者的满意度和忠诚度，从而增强企业的市场竞争力。

(2) 数字经济时代的营销观念注重数字化营销。数字化营销是指利用互联网、大数据、社交媒体等数字化手段，进行品牌推广、产品营销和客户服务等活动。数字化营销具有传播速度快、覆盖范围广、互动性强等优势，能够帮助企业更好地与消费者进行沟通和交流，提高营销效果。

(3) 数字经济时代的营销观念还强调创新。创新是企业发展的重要动力，也是营销观念转变的核心内容。企业需要不断地探索新的营销方式、新的产品和服务，以满足消费者的多元化需求。例如，利用虚拟现实、增强现实等新技术，为消费者提供更加沉浸式的购物体验；通过社交媒体等渠道，与消费者进行更加紧密的互动和交流。

(4) 数字经济时代的营销观念还注重社会责任和可持续发展。企业需要关注社会热点问题，积极履行社会责任，注重环保和可持续发展。这种营销观念不仅有助于提升企业的品牌形象和声誉，也有助于推动社会的可持续发展。

综上所述，数字经济时代的营销观念强调以消费者为中心、注重数字化营销、强调创新、注重社会责任和可持续发展等方面。企业需要紧跟市场变化，不断转变营销观念，以适应数字经济时代的发展。

1.4　市场营销组合

在市场营销学中，4P、4C 和 4R 是三个非常重要的理论框架，它们分别代表了不同的营销哲学和策略取向。下面将对这三个理论的主要内容和区别进行详细阐述。

1. 4P 理论

美国学者杰罗姆·麦卡锡于 1960 年在其《营销基础》一书中将营销的基本要素概括为四个：产品(Product)、价格(Price)、渠道(Place)和促销(Promotion)，即著名的"4P"。4P 理论产生于 20 世纪 60 年代的美国，是随着营销组合理论的提出而出现的。1953 年，美国学者尼尔·博登在美国市场营销学会的就职演说中提出了市场营销组合这一概念，其意是指市场需求或多或少地在某种程度上受到所谓营销变量或营销要素的影响。为了寻求一定的市场反应，企业要对这些要素进行有效的组合，从而满足市场需求，获得最大利润。

产品指企业提供给市场的有形或无形的产品或服务，包括产品的质量、功能、特色、品牌等。产品是满足消费者需求的基础，企业需要通过不断创新和改进产品来满足消费者的需求。

价格指企业为产品设定的销售价格，包括基本价格、折扣价格、付款时间、借贷条件等。价格是市场营销组合中非常敏感的因素，直接关系到企业的利润水平和市场竞争力。

渠道指企业将产品从生产领域转移到消费领域所经过的途径，包括直接渠道和间接渠道。企业需要选择合适的渠道来确保产品能够及时、有效地到达目标市场。

促销指企业通过各种手段来刺激消费者的购买欲望、促进产品销售的活动，包括广告、公关、销售促进、直接营销等。

4P 理论的核心思想是企业通过调整这四个要素的组合来满足市场需求，实现企业的营销目标。

2. 4C 理论

4C 营销理论由美国营销专家罗伯特·劳特朋在 1990 年首先提出，它以消费者需求为导向，重新设定了市场营销组合的四个基本要素：消费者(customer)、成本(cost)、便利(convenience)和沟通(communication)。强调企业首先应该把追求顾客满意放在第一位，其次是努力降低顾客的购买成本，然后充分注意到顾客购买过程中的便利性，而不是从企业的角度来决定销售渠道策略，最后还应以消费者为中心实施有效的营销沟通。

美国营销专家唐·舒尔茨也认为，传统的 4P 营销策略是从"我方"出发去做的营销对策，这种对策需要在认识、尊重对方的基础上才能真正有效，所以他认为传统的 4P 营销策略已走向终结，取而代之的是 4C 策略，从而使"以顾客为中心"的理念在营销中得以更彻底的贯彻。

消费者是指企业的目标顾客群体，企业需要了解消费者的需求、偏好和购买行为，以此来制定营销策略。

成本是指消费者为满足需求所愿意支付的成本，包括货币成本、时间成本、精神成本和体力成本等。企业需要关注消费者的成本感知，制定合理的价格策略。

便利是指企业为消费者提供购买和使用产品的便利性，包括售前、售中和售后服务等。企业需要提高服务水平，为消费者提供便捷、高效的服务。

沟通是指企业与消费者之间的信息交流，包括双向的信息传递和反馈。企业需要加强与消费者的沟通，建立良好的关系。

4C 理论的核心思想是企业应该以消费者为中心，关注消费者的需求和成本感知，提供便利的服务和有效的沟通，以此来建立长期的顾客关系。

3. 4R 理论

美国营销专家艾略特·艾登伯格 2001 年在其《4R 营销》一书中首次提出了 4R 营销理论。4R 理论是在关系营销的基础上提出来的，它强调企业与顾客之间建立长期、稳定的关系，由关联(Relevancy)、反应(Response)、关系(Relationship)和回报(Reward)四个要素构成。

关联是指企业与顾客之间建立紧密的联系，使顾客对企业产生依赖感和忠诚度。企业需要通过提供个性化的产品和服务来满足顾客的独特需求。

反应是指企业对市场变化和顾客需求作出迅速、灵活的响应。企业需要建立快速响应机制，及时满足顾客的需求。

关系是指企业与顾客之间建立长期、稳定的关系。企业需要关注顾客关系管理，通过提供优质的服务和有效的沟通来维护顾客关系。

回报是指企业为顾客创造价值的同时，也为企业带来长期的回报。企业需要关注顾客满意度和忠诚度，通过提高顾客价值来实现企业的营销目标。

4R 理论的核心思想是企业应该与顾客建立长期、稳定的关系，通过提供个性化的产品和服务、快速响应市场需求、维护良好的顾客关系和创造长期回报来实现企业的营销目标。

4. 4P、4C 与 4R 理论的区别

(1) 营销理念不同。4P 理论以产品为中心，强调通过调整产品、价格、渠道和促销的组合来满足市场需求；4C 理论以消费者为中心，强调关注消费者的需求和成本感知，提供便利的服务和有效的沟通；4R 理论以关系为中心，强调与顾客建立长期、稳定的关系，通过提供个性化的产品和服务、快速响应市场需求、维护良好的顾客关系和创造长期回报来实现企业的营销目标。

(2) 关注点不同。4P 理论关注产品的生产和销售过程；4C 理论关注消费者的需求和购买行为；4R 理论关注企业与顾客之间的关系管理和价值创造过程。

(3) 策略重点不同。4P 理论的策略重点是制定合适的产品策略、价格策略、渠道策略和促销策略；4C 理论的策略重点是了解消费者的需求和成本感知，提供便利的服务和有效的沟通；4R 理论的策略重点是建立紧密的顾客关系，提供个性化的产品和服务，快速响应市场需求，并创造长期回报。

综上所述，4P、4C 和 4R 理论是市场营销学中非常重要的理论框架，它们分别代表了不同的营销哲学和策略取向。在实际应用中，企业可以根据自身的实际情况和市场环境选择适合的营销理论来指导营销实践。同时，这些理论之间也存在相互联系和补充的关系，企业可以综合运用这些理论来提高市场竞争力和实现可持续发展。

本章小结

本章介绍了市场和市场营销的概念、市场营销学的产生和发展、市场营销管理哲学的演进及市场营销组合。

市场是指具有特定需要和欲望，而且愿意并能够通过交换来满足这种需要或欲望的全部潜在顾客。市场包含三个要素：人口、购买力和购买欲望。市场营销是个人和群体通过创造并同他人交换产品和价值以满足需求与欲望的一种社会和管理过程。市场营销学的发

展历程经历了初创阶段、应用阶段、形成和发展阶段以及创新发展等多个阶段。市场营销学的研究对象主要是以满足顾客需求为中心的企业市场营销活动及其规律。在数字经济时代，市场营销呈现出以下几个特点：一是数字化营销成为主流；二是个性化营销受到重视；三是多渠道整合营销成为趋势。

营销观念可归纳为五种：生产观念、产品观念、推销观念、市场营销观念和社会营销观念。4P、4C 和 4R 理论是市场营销学中非常重要的理论框架，它们分别代表了不同的营销哲学和策略取向。

重要概念

市场　　市场营销　　需要　　欲望　　需求　　产品　　服务　　交换
交易　　关系营销　　顾客让渡价值　　顾客满意　　生产观念　　产品观念
推销观念　　市场营销观念　　社会营销观念

复习思考题

(1) 什么是市场？
(2) 什么是市场营销？
(3) 市场营销管理哲学经历了哪些演进过程？
(4) 4P、4C 和 4R 理论的主要内容与区别。

案例分析

农夫山泉的营销观念

在饮品市场竞争日益激烈的今天，农夫山泉凭借其独特的营销观念，在众多品牌中脱颖而出，成为同行业中的佼佼者。

1. 农夫山泉社会营销观念的核心策略

1) 强调产品天然性

农夫山泉从成立之初，就明确了"天然水"的定位。在广告宣传中，农夫山泉强调其水源地的纯净和天然，通过实地拍摄、科学验证等方式，让消费者真切地感受到每一滴水都来自大自然的馈赠。这种强调产品天然性的营销策略，不仅满足了消费者对健康饮水的需求，也符合社会对于环保、可持续发展的期待。

2) 倡导健康生活方式

农夫山泉不仅是一款饮用水，更是一种健康生活方式的倡导者。在其营销活动中，农夫山泉经常与运动、健康等元素相结合，鼓励消费者养成良好的生活习惯。例如，农夫山泉曾联合多个运动品牌举办健康跑步活动，通过线上线下互动的方式，引导消费者关注自身健康，积极参与体育锻炼。

3) 践行社会责任

作为一家有责任感的企业，农夫山泉始终将履行社会责任放在首位。在公益事业方面，农夫山泉积极参与环保、教育等领域的捐赠活动，用实际行动回馈社会。同时，农夫山泉还关注弱势群体的需求，通过定向捐赠、设立公益基金等方式，为他们提供力所能及的帮助。这种积极践行社会责任的行为，使得农夫山泉在消费者心中树立起了良好的企业形象。

2. 农夫山泉社会营销观念的成功实践

1) "一分钱"公益活动的持续开展

农夫山泉的"一分钱"公益活动是其社会营销观念的成功实践之一。该活动自推出以来，已经持续了数十年，累计捐赠了数亿元资金用于支持公益事业。通过每售出一瓶农夫山泉饮用水就捐出一分钱的方式，农夫山泉将商业利益与社会责任紧密结合，让消费者在购买产品的同时参与到公益事业中。这种公益活动的持续开展，不仅提升了农夫山泉的品牌形象和社会责任感，还激发了更多企业积极参与到公益事业中。

2) "寻源之旅"活动的深度体验

为了让消费者更加直观地了解农夫山泉的天然水源地和生产过程，农夫山泉推出了"寻源之旅"活动。通过邀请消费者实地参观水源地、了解生产工艺等方式，农夫山泉成功地打造了一个透明、可信的品牌形象。在"寻源之旅"活动中，消费者可以亲身体验到农夫山泉的天然水源地的美丽风光和纯净水质，感受到企业对产品质量的严格把控和对消费者的真诚态度。这种深度体验的活动方式，不仅增强了消费者对农夫山泉的信任感和忠诚度，还为企业带来了良好的口碑效应。

3) 环保包装创新的持续推进

在环保理念日益深入人心的背景下，农夫山泉积极进行环保包装创新。通过采用可降解材料、减少包装重量、提高包装回收利用率等方式，农夫山泉努力降低其产品对环境的影响。同时，农夫山泉还倡导消费者积极参与到环保行动中，共同保护地球家园。这种环保包装创新的持续推进，不仅符合社会对于可持续发展的期待，也满足了消费者对于环保产品的需求，进一步提升了农夫山泉的品牌形象和市场竞争力。

3. 农夫山泉社会营销观念的影响与启示

1) 对行业的影响与引领

农夫山泉的社会营销观念对整个饮品行业产生了深远的影响。其强调产品天然性、倡导健康生活方式、践行社会责任等策略，为其他企业提供了有益的借鉴和启示。越来越多的企业开始关注消费者的健康需求和社会责任担当，积极推出健康、环保的产品和服务，共同推动行业的可持续发展。

2) 对消费者的影响与满足

农夫山泉的社会营销观念对消费者产生了积极的影响。其提供的天然、健康、环保的产品和服务，满足了消费者对高品质生活的追求。同时，农夫山泉积极倡导健康生活方式和履行社会责任的行为，也激发了消费者的参与热情和社会责任感，企业与消费者共同营造了良好的消费环境和社会氛围。

3) 对社会的贡献与担当

农夫山泉积极参与公益事业、关注弱势群体、推动环保创新等行为，充分展现了企业的担当。这种勇于承担社会责任的精神和行为，赢得了社会的广泛赞誉和支持。

农夫山泉的社会营销观念为其赢得了广泛的赞誉和市场份额，也为整个饮品行业树立了良好的榜样和标杆。在未来的发展中，期待更多的企业能够像农夫山泉一样，积极践行社会营销观念，关注消费者的需求和社会责任担当，为社会的可持续发展贡献力量。同时，也期待农夫山泉能够继续坚守其核心理念和策略，不断创新和发展，为消费者提供更加优质、健康、环保的产品和服务。

请结合上述案例材料，思考以下问题：

(1) 农夫山泉采用的是哪种营销管理哲学？有何体现？

(2) 农夫山泉的营销策略给你什么启示？

(3) 谈谈营销管理哲学对企业的重要性。

第2章 企业战略与营销管理

学习目标

- 了解企业战略规划过程;
- 理解营销在企业战略规划中的作用;
- 掌握如何设计业务组合;
- 理解客户战略导向下的跨部门合作;
- 掌握制定营销战略和市场定位的步骤;
- 掌握营销组合的构成要素。

引例

"双11"十五年变形记

"双11"从2009年开始,到2024年已经走过了十五个年头。在此之前,阿里巴巴已经度过了12个疯狂增长的"双11"。对于这样一个"商业节日",人们的情绪是复杂的。尽管相当一部分人已经开始明确表示出审美疲劳,但"双11"的战车仍然向前,参与的商家每年仍在增长,参与"双11"的品类和商品也在逐年递增。

但是,现实情况是牌桌越来越挤,"双11"交易额的增速却逐年递减。除了创始人天猫,老牌玩家京东、自定义为"新电商"的拼多多已然是资深玩家。后电商时代的抖音、快手以"兴趣电商"的身份切入。今年的"双11",小红书、B站以不同的姿势爬上牌桌。更不要说那些守候在细分赛道上的玩家,就连线下的商家也会不约而同地在这个节点蹭一下"双11"的热度。根据统计数据,2009年天猫举办第一场"双11"购物狂欢节时,销售额为0.5亿元;2010年为9.36亿元,同比增长1772%。此后的2011年到2020年间,"双11"交易额同比增速分别为 455%、267%、83%、63%、59%、32%、39%、24%、28%和85.62%,增长趋向放缓。2020年"双11"交易额的增长之所以出现反转,是因为当年是第一次启用双预售双爆发的活动节奏,包括第一次将11月1日0点至11月11日24点整个周期的成交金额统计在一起。2022年开始天猫不再公布总交易额,最后一次公布这一数字是2021年,当年"天猫双11"总交易额约为5403亿元(11月1日至11月11日),同比增长8.5%。相比上年同期26%的增长,增速明显放缓。

从天猫诞生那天开始,就有别于淘宝,主打"正规品牌和服务保障"。在中国电商平台起步的初级阶段,一个主打正规品牌与服务的电商平台,搞打折促销,吸引力无疑是巨大的。"作为国内首个电商购物节,'双 11'一经问世就以独特的理念和友好的价格示人,迅速俘获了广大消费者的芳心。而当时的电商购物节并不多,'双 11'更是物以稀为贵,"星图金融研究院高级研究员付一夫如是说。再加上彼时恰逢互联网快速发展,网民规模不断壮大,用户流量红利也为电商平台的发展和"双 11"的繁荣狠狠地助了一把力。

这样看,天猫"双 11"的起飞正好契合了当年电子商业在中国的上扬曲线,满足了用户当时已经不局限于上网"淘宝"的基础诉求,电商平台进入拼品牌与品质的新阶段。

不过爆火后的"双 11"在经历了高光时刻后,逐渐转入平淡,消费者的审美疲劳今年更进一步。百度指数显示,"双 11"的网络搜索量在 2017 年达到峰值,此后逐年下降。今年更是堪称"冰点",峰值搜索量较去年同期下降了 60%,离关注度峰值相距甚远。关于"双 11"的衰退,北京社科院副研究员王鹏认为有三层原因:首先是疲劳效应,"双 11"促销逐年升级,但形式和内容上创新不足,让消费者产生疲劳感;其次是价格策略不透明,一些消费者对"双 11"的价格策略表示担忧,认为商家可能提高原价再打折,导致"双 11"的价格优势不明显;此外,电商市场的激烈竞争也在分散消费者的注意力。

值得注意的是,消费者今年的审美疲劳达到峰值,也与疫情后经济下行消费动力不足有关。为了刺激消费者购买,今年"双 11"各家平台纷纷打出了低价牌。天猫举起了"价格力"的大旗,京东发起了"真低价"的倡议,创始人刘强东在会上明确表示,要重拾低价策略。各家平台也不约而同打出了"百亿补贴"的标签,作为百亿补贴的发明者,拼多多"双 11"的策略则是"折上折",在原有百亿补贴的基础上再补贴。

虽然平台在努力强调低价,很多消费者仍然表示对低价体感不明显。购物达人张蔷认为,今年"双 11"和往年比,总体的套路和算法要简单一些。但大家总体的购买意愿不高,经济不确定性条件下要捂紧钱包,而且今年电商一直在打折。张蔷对比了部分心仪商品的价格,发现与平时相差并不大。据她观察,购买的时机也很重要,现在"双 11"的时间拉长,一般在刚开始预售和当天的价格最优惠,其他时段价格可能出现反弹,或者爆款产品经典尺码经常断货,也是消费者不愿意"剁手"的重要原因。

在付一夫看来,伴随着流量红利衰竭以及各方面成本的攀升,电商平台普遍遭遇了增长瓶颈期。为了应对成本上升、销售疲软、业绩考核、用户增速下滑等方面的多重压力,电商平台和商家的促销活动越来越多,而拼多多等平台更是将补贴做到了常态化。一个耐人寻味的现象是,尽管各家都推出了自己的低价策略,"百亿补贴"却成为流行标签出现在各个平台的商品上。发明了"百亿补贴"的拼多多此前对"双 11"并没有那么重视,其内部人士向记者透露,通过"百亿补贴",拼多多已经在消费者端建立了低价心智,在"双 11"就没那么用力。不过记者注意到,随着卷低价的竞争愈发激烈,拼多多对"双 11"的重视程度也在逐渐提级。当卷低价成为常态,"百亿补贴"可能代替"双 11"吗?多位接受采访的业内人士认为可能性不大。

低价策略也不是电商平台的可持续战略。虽然低价可以吸引消费者,但过度低价可能导致利润空间被压缩,甚至出现亏损。电商平台需要根据自身的特点和定位,制定适合自己的价格策略,以满足不同消费者的需求,因此各家的低价策略会有所不同。一些电商平台的低价策略可能更注重品质和服务的提升;而另一些电商平台更注重价格敏感度较高的消费者,其低价策略可能更看重价格的低廉和性价比。电商平台可能采取差异化战略,通过提供独特的产品和服务来吸引消费者,而不是单纯依靠低价。

经济下行对电商行业的影响也需要考虑。如果经济下行的趋势持续下去,消费者的购买力可能会受到影响,对价格敏感度会更高。此时,低价策略可能会更加有效。如果经济形势好转,消费者购买力增强,低价策略的效果则可能减弱。

正如许多运营卓越的公司一样,优秀的营销组织通常采用极强的顾客导向营销战略和营销管理计划,并与企业战略规划有机地匹配在一起,以便为顾客创造价值并与顾客建立长期且牢固的顾客关系。然而,企业营销战略的制定和管理都要受到更高层次、更全方位的企业战略规划的指导,而企业战略规划的实现也必须以顾客为导向并依赖于营销战略的实施。因此,为了理解营销的作用,我们必须首先要理解企业战略规划过程以及营销在战略规划中的地位。

2.1　企业战略规划

2.1.1　战略与战略规划过程

"战略"一词源于军事术语,意指军事作战中的谋划与指挥。企业战略管理理论萌芽于 20 世纪初期,直接或间接地受到法国管理学家亨利·法约尔一般管理(General Management)中关于企业"经营活动"和"计划"等战略思维的影响。1938 年,美国学者切斯特·巴纳德在《经理人员的职能》一书中首次将战略概念引入企业经营管理领域,提出了

著名学者关于
战略的重要观点

组织与环境相适应的观点,该观点成为现代战略分析的基础。真正意义上的企业现代战略管理的内涵,是在 20 世纪 60 年代至 70 年代企业管理实践发展与战略管理理论演化的基础上逐渐形成的。目前,普遍将战略视为"企业用来发展核心竞争力,获得竞争优势的一系列综合的、协调性的约定和行动"。

每个企业都必须根据外部环境变化特征、自身目标以及资源与能力状况寻求最合适的策略。企业发展核心竞争力和获得竞争优势的过程就是战略规划,即在组织的目标和能力与不断变化的营销机会之间建立和保持战略匹配的过程。战略规划为企业内部各领域、各部门、各业务的决策和行动指明了方向和路径。

企业战略规划过程包括两个层次(见图 2-1)。在公司层次,首先是定义公司使命与愿景;其次是将公司使命与愿景转化为支持性的公司目标和目的,以引导整个公司的长期健康发展;第三是设计业务组合,决定开发什么样的业务以及对不同类型的业务提供多大程度的支持。在业务单位、产品和市场层次,公司需要在研发、生产、营销等不同领域和不同部门制定详尽的战略与计划,用以支持公司整体战略目标和目的的实现。

图 2-1　企业战略规划过程

2.1.2 设计以市场为导向的使命陈述

一个组织之所以存在，就是为了要完成特定的事情，这个特定的事情就是使命。使命(mission)是指组织在一定的环境中应完成的任务、应尽的责任。作为与其他企业区分开来且长期适用的目标陈述，使命是"企业存在的意义"，是企业在大的环境中想要做什么事情，主要回答"我们的业务是什么"这一核心问题。愿景(vision)则是企业未来希望看到的一种理想情景，是"长远的未来"和"美好的愿望"的结合体，主要聚焦于"我们将来是什么样的企业？"这一核心问题，体现出了组织领导者、组织管理者与组织所有成员的共同目标，是组织所有活动的集中体现。通用电气前董事会主席兼首席执行官杰克·韦尔奇认为，"优秀的企业领袖应创立愿景、传达愿景、热情拥抱愿景，并不懈推动直至实现愿景"。

一些知名企业的使命陈述

"现代管理学之父"彼得·德鲁克认为"一个企业不是由它的名字、章程和条例来定义的，而是由它的任务来定义的"，企业在发展过程中要好好思考三个问题：第一，我们的企业是什么？第二，我们的企业将来是什么？第三，我们的企业应该是什么？这三个问题是思考企业战略的三个原点，集中体现了企业的使命与愿景，两者共同开启企业的战略管理过程。

使命陈述是对组织存在目的的一种表述，它是其他一切规划行动的基础，描述了企业基本的、独一无二的目的，反映了指引行动的价值观。一份经过精心设计的使命陈述能够为企业采取恰当的战略行动提供动力、指明方向；理想的使命陈述有助于激发员工的责任心和承诺，进而为组织愿景的实现提供强大动力和有力保障。与此同时，理想的使命和清晰的愿景也会为顾客和社会组织带来美好的期待和适当的期望，提高企业在顾客心中的心理价值和社会形象价值。

在卖方市场时代，企业往往用产品或技术来定义其业务，但在买方市场时代，产品和技术只是顾客价值需求的载体，再好的产品与技术总有一天也会过时，但是市场的基本需要会永远延续下去，顾客的价值需求也会不断地演进变化。因此，设计企业使命陈述的首要原则就是以市场为导向，并从顾客需求的角度来定义公司的业务。例如，耐克的使命陈述为"将灵感和创新带给世界上的每一位运动员"，它并没有强调自身的鞋子和制鞋技术，而是聚焦于"灵感和创新"，并将这种使命与其"Just do it"的独特企业文化紧密结合在一起，这无论是对专业运动员还是对一个普通老百姓，都能产生强大的激励作用。

其次，使命陈述应当清晰、明确，起到"看不见的手"的作用，能够在无形之中指引组织人员的行动。例如，特斯拉的使命陈述为"加速世界向可持续能源的转变"，法国液化空气集团的使命陈述为"努力为一个更可持续的世界作出贡献"。在世界能源紧张、环境污染的大背景下，特斯拉和法国液化空气集团的使命陈述能够在很大程度上为员工的共同行动提供指引，为社会可持续发展提供导向。

第三，使命陈述应当是具体、可操作且有意义的，能够起到激励作用。例如，沃尔玛的使命陈述为"省钱，让人们的生活更美好"，其中为客户"省钱"是具体的、可操作的，为客户带来的价值也是最明显和最直接的，而"让人们的生活更美好"对客户来说则更有精神价值，其联想性和激励作用更大。

第四，使命陈述应当关注顾客和为顾客创造的价值和体验，而非利润。例如，麦当劳

的使命陈述为"成为顾客最喜欢的用餐地点和用餐方式"，强调的是为顾客创造的用餐体验和用餐方式，而不是世界上最赚钱的快餐店，正是这种良好的用餐体验和用餐方式才使麦当劳成为快餐行业的代表，甚至成为一种独特生活方式的代表。

第五，使命陈述的提出应具有独特性，且应把这种独特性建立在组织独特的资源与能力的基础之上，反映组织的独特竞争优势，否则所提出的使命陈述就是无源之水、无本之木。例如，招商局集团的使命陈述为"以商业成功，推动时代进步"，就与其独特的文化、悠久的历史和对民族进步的突出贡献密不可分。

2.1.3　基于顾客价值制定战略目标

企业使命是企业目标和目的的概括性陈述，而目标和目的则是用于评价使命得以实现的程度，是企业在一定的时期内，执行其使命时所预期达到的具体结果。企业战略目标的制定应围绕使命和愿景展开，它们必须转化为具体的支持性目标才能实现。当前，"以市场为导向，以客户为中心"已经成为绝大多数企业经营管理过程中不变的信条。在长期的企业经营管理实践中，人们逐渐认识到客户才是企业赖以生存和发展的基础，客户价值和客户满意是企业价值创造的基石。企业发展的好坏与否，根本的衡量标准只有一个，即顾客价值和顾客满意度。正如通用电气集团原 CEO 杰克·韦尔奇所说"公司无法提供职业保障，客户才行"，沃尔玛的创始人萨姆·沃尔顿说"实际上只有一个真正的老板，那就是客户"，彼得·德鲁克指出"衡量一个企业是否兴旺发达，只要回头看看其身后的客户队伍有多长就一清二楚了"。顾客价值和顾客满意度目前已成为衡量企业生存和发展水平的公认准则。

每个企业都必须有顾客价值导向的战略目标，并为之付出努力来实现。例如，国际著名卫浴橱柜领先品牌科勒(Kohler)秉持"为那些被我们的产品和服务所感触的人提供更高水平的优质生活"这一使命，为顾客制造和销售卫浴产品、厨房产品以及相关的智能产品，包括坐便器、灶具和按摩浴缸等在内的多种产品。除此之外，科勒还广泛地提供其他产品和服务，如卫浴设计与安装、动力系统，打造知名酒店和世界级高尔夫球场等。科勒将这些产品与服务进行有机的整合以实现公司的使命。

企业战略目标不仅包括公司整体目标，还包括事业部门战略目标和职能部门战略目标，并且这些目标相互之间有所关联，形成一个有机的战略目标体系，其中上一层目标为下一层目标的实现提供指导和约束，下一层目标为上一层目标的实现提供工具和手段。科勒为了实现向顾客提供"优质生活"的使命，其整体目标就是开发优质的产品、提供完善的服务和构建强有力的顾客关系。围绕这一整体目标，科勒必须通过加强产品与服务设计和加大技术研发投入来实现。新产品开发和新技术开发耗资巨大，科勒必须通过增加销售额和增加利润来为之提供资金支持。因此，增加利润就成为科勒整体目标下的一个子目标。为了增加利润，科勒可以通过降低成本、提高顾客购买数量、提高市场份额或者开发新的市场等方式实现。这些可以成为科勒当前的营销目标。

在数字经济时代，需要说明的是基于顾客价值制定战略目标必须注意以下趋势：

第一，关注顾客份额而非市场份额。顾客份额是指同一个时期内，某顾客对某一企业产品或服务的购买数量占该顾客同类产品或服务总购买量的百分比，而市场份额则是指企业某种产品或服务的销售量占该市场同类产品或服务总销售量的百分比。显然，顾客份额与市场份额不是同一个概念，顾客份额意味着在特定的目标顾客心目中，企业的产品或服务重要与否，或者意味着目标顾客对企业的产品或服务满意与否，而市场份额仅仅是一个统计意义上的概念。

第二，关注未来价值、潜在价值而非当前价值。企业应将客户视为一项资产，将顾客价值视为一个被未来因素驱动的变量，并采取一切可行的战略与行为来影响并提高客户的潜在价值。当我们谈一个客户价值的时候，我们究竟是指什么？清楚地讲，一个客户对于一家企业所代表的价值，应该被视为同其他形式的经济资产所代表的价值一样。但这个价值并非能用当前的经济价值直接衡量。也就是说，一个顾客对于企业的价值，就是这个客户在未来能够为企业创造的利润。

第三，关注顾客心理价值而非实用价值。根据马斯洛需要层次理论，顾客价值的满足具有演化性和次序性，总体而言是从实用价值到心理价值。实用价值被满足后，顾客将更加关注心理价值，并且愿意付出的代价会更大。随着经济社会的发展，以具体的物质形式来体现的实用价值(如汽车的动力、速度、功能、外观等)将随着不断被满足而变得不再重要，而以非物质形式来体现的心理价值(如社交、情感、认知、心灵、信仰等)则将变得更加重要。

第四，关注对一线员工放权而非控制。在最终结果上，企业要更加注重对顾客价值的创造，更加关注顾客满意度和忠诚度，这就需要为顾客提供优异的价值以及灵活快速的响应。而要保证结果的实现，就需要采取灵活的组织方式和灵活的管理策略，重点是对员工进行专门的培训和授权，强调客户关系的建立与维护，关注与客户互动与交流。

《交易完成之后》
摘编

2.1.4 设计业务组合

在企业使命陈述和战略目标的指导下，管理者现在必须对其业务组合(business portfolio)——企业业务和产品的集合进行规划。最为合理的业务组合能够使企业最大程度地发挥优势、规避劣势，更好地把握环境中的机会，减少威胁。首先，企业必须分析当前的业务组合，并且决定哪些业务应该增加投资，哪些业务应该减少投资，哪些业务应该停止投资；其次，在业务组合分析的基础上制定企业成长战略，以便塑造未来的业务组合，促进企业长期健康可持续发展。

业务组合分析的第一步是识别出企业的全部业务。这些业务可以是企业的业务部门，也可以是业务部门的一条生产线，有时也可以是一个单独的产品或品牌。需要指出的是，企业在设计业务组合时，聚焦于与本企业核心竞争力密切相关的产品和业务会更加高效。业务组合分析的第二步是评估不同业务的吸引力，对不同的业务进行分类，筛选出关键业务，并决定给予不同业务以多大程度的支持。业务组合分析的第三步是根据不同类型业务制定更具针对性的成长策略。

1. 成长-份额矩阵

波士顿咨询集团(Boston Consulting Group，BCG)的成长-份额矩阵(growth-share matrix)是进行业务组合分析的重要工具(见图2-2)。该矩阵根据两个维度对企业的所有业务进行分类：横轴是相对市场份额，用来衡量企业在市场中的实力和地位；纵轴是市场增长率，用来衡量市场吸引力。成长-份额矩阵将企业的所有业务划分为以下四种类型：

(1) 明星(star)业务：高市场增长率、高相对市场份额的业务或产品。

(2) 现金牛(cash cow)业务：低市场增长率、高相对市场份额的业务或产品。

(3) 问题(question marks)业务：高市场增长率、低相对市场份额的业务或产品。

(4) 瘦狗(dog)业务：低市场增长率、低相对市场份额的业务或产品。

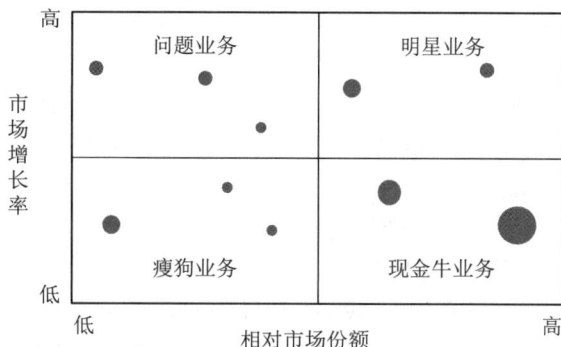

图 2-2　波士顿咨询集团成长-份额矩阵

图 2-2 成长-份额矩阵中的十个圆代表某企业的十项业务或产品。该企业有两个明星业务、两个现金牛业务、三个问题业务和三个瘦狗业务。圆的面积大小与该项业务或产品的销售额成正比。

明星业务具有高市场增长率和高相对市场份额，具有较强的发展潜力和较强的市场竞争优势，因此是企业需要大力投资的业务或产品，希望该项业务或产品在不远的将来能够为企业带来大量超额回报。该业务管理策略的重点是加强投资。

现金牛业务是低市场增长率、高相对市场份额的业务或产品，在市场上具有很强的市场竞争优势，但发展潜力不大，因此只需要企业适当投资以维持市场份额，以最大效度地获取现金流，从而为其他需要投资的业务或产品提供所需要的资金。该业务管理策略的重点是维持已有投资。

问题业务是高市场增长率、低相对市场份额的业务或产品，需要企业进行全面系统的分析后周密地加以管理，确定究竟是什么原因导致外部市场增长率高的情况下企业相对市场份额低。如果是因为企业自身经营管理不善，且又能够加以改善，那么企业的管理策略重点就是加大投资，并进行有针对性的调整，以扶持该项业务大力发展，使其发展成为明星业务；如果是因为外部客观因素影响，且企业改善起来难度高、成本大，那么管理策略重点就是淘汰、放弃。

瘦狗业务是低市场增长率、低相对市场份额的业务或产品，未来发展潜力小且企业缺乏市场竞争优势，它们可依靠一定的现金流来满足自身发展的需要，但不足以成为企业大量现金的源泉。企业的管理策略重点是在获取最后现金流后淘汰。

成长-份额矩阵这一业务组合分析工具给企业战略规划的制定带来了思维和操作方法上的革命性变化。但是，随着时间的推移，企业业务或产品在成长-份额矩阵中的位置将发生变化。例如，当明星业务的市场增长率下降后就会转变为现金牛业务；问题业务在成功解决了相对市场份额增长的难题后就会转变为明星业务；当现金牛业务的相对市场份额下降后就会慢慢衰亡或者转变为瘦狗业务。因此，营销还必须考虑如何应对未来的竞争，对企业的长期可持续发展负责，这就要求企业必须识别、评价和选择市场机会，不断地开发新的业务或新产品，以寻找新的利润增长点。

2. 产品-市场扩展方格

为捕捉不断变化的市场机会，企业必须制定相应的成长战略。确定成长机会的一种有效工具是"安索夫矩阵"，即产品-市场扩展方格。图 2-3 所示的安索夫矩阵是用来分析企业整体而非单个业务发展方向的工具。该矩阵基于经营战略的基本原则"与现有业务的协作"(包括"产品"与现有业务是否一致、"使命"与现有业务是否一致两个维度。其中"使命"可以替换为"市场"或"客户")将成长战略分为以下四种类型：

(1) 市场渗透(market penetration)战略：在现有市场(客户)中销售现有产品，通过提高现有产品的销售额进而实现企业成长的一种战略。在操作方法上，企业可以通过优化营销组合策略促进销售额的增长，如通过开发新的产品款式或颜色促进销售额的增长，通过降低价格或促销促进销售额的增长，通过密集广告促进销售额的增长，通过增加销售渠道促进销售额的增长。

(2) 市场开发(market development)战略：以现有产品开发新的市场(客户)提高销售额进而实现企业成长的一种战略。在操作方法上，企业可以重新对市场进行细分，进入新的细分市场，如服装生产企业加紧对女性消费者和儿童消费者市场的关注；企业还可以实施全球化战略，获取全球市场中的新客户，如家电生产企业在国内市场饱和的情况下，加快进入非洲市场和南美市场的步伐。

(3) 产品开发(productdevelopment)战略：在现有市场(客户)中销售改进的产品或新产品提高销售额进而实现企业成长的一种战略。例如，手机生产厂家不断将改进后的产品(包括功能增加、性能提高、外观创新等)销售给现有市场中的已有客户，实现了销售额的逐年增长。

(4) 多元化(diversification)战略：在新的市场(客户)中投入新产品提高销售额进而实现企业成长的一种战略。例如，服装生产企业进入健身器材与设备制造行业或者房地产行业。

图 2-3　安索夫矩阵(产品-市场扩展方格)

知名企业如何
维持可持续发展

2.2 ▶▶ 营销规划：建立数字情境下的顾客关系

企业战略规划明确了企业的发展方向与发展目标以及如何将不同的业务有机地整合在一起。接下来，企业的主要职能部门，包括营销、财务、会计、采购、运营、信息系统和人力资源等，必须共同合作努力实现战略目标。从企业战略规划目标的实现上来说，营销起着重要的作用：首先，营销为企业战略规划的实施提供了一种指导性观念——营销理念；第二，营销通过宏观环境分析、产业竞争结构分析和消费者行为分析为企业战略规划的制定提供了依据；第三，营销对企业战略目标的实现负责，并赚取利润。在很大程度上，营销所负责的工作职责和工作内容已经超越了营销部门，成为整个公司共同关注的焦点。

当前，企业面临的是一个非常困难且复杂的商业环境与竞争格局。竞争对手既可以轻易地通过降低价格或实施促销，将自己的顾客吸引过去，也可以通过数字化手段加强与顾客的接触与交流，降低自身顾客的满意度与忠诚度。这使得企业盈利空间下降。因此，企业需要制定一个长期的、具有很强盈利能力和顾客交互能力的营销规划，使企业不同部门在创造顾客价值和建立顾客关系方面协同努力。以往，企业都是通过创造最好的产品来提高顾客价值和增强顾客满意度，进而获取竞争优势的。但在当前的数字技术情境下，互动和信息成为企业的核心资产。因此，企业必须转变经营理念，将客户视为一种新型的企业战略，或者转变为客户战略型公司，通过数字化技术获取顾客信息并与其互动来获取竞争优势。

2.2.1　客户战略导向下的跨部门合作

客户战略是企业发展史上的一个重要转变，顾客价值和顾客满意在营销中扮演着重要的角色。通常情况下，营销不能独自创造顾客价值和提高顾客满意度，营销必须和其他部门紧密合作，形成一个有效的企业内部价值链(value chain)。在一个企业内部，研发、设计、采购、生产、营销、渠道、销售等部门都执行着某项创造价值的活动。但更为重要的是，企业最终是否成功地满足了顾客的价值需求，不仅取决于每个部门工作是否出色，还取决于这些部门之间的活动是否很好地协同。

图 2-4 表明了企业在创造顾客价值的过程中，顾客感知价值和顾客期望价值的缺口是如何不断扩大的，以及企业为何需要跨部门合作。在企业为顾客提供符合其期望的产品和服务的过程中，销售人员和营销人员具有重要的地位：他们在整个企业内部最了解顾客对产品与服务的期望；他们将产品与服务销售给合适的目标顾客；他们制定广告与促销方案，通过顾客服务帮助顾客购买适合其自身需求的产品与服务；他们与顾客频繁互动，了解顾客心之所急。

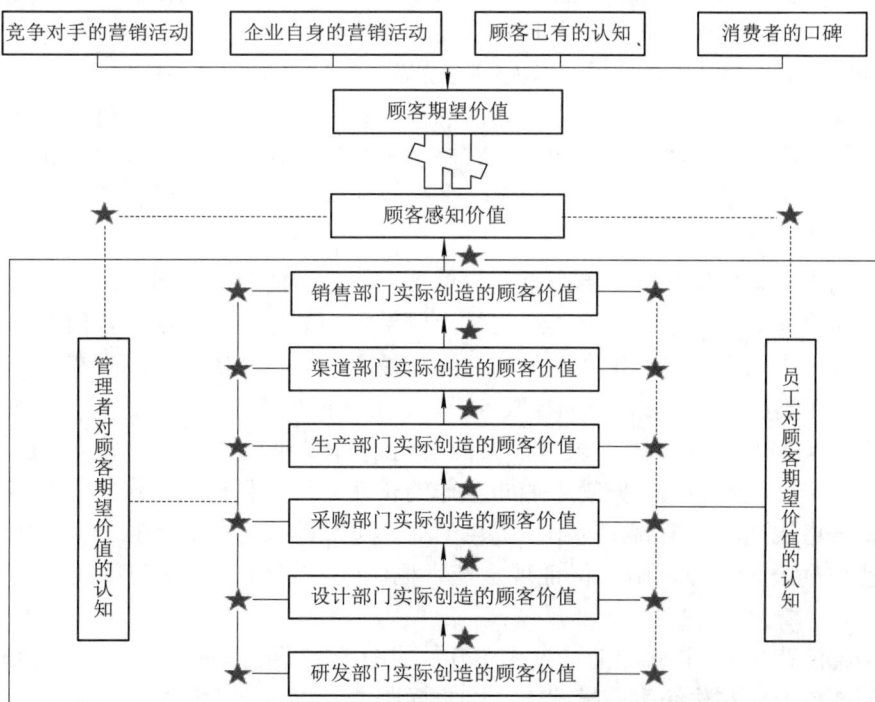

图 2-4　顾客期望价值与顾客感知价值不一致的原因

尽管如此，销售人员和营销人员自己却无法生产产品和提供服务，他们需要企业其他部门的协同。例如，销售人员和营销人员要想为顾客提供符合其期望的产品与服务，就需要渠道部门将产品与服务配送和运输至顾客面前；生产部门生产顾客期望的产品与服务；采购部门采购适当的原材料；设计部门设计适当的外形、结构与功能；研发部门开发适当的技术。因此，每个不同的部门在实际创造顾客价值的过程中，会受到价值链上下游不同部门实际创造的顾客价值的影响。与此同时，不同部门在为顾客创造价值的过程中，还会受到管理者和员工自身对顾客期望价值的认知的影响。生产环节越多，组织越复杂，信息失真就越大，企业为顾客创造的价值距离顾客的期望价值就越远，顾客感知价值与顾客期望价值之间的差距就越大。

为了缩小顾客感知价值与顾客期望价值之间的差距，企业必须建立客户战略，或转型为客户战略型公司，并借助于新型的数字化工具消除各部门的认知障碍，让企业的每一位员工都具有"为顾客着想"的理念。正如一位营销专家所说："真正的市场导向并不意味着营销驱动，它意味着整个企业都应当着迷于为顾客创造价值，并把自己视为一系列过程的集合体，这一系列过程就是向目标顾客定义、创造、沟通和传递价值……无论部门功能是什么，组织每一位员工都应该参与营销。"

2.2.2 顾客价值导向下的跨组织合作

企业在创造顾客价值和顾客满意时，不仅要着眼于内部价值链，也要着眼于由供应商、批发商、代理商以及分销商等组成的外部价值链。这些外部价值链组织不仅在传递顾客价值、沟通顾客价值上非常重要，而且还在提供顾客服务、获取顾客信息、与顾客保持互动以及宣传企业文化和实现企业使命上具有重要价值。例如，连续多年位居《财富》世界500强首位的沃尔玛深受消费者的喜爱。当人们纷纷涌进沃尔玛购买他们喜欢的低价商品时，却不知道支持这一切的是沃尔玛背后强大的信息系统管理能力，以及沃尔玛在物流配送系统与供应链管理方面所取得的巨大成就。只有与供应商和其他伙伴紧密合作，并与之共享信息，才能为消费者提供"天天平价"的服务，最终实现沃尔玛"省钱，让人们的生活更美好"的企业使命。

当今市场上的竞争早已不是单个企业与单个企业之间的竞争，而是一个企业整个价值创造与传递体系与另一个企业价值创造与传递体系之间的竞争。例如，丰田针对福特的竞争表现，取决于丰田整个精益生产系统的质量与效率。即使丰田生产的汽车是最好的，如果福特的分销商数量更多、效率更高、服务更好、覆盖面更广，那么丰田也会失去市场。再例如，全球"建筑与农业机械"领域最大的公司卡特彼勒，尽管拥有全球一流质量的产品，但其总裁仍把经营的成功归功于遍布全球的长期、稳定且相互依赖的分销商网络。经过卡特彼勒严格挑选的分销商在为用户提供专业、可靠的服务上具有独一无二的优势，不仅帮助卡特彼勒公司分担风险、保证现金流，同时还在经济萧条期间帮助卡特彼勒渡过难关。

在数字经济背景下，许多企业通过构建开放式的数字平台来整合供应商与合作伙伴，共同为客户创造价值。在传统生产模式下，客户向制造商提出需求信息，制造商根据客户需求采购原材料进行生产，或者将客户需求订单外包给合作伙伴。在数字平台模式下，客户可以将需求信息向所有供应商开放，供应商以此提供能够满足客户要求的不同解决方案。这样，在传统生产模式下客户最终获得了满足其需求的一个解决方案，但在数字平台模式下，客户可以获得多个可行的解决方案，并从中选择最优方案，使得客户价值和客户满意度更高。

2.3 >>> 营销战略与营销组合

　　企业战略规划明确了公司的使命、愿景与战略目标，设计了业务组合，营销规划强调了企业内部跨部门合作和企业之间跨组织合作在创造顾客价值和顾客满意上的重要性。图2-5 展示了营销在组织中的角色，总结了营销战略的主要活动以及营销组合的构成要素。首先，嵌套的三个圆角矩形框的最里层是企业的目标战略，也就是为目标顾客创造价值，并与之建立具有盈利性的关系；其次是营销战略——企业希望建立有价值的顾客关系所依据的思维逻辑。营销战略决定了企业如何对市场进行划分(市场细分)，为哪个细分市场服务(目标市场选择)，怎样服务(市场定位)。在营销战略的指导下，企业针对特定的细分市场和目标顾客设计出由产品、价格、渠道和促销四个因素构成的营销组合。为了实施营销组合，企业必须开展有效的营销分析、计划、实施和控制，与公众、供应商、竞争者、营销中介等利益相关者建立长期关系。

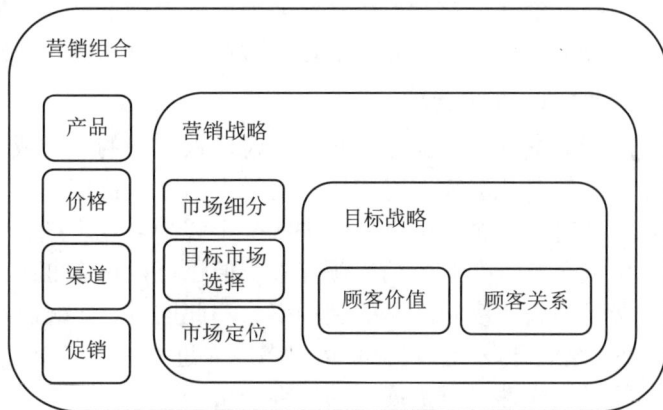

图 2-5　企业营销战略和营销组合

2.3.1　制定顾客导向的营销战略

　　在买方市场时代，要想在激烈的市场竞争中取胜，企业必须坚持以市场为导向，以消费者为中心，从竞争对手那里赢得顾客，通过为顾客创造更多的价值和让顾客满意，进而留住这些顾客并不断增加新顾客。但是，企业必须首先对市场和消费者的需要、欲望和需求进行了解，才能使他们满意。

　　企业应该明白，随着商品日益丰富和消费者生活水平的提高，加上信息技术和数字技术的飞速发展，供需双方的信息不对称程度越发下降，消费者追求的价值层次越来越高、越来越多样化。企业再也不可能像以往那样，用单一的产品与市场中的所有消费者都建立有利可图的关系，并且不是所有消费者都想与企业建立长期的关系。企业至少应该知道，对所有消费者都采用"一刀切"的办法是行不通的。因此，企业应该对整个市场和消费者的类型进行细分，并根据自身状况选择最佳的细分市场，然后制定战略，使自己比竞争对手更加有利可图地为选定的细分市场和目标顾客服务。这个过程就是制定营销战略，包括三个步骤：市场细分、选择目标市场和市场定位。

1. 市场细分(market segmentation)

市场细分是根据消费者的不同特征、需求和行为将一个市场细分为几个有明显区别的消费者群体的过程(每个细分群体都要求有各自不同的产品或营销组合)。市场由种类众多的现实消费者和潜在消费者构成，营销人员必须确定哪些细分市场可以为企业带来最好的机会。企业可以根据人口统计基本特征(性别、年龄、职业等)、地理、心理、收入水平和行为等单一因素对消费者进行划分，也可以根据多种因素(如性别和年龄)进行划分，以此开发不同的产品为这些消费者服务。

需要指出的是，并非所有市场细分的方法都同样有效，这取决于多种因素：首先是市场规模，如果市场规模足够大，那么企业可以采用多种指标对市场进行细分，反之如果市场规模很小，那么再进行市场细分就没有太大的意义；其次是市场竞争的激烈程度，如果竞争对手少，市场竞争不那么激烈，企业就没有必要进行市场细分，相反如果竞争对手多，市场竞争激烈，企业为了提高营销策略的针对性，就必须进行市场细分；第三是产品标准化程度，如果市场中的产品都是标准化的，企业就没有必要进行市场细分，反之如果市场中的产品是高度差异化甚至个性化的，那么企业必须进行市场细分，以提高顾客满意度和忠诚度。总体来说，细分市场是由那些对于给定的营销组合有相似反应的消费者构成的。

2. 目标市场(market targeting)选择

企业在进行有效的市场细分后，就可以开始考虑进入其中的一个或多个细分市场。选择目标市场的基本原则是使自己能够尽可能地创造最大的顾客价值，并且能够长期维持。

初创期的企业或资源有限的企业可以考虑进入一个或少数几个细分市场，或者是"补缺市场"。这种策略可能会导致企业的销售额有限，但也可以使企业推出更具针对性的营销组合，从而提高消费者的满意度和产品的利润率。与此同时，这种策略还能使企业规避同大企业的竞争。另外，企业开发的新产品也可以考虑先进入一个或少数几个细分市场，或者是"补缺市场"，等时机成熟了再扩展到其他细分市场。

大企业产品种类丰富，产品层次和产品型号多样，可以选择多个细分市场或者整体市场。这种策略可以使企业更大程度地获取市场份额，提高销售额和赚取利润。例如，宝洁公司经营的洗发水拥有海飞丝、飘柔、潘婷等多个全球知名品牌，可以满足"去头屑""柔顺""健康"等不同细分市场消费者的需求。

通常而言，大多数企业开发的新产品都面向单个细分市场或新市场，以此为基础不断地改进产品、增加市场经验，并获取利润。如果成功的话，企业就可以进一步地扩展到更多的细分市场。需要指出，企业选择目标市场不是一成不变的，而是根据不同的情境动态变化的。除了企业自身的规模与实力因素之外，还要考虑市场吸引力、竞争状况、需求状况以及市场未来的发展趋势。

3. 市场定位(market positioning)

根据科特勒和阿姆斯特朗的观点，市场定位是指相对于竞争对手的产品来说，使自己的产品在目标消费者心目中占据一个清晰、独特而且理想的位置。市场定位是企业营销中最为重要的步骤，有助于企业明确自己的核心竞争优势和市场发展方向，从而在激烈的市场竞争中获胜。营销人员对企业产品进行市场定位策划，是在自己的产品与竞争对手的产品有区别的基础上，使自己的产品所承载的顾客价值能够被目标消费者感知到。

企业产品的市场定位包括三个步骤：识别差异性、选择竞争优势、确定和传播市场定位(如图 2-6 所示)。首先，企业必须明确与竞争对手产品相比自身的差异性所在，特别是能够被目标消费者所感知的顾客价值的差异性；其次，企业必须选择重要的差异性，将其作为产品市场定位的基础，并成为企业竞争优势的来源；第三，企业确定市场定位，采取有力的营销组合策略支持市场定位，同时制定恰当的促销组合策略传播这种定位。

图 2-6　企业产品市场定位的三个步骤

市场定位不是虚假承诺，也不是一句广告语。如果企业的市场定位是高品质，就必须想方设法通过提高产品质量来保证产品品质；如果企业的市场定位是低价格，就必须通过努力提高效率或降低成本来实现。此外，企业还必须设计与市场定位相匹配的广告策略、推广策略等，以最大程度地传播市场定位。

2.3.2　设计营销组合

企业在确定了总体营销战略之后，就要设计营销组合。营销组合(market mix)是指企业为使目标市场产生预期反应而整合的一系列可控的、策略性的营销工具，用以在目标市场确立强有力的定位。这些营销工具包括四组典型的变量，即"4P"(如图 2-7 所示)，第 1 章已有详细介绍。

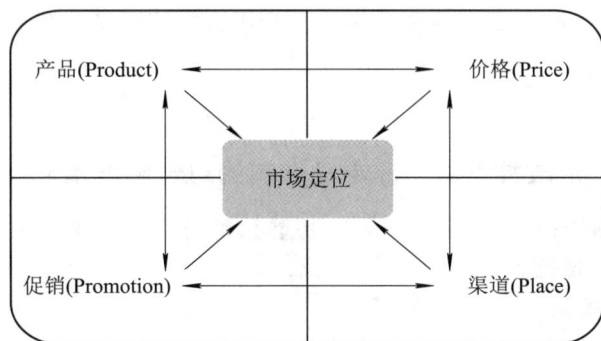

图 2-7　营销组合中的 4P

以上四组变量不是割裂的，而是相互紧密地匹配在一起。首先，所有变量要围绕目标消费者的需要、欲望和需求进行设计，共同为目标消费者创造价值和与之建立长期的顾客关系；其次，营销组合的设计要以企业市场定位为依据，并以在目标消费者心目中确立强有力的定位为目标；第三，各组变量之间也是相互匹配的，否则只能混淆产品在目标消费者心目中的定位。

本章小结

本章系统阐述了企业战略规划过程，以及战略规划不同阶段的目标与内容；辩证分析了企业战略规划与营销战略之间的关系；介绍了数字情境下建立顾客关系的两个方面：客户战略导向下的跨部门合作、顾客价值导向下的跨组织合作；阐述了基于顾客导向的营销战略规划三部曲：市场细分、选择目标市场和市场定位；最终，提出了树立企业战略定位的营销组合"4P"的构成与内涵。

重要概念

战略规划　　使命愿景　　业务组合营销战略　　市场细分　　选择目标市场
市场定位　　营销组合

复习思考题

1. 企业战略规划的过程是什么？
2. 营销在企业战略规划中的作用是什么？
3. 企业如何设计业务组合？
4. 企业为何要实施跨部门合作？
5. 营销组合有哪些构成要素？企业设计营销组合策略要考虑哪些因素？

案例分析

形散神不散——宝马汽车的组合影响策略

宝马汽车是用品牌核心价值全面统领一切营销传播活动的成功典范。宝马的品牌核心价值是"驾驶的乐趣和潇洒的生活方式"。因此，宝马总是不遗余力地提升汽车的操控性能，使驾驶汽车成为一种乐趣、一种享受。

宝马的成功，无疑得益于其与品牌定位相吻合的完美营销组合。

1. 满足不同消费人群的产品差异化策略

宝马的产品研发与技术创新都清晰地指向如何提升汽车的驾驶乐趣。宝马的外观设计生动地诠释了品牌的核心价值，展现出一种潇洒自如、轻松惬意的风范，与很多豪华车都十分庄重的特点形成鲜明的反差。在整体品牌核心价值的统领下，宝马每一个系列的车型都会有个性化的差异，以匹配不同的消费人群。

例如，宝马进军亚洲市场的几种不同车型就是为了满足以下几类不同消费人群的需求。

宝马 3 系的定位是年轻和运动。该系列原为中高级小型车，而新一代宝马 3 系有三种车体变化：四门房车、双座跑车、敞篷车和三门小型车，共有七种引擎。车内空间宽敞舒适。宝马 3 系敞篷车和运动型多功能车 X5 是宝马家族中的新宠，将浪漫和实用完美融合，将力量、典雅和驾驶乐趣集于一身。

宝马 5 系定位为商务和运动。配备有强力引擎的中型房车宝马 5 系是宝马新推出的车型。5 系除了在外形上比 3 系大，还具备和 3 系相似的灵敏度。5 系拥有两种车体设计，搭配 1800cc 到 4000cc 排量的引擎，四个、六个或八个汽缸。5 系提供多样化的车型，足以满足消费者对各类大小汽车的所有需求。

宝马 7 系定位为豪华商务车。7 系无论从外观或内部看都属于宝马的大型车等级。7 系房车的特点包括了优良品质、舒适与创新设计，已成为宝马汽车的象征。7 系除有基本车型以外，还有加长车型可供选择。7 系代表着杰出的工程设计、前沿的科技创新、无法比拟的震撼力、纯正的驾驶乐趣，是宝马品牌价值的最好诠释。

宝马 8 系定位为超级豪华跑车。它延续了宝马优质跑车的传统，造型独特且优雅。8 系曾一度停产，又借"宝马 CS 概念车——BMW8 系"的推出而复活。

2. 高调定价的策略

宝马的目标之一在于追求成功的高价策略。宝马公司认为：高价意味着宝马汽车的高品质，也意味着宝马品牌的地位和声望；高价表示了宝马品牌与竞争品牌相比具有的专业性和独特性，高价更显示出车主的社会成就。总之，宝马的高价策略是以优质的产品和完善的服务特性，以及宝马品牌象征的价值为基础的。因此宝马汽车的价格比同类汽车一般要高出 10%～20%。

3. 宝马亚洲直销渠道策略

宝马公司早在 1985 年就在新加坡成立了亚太地区分公司，总管新加坡、韩国、中国香港、中国台湾等国家和地区分支机构的销售事务。在销售方式上，宝马公司采取直销的方式。宝马是独特、个性化且技术领先的品牌，锁定的顾客并非是普通大众，因此，必须采用细致的、个性化的营销手段，用直接、有效的方式把信息传递给顾客。直销是最符合这种需要的销售方式。宝马公司在亚洲共有 3000 多名直销人员，是他们创造了宝马的销售奇迹。

面对亚洲这个不确定的目标市场，宝马要通过直销把信息成功地传递给目标顾客。这些目标单靠传统的广告方式难以奏效。直销要实现的其他目标还有：加强宝马与顾客的沟通，使宝马成为和顾客距离最近的一个成功企业；利用与顾客的交谈，和顾客建立长期稳定的关系；公司的财务状况、销售状况、售后服务、零件配备情况都要与顾客及其他企业外部相关者沟通；利用已有的宝马顾客的口碑，传递宝马的信息，树立宝马的品牌形象；利用现有的顾客信息资料，建立起公司内部营销信息系统。

宝马还把销售努力的重点放在了提供良好服务和保证零配件供应上。对新开辟的营销区域，在没开展销售活动之前，便先设立服务机构，以建立起可靠的销售支持渠道。

4. 放长线钓大鱼的促销策略

宝马公司的促销策略并不急功近利地以销售量的提高为目的，而是要成功地把宝马的品牌定位融入潜在顾客中；加强顾客与宝马之间的感情连接；在宝马具有的整体形象的基础上，完善宝马产品与服务的组合；向顾客提供详尽的产品信息。最终，通过各种促销方式使宝马能够有和顾客直接接触的机会，相互沟通信息，树立起良好的品牌形象。

当今的消费者面对着无数的广告和商业信息，为了有效地使信息传递给目标顾客，宝马还采用了其他的促销方式，包括广告、公共关系活动等。

1) 以传播宝马品质为核心内容的广告宣传

宝马认为，当今社会越来越多的媒体具备国际影响力，使用广告传达一致信息是绝对必要的。宝马为亚洲地区制订了一套广告计划，保证在亚洲各国通过广告宣传的宝马品牌形象是统一的。同时这套广告计划要通过集团总部的审查，保证与公司在欧美地区的广告宣传没有冲突。宝马公司借助了新加坡、中国香港等地的电视、报纸、杂志等多种广告媒体开展广告宣传活动。这些活动分为两个阶段：第一阶段主要是告知消费者，宝马是一个高级豪华车品牌，同时介绍宝马公司的成就和成功经验；第二阶段用宝马七系列作为主要的宣传产品，强调宝马的设计理念、安全性、舒适性和全方位的售后服务。

宝马的广告也总是竭尽所能地演绎出品牌的核心价值，如宝马有一则非常幽默、有趣的广告，标题是"终于，我们发现了一个未能享受 BMW 驾驶乐趣的人"，原来驾驶者是个机器人，寓意宝马把很多功能智能化，相当于有个机器人把驾驶者的复杂操作分担了，所以机器人未能享受到驾驶的乐趣而很辛苦，而正常人则能够享受到前所未有的驾驶乐趣。

宝马的广告不仅紧扣品牌核心价值，而且创造性地通过品牌延伸推广新产品来低成本地传播品牌精髓。宝马在许多城市开设了宝马生活方式专卖店。因为宝马不仅象征着非凡的制车技术与工艺，还意味着"潇洒、优雅、时尚、悠闲、轻松"的生活方式。车和服饰都是诠释宝马核心价值观的载体，宝马的经营范围延伸到服饰不仅能获得额外的利润，还有另一层深意，是通过涉足服饰领域向更多的消费者推广宝马生活方式与宝马这个品牌。宝马注意到，人们空闲时很少到汽车展示厅闲逛，而去商业中心成为都市人们的一种休闲方式，因此宝马希望通过生活方式专卖店向人们直接展示宝马精良的品质和完美的细节，从而将人们培育成为宝马汽车的潜在消费者。

2) 以体育营销为载体的公关活动

广告的一大缺陷是不能与目标顾客进行直接的接触，而公关活动能够达到这一目的。宝马公司在亚洲主要举办了宝马国际高尔夫金杯赛和宝马汽车鉴赏巡礼两个公关活动。

宝马国际高尔夫金杯赛是当时全球业余高尔夫球赛中规模最大的一项赛事。这项赛事的目的是促使宝马汽车与自己的目标市场进行沟通，因为高尔夫球历来被认为是绅士运动，即喜欢打高尔夫球的人，尤其是业余爱好者多数是拥有较高收入和较高社会地位的人士，而这些人正是宝马汽车的目标市场。宝马汽车鉴赏巡礼活动的目的是在特定的环境里，即在高级的展览中心陈列展示宝马汽车，把宝马的基本特性、动力、创新和美感以及它的高贵、优雅的品牌形象展示给消费者，并强化这种印象。

此外，宝马公司还定期举行新闻记者招待会，在电视和电台的节目中与顾客代表和汽车专家共同探讨宝马车的功能，让潜在顾客试开宝马车，这些活动也加强了宝马与顾客的沟通。

资料来源：李天. 形散神不散：宝马的组合营销策略[J]. 汽车观察，2008(10)：88-90.(有所删减)

请结合上述案例材料，思考以下问题：

(1) 企业营销战略的步骤是什么？

(2) 宝马的"4P"营销组合策略是如何实现有机统一的？

第3章 营销环境分析

学习目标

- 了解影响企业营销战略制定的环境因素；
- 掌握环境分析的一般方法与有关工具；
- 理解环境因素如何影响企业营销战略的制定；
- 分析企业应该如何应对营销环境的变化。

引例

方便面背后的中国经济

1. 从战场到餐桌

1991 年，波斯湾黄沙漫天，美军坦克如滚刀切黄油一般撕开了萨达姆军队的防线。在这场震惊世界的高科技战争中，为美国大兵提供援护的除了战机和导弹，还有初次投入战场的无焰加热单兵口粮。多年后，这种把士兵从冷冰冰的罐头中彻底解放的技术在中国吃货的心里种出了一片草原。

近两百年来，战争成为了推动技术进步的先锋。早期的计算机用于战场分析弹道，雷达为的只是防空。在军用技术演化为民品的过程中，人们也就迎来了生活方式的迭代。起初，脱胎于军粮的自热米饭最先进入商超，到了 2015 年，自热技术的潜力在各种网红小火锅的催动下被逐渐释放，吸引了海底捞等线下火锅大牌的入局。2019 年，当人们还在争论自热火锅产业的未来发展时，作为国内方便食品行业执牛耳者的康师傅以一款速达面馆自热面表达了对这个诞生于战场的食品技术进入主流消费市场的期待。

这款速达面馆自热面作为市面上主流方便面品牌中第一款引入"冷水自热"技术的产品，无需火电十五分钟即可获得一碗面馆好面，其大容量肉块包、低温真空锁鲜技术和双层面体结合热风干燥工艺的面饼，让口感达到了媲美正餐的标准。此外，从包装到加热，这款自热面都围绕着登山、骑行、自驾等户外场景而设计，让人们在野外也能吃上热腾腾的大餐。

除了技术升级外，这也是康师傅在传统产品上探索需求细分的最新尝试。除了自热面，康师傅速达家族中的煮面系列就专注于对家庭生活特别是亲子关系中的泡面角色进行迭代，既保留了便捷易操作的优势，又以更好的口感与大容量蔬菜、肉块契合了家庭烹饪注重美味营养兼备的生活理念。在推出彻底颠覆、升级传统泡面印象的速达面馆系列产品之前，康师傅早就开始以"鲜蔬面""黑白胡椒""DIY 面""金汤"等健康的高端产品探索消费升级市场，直到自热面系列的推出，完成了整个产品布局的升级。可以说，以康师傅为代表的方便食品企业，吹响了全面正餐化、品质化的号角。

其实，这种升级早在三十年前就已经发生了一次。

2. 时代的泡面

20世纪80年代初，随着我国经济体制改革的不断深化，人们的饮食习惯也在悄悄发生改变。在传统单位食堂与家庭小厨房之间，方便食品的市场空间逐渐打开，全国密布着上千条生产线。但绝大多数价格低廉的方便面着眼于解决温饱，只有基本的调味，没有照顾大多数人的口味，于是生活水平和收入的提高让原有的方便面市场出现了一个巨大的空当。

康师傅正是抓住了三十年前的消费升级浪潮，推出多料包、自带碗叉的新品，从而迅速崛起。从历史上看，这种升级是社会滚滚向前的必然要求。中国最早的面条叫"汤饼"，其制作方法是用一只手托面，另一只手撕面，在锅边按扁，下水煮熟。此后几千年里，面条的技艺就处于不断地迭代更新中，制作上有刀削面、拉面、挂面，口味上引入了辣椒、陈醋等，无一不是在向美味、便捷的方向演化，满足人们在口腹之欲外对于便利、口味、健康的功能性细分需求。

可以说，以面条为代表的食品工艺不仅仅是生活的技艺，更是生产力的工具，社会演变不止，方便食品也进化不停。在康师傅的带动下，众多品牌也纷纷走向全国市场，方便面进入了头部品牌竞争的时代，在激烈的竞争中不断迭代，进而奠定了其国民食品的地位。2016年9月份的一项消费者调查指数显示，月收入2万元以上的出国旅游者中，42.8%会携带方便面。英国《泰晤士报》曾发表文章说："我们意识到，提供方便面的服务对中国大陆客人是比较实用的。中国游客去商店里买方便面，然后在客房的热水壶里煮。如果客房里有方便面，中国游客会更高兴。"

对于中国人而言，没有方便面的人生是不完整的。方便面之于中国人，等同于汉堡之于美国。美国经济学家用"巨无霸指数"衡量生活水平的高低，而中国人则在对"方便面指数"的思考中，发现了经济走向的蛛丝马迹。多年来，火车票、方便面、肯德基这三大消费品在随GDP迅速增长的CPI面前一直发挥稳定，特别是最低端的袋装方便面的1.5元定价已经维持了十几年没变。但随之而来的，却是其市场地位的下降。高铁取代了"空调特快"，肯德基从高档餐厅回归到平民餐饮，而最初被定位为一餐主食的方便面也越来越成为工薪阶层消费的配角。相比于时代，方便食品产业的滞后问题越发突出。

3. 泡面里的中国

2017年8月，某品牌的高层会议上，突然爆出未来将"逐步退出方便面市场"的消息。但其随后对外解释称，未来并非不生产方便面，而是要跳脱"物理性"的定义，不把产品视为只有面块加水的泡面，而是把精力转向附有调理包的高价品牌。其实，这样的表态只是方便面市场高端化的一个缩影。全社会的"消费升级"浪潮早已风起云涌，市场再次出现空档。例如，在产能过剩、竞争白热化的玻璃行业，超薄触控玻璃、太阳能盖板玻璃等面向新消费、绿生活的高端产品，虽然价高却供不应求。调湿控温的棉服面料、纳米防污的衬衫面料、超薄防晒的运动面料等功能性纤维不断制造出市场爆款，与大路货的滞销形成了鲜明的反差。没有卖点、没有口碑、没有创新的产品在这个网红直播带货的商业新环境下已经难以生存，方便面企业依靠诸如"红烧牛肉"或"老坛酸菜"等创新口味打天下的时代早已一去不复返。

消费者在变，商业平台也在演化。从网易严选到寺库、洋码头，再到全面切入日用消费品行业的小米，后淘宝时代诞生的平台都在趋向"精品化"甚至是"奢侈化""海外购"，以满足一二线城市中产以上阶层消费者的旺盛需求。同时，在中国内陆四、五线城市乃至曾经被忽视的乡镇，拼多多的风靡其实也意味着另一种意义的"消费升级"，是从有什么就买什么的传统市场，进化到对性价比与空间进行选择的现代市场。在主动地适应市场与被动的优胜劣汰间，方便面产业也迎来了第二次升级。

除了推出更加健康美味的新品并在面饼、料包的锁鲜上引入全新工艺，随着口碑时代来临，以康师傅为代表的方便食品行业也正进行营销创新以准确切入精准市场。

近两年，康师傅借助航天 IP 大热的趋势，在全国举办科普展，将航天、太空食品知识融入少儿科普活动。此外，在最受户外爱好者青睐的马拉松赛事里，方便面也由不起眼的配角华丽转身为快速补充能量的不二之选，彰显出运动与户外的独特属性。

伴随着产品创新、工艺创新与营销创新的三管齐下，方便面行业迎来了第二次产业升级。中国食品科学技术学会分析认为，目前以康师傅、统一、日清、农心为代表，高端方便面的市场竞争态势已经形成。可以说，方便面市场的回暖不是"消费降级"，恰恰是企业调整产品线以适应消费者需求个性化的"消费升级"与"产业升级"。这一过程中，企业紧随技术发展趋势、不断进行产品创新成为推动增长的内在驱动力量。

改革开放四十多年来，方便面产业经历了一个螺旋上升的轮回。随着未来社会节奏的加快，方便食品的市场也将迎来全面、长期的繁荣。从最初的为了解决温饱，到后来兼顾口味与便利，再到今天利用锁鲜、自热技术同时满足鲜味与健康的需求，以康师傅为代表的方便食品正在重新占领主流消费市场，稳坐"国民食品"宝座。

时代的变迁改变了方便面，方便面的演化也推动着时代前进。一碗热腾腾的方便面里，氤氲出的是大时代里不断蜕变的中国。

没有任何组织或部门能够摆脱外部环境的影响。自 20 世纪 90 年代以来，企业所面临的外部环境出现了许多新的变化，传统的政治、经济、社会和技术环境因素叠加上全球化、网络化、数字化等新的环境因素，使外部环境变得更具动态性、复杂性和不确定性。这使得企业洞察和识别外部环境中的机会和威胁变得越发重要，也越发困难。营销环境是指在企业营销活动之外，能够影响营销部门为目标顾客创造价值和建立良好关系的各种因素的集合。持续扫描并不断适应变化着的环境对营销成功是非常重要的。营销环境包含的内容异常广泛，将其作为整体进行分析是几乎不可能的，我们首先需要对外部环境进行分类。一般而言，营销环境包括宏观环境与微观环境。

3.1　　宏观环境分析

宏观环境也被称为一般环境或遥远型环境，通常包含人口环境、经济环境、政治环境、技术环境、自然环境、社会文化环境。宏观环境借助于微观环境以及企业战略、经营活动、业务领域等变量间接影响着组织经营绩效。表 3-1 列出了宏观环境的主要构成要素与细分变量。

表 3-1　宏观环境的主要构成要素与细分变量

人 口 环 境	技 术 环 境
人口数量、年龄结构、地理分布、种族与民族构成、家庭变化	政府研发投入、产学研融合与技术转移、技术更新换代、产品创新与知识利用、技术基础设施
经 济 环 境	自 然 环 境
GDP/GNI 总量与增速、通货膨胀(CPI)、失业率、储蓄率、利率、货币供应、居民总收入、居民可支配收入	气候变化、自然资源、能源供应、环境污染与环境保护、自然灾害
政 治 环 境	社 会 文 化 环 境
政局稳定性、政策连续性、政府监管、税收政策、社会福利政策、法律法规	受教育水平、世界观与价值观、风俗习惯、生活态度、生活方式、社会流动性

3.1.1　人口环境

人口环境是指一个国家或一个地区的人口数量、年龄结构、地理分布、种族与民族构成、家庭变化和其他人口统计学变量。由于人口统计学变量与人有关，而人构成市场，分析人的需要、欲望和需求是营销管理过程的第一步，因此人口环境与营销能否成功密切相关。

二战后，世界人口数量呈现爆炸式增长。根据世界银行的统计数据，1960 年世界人口为 30 亿，1980 年为 44 亿，2000 年为 61 亿，2020 年为 78 亿。对我国而言，根据国家统计局公布的数据(不包括香港、澳门和台湾地区)，1980 年总人口为 9.9 亿，1990 年为 11.4 亿，2000 年 12.7 亿，2010 年为 13.4 亿，2020 年为 14.1 亿。如此庞大的、高度多样化和多层次的人口既为营销带来了机会，也形成了挑战。人口数量多通常意味着市场规模大，为企业的市场扩张和销售额的增长带来了机会；人口多样化为企业的业务扩张和产品创新提供了得天独厚的机会，有助于企业丰富营销组合，实施差异化营销；多层次市场为不同类型企业的发展提供了丰厚的沃土，同时也为企业产品线的延伸和产品升级提供了绝好的机会，有助于企业的转型升级和可持续发展。

在社会发展过程中，人口环境不是一成不变的，而是受国家生育政策、经济社会发展水平、居民生活和生育观念的影响。例如，20 世纪 80 年代初期，我国为了控制人口快速增长，政府将计划生育定为基本国策。这样做的结果就是人口出生率不断下滑，由 1987 年的 23.33‰降至 2010 年 11.9‰，与此同时每年的新出生人口也由 2550 万人降至 1588 万人。2015 年，国家为应对人口老龄化，开始实施全面二孩政策，最为直接的结果就是人口出生率由 2015 年的 11.99‰提升至 2016 年的 13.57‰，与往年相比新出生人口增加近百万人。此后，在生活压力和生活成本居高不下的情况下，我国人口出生率又开始下降，及至 2021 年国家推出鼓励三孩政策之时，人口出生率降至 7.52‰，人口自然增长率已经趋近于 0。2022 年，我国人口自然增长率首次为负，新出生人口 965 万人，首次跌破 1000 万人。2023 年，印度人口数量超越我国，成为全球人口最多的国家。

年龄结构也是影响营销成功的重要因素。我国的计划生育政策造就了独生子女这个独特的群体。与其父辈或祖父辈不同，他们一出生就受到了父母以及祖父母六个家长的呵护，成为家里的"小皇帝"或"小公主"。这个群体在消费理念、生活方式、文化观念等方面与其父辈或祖父辈截然不同，影响了整个市场的发展。这一代人的生活所需从婴幼儿产品到服装，从日常生活用品到奢侈品，无所不包。人口出生率下降带来的另一个问题就是人口结构的老龄化。根据国家统计局发布的数据，20世纪80年代初，我国全部人口中65岁以上人口占比仅为4.9%(1982年)，2022年这一比重增至14.9%(同期全球平均水平为10%)。与此同时，0～14岁人口占比由33.6%(1982年)降至16.9%(2022年，同期全球平均水平为25%)。未来，我国人口结构的老龄化问题将会进一步加剧。老龄化也会影响整个市场的发展，为养老产业、医疗健康产业、保健品产业、休闲娱乐产业的新发展带来机会。2024年1月11日，国务院办公厅印发了《关于发展银发经济增进老年人福祉的意见》，工信部先后公布了《2023年老年用品产品推广目录》《2024年老年用品产品推广目录》，为发展"银发经济"和企业针对老年人群体的产品开发指明了方向。

人口环境中的地理分布、种族与民族构成、家庭变化和其他人口统计学变量也对会营销产生重要的影响，需要营销人员进一步细分市场，并为每一个细分市场提供不同的产品和营销组合方案。

3.1.2 经济环境

与人口数量相比，购买力或许是更为重要的因素。经济环境是由那些影响消费者购买力和购买行为的因素构成，既包括GDP/GNI总量与增速、通货膨胀(CPI)、失业率、储蓄率、利率、货币供应等国家层面经济因素，也包括居民总收入和可支配收入等个体层面经济因素。通常而言，经济环境主要通过企业的各种资源(包括资本、原材料、市场、客户等)获取的难易程度、成本高低、方法是否便捷等影响营销的成败。

不同国家与地区在经济发展水平上差异巨大。例如，根据世界银行的统计数据，2022年，世界头号强国美国的国内生产总值(GDP)按现价美元计算达到了25.4万亿美元，是瑙鲁GDP的16.8万倍。2022年，瑞士人均国内生产总值(GNI)按2015年不变价美元计算为8.65万美元，而中非、布隆迪两国的人均国内生产总值不足400美元，还不到瑞士人均GNI的5%。在美国、瑞士这些经济发达国家，商品类型繁多，构成了规模大、类型多样的市场，为企业营销成功提供了大量机会。而在非洲一些经济发展相对落后的国家，人民尚未解决温饱问题，商品数量不够多，类型不够丰富，市场规模小、类型单一，企业想要营销成功则十分困难。

再来看看我国经济环境的变化。在改革开放前后，我国市场的典型特征是大而不强，国土面积全球第三，人口数量全球第一，但GDP总量(1982年)仅位居世界第八，低于美国、日本、德国、法国、英国、意大利、加拿大。1990年GDP总量甚至低于西班牙、俄罗斯和巴西，位居世界第十一，人均GNI相当于中低收入国家水平。进入新千年后，我国经济发展开始提速，GDP总量相继超过意大利(2000年)、法国(2003年)、英国(2006年)、德国(2007年)、日本(2010年)这些传统发达国家，位居全球第二。我国GDP总量占美国GDP总量的比重由2000年的11.8%提升至2021年的76.4%。近年来，伴随着进一步的改革开放，我国商品出口额已经成为世界第一，商品进口额世界第二，中国经济发展成就举世瞩目，我国市场已经发展成为全球最为重要的市场之一，为本土企业的不断涌现和发展、跨国公司的不断涌入和发展带来了众多机会。

经济环境会对人们的收入水平、消费支出和消费行为产生巨大的影响。在西方发达国家，受收入水平增加的影响，人们的财富不断增加，消费者大都处于随意消费乃至超前消费的状态，结果积累了高额的债务，在经济衰退的时候不得不节衣缩食。在中国、印度等发展中国家，得益于经济高速发展的影响，产生了大量的富豪和庞大的中产阶级。他们的收入水平和财富水平迅速提高，为了满足他们新的需求，大量的新产品和高端产品开始出现。例如，在汽车消费领域，不仅经济型车型供不应求，高端豪华跑车也同样受欢迎。这些都造就了一个多样化和多层次的有吸引力的大市场。另外，通货膨胀(CPI)、失业率、储蓄率、利率、货币供应等经济因素对市场也有着重要的影响，需要企业不断追踪并适应这些经济变量的变化。

3.1.3　政治环境

政治环境包括一国或地区的政局稳定性、政策连续性、政府监管、税收政策、社会福利政策、法律法规等，它们影响和制约着各类组织和个人。企业竞争环境与政府政策之间存在着相互依存的关系，可以说没有任何一个企业能够对政治制度免疫。早在1969年，学者就认为政治竞争紧随着经济竞争，政治可以被看作一种能够为企业创造最有利环境的竞争性工具。一些学者提出了公司政治战略(CPS)一词，将其视为企业战略的一个组成部分和帮助企业获取竞争优势的来源之一。CPS与市场和投资同等重要，政治环境的变化对营销决策有着重要的影响。表3-2是我国对企业营销活动有重要影响的法律法规。

表 3-2　我国对企业营销活动有重要影响的法律法规

法律法规名称	颁布或公布年份
《中华人民共和国公司法》	1993 年
《中华人民共和国工业产品生产许可证管理条例》	2005 年
《中华人民共和国反垄断法》	2007 年
《中华人民共和国对外贸易法》	1994 年
《中华人民共和国广告法》	1994 年
《中华人民共和国食品安全法》	2009 年
《中华人民共和国专利法》	1984 年
《中华人民共和国著作权法》	1990 年
《中华人民共和国外商投资法》	2019 年
《政府投资条例》	2019 年
《中华人民共和国招标投标法实施条例》	2019 年
《中华人民共和国反不正当竞争法》	1993 年
《中华人民共和国商标法》	1982 年
《中华人民共和国产品质量法》	1993 年
《中华人民共和国电子商务法》	2018 年
《中华人民共和国标准化法》	1988 年
《直销管理条例》	2005 年
《中华人民共和国烟草专卖法》	1991 年

续表

法律法规名称	颁布或公布年份
《中华人民共和国政府采购法》	2002 年
《中华人民共和国消费者权益保护法》	1993 年
《制止牟取暴利的暂行规定》	1995 年
《价格违法行为行政处罚规定》	2010 年
《商业特许经营管理条例》	2007 年
《中华人民共和国反倾销条例》	2004 年
《中华人民共和国反补贴条例》	2004 年
《中华人民共和国价格法》	1997 年

数据来源：国务院国家行政法规库、全国人大官网。

政治环境首先要考虑一个国家或地区政局的稳定性。可以说政局的稳定性是企业进行营销决策乃至战略决策要考虑的首要因素。如果一个国家或地区的政局不稳定，如出现战争、暴乱、罢工等，这些事件都可能迅速改变企业的经营环境，影响企业的营销计划。相反，如果政局稳定、人民安居乐业，则有利于为企业创造良好的营销环境。同时，政局稳定还为政策和法律法规(包括货币政策、财政政策、税收政策、物价政策、投资政策、对外贸易政策等)的稳定性与连续性创造了条件，为企业战略目标和营销目标的实现提供了一种稳定的预期。

自改革开放以来，我国的政治环境得到不断优化和完善，呈现出稳定、和谐、公正的特点。首先，我国坚持中国特色社会主义道路，不断完善社会主义制度，推进国家治理体系和治理能力现代化；其次，我国稳步推进政治体制改革，坚持民主选举、民主协商、民主决策、民主管理、民主监督等制度，保障人民的知情权、参与权、表达权和监督权，促进了人民当家作主；第三，我国全面落实依法治国基本方略，加快建设社会主义法治国家，包括加强立法工作，提高立法质量，加强司法工作，做到有法必依、执法必严、违法必究，加强依法行政和对执法活动的监督，确保权力正确行使。

十多年来，我国政府大力实施以"政府有为"推动"市场有效"的各项举措，发挥市场在资源配置中的主导作用(2013 年 11 月中国共产党十八届三中全会提出)，包括：通过引入战略投资者、实施混合所有制改革、完善公司治理结构、加强监管和考核等举措大力推进国有企业改革；通过减税降费、降低企业融资成本、拓宽民营企业融资渠道、鼓励民营企业加大科技研发投入、弘扬企业家精神等举措积极支持民营经济发展壮大；通过简化行政审批流程、完善企业经营的法律法规体系、放宽外资企业和民营企业的市场准入条件(放宽外资准入领域负面清单范围)、加强市场监管、推动构建亲清政商关系、加强全社会信用体系建设等举措优化营商环境。

3.1.4　技术环境

在人类历史的发展长河中，技术环境从来没有像今天一样影响着我们的生活和命运。技术的发展使人类创造了计算机、手机、互联网、汽车、飞机、高铁这样的奇迹，但也带来了手枪、原子弹、化学武器、细菌武器这些威胁人类生命的东西。技术是一把"双刃剑"，它会给企业带来超越对手的机会，也会让企业在市场竞争中被对手瞬间打得体无完肤。

先进的技术对经济增长起到了重要的推动作用，并且这种推动力在不断加强。纵观人类历史，科技在哪个国家取得大发展时，就是这个国家开始崛起时。18 世纪 60 年代起，以蒸汽机的发明和应用为主要标志的第一次工业革命大幅提高了英国国内的生产效率，商品产量大幅增加，国内外贸易空前繁荣，促使英国飞速发展，成为"日不落帝国"。19 世纪60 年代后期，以电力的广泛应用和内燃机的出现为主要标志的第二次工业革命，有力推动了美国和德国经济的进一步发展和国际地位的提升，为美国和德国 20 世纪的全球竞争奠定了坚实基础。20 世纪 50 年代，以计算机和信息技术的快速发展和应用为主要标志的第三次工业革命深刻地改变了人们的生活方式和工作方式，加速了全球化的进程，强化了美国在全球经济、政治、科技、贸易、金融、文化等领域的引领作用。近些年，得益于信息技术、互联网技术和全球化的发展，中国、印度等新兴经济体也实现了经济的跨越式增长，跻身于世界大国之列。未来，大数据、物联网、区块链、人工智能、5G 等先进技术的发展和应用，势必进一步推动经济发展、社会变革、产业进步和企业商业模式创新。

新技术会创造出新的市场机会。如果企业忽略新技术的发展，或者对新技术的采用大大滞后于新技术的发展，就会使企业的产品过时，使企业错失发展机会进而被市场淘汰。衡量技术环境最为重要的指标就是研发投入强度。从研发经费投入强度看，根据世界银行的统计数据，2021 年美国研发经费投入达到 8060 亿美元左右，占自身 GDP 的 3.46%，居世界首位，同期我国研发经费投入为 4335 亿美元左右，占自身 GDP 的 2.43%，从研发经费投入占 GDP的比重看，韩国和以色列可谓一枝独秀，2021 年分别为 5.56% 和 4.93%；从研发人员投入的强度看，韩国和瑞典分别以 9082 人(每百万人)和 8131人(每百万人)居前两位，我国仅为 1687 人(每百万人)，居世界中下游水平。

新技术对企业营销的影响还体现在新销售渠道的开辟、新广告媒介的选择、个性化促销方案的制定以及客户关系管理的全过程(包括客户识别、客户服务、客户互动等)。

中国互联网络
发展状况

3.1.5 自然环境

自然环境是指自然界中影响企业营销人员或营销活动的物质和非物质要素的总和。自然环境通常包括气候变化、自然资源、能源供应、环境污染与环境保护、自然灾害等要素，这些要素之间相互作用、相互制约，共同构成了一个复杂而有序的自然环境体系。通常来说，自然环境主要通过影响企业的外部资源获取、运营成本与效率等方式影响组织的成败。在过去几十年，人们越来越重视环境问题，在全球许多国家，环境污染(包括空气污染、水污染、固体废物污染等)、生态破坏以及自然灾害达到了危险的水平，许多人开始担心地球或许不再适合人类居住了。特斯拉创始人埃隆·马斯克以及一些组织甚至公布了雄心勃勃的"火星移民计划"。

温室效应与全球变暖将会导致气温上升、海平面升高、冰川融化、极端天气事件增多，这些都会对地球生态系统和人类社会产生深远的影响，是当前人类社会共同面临的严峻挑战，是国际社会普遍关注的复杂而紧迫的重大问题。根据世界银行的统计数据，2022 年全球主要温室气体排放量均创下历史新高，其中二氧化碳(CO_2)总排放量为 385.22 亿吨当量(excluding LULUCF，即排除土地利用、土地利用变化及森林所排放的二氧化碳)，甲烷(CH_4)

总排放量为 112.94 亿吨二氧化碳当量(excluding LULUCF)，氧化亚氮(N$_2$O)总排放量为 25.71 亿吨二氧化碳当量(excluding LULUCF)。1990—2022 年间，二氧化碳总排放量增加了 71.08%，甲烷总排放量增加了 32.44%，氧化亚氮总排放量增加了 36.51%。世界气象组织(WMO)发布的《2022 年温室气体公报》也显示，全球大气主要温室气体浓度继续突破有仪器观测以来的历史纪录。由此带来的影响是气温升高(2022 年全球年平均陆地气温较 1850—1900 年平均值偏高 1.67℃)[①]、极端天气(如高温、干旱、暴雨、洪涝、严寒等)频发。

空气污染和自然资源的日渐稀缺使企业面临经营成本大幅上升的压力。目前，空气污染和水资源短缺已经成为许多地区面临的严重问题。世界上曾经有超过 80%的人口在呼吸严重污染的空气，我国华北、华东、华中地区的空气污染状况也曾经令人担忧。另外，石油、天然气和各种矿物资源的可持续利用也成为了严峻的挑战。一方面是人们对能源的需求量和使用量不断提高，另一方面是不可再生资源日渐减少，或开采难度日益加大、开采成本日益提高，而可再生能源所占的比例仍没有达到令人满意的水平。除此之外，森林、耕地、草地这些生态资源也必须得到有效的保护。根据世界银行的统计数据，过去五十年间全世界人均可再生内陆淡水资源(立方米)下降了 51.3%，人均耕地面积下降了 50.0%。

面临自然环境日益恶化和日益复杂的情况，世界各国与地区掀起了一场绿色运动。从政府机构到国际组织，都开始制定并实施可持续发展战略。2015 年 12 月 12 日，在法国巴黎召开的第 21 届联合国气候变化大会通过了《巴黎协定》，旨在对 2020 年后全球应对气候变化的行动作出统一安排。在公司层面，企业开始致力于研发绿色技术，实施绿色生产工艺，并销售更多的环保产品。在消费者个体层面，人们越发注重购买和消费绿色产品，以减少对环境的污染，保护生态。我国也通过并实施了一系列法律法规，并于 2018 年 3 月设立了生态环境部，统一负责监督管理国家减排目标的落实、环境污染防治的监督管理、生态环境监测与监督、应对气候变化等工作。

中国环境保护
方面的主要法律

3.1.6 社会文化环境

社会文化环境主要由国家或地区居民的受教育水平、世界观与价值观、风俗习惯、生活态度、生活方式、社会流动性以及其他因素组成。这些因素通过影响人们的消费观念、消费行为和消费方式进而影响企业营销的成败。人们总是在一定的社会文化环境中成长，这种环境通过长期的潜移默化，塑造了人们的基本信仰、世界观和价值观。这些基本信仰、世界观和价值观又决定了一个人的社会关系和社会行为。在经济快速发展、技术快速演变、社会快速变革和全球化的大背景下，社会文化环境对营销的影响愈发突出。

价值观代表了人们最基本的、相对稳定和持久的信念。在不同的社会文化环境下，人们的价值观是有差异的。例如，大多数美国人都信奉独立、自由、民主、平等、个人主义的价值观。受中华民族几千年悠久历史和传统文化的深刻影响，孝顺、勤劳、随和、谦虚、中庸之道则是大多数中国人普遍遵循的价值观。2012 年 11 月，中国共产党第十八次全国代表大

---

① 见 2023 年 3 月 18 日中国气象局发布的《全球气候状况报告(2022)》。根据美国国家航空与航天局(NASA)的信息，2023 年地球平均表面温度是自 1880 年有记录以来最高的，比 19 世纪末(1850—1900 年)工业化前的平均温度高约 2.45 华氏度(约 1.36 摄氏度)。最近 10 年也是有记录以来最热的十年。

会报告中提出，推进社会主义文化强国建设……加强社会主义核心价值体系建设……倡导富强、民主、文明、和谐，倡导自由、平等、公正、法治，倡导爱国、敬业、诚信、友善，积极培育和践行社会主义核心价值观。当前，社会主义核心价值观已经广泛成为我们在国家、社会、公民三个层面的共同价值追求和道德准则，对人们的观念和日常行为具有很强的约束力。

在分析国家文化环境差异时，一个被广泛认同的观点是吉尔特·霍夫斯泰德(Geert Hofstede)于20世纪70年代提出的理论。他通过几十年的研究，横跨几十个国家，提出了国家间文化差异的6个维度。每个维度都可用一个0~100的分数作为评价指标，从而描绘出了一幅区分全球文化差异的"世界地图"，如表3-3所示，为跨文化研究做出了重要贡献。这六个维度分别是：① 权利距离，指社会中缺少权利的一方对权利分配不公平性的接受或容忍程度，分数越高，容忍程度越高；② 个人主义与集体主义，指社会更关注个人利益还是集体利益，分数越高，越关注个人利益；③ 男性气质与女性气质，男性气质是指社会主导价值观对自信、坚强、物质成就的强调程度，女性气质是指对谦逊、温柔、生活质量的关注程度，分数越高，越强调男性气质；④ 不确定性规避，指社会面对不确定性和模糊情境时的不适程度，分数越高，意味着该社会的人们对于不确定性和模糊情境的焦虑水平越高；⑤ 长期导向与短期导向，长期导向关注未来，重视节俭和毅力，短期导向则关注当下，分数越高，越倾向于长期导向；⑥ 放纵和约束，指社会对于享受生活和追求乐趣的需求的接受程度，分数越高，越倾向于放纵。企业需要认真考虑不同文化情境下人们对产品与服务的需求特征和需求偏好。例如，为美国消费者开发产品、服务和品牌时，应该注重展现个人主义价值观；而为中国消费者开发产品、服务和品牌时，则应该注重展现集体主义价值观。

表3-3 世界主要国家文化差异

国　家	权利距离	个人主义与集体主义	男性气质与女性气质	不确定性规避	长期导向与短期导向	放纵和约束
澳大利亚	38	90	61	51	21	71
巴西	69	38	49	76	44	59
加拿大	39	80	52	48	36	68
中国	80	20	66	30	87	24
法国	68	71	43	86	63	48
德国	35	67	66	65	83	40
英国	35	89	66	35	51	69
印度	77	48	56	40	51	26
意大利	50	76	70	75	61	30
日本	54	46	95	92	88	42
墨西哥	81	30	69	82	24	97
俄罗斯	93	39	36	95	81	20
南非	49	65	63	49	34	63
瑞典	31	71	5	29	53	78
美国	40	91	62	46	26	68

3.2 >>> 微观环境分析

微观环境也被称为产业环境或任务型环境，是指能够直接影响企业经营活动的外部因素，通常包括企业自身、供应商、中间商、竞争对手、公众和顾客等。微观环境不仅是企业获取外部信息的直接来源，而且一系列的研究证实，微观环境特征还能显著地直接影响企业组织绩效，并且对不同类型企业的影响作用不同。总体而言，微观环境特征对组织绩效的变异具有 10%～20% 的解释能力。

3.2.1 企业自身

企业必须考虑内部环境因素的重要性，否则单靠营销部门或销售部门是无法完成为顾客创造价值和建立顾客关系这一重要任务的。营销部门必须要与其他部门进行紧密的合作，如财务部门、人力资源管理部门、研发部门、设计部门、采购部门、生产部门、质量管理部门、会计部门、IT 部门等。与此同时，营销部门还必须考虑最高管理层的意图。因为公司管理层负责制定公司的整体发展战略，包括营销经理在内的部门经理必须在公司整体战略规划的范围之内制定决策，而营销经理在制定好营销战略之后，需要报管理层批准后方能执行。

如前文所述，企业最终是否成功地满足了顾客的价值需求，不仅取决于每个部门的工作是否出色，还取决于这些部门之间的活动是否很好地协同。甚至整个公司都要建立客户战略或转型为客户战略型公司，让每一位员工都具有"为顾客着想"的理念。当前，为顾客创造价值和建立顾客关系，正在由营销人员和销售人员的工作转变为企业家乃至整个企业的工作。例如，美国施乐公司前 CEO 指出，为了提供明显的顾客体验价值，施乐必须"发现顾客面临的问题和机会，每一个施乐人都要承担这一责任，包括那些不直接面对客户的部门和人员，如财务、法律、人力资源等"。

3.2.2 供应商

供应商为公司提供生产产品和提供服务所需的一切资源，是企业为顾客创造价值的重要构成环节。供应商出了问题可能会严重影响整个公司的正常经营活动。例如，供应商原材料供应不及时，会导致公司正常的生产流程停滞、机器设备停止运行、生产工人无法进场开工，为企业带来不可估量的损失；供应商原供应的原材料质量低下，会导致公司生产的产品质量不高、性能不稳定，进而提高产品不合格率，影响顾客使用体验，降低顾客满意度和顾客忠诚度，最终丧失市场份额；供应商原材料价格的上涨会导致公司生产成本提高，产品售价提高，从而影响公司的销售量和利润。

营销经理必须密切关注供应商供应原材料的及时性和质量，关注企业的成本变动。当前，企业越来越重视与供应商的深度合作，将其视为为顾客创造价值和传递价值的重要合作伙伴。例如，丰田公司认识到供应商可以帮助公司提高质量、减少成本、加快新产品开发，由此认识到了与供应商建立紧密关系的重要性，他们常常深入了解供应商企业的运营情况，帮助他们改进产品、培训员工，提供绩效反馈，主动了解供应商的关注点，评选出表现好的供应商并予以奖励，甚至将"赢得供应商满意"这样的说法纳入公司使命陈述之中。

3.2.3 中间商

中间商是帮助公司寻找用户并向他们促销、销售以及配送产品的分销渠道机构，包括经销商、批发商、零售商等。与供应商一样，中间商也是公司价值传递系统的重要组成部分，在其中扮演着非常重要的作用。首先，中间商在同一时间段内集中销售多个企业的商品，既节省了消费者的购物时间，也大大提高了销售活动的效率；其次，中间商在购销过程中，会将消费者需求、市场信息以及竞争产品信息反馈给企业，有助于企业更好地了解市场需求，调整生产策略；第三，中间商从各个生产企业购买产品，然后储存、保护和运输这些产品，最后将它们分销到消费者手中，确保了产品的连续供应；第四，中间商在订购产品时会对产品的设计、工艺、生产、服务等质量保证体系进行考察，或者根据生产厂家的信誉、产品的名牌效应来选择产品，这一系列工作起到了监督检查产品的作用，在一定程度上保障了消费者的利益。

中间商的重要性毋庸置疑，但选择中间商并非易事。以往，企业面临的多是规模小、实力不强的中间商，企业在与其谈判过程中居于优势地位。如今，企业不得不面临诸多规模大、实力强的大型中间商，诸如沃尔玛、物美等。这些大型的中间商有足够的实力规定合作条款，并在产品价格、付款方式和付款周期方面具有说一不二的主导权。

3.2.4 竞争对手

在市场竞争日益激烈的情况下，企业要想成功，关键并不是为顾客创造市场中最高或最独一无二的价值，而是只需要比竞争对手做得更好一些。从市场导向的概念与内涵来看，营销人员要做的不仅仅是简单地满足目标顾客的需要，还必须对产品进行市场定位，使自己的产品与服务在顾客心目中与竞争对手区分开来，以获得竞争优势。

没有一种营销战略对所有公司来说都是战无不胜的，也没有哪种营销战略一定比另外一种营销战略更好。每个公司都应该认真考虑自己在规模、实力、产品、服务、品牌等方面与竞争对手的差异，并选择与自身状况最为匹配的细分市场和目标消费者进行服务。在充分的市场以及目标消费者需要、欲望、需求调研的基础上，设计与之相匹配的个性化和定制化的营销组合，以此提高目标消费者的满意度和忠诚度，最终实现顾客价值的最大化。因此，从这个意义上来说，营销战略就是要消除市场竞争，是一种截然不同的竞争方式。

3.2.5 公众

公众是指对组织目标的实现具有现实或潜在利益关系或影响的任何群体，通常包括政府、投资者、社区、媒体以及公司内部人员等。他们在品牌形象塑造、企业市场战略制定、产品销售、监督企业行为等多个方面对企业起着不可忽视的影响作用。

首先，公众会通过社交媒体、口碑传播等方式，对企业形象和品牌进行广泛传播和评价。正面的公众舆论有助于提升企业的品牌形象和知名度，而负面的舆论则可能对企业造成损害。因此，企业需要密切关注公众舆论，及时调整营销策略，以维护良好的品牌形象。其次，公众的需求和偏好是企业制定市场战略的重要依据。通过对公众需求的分析，企业可以了解市场趋势和潜在商机，从而调整产品定位、优化产品功能，更好地满足公众需求。第三，公众的评价和推荐对产品销售具有重要影响：正面的评价和口碑传播可以吸引更多潜在消费者，提高产品销量；负面的评价则可能导致消费者流失。第四，公众作为消费者和信息传播者，对企业行为具有一定的监督作用。当企业出现不当行为或产品质量问题时，公众会通过舆论进行谴责和抵制，从而迫使企业改正错误、提高产品质量。

因此，企业需要塑造和维护好与公众之间的关系，通过社交媒体、线上线下活动等方式，加强与公众的互动，了解他们的需求和偏好，收集他们关于市场和消费者的信息以及关于产品的反馈，不断提高产品质量和服务水平，赢得公众的信赖和支持。同时，当出现负面舆论时，企业还应迅速采取措施进行应对，包括公开道歉、改正错误、加强公关沟通等，以减轻舆论对企业形象的损害。

3.2.6　顾客

顾客是公司微观环境中最为重要的因素。企业创造价值、传递价值和沟通价值，最终目标就是服务目标顾客并与之建立牢固的关系。公司制定营销战略首先需要区分市场的类型。通常来讲，顾客市场的类型包括消费者市场、产业市场和机构市场。消费者市场由个人和家庭组成，他们购买产品是为了消费；产业市场由不同类型的中间品生产企业构成，他们购买产品不是为了自己消费，而是用于销售、租赁、再生产；机构市场主要是由政府机构构成，他们购买产品是为了提供公共服务，或者将这些产品转移到需要的人手中。其次，公司还需要好好研究每类市场的客户决策特征、购买过程特征、购买行为特征等，以此才能为其提供更具针对性的产品与服务。

3.3　微观环境分析工具

3.3.1　"S-C-P"模型

哈佛大学产业经济学权威贝恩、谢勒等人在 20 世纪 30 年代建立了"结构-行为-绩效"模型(Structure-Conduct-Performance Model)，即"S-C-P"模型，如图 3-1 所示。其中"S"是指产业结构，包括市场需求特点、竞争者数量、企业规模、进入壁垒、产品异质性、企业成本结构和政府管制程度等；"C"是指企业行为，包括企业在市场竞争中的一系列经营行为，如战略联盟、并购、业务范围调整、价格制定、产品开发、广告、管理变革等；"P"是指用于衡量资源配置效率的经济绩效，包括生产成本、运营效率、利润率、市场份额、顾客满意度、市场竞争力、社会效益等。

"S-C-P"模型的逻辑分析思路是：外部宏观环境的冲击会影响产业结构，产业结构又会引发产业内企业行为的变化，而企业行为的变化决定企业的经济绩效，最终企业的行为与经济绩效会对产业结构的演变产生影响，同时经济绩效也会反过来改变企业的行为。因此，提升企业经济绩效的根本方法是改善产业结构。

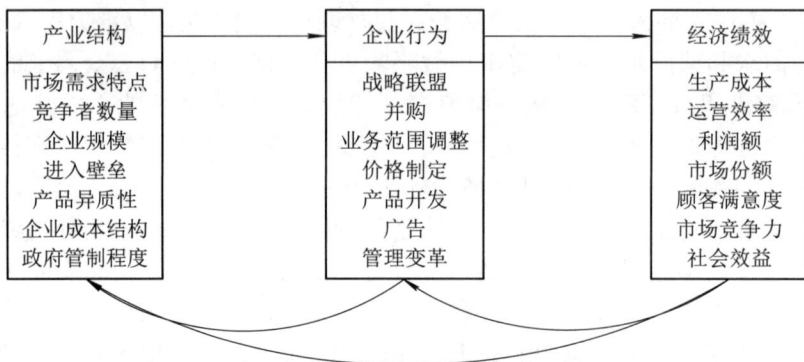

图 3-1 "S-C-P"模型

"S-C-P"模型将外部宏观环境、产业结构、企业行为与经济绩效有机地联系起来，为分析产业结构和企业经济绩效提供了一个简洁且可行的框架，在经济学、管理学领域有着广泛的应用。例如，宋赵龙煊和张佃波根据"S-C-P"模型分析了我国体育用品制造业的现状和困境(如图 3-2 所示)，并从市场结构、企业行为和经济绩效三个方面出发提出了未来的发展路径；李晚秋和乔翠霞根据"S-C-P"模型分析了中国智能手机产业的市场结构、市场行为、市场绩效，同时根据时代发展趋势进行前景预测并提出了针对性建议。

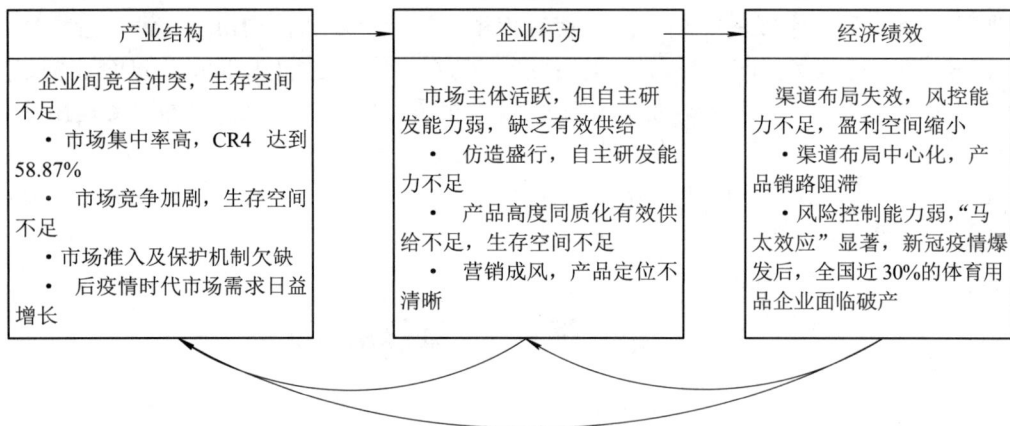

图 3-2 我国体育用品制造业的"S-C-P"模型

3.3.2 波特的"五力模型"

"五力模型"是哈佛大学商学院迈克尔·波特教授在 20 世纪 80 年代初提出的，如图 3-3 所示。在《竞争战略》一书中，波特教授指出产业环境在很大程度上决定了企业的竞争态势，产业结构是企业制定经营战略的基石。在一个产业中，决定其竞争结构的共有五种力量，它们分别是：现有企业之间竞争的激烈程度、供应商的讨价还价能力、客户的讨价还价能力、新进入者的威胁、替代品厂商的威胁。

"竞争战略之父"
迈克尔·波特

这五种力量决定了一个产业内部企业之间竞争的激烈程度以及产业内企业获取利润

的潜力。企业应密切关注这五种力量的发展，或者采取策略对其施加一定的影响，使其有利于本企业的发展。

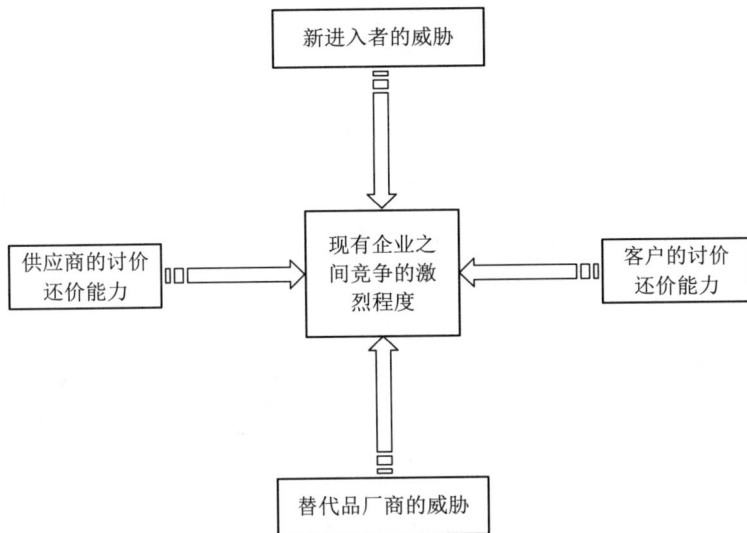

图 3-3 波特的"五力模型"

1. 现有企业之间竞争的激烈程度

同行业企业是指企业战略目标相同、面向同一客户群体且满足他们相同或相似的需求，进而在市场份额或客户份额上具有冲突性的一类企业群体。通常来讲，在市场容量大且行业快速发展阶段，同行业企业之间一般不会出现激烈的市场竞争。但随着市场趋于饱和，同行业企业为了获取更多的利益，势必会产生矛盾和冲突，并通过产品、服务、价格、渠道、广告、促销等形式展开激烈的市场竞争。一般而言，现有企业之间竞争的激烈程度主要取决于以下要素：

第一，同行业企业数量及力量对比。一般而言，同行业企业数量越多，产能越大，市场竞争就越激烈。企业为了抢先一步将产品卖出去获取利润，势必会争夺市场份额或客户份额。在同行业企业力量对比方面，如果竞争对手之间的规模和实力势均力敌，那么任何一家的竞争行为都会引发同行针锋相对的回应，市场竞争就会变得越发激烈。相反，如果同行业企业之间的规模和实力相差悬殊，且各自都有特定的市场范围、目标顾客和市场定位，彼此之间相安无事，那么就不会存在激烈的市场竞争。

第二，行业增长速度。如前所述，当市场容量大且行业处于快速发展阶段时，企业发展的重点是扩大产能，迭代产品，快速扩大客户基数，获取市场份额，而非从竞争对手那里"虎口夺食"、争夺客户。随着行业产能不断扩大，产品越发成熟和完善乃至走向标准化，市场份额也会被一步步地"瓜分"完毕，最终势必会导致行业增长速度放缓。此时，企业发展的重点将转变为抢夺客户，抢占市场份额，那么市场竞争也将会变得更加激烈。

第三，产品差异化程度。如果同行业企业都能够在产品、价格、渠道、服务或品牌等不同的价值创造领域实施差异化，开展差异化竞争，那么市场竞争就不会那么激烈，同时各个企业均可以获取更高的利润。相反，如果企业之间相互模仿，为市场提供高度同质化的产品，那么企业之间的对抗性就会更强，市场竞争就会变得越发激烈。

第四，退出壁垒的高低。退出壁垒也称退出障碍，是指企业在退出某个行业时所遇到的困难和要付出的代价。常见的退出壁垒有专有性资产(如专利、特定的机器设备等)、固定成本(如厂房、仓库等)、政府限制、人员解雇成本等。退出壁垒的高低决定了一个产业中的企业能否顺利退出，是一个行业能否很快恢复供求关系平衡的关键因素。退出壁垒低的行业，不容易出现过度竞争。如果退出壁垒高，在经济下行周期内，很多企业无法实现低成本地退出而不得不继续生产甚至增加产量，那么就会导致产品供过于求，市场竞争激烈。

2. 供应商的讨价还价能力

供应商的讨价还价能力是指供应商在与下游企业交易的过程中，能够在提高产品与服务的价格或者降低产品与服务质量的情况下达成交易的能力。供应商的讨价还价能力能够影响市场中的价格形成机制、产业链利润分配以及企业创新和技术进步，进而对市场竞争结构产生深远的影响。一般而言，供应商讨价还价能力的高低主要取决于以下要素：

第一，供应商的数量和集中度。一般而言，供应商数量少或者供应商集中度较高时，他们通常具有更强的讨价还价能力。举一个极端的例子，如果这个市场当中有且仅有一家供应商，那么客户就无从选择，只能听任供应商的安排。相反，如果这个市场当中供应商数量众多，且彼此之间规模和实力相当，那么就没有任何一家供应商能够左右市场，彼此之间市场竞争就会更激烈，在与客户谈判的过程中就缺乏讨价还价能力。

第二，供应商的市场地位。如果供应商在市场中占据主导地位，例如供应商规模大、技术实力强，拥有较高的市场份额，那么在市场当中就具有更大的支配权和话语权，在与客户谈判的时候讨价还价能力通常较强。他们更有可能对所出售的产品设定较高的价格，或要求更有利的交易条件，从而对客户施加压力。

第三，产品或服务的独特性。当供应商提供的产品或服务具有较高的独特性(包括技术、品牌等)，且市场上缺乏可替代选项时，就会导致下游客户可能更依赖这些独特的产品或服务，从而愿意支付更高的价格。例如，芯片是手机不可或缺的最重要的构成部分之一，它承载着手机的运算和存储功能，是衡量一部手机质量与性能的根本性标准。目前，从全球范围来看，高端芯片几乎都掌握在美国高通公司(Qualcomm)手里，使高通稳坐智能手机产业霸主的地位。

第四，客户对供应商的重要性。如果下游企业不是供应商的重要客户或销售额不是供应商总体销售额的重要来源，那么供应商在向其销售产品时会采取更加强势的定价权。反之，当下游企业是供应商的重要客户时，供应商在对产品和服务定价时会更加合理，并努力维持长期的客户关系，以获得更好的成交价格或交易条件。

第五，供应商的信息掌握程度。供应商对市场需求状况、竞争对手情况、下游企业采购程序与采购策略等信息的掌握程度，也是影响供应商讨价还价能力的重要因素。供应商信息掌握越充分，越能够制定更加有效的谈判策略，争取到更为有利的交易条件，在与客户谈判的过程中讨价还价能力就越强。

第六，供应商前向整合并进入客户所在业务领域的实力与可能性。如果供应商有实施前向一体化的实力和意愿，那么将会给下游客户带来强大的威胁。如果供应商实力强，能提供差异化的产品与服务，那么这种威胁将会更大，供应商的讨价还价能力会更强。例如，电池是电动汽车的核心部件，是电动汽车的动力来源。宁德时代是中国动力电池制造领域的领先企业，处于这个高门槛核心零部件领域规模与技术上的霸主地位，其一旦进入电动汽车整车制造领域，势必会给已有电动车制造企业带来严重的威胁。

3. 客户的讨价还价能力

客户为了降低成本，总是会要求供应商降低所购买产品的价格，或者要求对方提供更高的质量、更好的服务。客户的讨价还价能力就是指客户在与上游企业交易的过程中，能够在降低产品与服务的价格或者要求企业提供较高的产品与服务质量的情况下达成交易的能力。客户的讨价还价能力能够影响市场中均衡价格的形成、产品创新、市场细分以及市场稳定性，进而对市场竞争结构产生深远的影响。一般而言，客户讨价还价能力的高低主要取决于以下要素：

第一，客户购买量的大小。客户购买的产品数量越多，其讨价还价的能力通常就越强。一方面，大批量购买有助于供应商大批量生产，形成规模经济效应，带来生产成本上的优势，从而在价格上做出让步；另一方面，供应商也更愿意与大批量购买者建立和保持长期合作关系，最终做出价格上的妥协。

第二，产品的可替代性。如果市场上存在多个供应商，且能够提供相同或类似的产品，客户的讨价还价能力就会增强。因为客户可以在多个供应商之间进行综合比较和选择，从而获得更有利的价格和条件。从供应商的角度看，因为自己的产品与竞争对手差异不大，为了达成交易或争取客户，势必在价格上作出让步。另外，产品标准化也会增强客户讨价还价的能力，分析逻辑与之类似。

第三，客户转换成本的高低。客户从一个供应商转向另一个供应商时需要付出一系列成本，诸如经济成本、信息搜索成本、时间成本、了解和熟悉新产品的学习成本等，这些成本会影响其讨价还价能力的高低。如果转换成本较低，客户就容易更换供应商，从而增加其讨价还价的能力。

第四，客户对供应商信息掌握的充分程度。客户对供应商所在行业的信息、供应商的产品信息、供应商的成本结构、供应商的运营信息与供应商结构等掌握得越多，其讨价还价的能力就越强。因为客户能够更准确地评估产品的价值和市场价格、客户对供应商来说的重要性程度等，从而提出更有力的讨价还价条件。

第五，客户后向整合并进入供应商所在业务领域的实力与可能性。如果客户有实施后向一体化的实力和意愿，那么将会给上游供应商带来强大的威胁。客户后向整合有助于更好地了解和控制供应链，从而在价格、质量和服务等方面获得更有利的条件；客户后向整合有助于更深入地了解供应商的运营情况、成本结构以及市场竞争态势，提高信息透明度，以更准确地评估供应商的报价，从而在谈判中占据更有利的位置。

4. 新进入者的威胁

新进入者的威胁是指刚刚进入或者即将进入某一行业的参与者。识别新进入者对已有企业而言非常重要，除非市场需求同步持续增长或者企业开发了更大的新市场，否则新进入者势必会加剧市场竞争，因为它们增加了行业产能，瓜分了市场份额，从而会导致企业收入和利润水平的下降。例如，新能源汽车"新势力"的大量入场不仅对传统的燃油车市场带来了一定的威胁，而且对已有的新能源汽车市场造成了一定的冲击。一般而言，企业进入一个行业的可能性由两个因素决定：一是进入壁垒(新进入者进入一个行业的困难和障碍)；二是现有企业预期反应(或预期报复)。进入壁垒越高，新进入者的威胁越小；现有企业反击程度越激烈，新进入者的威胁越小。常见的进入壁垒包括以下几种：

第一，资金需求。进入一个行业需要在许多方面有大量的资金投入，如人员招聘、办公场所租赁、购置机器设备、购买原材料、建立生产线、日常生产运营管理、市场营销等。即使想要进入的行业很有吸引力，企业也可能因为资金不足而望而却步。例如，企业要想进入移动通信行业就比较困难，因为需要投入巨额的资金用于基础设施建设(包括基站、网络设备、传输线路等)、技术研发与创新(新的通信技术、优化网络性能、提升用户体验等)、获取频谱资源等。相对而言，进入糖果行业所需的资金就要少一些。

第二，规模经济。规模经济是指通过扩大生产规模使单位成本下降并最终实现经济效益增加的现象。规模经济的来源主要包括专业化机器设备的采用、员工专业化的分工、降低原材料采购成本、分摊固定成本和管理费用等。显然，与行业已有企业相比，新进入者由于进入时间短、客户数量少、生产量少、经营管理经验有限，短时间内很难通过扩大生产规模形成规模经济效应，其成本结构必定处于劣势地位。

第三，产品差异化/创新性。随着消费者使用某种产品或者服务时间的延长，其对这种产品或服务就越熟悉，使用起来就越得心应手，也会逐渐认为该产品或服务是独特的。久而久之，消费者也就形成了对这种产品的依赖性，最终建立了品牌忠诚，提高了转换成本。因此，新进入者要想争夺已有消费者的"恩宠"，就必须提供具有一定差异化或者创新程度的产品或服务。而新进入者需要花费很多的时间与成本来创造产品差异化或创新性，这种投入越多，进入壁垒就越高，甚至会使新进入者收益降低或亏损。

第四，与规模无关的优势。不同于规模经济，行业已有企业在市场中经营多年，形成了许多非规模优势，主要包括三个方面：一是技术优势，已有企业通过多年的技术迭代升级，具有高品质的生产技术与稳定的工艺流程，所以产品质量可靠、工艺流程效率高；二是渠道优势，已有企业通过多年的市场经营，与分销商建立了长期稳定的合作关系，新进入者必须付出高昂的代价，才能通过建立新渠道、说服原有分销商等方式打通市场通道；三是品牌认知优势，已有企业在市场深耕多年，已经建立了品牌认知和品牌知名度，而新进入者要想在一夜之间树立品牌无异于天方夜谭。

第五，政府政策。政府可以通过发放执照或许可证来禁止或约束企业进入特定的行业。政府的管制越严格、限制越多，企业进入壁垒就越高；如果政府管制放松或取消，企业进入壁垒就会降低。例如，在酒类零售业、烟草业、新闻业、银行业、电力行业、采矿业、国防军工业，政府都有着严格且多样化的管制政策，企业进入这些行业就比较难。相反，在为了治理环境污染和保护生态环境，世界各国政府都纷纷制定政策支持新能源、电动汽车等行业的发展，那么企业进入这些行业壁垒就小很多。

企业意图进入某个行业还要考虑现有企业的反应。如果现有企业具有强烈的竞争意识和迅速且有效的防御策略，如它们可能通过降价、扩大产能、提高产品质量、加强营销、实施战略联盟等手段来阻止新企业的进入，那么进入的可能性就会小很多。而影响现有企业预期反应的因素主要包括行业规模、市场结构、市场增长速度、竞争格局、现有企业的规模与实力、现有企业之间的竞争激烈程度等。

5. 替代品厂商的威胁

替代品是指特定行业以外的产品与服务，而这些产品与服务与现有行业的产品与服务具有相同或相似的功能，能够满足消费者同样的需求。在历史上，随着技术的发展，替代品的出现层出不穷。例如，信件和传真被固定电话和移动电话替代，固定电话和移动电话被数字通信手段替代；报纸杂志被有线电视替代，有线电视被网络替代。一般来说，影响替代品威胁的主要因素包括以下三个方面：

第一，替代品与现有产品相比在某些特定功能或性能方面的优越性。与现有产品相比，替代品(如某些破坏性创新产品)可能在质量与稳定性方面不如现有产品，但在特定的功能或性能方面具有一定优越性，这种优越性越明显，替代品的威胁就越大。

第二，客户转向替代品过程中的转换成本。客户转向替代品是需要付出一定转换成本的，如购买成本、学习成本、心理成本及相应的风险。转换成本越低，客户就越容易将现有产品更换为替代品，这种选择会导致现有产品的积压，使已有的市场竞争变得更加激烈，替代品的威胁也随之增加。

第三，客户在购买替代品过程中的便利性。客户购买过程中的便利性对替代品是否成功至关重要，其中包括：客户掌握替代品信息的充分性以及搜索相关信息的便利性；客户购买替代品渠道的便利性；客户支付的便捷性；售后服务的便利性等。客户购买替代品的过程越便利，替代品的威胁就越大。

3.4　环境分析与营销对策

按照战略管理的观点，企业内部环境与外部环境相匹配，才能为企业带来竞争优势。外部环境通过为企业提供机会或带来威胁，影响营销战略和营销组合策略的制定。对于机会，企业应主动利用，乘势而上；对于威胁，企业应积极应对，顺势而为。

3.4.1　环境机会与环境威胁

所谓环境机会，是指环境的发展变化对企业营销战略和营销组合策略的制定是有利的。例如，国家放松对彩电行业的进入管制，为潜在进入该行业的企业带来了重大利好，有助于企业开发新的业务，寻找新的利润增长空间。所谓环境威胁，是指环境的发展变化对企业营销战略和营销组合策略的制定是不利的。例如，国家为了保护民众的身体健康，颁布一系列法令，如要求香烟包装上必须印上"吸烟危害健康"的字样，禁止在公共场所吸烟等。这些法令对烟草公司扩大销售额是不利的。

3.4.2　环境机会与环境威胁的评估

如今，企业外部环境正在发生显著的变化，并且这种变化对企业经营成败的影响越来越大。因此，企业需要认真评估每一次的环境发展变化，并从中获取对市场与消费者的洞察。具体可以采用机会分析矩阵和威胁分析矩阵来分析。

在图 3-4 所示的机会分析矩阵中，横向为"成功的可能性"，表示企业在特定环境下成功的概率，它与企业的规模和实力相关，规模越大、实力越强，则企业成功的可能性就越大；纵向为"潜在吸引力"，表示企业在特定环境下潜在的盈利能力，与环境发展变化带给企业的有利性程度有关，对企业越有利则企业盈利潜力越大。在图 3-4 中，A 位置成功的可能性与潜在吸引力都大，企业应全力出击，主动把握机会；D 位置成功的可能性与潜在吸引力都小，企业应视自身的条件，审时度势地制定营销战略和营销组合策略；C 位置成功的可能性较大，但潜在吸引力较小，企业应有选择性地出击，采取有效措施把握机会；B 位置成功的可能性较小，但潜在吸引力较大，企业应及时找出原因，积极改善条件，化解不利因素，把握机会。

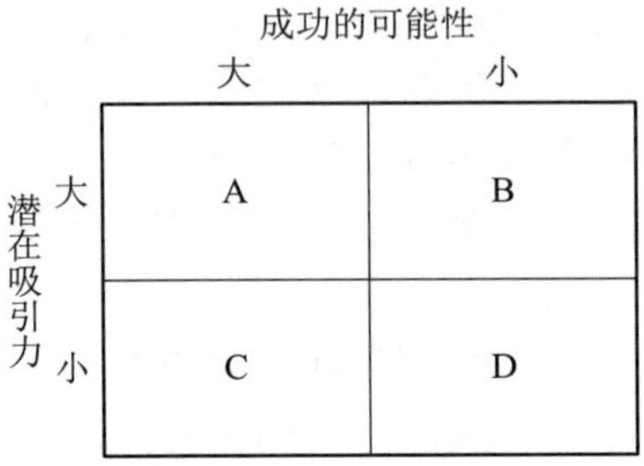

图 3-4 机会分析矩阵

在图 3-5 所示的威胁分析矩阵中，横向为"出现的可能性"，表示特定环境威胁出现概率的大小；纵向为"潜在严重性"，代表该威胁对企业发展不利程度的大小。B 位置威胁发生的概率和对企业潜在影响都较大，企业应特别予以重视，并制定相应的对策；D 位置威胁发生的概率和对企业潜在影响都较小，且不必过于担心，只需要关注其发展变化；A 位置威胁发生的概率小，但对企业潜在影响大，企业应密切监视其发展变化；C 位置威胁发生的概率大，但对企业潜在影响小，企业应充分重视，并关注竞争对手的活动。

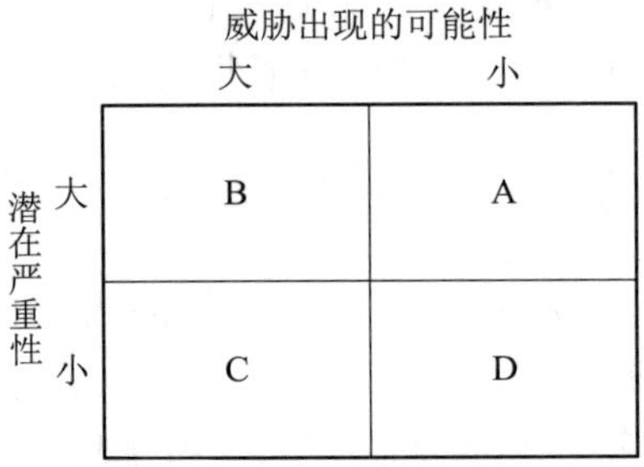

图 3-5 威胁分析矩阵

3.4.3 营销对策

通过上述机会分析矩阵和威胁矩阵分析，企业可以进一步洞察业务发展的方向。根据对机会水平和威胁水平的评估，得到图 3-6 所示的业务分析矩阵。该矩阵将业务划分为四类，企业可以针对不同业务类型采取不同的营销对策：

(1) 理想业务：威胁水平低、机会水平高。企业应迅速采取行动，果断进攻。

(2) 风险业务：威胁水平高、机会水平高。企业应扬长避短，随机应变，密切跟踪，谨慎分析，机会出现时毫不迟疑地进攻，机会没有出现则耐心等待并逐渐提高自身能力。

(3) 成熟业务：威胁水平低、机会水平低。企业应采取维持策略，对环境变化进行常规监控。

(4) 困难业务：威胁水平高、机会水平低。对于无法扭转或改变的情况，企业应采取撤退或转移的策略。

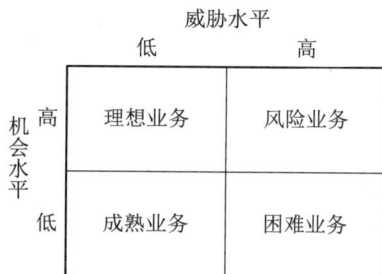

威胁水平

	低	高
机会水平　高	理想业务	风险业务
机会水平　低	成熟业务	困难业务

图 3-6　业务分析矩阵

3.5　数字经济时代的营销管理变革

进入 21 世纪以来，伴随着计算机、互联网、大数据、云计算、5G 通信、区块链、物联网、人工智能等技术的不断突破，人类社会驶向了信息化、网络化、智能化发展的快车道，当前已迈进了数字经济时代。数字经济为经济社会发展提供了新动能，对全球经济增长的贡献持续增加，是继农业经济、工业经济之后的主要经济社会形态。近几年，全球数字经济快速发展，数字经济规模持续提升，已经成为各国国民经济的重要组成部分。更为重要的是，在全球新冠疫情普遍流行的时期，数字经济不仅没有受到太大的冲击，反而呈现出逆势增长的态势。

中国信息通信研究院发布的《全球数字经济白皮书》显示，2022 年，美国数字经济规模为 17.2 万亿美元，占 GDP 的比重为 67.7%，我国数字经济规模为 7.5 万亿美元，占 GDP 的比重为 41.5%，德国、英国数字经济占 GDP 的比重均超过 65%。数字经济的发展不仅深刻改变了企业赖以生存的外部环境，还颠覆了传统的经营理念，改变了商业生态和商业竞争规则，重构了企业的价值创造体系和业务模式，对企业战略规划的制定、营销战略的制定、营销组合的设计等均会产生广泛的影响。更为重要的是，面对来势汹汹的数字经济和数字技术，与以往相比，人们在核心价值追求、消费方式、消费理念、消费过程等方面都发生了很大的转变，这势必会对企业的营销管理带来深刻的变革。

科特勒和阿姆斯特朗在《市场营销管理》一书中将企业的营销管理过程划分为五个步骤(见图 3-7)：理解市场及顾客的需求和欲望；设计以顾客为导向的营销战略；构建整合营销方案以交付卓越价值；建立获利的关系并创造顾客满意度；从顾客那里获取价值，实现利润和顾客资产的增长。

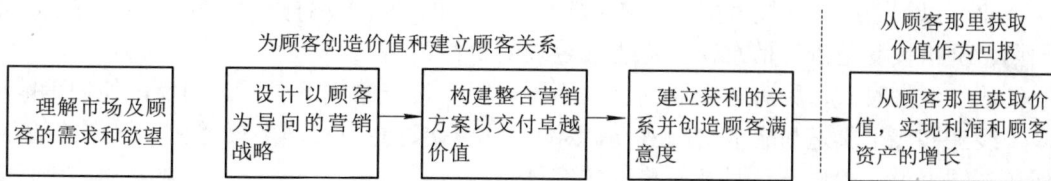

图 3-7　科特勒和阿姆斯特朗提出的营销过程模型

下面将重点讨论数字经济背景下企业在创造顾客价值和建立顾客关系方面的变革。

1. 数字经济时代市场及顾客需求和欲望的新发展

在市场方面，数字经济推动了新业态、新模式的不断涌现，创造了新行业、新市场，电子商务、网络支付、在线教育、直播带货、网络文娱、虚拟货币等新业态、新模式正在被消费者普遍采用，并不断释放新的消费潜力。这些新业态、新模式不仅大大拓宽了消费的新领域和新渠道，也促进了生产和消费边界的不断拓展与交叉融合。同时，数字化生存逻辑将对未来的消费模式产生深远影响，消费者日益习惯在数字空间进行消费、娱乐和社交活动，这将不断拓展更加丰富多元的数字消费新空间。

在顾客需求和欲望方面，数字经济使消费者的欲望和需求变得更加个性化、多元化和即时化。通过大数据技术，企业可以收集并整理海量的数据，从中挖掘消费者的需求和消费行为，进行定制化服务，满足消费者的个性化需求。同时，消费者也可以通过社交媒体、电商平台等获取更加全面、及时的商品信息和生产厂家资料，从而作出更加明智的消费决策。新兴技术如 VR、AR、MR、5G 等也为消费者带来了全新的用户体验，消费者的新欲望和新需求不断被激发。

2. 数字经济时代企业顾客导向的营销战略的新发展

数字经济使企业市场细分的维度更加多元化。传统的市场细分方法主要基于人口统计学特征、地理位置特征等显性因素，而数字经济的出现，使得消费者行为、兴趣爱好、在线活动等数据变得易于获取和分析，这为市场细分提供了更多的维度和可能性。企业可以根据消费者的数字足迹和在线行为，更精确地识别不同消费者群体的需求和特征，从而制定更个性化和更具针对性的市场细分方案。

企业借助大数据、人工智能等技术手段，可以对消费者数据进行深度挖掘和分析，发现隐藏在数据背后的消费者的需求和偏好。这使得企业能够更加准确地识别目标市场并跟踪目标消费者的需求和偏好。以此为基础，制定与企业发展目标、资源与能力相匹配的营销组合策略，最终降低市场推广成本，提高营销效果，提升竞争力。

数字经济使企业的市场定位更加精准、动态、灵活和个性化。通过大数据分析、用户行为追踪等技术手段，企业可以获取大量消费者画像信息，深入了解每个消费者的需求和偏好，企业可以更精确地定位目标市场，制定更符合消费者需求的个性化定位和市场策略。企业还可以借助数字技术实时监测市场趋势和消费者需求的变化，并据此及时调整市场定位，这种动态和灵活的市场定位方式有助于企业更好地适应市场变化，保持竞争优势。

3. 数字经济时代企业整合营销方案的新发展

在数字经济背景下，企业可以通过收集和分析大量的消费者数据，深入地了解顾客的行为、偏好和需求，以此为基础可以为每个顾客提供更具个性化和定制化的产品和服务。

企业可以利用大数据技术更加精确地掌握消费者的购买意愿与购买动机、支付能力、心理预期、价格接受范围等信息，制定更加合理的价格策略。

在数字经济时代，顾客与企业的互动不再局限于传统的线下渠道。相反，他们可能通过多个线上和线下渠道与企业进行互动。因此，这将促进企业实施多渠道和全渠道的战略，确保在不同渠道上提供一致且高质量的顾客体验。

在数字经济背景下，社交媒体在营销战略中的地位越来越重要。企业可以利用社交媒体平台加强更具针对性的广告和宣传，扩大品牌影响力和顾客群体。例如，企业可以通过博客文章、视频教程、社交媒体帖子等形式，向顾客传递品牌理念和产品价值。

4. 数字经济时代企业与顾客建立获利关系和创建顾客满意度的新发展

数字经济为企业提供了更多建立顾客关系的创新手段，使企业与顾客之间的交互更加便捷、高效、实时性和个性化，提升了客户满意度。

数字经济使企业能够更精准地识别和理解顾客需求，提供更加符合顾客期望的产品和服务。借助大数据和人工智能技术，企业可以收集和分析顾客的消费行为、兴趣爱好、购买历史等数据，进而更加精准地洞察顾客的偏好和需求，有助于企业制定更个性化的营销策略，使客户满意度更高。

利用企业的在线客服和自助服务平台，客户可以方便地获取所需信息或解决问题的方法。实时互动、在线表单和自助服务门户等功能，为客户提供了多种实时沟通与反馈的渠道，从而能够减少客户等待时间，提高客户服务效率。

AR/VR 技术的采用给客户体验带来了革命性的变化。AR/VR 技术能够打破地域和时空的限制，让用户随时随地体验不同的场景和环境，为用户提供了一种更加直观、生动且身临其境的体验，并且用户可以直接与产品或服务进行互动。

数字技术使企业与顾客之间的即时互动成为可能。企业可以通过社交媒体、在线客服和全天候智能助手等工具，实时回答顾客的问题和解决他们的疑虑。同时，企业也可以收集顾客的即时反馈，以便快速调整和优化产品和服务。这种即时互动和反馈机制有助于增强顾客满意度和忠诚度。

在数字经济时代，企业更加注重与顾客建立长期、稳定的关系。通过提供优质的售后服务、建立会员制度、开展社区营销等方式，企业能够增强与顾客之间的情感纽带，提高顾客忠诚度和留存率。

本章小结

本章首先介绍企业外部环境的分类方法：宏观环境、微观环境。宏观环境主要包括人口环境、经济环境、政治环境、技术环境、自然环境、社会文化环境。微观环境主要包括公司、供应商、中间商、竞争对手、公众、顾客。其次，介绍了微观环境分析的两种方法典型方法："S-C-P"模型和"五力模型"。第三，介绍了环境机会分析和环境威胁分析的方法，以及企业对应的营销对策。最后，从市场营销管理过程的角度，阐述了数字经济时代的营销管理变革。

重要概念

宏观环境　　微观环境　　人口环境　　经济环境　　政治环境　　技术环境
自然环境　　社会文化环境　　"S-C-P"模型　　"五力模型"　　数字经济
营销管理变革

复习思考题

1. 宏观环境包含哪些类型？
2. 微观环境包含哪些类型？
3. 不同类型的宏观环境如何影响的营销活动？
4. 不同类型的微观环境如何影响的营销活动？
5. "S-C-P" 模型分析的思路是什么？
6. 根据"五力模型"，影响产业竞争结构的因素是哪五种力量？它们如何影响市场竞争的激烈程度？

案例分析

苹果手机"高端定位"方法论

从 2007 年第一代 iPhone 手机横空出世，定价 499 美元(约合人民币 3300 元)起，此后售价一路上扬，到 2022 年 9 月 16 日发售的 iPhone14 Pro Max 起售价已达 1099 美元(国内售价 8999 元人民币)，顶配版售价高达 1699 美元(国内售价 13499 元人民币)，销量也一路猛增。2021 年，iPhone13 系列更是推动了 iPhone 创下 2.37 亿部的年销量纪录。与此同时，越来越高的售价也让苹果公司的营收利润水涨船高，以其全球仅 15%的智能手机市场份额，攫取了全球手机市场 75%的利润。

2020 年底，日本东京一家调查公司 Fomalhaut Techno Solutions 发布的数据显示，当时热销的 iPhone 12 Pro 成本仅为 2665 元人民币，而其售价却高达 8499 元人民币，虽然这里的成本未包含设计、人工、推广等费用，但这样高的毛利率已经足够引来众多同行的钦羡和质疑了。

1. 高端、创新形象深入人心

售价越来越高，销量却越来越好，这种看似反常的现象首先来自苹果 iPhone 高端手机市场定位及卡位的成功。例如，iPhone14 售价 5999 元人民币起，其售价起点已是大多数手机品牌难以企及的价格高点。市场调查机构 Counterpoint 发布的数据显示，2021 年，全球智能手机均价(ASP)突破了 2000 元人民币，其中苹果手机均价为 5314 人民币，国产手机品牌中，VIVO 的均价为 1651 元人民币，OPPO 为 1513 元人民币，小米为 1243 元人民币，全球销量第一的三星手机均价也仅为 1776 元，不及苹果手机的三分之一。相当于苹果 iPhone 以断崖式的优势卡住了价格 C 位，且以一己之力拉动全球手机均价突破了 2000 元人民币。换句话说，以实际的成交均价看，苹果是全球唯一一个高端手机品牌。

15 年前，乔布斯向世界展示了一款改变了苹果公司也改变了世界的革命性通信设备 iPhone。乔布斯将 iPhone 描述为三款革命性产品的融合：带触摸控制的 iPod、手机和突破性的互联网通信设备。当时乔布斯还自信地说："苹果公司将重新发明手机。"的确，在乔布斯推出苹果手机之前，我们印象中的手机还是诺基亚那样小屏幕加实体键盘的功能机，还有一众山寨机。那时的功能机最核心的功能就是打电话和发短信，流量以 KB 计；如今的智能手机成了人手必备的全能终端，阅读、聊天、社交、娱乐，各种功能一应俱全，流量已以 GB 计。实际上，智能手机时代正是由乔布斯和苹果的 iPhone 开启的，当诺基亚等众多功能机巨头和山寨机品牌在千元档位厮杀内卷的时候，苹果推出了划时代的智能手机 iPhone，售价直接突破了 3000 元，远远高于其他竞争对手，从而开辟了一片广阔的新天地。在不少消费者心中，苹果与高端、创新、智能等关键词画上了等号，高端手机品牌的形象和高企的售价一起深入人心。

此后，随着众多巨头的切入，让智能手机的舞台越来越拥挤，竞争也日趋激烈。但苹果一直在有意打造其创新引领者的人设。最典型的是乔布斯每年在新品发布会临近结束时总会酷酷地说一句"One More Thing"(还有一件事，暗指还有一个惊喜)，然后带来最大的惊喜。我们熟悉的指纹解锁、生物识别等功能都是 iPhone 率先开发的。

另外，树立高端品牌形象还让 iPhone 的周边产品和苹果的其他产品售价都跟着水涨船高，所以我们看到了苹果 98 元的挂绳、145 元的抛光布和 848 元的充电保护壳等。

2. 耐用品和身份象征

智能手机在现代人的生活中扮演着非常重要的角色。如今的手机早已不只是移动通信的工具，而是全面覆盖人们吃、穿、住、行的全能终端，工作生活方方面面都离不开它。这样一款终端，部分代表着使用者的品位、偏好、身份乃至态度。所以，对于不少"果粉"来说，苹果具有高端的品牌调性及与众不同的稀缺性，买更高价的 iPhone 能给内心带来一种满足和愉悦感。

与此同时，手机是一种耐用消费品，一用就是几年。用户是愿意多花些钱买一款好用、耐用的手机的，特别是在用户换机周期不断变长的大背景下。Counterpoint 发布的数据显示，目前用户的平均换机周期已经超过 31 个月，而早些年这个数据曾是 16～18 个月。因此，对于苹果来说，最重要的一点就是要保持产品足够的软硬件生态和好用特性，以及维持住高端、轻奢的品牌形象。2014 年，英国老牌奢侈品牌 Burberry(巴宝莉)的前 CEO 安吉拉•阿伦茨加盟苹果，担任高级副总裁，负责苹果的零售业务。她带来的最大变化之一，就是让这家科技巨头体现出更多的奢侈感,最典型的就是,苹果线下体验店里增加了 Wi-Fi、舒服的桌椅和美观大方的空间设计等，提升了顾客体验的舒适感和尊崇感。这其实也反映出，从那时候起苹果手机的技术创新突破已经进入瓶颈期，需要通过更多的方式去维持销量。

3. 人无我有、人有我优

高价的 iPhone 之所以能吸引"果粉"们前赴后继、争相购买，只能说明，他们认为 iPhone 足够优秀和好用，值得花这些钱，也就是"贵有贵的道理"。对应着高端手机的品牌定位和高昂的售价，从初代 iPhone 发布至今，无论整体设计、材质配置或是系统生态，iPhone 确实都有着自己的一套标准，每代 iPhone 新品都会或多或少带来一些创新，在玩家扎堆、内卷严重的智能手机市场独树一帜。

"竞争战略之父"迈克尔•波特曾提出"差异化竞争"的概念，指出企业可以基于用户需求及企业现有资源，实现差异化定位，用差异化产品打开市场，用差异化销售推进市场，用差异化服务占领市场，并实现几者之间的互动，获得其他竞品难以企及的竞争优势，还可以避开市场的同质化竞争。可以说，苹果就是差异化竞争的典范，无论系统生态、硬件、软件、设计等方面，苹果的 iPhone 都有其特有的优势，从技术力、创新力、品牌力等方面，苹果也一直在着力打造 iPhone 与众不同的特色。

　　说到 iPhone 的特色，人们首先想到的还是苹果的 iOS 系统，在手机市场千篇一律的安卓系统中，优秀的消息推送机制、"墓碑"机制、沙盒机制都在保证 iOS 系统的安全、流畅，而且相比现在安卓手机系统中预装的各种 APP 和自带广告，iOS 系统确实足够干净，成为苹果手机的差异化王牌。不过，经过多年的优化调校，安卓系统已经越发成熟，在使用体验上已与 iOS 系统不相上下，而且在生态丰富度、兼容性等方面更有优势。同时，iPhone 的直板大屏外观及设计也被众多品牌借鉴，各个手机品牌的外观设计越来越好看，也越来越像。这样的背景下，苹果也在着力打造其他的差异化优势，例如其他品牌手机目前仍难以超越的超大线性马达、先进的大猩猩玻璃面板、出色的 SOP 封装以及优秀的调校水准等。

　　而说到苹果这些年打造的差异化优势，最突出的还是芯片，其自主研发的 A 系列处理器，单核性能与功耗表现都是标杆级的，芯片也成了目前 iPhone 的最大卖点之一。苹果在 2008 年 4 月，便以 2.78 亿美元收购了 IC 设计公司 P.A. Semi，早早开启芯片的自研之路。

　　与 iPhone 相似，华为手机是目前为止高端化做得最成功的国产品牌，甚至可以说，也是近些年来全球手机高端化做得最成功的品牌。在推出首款华为手机 14 年后的 2018 年，华为手机全年销量首次突破了 2 亿部，2019 年更是增加到 2.4 亿部，位居全球第二、中国第一。而早在 2006 年，华为海思就已开始着手研发自己的手机芯片，经过多年的摸索和试错，投入数以亿计。无论是 iPhone 还是华为，它们能在高端市场站稳脚跟的一个关键原因就是其足够的差异化优势。正如苹果有自主芯片、软硬件生态等方面的优势，在其他安卓手机品牌仍然忙于堆料和价格战时，华为手机推出了独有的麒麟芯片、鸿蒙系统以及固有的 5G 通信技术。

　　如今，伴随着不断上涨的产品售价和市场份额，苹果市值在 2023 年也成功突破 3 万亿美元登顶全球，成为特立独行的那一个。

　　请结合上述案例材料，思考以下问题：

(1) 智能手机行业当下的宏观环境如何？

(2) 请用"五力模型"分析智能手机行业的竞争格局。

(3) 苹果公司的 iPhone 系列手机是如何树立高端市场定位的？

第4章 市场及购买行为分析

学习目标

- 理解消费者市场以及影响消费者购买行为的主要因素；
- 识别并讨论购买决策过程的各个阶段；
- 定义组织市场并识别影响组织购买行为的主要因素；
- 列举并定义组织购买决策过程的各个步骤。

" 引例 "

福韵传承：金六福"福文化"营销

在当今竞争激烈的市场中，企业要立足并获得成功，就必须建立属于自己的企业文化，以深刻理解并满足消费者的需求。在这方面，金六福就是一个成功的例子。

成立于 1998 年的金六福，缺乏企业自身的历史、文化和生产优势。然而，凭借独特的情境营销模式，金六福走出了一条成功的品牌之路。在 1998 年初创时，金六福经过反复研究对比发现，在当时的中国白酒行业中，几乎所有品牌都定位于口感。口感有一定特色，就会吸引特定的消费人群。金六福根据消费者的喜好和心理，在初创时就明确了自己的定位，不仅仅要做产品，更要打造品牌。1999 年，金六福与中国白酒行业中规模最大、销售额最高、品牌最稳定的生产厂家五粮液集团合作，将生产交给五粮液，专注于构建销售渠道，创造了一种全新的白酒营销模式。通过对消费者最根本需求的深层洞察，金六福发现中国人在喝酒的瞬间最希望得到的是愉悦感。因此，金六福的营销口号迅速确定为"送喜庆给别人"——做中国人心中的"福酒"。

在每年的节庆市场上，许多白酒品牌都采用"送礼牌"和"促销牌"的策略，这在短期内确实能够刺激销售。然而金六福认为，这种营销方式仅停留在产品诉求的层面，没有体现出节庆文化与自身品牌文化的内在联系。金六福将节庆营销提升到文化层面，把自家产品与"节日""团圆"等场景联系起来，触动了消费者内心的情感，迅速与消费者建立了联系。

"金六福"三个字的组合可谓是至善至美，迎合了中国人对传统习俗和幸福、吉祥的心理需求。"金"代表富贵和地位，"六"代表六六大顺，"福"代表福气多多。金六福酒的品质香、醇、浓、甜、净与人们心中向往的六福——寿、富、康、德、和、孝有机地融合在一起。金六福的"福文化"满足了中国消费者对传统文化层面的需求，这是其他白酒类产品所不具备的。

著名品牌专家曾朝晖认为："金六福围绕一个'福'字，根据消费者需求，把握不同的时机，不断变换角度、手法和载体，诠释福文化，使品牌形象得到了提升。"金六福将消费者的喜好作为企业定位的关键，从消费者的角度出发，用实际行动诠释了消费者行为研究所带来的益处，赢得了消费者的喜爱。消费者行为研究的意义不仅在于为营销决策和策略提供基础，还为消费者权益保护和有关消费政策的制定提供依据，有助于消费者自身作出更明智的购买决策。消费者行为研究提供有关消费者行为的知识和信息，对企业和消费者都具有深远的影响。

4.1 消费者市场概述

现代营销思想和行动的出发点和目的，是如何更好地满足消费者的需要和欲望。因此，企业和营销人员先要熟悉市场，了解消费者行为的基本模式和影响因素，了解他们的心理活动及购买决策的规律，以提高营销决策、措施的有效性，在满足消费者需要和欲望的前提下实现自己的盈利目标。

4.1.1 消费者市场的含义和特点

1. 消费者市场的含义

在当前市场全球化程度不断提高的背景下，在很多方面，全球的消费者正变得越来越相似。全球范围内众多的消费者都对麦当劳、可口可乐、好莱坞电影、中国制造耳熟能详，也有越来越多的消费者喜欢这些全球品牌的商品或服务。

所谓消费者，是指为了消费而购买商品和服务的个人或家庭，是识别需求或欲望、实施购买并处置产品的人。从市场需求的框架考察消费者，他们是那些对某种产品或服务具有现实或潜在需求的个人或家庭，他们购买产品或服务不是为了再生产或给其他人提供服务，他们就是产品或服务的终点。如果购买的目的是用于再生产，则购买者不属于消费者范畴。需要注意的是，消费者并不仅仅是指产品的直接使用者。在很多情况下，不同的人在消费过程的一系列活动中扮演着不同的角色。产品的购买者和使用者可能并不是同一个人，例如父母为自己10多岁的孩子选购衣服(特别是在中国，父母经常出于自己的立场为孩子选购商品、定制服务等，尽管在青少年眼里，父母作出的选择可能是"过时的")。有的时候，其他人会通过提出支持或反对意见对特定产品的消费起到影响。例如，年轻女性购买服装时，好友的一个鬼脸表情可能远比父母的话更具有影响力。

所有的最终消费者合起来就组成了消费者市场(customer market)。消费者市场亦称个人市场、最终产品市场或者最终消费市场。在这个市场，人们购买产品和服务，一般是直接为了满足个人、家庭消费与生活需要。2022年底，随着全国疫情防控政策进一步优化，各类线下消费场所逐步恢复，外出就餐、线下购物、旅游娱乐等方面的消费数据均呈现大幅反弹，展现出中国消费市场的韧性与活力。2024年春节，根据商务部大数据监测，我国部分重点大型连锁超市即时零售销售额同比增长约20%，重点电商平台在线餐饮销售额同比增长40.8%。全国示范步行街客流量、营业额同比分别增长26.9%和21.7%。最能体现消费潮流的行业之一——服饰，有了追捧国潮、新中式的明显趋势。以马面裙为主的龙年拜年服，销售额已经超过了 3 亿元。据山东省曹县经营汉服的商家称，2024 年春节，马面裙的生产供不应求，线下销售额翻了几十倍，线上单个直播账号日均销售额超过 20 万。

我们发现，消费者在年龄、收入、受教育程度、价值观和偏好等方面存在巨大差异，他们购买与消费的产品与服务也是多种花样。营销者需要知道消费者怎样以及何时消费这些产品，这些多样化的消费者是如何相互联系，以及全球范围内的其他因素是如何影响他们对不同产品、服务和公司的选择。

2. 消费者市场的特点

通常而言，消费者市场具有如下特点：

(1) 购买者多而分散。例如可口可乐、麦当劳、耐克、华为、天猫等公司为全球消费者提供产品和服务，消费者的吃、穿、住、用、行、娱乐等都属于消费品范畴，高、中、低档均包含在内。

(2) 交易数量小，交易次数多。相比组织市场的大宗商品交易而言，为个人或家庭进行的最终消费一般每次购买的数量较小，属于小型购买，同时由于购买数量少，为了维持个人或家庭的日常生活需要多次重复购买，这样既可以节省每次购买的资金，同时可以保证产品或服务的及时更新。

(3) 消费差异大，消费变化快。由于生活习惯、文化背景、宗教信仰或价值观念的不同，全球范围内消费者的消费习惯存在较大差异，而且每一时期的消费文化也在不断变化，"今年流行黄裙子"转过年来可能就变成"古典旗袍更能展现女性魅力"。

(4) 需求弹性大，购买流动快。消费者市场需求是直接需求，来源于居民生活的方方面面，在很多消费品的购买中，价格决策尤为重要和敏感。另一方面，消费品替代性较大，如满足人们解渴需要的产品有碳酸饮料、果汁饮料、功能饮料、纯净水、矿泉水等，更不用说还有各种不同的品牌。另外，随着人口流动性的增加，也会造成购买力在不同区域内的转移，从而带来消费的转移。

消费者对产品和服务的偏好总是在不断变化的。为了解释这种不断变化的状态，营销管理者必须对消费者行为有一个深入的了解。消费者行为是指个体、群体和组织为了满足需要与欲望而挑选、购买、使用或处置产品、服务或体验所经历的过程。

在消费者行为学的早期研究阶段，消费者行为通常是指购买者行为，强调消费者与生产者在购买过程中的相互影响。现在，大多数营销人员已经认识到消费者行为是一个持续的过程，而不仅仅是消费者掏出现金或信用卡买到商品或服务那一刻发生的事情。

交换是营销中必不可少的部分，它是指两个或两个以上的组织或个人付出和取得某种有价值的东西的过程。尽管交换仍是消费者行为中的重要部分，但广义的交换强调消费的全过程，包括购买前、购买中和购买后影响消费者的所有因素。

对消费者行为的理解可以在多个方面帮助营销管理人员、制定营销策略。例如，如果营销人员通过调查了解到，对于一个特定目标市场而言，汽车的油耗量是消费者关注的最重要属性，那么生产商就可以修改产品设计来满足该需求；如果这个公司在短期内不能修改设计，那么它可以尝试通过促销的方式去改变消费者制定购买决策依据的标准。当乐高公司意识到新一代的孩子正在寻找个性的、独特的堆砌玩具时，公司创建了一个名为"乐高由我设计(LEGO Design by Me)"的网站，允许消费者下载 Digital Designer 3.0 软件设计、分享并建造为自己定制的乐高产品，成为率先采用大规模定制模式的玩具品牌。

4.1.2 消费者的购买对象

消费者的购买对象称为消费品，分为便利品、选购品和特殊品三种类型。表 4-1 列出了面对不同类型消费品时，消费者的购买习惯和企业的营销策略。

表 4-1 消费者购买对象及其特征

消费品类型	消费者的购买习惯	企业的营销策略
便利品(日用小商品，如肥皂、牙膏等)	这类商品单价较低、体积不大，消费者就近购买	企业营销中应广设网点，以方便消费者购买
选购品(服装、家具等)	消费者购买时较慎重	企业应通过优质的产品和服务去争取消费者。这类商品网点的设置宜集中分布，通常设在人口流动量大的繁华商业中心地带，以便于消费者比较和挑选
特殊品(汽车、商品房等)	消费者注重品牌，不愿接受代用品	企业在营销中要争创品牌，多进行宣传，帮助消费者了解商品，加深消费者对商品的印象和好感

不同类型的消费品呈现的特征、销售的渠道有所不同，消费者对待不同类型的消费品也呈现出不同的购买态度和习惯。企业应认真分析所售商品的特性，从消费者的立场考虑，更好地为消费者提供优质的产品、便利的购买条件和完善的售后服务。

观察身边的消费品

4.1.3 消费者的购买行为

行为学家和营销专家对消费者的购买行为已经做了很多年的研究，其结论非常复杂。主要原因是消费者的购买行为领域包含了很多东西，无论是简单地购买一盒牛奶，还是选购一套复杂的计算机网络系统；无论是简单的就近购买到，还是在各个品牌间比较，消费者的行为方式多种多样。尽管消费者的存在已经有很长一段时间，但直到最近消费者本身才成为正式研究的对象。消费者行为不像物理现象那样可以准确地测量，消费者内在的思想活动过程更加难以直接观察和测量。

1. 研究消费者购买行为时需要了解的重要问题

消费者的购买行为是指消费者在寻求、购买、使用、评估和处理预期能满足其需要的产品和服务时所表现出来的行为。对消费者购买行为的研究首先涉及消费者购买行为的模式，它研究消费者购买行为的起点，分析消费者购买行为的目的，就是要研究消费者是如何作出自己购买商品的消费决策的。市场营销学家将消费者主要的决策内容归纳为以下 6 个主要问题(也称为"5W+1H"研究法)。

1) 为何购买(Why)

为何购买(Why)是对消费者购买欲望和动机的原因分析，是指消费者购买商品的初始原因和原动力。消费者在实施购买行动前，总是先产生购买欲望，当欲望强烈到一定程度，就会产生购买动机。没有欲望和动机的购买行为几乎是不存在的，因此，分析"为何购买"的关键是对欲望和动机的分析。企业应通过对消费者欲望和动机的调查和预测，准确地把握和分析消费者"为何购买"的问题。

2) 购买何物(What)

购买何物(What)是对消费者购买客体或购买对象的分析。营销者可以通过市场调查，研究了解消费者市场需要什么样的商品，尽量在品种、质量、性能、包装、价格等方面满足顾客需要。一般情况下，消费者总是喜欢物美价廉、样式新颖和富有个性的商品。

3) 何处购买(Where)

何处购买(Where)是对消费者购买地点的分析。主要分析两个方面：一是消费者在何处决定购买；二是消费者在何处实际购买。这两种情况可以在同一地方发生，也可以在不同地方发生。消费者对不同的商品选择的购买地点是不一样的。对于便利品，消费者往往在购买现场作出购买决定，而且一般会选择就近购买。对于选购品和特殊品，则可能由家庭成员商量决定后，到大商场或所信任和偏爱的商店去购买。企业应根据消费者的购买特征，合理设置销售网点，方便消费者购买。

4) 何时购买(When)

何时购买(When)是对消费者购买时间的分析。表面上看消费者购买商品的时间没有什么规律，但从宏观上看还是有一定规律可循的。一般情况下，日常生活用品在工作之余和休息日购买较多，季节性商品在季节前购买较多，大部分商品的购买高峰常常出现在重大节日期间。营销者要研究和掌握消费者购买商品的时间规律，在安排生产、组织货源、投放市场和营业时间等方面做到同步营销。

5) 由谁购买(Who)

由谁购买(Who)是分析购买主体是谁的问题。由于消费者的年龄、性别、收入、职业、教育和性格等方面的不同，在需求和爱好上也存在很大差异。由谁购买商品从表面上看似乎是一个人的行为，但现实中往往有好几个人参与购买活动，这些人按照参与购买决策过程中的作用可分为五类，分别是发起者、影响者、决策者、购买者和使用者。发起者，即首先提出或有意购买某一产品或服务的人；影响者，即其看法或建议对购买商品有直接或间接影响的人；决策者，即对最终购买决策和何时购买等，有权作出最后决定的人；购买者，即实际执行购买决策的人；使用者，即实际消费或使用该产品或服务的人。营销人员必须有针对性地开展促销活动，才能取得最佳效果。

6) 如何购买(How)

如何购买(How)是对消费者购买方式和付款方式的分析，例如是现场购买还是网购，是现金支付还是分期付款。消费者采取什么方式购买会影响企业经营决策与经营计划的制定，企业应适应消费者的购买方式，尽量为消费者提供方便。

2. 消费者的购买行为模式

消费者每天都会作出大量消费决策，研究消费者的购买决策也是营销者努力工作的重点。在早期，营销人员可以通过他们日常的销售经验来了解消费者。但随着企业的发展和市场规模的扩大，许多营销决策者缺少机会与其顾客进行直接的联系，因此，必须转向消费者研究。他们花了诸多成本来研究消费者，试图对消费者行为有更多了解。许多大型企业都会通过详细的调查，分析消费者买什么、在什么地方买、怎样购买、买多少、什么时候买以及为什么买等问题，对消费者的购买决策进行研究。营销人员可以通过研究消费者的实际购买行为或精心设计的实验了解他们买什么、在哪里买和买多少。但是，要了解购买的原因就不那么容易了，因为问题的答案通常深藏在消费者的内心。甚至有时消费者自己也不知道影响他们购买商品或服务的确切因素是什么，以至于购买了很多自己不需要的东西。

为此，行为心理学家沃森借用"刺激—反应"模式来说明外界刺激与消费者反应之间的关系，如图 4-1 所示。

首先，市场营销因素和市场环境因素的刺激进入消费者"黑箱"，然后消费者根据自己的个人特征处理这些信息，并经过一定的决策过程作出购买决定。营销人员必须找出消费者"黑箱"里面的内容，即从出现外部刺激到作出购买决策前消费者意识所发生的变化。消费者面临的外界刺激来自企业营销和外部环境两个方面。其中企业营销包括产品、价格、渠道和促销；外部环境包括经济、技术、社会和文化。所有这些因素进入消费者"黑箱"后，经过消费者对信息的处理(包括觉察到的以及觉察不到的)，转换成一系列可观测的消费者反应：消费者选择的品牌，购买的产品种类，购买的时间、地点和频率等。

就营销人员而言，他们非常想知道外界刺激如何在"黑箱"里面被转化为消费者反应。"黑箱"由两部分组成：一是消费者的购买特征，它会影响消费者观察这些刺激因素的方式，二是消费者的决策过程，它会影响消费者的行为。

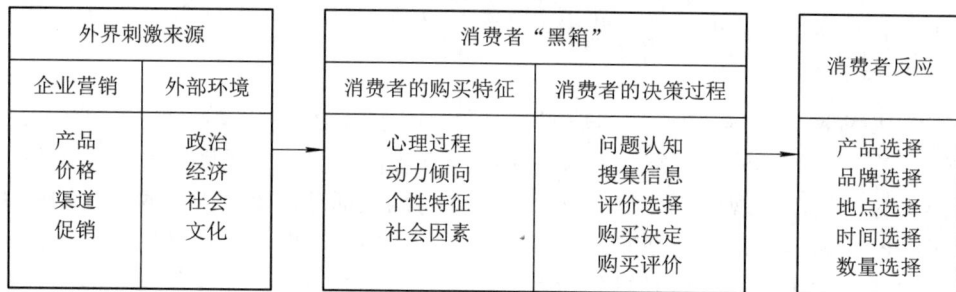

外界刺激来源		消费者"黑箱"		消费者反应
企业营销	外部环境	消费者的购买特征	消费者的决策过程	
产品 价格 渠道 促销	政治 经济 社会 文化	心理过程 动力倾向 个性特征 社会因素	问题认知 搜集信息 评价选择 购买决定 购买评价	产品选择 品牌选择 地点选择 时间选择 数量选择

图 4-1　外界刺激与消费者反应之间的关系

4.2　影响消费者购买行为的因素

4.2.1　文化因素

文化因素是影响消费者购买行为最为广泛和最为深刻的因素，主要包括文化、亚文化和社会阶层三个方面。

1. 文化

文化是一个群体(如一个国家或一个民族)共同拥有的、不同于另一个群体的思维方式和行为模式，是社会成员共享的信念、态度和行为模式的集合，并从一代传给下一代，是影响人们欲望和行为最基本的因素。从某种意义上来说，文化指的是一个群体或者社会所共享的基本假设、价值观、行为规范和习俗，是在长期的历史过程中形成的，具有相当的稳定性，对人们的社会心理和行为发挥着重要的影响作用。它提供了一个有关个人及其生活方式发展的框架，因此也会对消费产生影响。

每一种文化的基本要素包括塑造文化行为的价值观、语言、神话、风俗、礼仪和法律，也包括代代相传的重要手工艺品或产品。文化属于意识形态的范畴，它会对消费者的需要和购买行为产生很大的影响。文化渗透于产品的设计、定价、质量、款式、种类、包装等整个营销活动之中。营销人员的活动，实际上成了文化结构的有机组成部分。

文化不是静止的，它通常随着时间的推移而缓慢发展和变化。营销人员总是试图捕捉文化变迁以发现新的产品需求。过去 30 多年来，文化显现出日益明显的国际化趋势。过去，一些产品和服务仅能在某些国家购买到，现在却遍布全球。例如中国的传统茶文化、丝绸和瓷器，在世界各地的大城市都能找到它们的身影；中国智能手机制造商如华为、小米等成功地将中国制造的手机推向了世界各地；腾讯的社交媒体平台微信成为了国际上备受欢迎的通讯工具，连接了全球用户；阿里巴巴通过其电商平台淘宝、天猫等，让世界各地的消费者能够购买到来自中国的各种商品；中国新能源汽车制造商如比亚迪、小鹏、蔚来等也在国际市场上崭露头角，推动了全球电动汽车市场的发展。

2. 亚文化

任何文化都包含一些较小的群体，即所谓的亚文化，如民族亚文化、宗教亚文化、地理亚文化和种族亚文化等。亚文化是指文化群体所属次级群体的成员共有的独特信念、价值观和生活习惯，又称小文化、集体文化或副文化。亚文化通常包括民族、宗教、种族、地理、年龄、职业等。一种亚文化不仅包含与主文化相通的价值与观念，还拥有自己独特的价值观与观念。在每一种文化中，往往存在着许多一定范围内具有文化同一体的群体，他们被称为亚文化群。每个亚文化群体都有独特的生活方式，其成员往往都认同这种生活方式。

一般认为，亚文化会从以下角度给消费者提供更具体的认同对象，因而对消费者的购买心理与行为产生更为直接的影响。

(1) 价值观角度。在小群体之类，亚文化所存在的小部分消费人群共享着相似的价值观，整体的价值观具有其共性。消费行为的终极决定因素就是消费者的价值观，而亚文化中的价值观和价值规范作为一种较为强制的方式划分亚文化群体时，进一步强化了亚文化群体的观念。例如中产阶级在进行消费时，很多娱乐项目的消费都带有中产阶级的标签，在根据自己的收入水平和社会阶层进行消费的同时，这些消费行为同时也决定着消费者的身份，强化了作为中产阶级认知的价值观。

(2) 风俗习惯和文化传统角度。风俗习惯主要是从地域亚文化的角度对消费者的行为进行影响。例如，中国人在春节时会吃团圆饭，这种风俗文化导致的消费动机，在没有受到中华传统地域文化影响的人眼中是可有可无的，然而在受到地域文化影响的消费者眼中，这类消费活动是对自身身份的一个界定，是更偏向于强需求的消费行为。

(3) 消费文化角度。亚文化与其他文化的一个重要区别是这个群体的抽象方式和文字理解方式。社会学家发现了一个基础的差异：在高情景文化中，成员倾向于言外之意，符号和举止比文字传递更多的信息；相反，在低情景文化中，成员倾向于通过字面来理解意义。高情景文化中，消费者对广告内容以外的细微差异很敏感。

3. 社会阶层

社会阶层是具有相对的同质性和持久性的群体，每一阶层的成员具有类似的价值观、兴趣爱好和行为方式。一个人的社会阶层，通常是职业、收入、教育和价值观等多种因素作用的结果。同一社会阶层的人，要比来自不同社会阶层的人的行为更加相似。

企业应根据目标市场的社会阶层，来确定提供什么样的产品和服务，采取相应的促销技巧以达到良好的营销效果。

4.2.2　社会因素

消费行为同样会受到社会因素的影响，这些社会因素包括消费者的相关群体、家庭以及社会角色和地位等。

1. 相关群体

个体所属的群体不仅仅是人际关系的一部分，更是影响消费者的观念、行为和消费决策的关键因素。相关群体，指的是那些直接或间接影响个体看法和行为的群体。在理解相关群体的影响时，我们将其分为两大类别：成员群体和非成员群体。

成员群体是指个体身处其中的群体，可以进一步分为主要群体和次要群体。主要群体是个体经常受其影响的非正式群体，例如家庭、亲密朋友、同事、同学以及邻居等。这些群体扮演

明星还是普通人——不同目标追逐阶段消费者对品牌群体标签的偏好差异研究

了个体日常生活中不可或缺的角色，对其消费选择和行为产生深远的影响。次要群体则是个体并不经常受到其影响的正式群体，如工会、职业协会等，虽然其影响相对较小，但在某些决策中仍具有一定的影响力。

非成员群体是指个体身外的群体，尽管个体并不直接参与其中，但会对其购买行为产生影响。非成员群体可以进一步分为向往群体和逃避群体。向往群体包括个体渴望加入或追随的群体，例如社会阶层、球迷俱乐部以及追星族等；相反，逃避群体是个体拒绝或抵制其价值观和行为的群体。

相关群体对消费者行为的影响表现在以下三个方面。

(1) 示范性。相关群体能够向消费者展示出新的行为模式和生活方式。

(2) 仿效性。相关群体的消费行为引起人们仿效的欲望，影响人们对商品的选择。

(3) 一致性。相关群体促使人们的行为趋于某种"一致化"，从而影响消费者对某些产品品牌的选择。

营销人员应该重视相关群体对消费者购买行为的影响，并充分利用相关群体的影响进行营销活动。此外，需要注意不同的产品在受相关群体影响的程度上存在差异。

2. 家庭

家庭是社会组织的一个基本单位，也是消费者的首要相关群体之一，对消费者购买行

为具有重要影响。在一个家庭中，不同商品的购买决策往往是由不同的家庭成员作出的。营销人员要了解每种特定商品的购买决策究竟是由家庭中的哪个成员作出的，以便运用恰当的语言和营销方式促进购买行为顺利完成。

家庭的购买行为不仅受到家庭成员特征的影响，还受到家庭生命周期的影响。一个人自产生了购物的想法开始，他的购买行为就受到生命周期的影响。年轻时有年轻时的主张，年老时又有年老时的看法。家庭生命周期是指一个家庭从成立到消亡的全过程。这一全过程被划分为几个有明显区别的阶段，人们在各个阶段的购买行为有明显不同。

在家庭中，家庭成员之间的频繁互动对个体行为的影响广泛而深远。例如，孩子在成长过程中会受到父母的许多影响，父母购物的选择、偏好和价值观等会影响他们的孩子。当家庭里决定添置一件物品的时候，几乎每个家庭成员都会发表意见。实际上，夫妻在购买行为和购买决策中的作用随产品类别的不同而不同。典型的家庭购买决策类型有四种：丈夫决策型(涉及啤酒或其他酒类等)、妻子决策型(涉及洗衣机、装饰品及厨房用品等)、共同决策型(涉及住宅、家具及旅游地点等)以及各自决策型(涉及私人用品、小说等)。

3. 社会角色和地位

社会角色是指个体在社会和团体中的身份和地位。这些角色由周围人对个体的期望和在不同场合中应起的作用构成，每个角色都伴随着一种特定的地位。个体拥有多重角色，如性别、年龄、职业、家庭等，这可能导致角色冲突。角色的表现随着环境和情境的变化而变动，人们往往会甘心情愿地扮演这些角色，并非出于虚假。然而，有时角色也使人们戴上面具，真实的自我往往只在生活的私密背景中显露。

从消费的角度来看，每个人都在扮演着不同的社会角色，并有着与之相关联的地位。这些角色及其对应的地位在不同程度上影响着个体的购买行为。主要可从性别、年龄和职业三个角度来分析个体的心理。

不同性别的消费者有不同的社会角色要求。男性在社会中被期望表现勇敢、大度、果断、幽默、理性和事业心，其消费特点包括理智、实用、追求名望和迅速。女性的社会角色要求贤惠、温柔、细腻、活泼、大方、顾家，其消费特点包括感性(追求美、追求新、注重个性)、细致入微、从众(受他人和促销的影响)以及关注子女。

不同年龄阶段的消费者有不同的社会角色要求。儿童被期望表现得活泼、可爱、充满好奇心，其消费特点包括容易受广告影响、模仿力强、对品牌忠诚。青年人被期望表现得热情、求知、独立、敢于冒险，其消费特点包括追求时尚、追求美感、购买迅速、慷慨。中年人被期望表现得理智、成熟、有成就，其消费特点包括实用取向、有计划性、审慎。老年人被期望表现得稳重、平和、有体谅之心，其消费特点包括实用主义、关注健康、对品牌忠诚。

不同职业的消费者有不同的社会角色要求。职业对消费产生着显著的影响，蓝领工人和公司经理的消费行为就存在明显差异。市场营销人员应该努力发现那些对其产品有独特需求和兴趣的职业群体，甚至可以为特定职业群体设计专门的产品以满足其需求。

4.2.3　个人因素

购买者的行为还受到购买者自身的年龄与家庭生命周期、职业与教育、个性与生活方式、经济状况等个人因素的影响。

1. 年龄与家庭生命周期

年龄与家庭生命周期有较强的相关性，消费者在不同年龄会处于不同的家庭生命周期阶段，他们购买产品的种类和方式也会有所区别。例如，青少年往往追求时尚的新产品；中年人更关心家庭的生活状况改善和孩子的教育，购买住房、汽车、家庭用品较多；老年人是保健用品的主要购买者。不同年龄的消费者，其购买方式也各有特点，青年人容易出现冲动性购买；中老年更注重产品的实用性和方便性，偏理性消费。

2. 职业与教育

不同职业的消费者因其收入、工作环境和职业特点等原因，往往在消费结构和消费习惯上也会有所不同。营销人员应找准自己的目标市场，并根据消费者的职业特点制定恰当的营销组合策略。受教育程度的高低对消费者的购买行为也产生着影响。例如，受教育程度较高的消费者对书籍等文化用品的需求量较大，购买商品的理性程度较高，购买决策过程较全面。

3. 个性与生活方式

个性是个人带有倾向性、稳定性的心理特征的总和，包括能力、气质和性格。个性是个人对环境作出比较一致和持续性的反应，可以直接或间接地影响其购买行为。例如，喜欢冒险的消费者容易受广告的影响，成为新产品的早期使用者；自信或急躁的人购买过程较短等。生活方式是一个人在特定的社会环境和价值观指导下所形成的生活形态和行为特征，不同生活方式的人有着不同的需求和购买行为。

4. 经济状况

一个人的经济状况，取决于他的可支配收入的水平、储蓄和资产、借贷能力，以及他对开支与储蓄的态度。个人购买能力在很大程度上制约着个人的购买行为。一般来说，低收入人群更关注价格，购买行为偏向于经济型。营销人员虽然不能改变消费者的经济状况，但可以影响消费者对消费和储蓄的态度，通过调整产品及销售渠道来更好地适应消费者的购买能力。

4.2.4　心理因素

心理因素是指影响消费者购买决策与购买行为的心理性原因，其中包括消费者的需要和动机、感觉和知觉、学习、态度和信念等。

1. 需要和动机

心理学家曾提出过许多人类行为动机理论，其中最有影响力的是亚伯拉罕·马斯洛的需要层次理论。它以人的需要为出发点来研究人的动机，把人的需要由低到高分为生理需要、安全需要、社交需要、尊重需要和自我实现需要五个层次，如图4-2所示。消费者在特定的外界刺激下产生需要，需要在一定的具体条件下便激发出一种行为的内在动力即动机，有了动机才会产生购买行为。

根据需要层次理论，营销人员应当了解目标市场消费者的不同需要层次，制定相关的营销策略，以刺激消费者产生购买动机，从而产生购买行为。

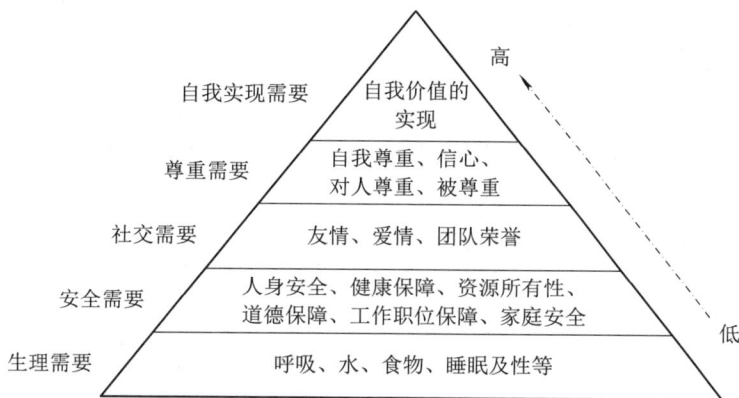

图 4-2 马斯洛的需要层次理论

2. 感觉和知觉

感觉是指消费者的感官直接接触刺激物和情境所获得的直观、形象的反应。是刺激物或情境的信息，如某种商品的形状、大小、颜色、声响、气味等，刺激了人的视、听、触、嗅、味等感官，使消费者产生的一种感应状态。知觉是人们为了了解事物而收集、整理和解释信息的过程。人们在日常生活中面对许许多多的各类信息，不可能对所有信息都加以注意，绝大多数信息都被筛选掉了，那些能引起人们注意的信息，或者说与自己态度和信念相吻合的信息能得以保留，这便是知觉的过程。在现实生活中，人们往往只记住自己所喜欢的品牌的优点，而忘记了竞争对手同类产品的优点。因此，营销人员在向目标市场传递信息时必须设法牢固消费者的知觉壁垒。例如，企业不断重复同一广告语，是利用了人们的知觉过程，力图给人们留下深刻印象。

知觉的过程具有以下特点：

(1) 选择性注意。在众多信息中，接受对自己有意义的信息以及与其他信息相比有明显差别的信息。例如，打算购买汽车的人会十分留意汽车行业的相关信息而容易忽视其他信息。

(2) 选择性理解。人们趋向于将所获得的信息与自己的意愿结合起来，然后加以接受。

(3) 选择性记忆。人们易于记住与自己的态度和信念一致的信息。

3. 学习

人的许多行为表现都是通过学习以后形成的。消费者在购买和使用商品的实践中，逐步获得和积累经验，并根据经验调整购买行为的过程，称为学习。学习在消费者的购买过程中有三个方面的重要作用：一是获得有关购买的信息；二是促发联想；三是影响消费者的态度和对购买的评价。

学习过程可以被简化为四个主要因素：驱动力、提示、反应和强化。驱动力是刺激一个人行动的力量，例如，正月十五这个日子临近，会激励人们去买元宵。提示是能被消费者看见的一个物体或标志，例如，商店门口的元宵广告。反应是消费者为平衡驱动力所采取的行动，例如，看见商店里在销售元宵，就去买了两斤。强化是学习过程排在最后的一个因素，实际上它是反应以后的结果。例如，消费者吃了元宵以后觉得味道很好，这是对他反应的补偿，以后他遇到类似的情况，还会采取相同的行动，以满足自己类似的需要。

学习理论给营销人员的启示是可以把学习与强烈的驱动力联系起来，运用刺激性提示和提供积极强化的手段来建立消费者对产品的需求。

4. 态度和信念

态度是对事物的持久、一致的评价及反应。消费者态度的逐渐形成，产生于与产品、企业的接触，其他消费者的影响，个人生活经历、家庭环境熏陶。信念是个人认定、可以确信的看法，可建立在不同的基础上。如牛奶中含有丰富的蛋白质、脂肪和矿物质等营养物质，是以"知识"为基础的信念；"汽车越小越省油"，可能是建立在"感觉"之上；某种偏好很可能由于"信任"而来。态度与信念形成于消费者长期的学习和实践活动中，因此，是难以改变的，营销人员要经常了解消费者的态度和信念，利用各种手段，让消费者的态度和信念向有利于企业的方向改变和发展。

4.2.5 情境因素

在消费活动中，情境因素包括现场消费环境、消费时机、社会背景、个人身心状态等，这些因素都可能导致消费者的购买态度与购买行为不一致。例如，当时间比较宽裕时，消费者可以按照自己的偏好和态度选择某种品牌的产品；当时间非常紧张，如要赶火车或飞机时，消费者实际选择的产品与他对该产品的态度就不一定有太多的内在联系。

越拥挤越消费？
社会拥挤如何
影响消费行为

以情境因素中的消费环境为例，营销领域研究者们分析了社会拥挤对消费行为的影响。社会拥挤(social crowding)指一定单位面积内，因人数众多造成环境实际提供的空间不足以满足个体所需时产生的主观心理感受。通常情况下，社会拥挤有两个层面的含义，一个是空间物理维度，如人群密度；另一个是社会维度，如个体之间的相互影响，这属于个体的主观感受，是对空间的体验感知。研究发现社会拥挤在营销领域存在"双刃剑"效应，即社会拥挤对消费行为既存在积极影响，也存在消极影响。社会拥挤对消费行为的积极影响体现在两方面：一是社会拥挤能促进消费者进行现场体验；二是社会拥挤能促进消费者进行补偿性消费。社会拥挤对消费行为的消极影响体现在以下几方面：第一，社会拥挤诱发了个体负面情绪；第二，社会拥挤环境中消费者会逐步丧失控制权，从而感受到压力；第三，社会拥挤影响了消费者的地位推断。

4.3 消费者的购买决策过程

4.3.1 消费者在购买决策中扮演的角色

消费者在消费时虽然是以一个家庭为单位，但参与购买决策的通常并非一个家庭的全体成员，许多时候是由某个成员或某几个成员组成购买决策层，其各自扮演的角色亦有区别。人们在作出一项购买决策的过程中可能充当以下角色：发起者、影响者、决策者、购买者和使用者。了解消费者在购买决策中扮演的角色，并针对其角色地位与特性，采取有针对性的营销策略，就能较好地实现营销目标。

4.3.2 消费者购买行为的类型

消费者在购买商品时，其参与程度会因品牌差异程度的不同而不同。美国学者亨利•阿萨尔根据消费者的购买介入程度和品牌差异程度划分出了四种购买类型，如表 4-2 所示。

表 4-2 四种购买行为类型

品牌差异程度	消费者的购买介入程度	
	高	低
大	复杂型	寻求多样化型
小	降低失调型	习惯型

1. 复杂型

如果消费者属于高度参与，并且了解现有各品牌、品种和规格之间具有显著差异，则会产生复杂的购买行为。复杂的购买行为指消费者需要经历大量的信息收集、全面的产品评估、慎重的购买决策和认真的购后评价等各个阶段。例如，家用计算机价格昂贵，不同品牌之间差异大，某人想购买家用计算机，但又不知硬盘、内存、主板、中央处理器、分辨率和操作系统等为何物，对于不同品牌之间的性能、质量和价格等无法判断，贸然购买有极大的风险。因此他要广泛收集资料，弄清很多问题，逐步建立对此产品的信念，然后转变成态度，最后才会作出谨慎的购买决定。

2. 习惯型

对于价格低廉的、经常性购买的商品，消费者的购买行为是最简单的。这类商品中，各品牌的差别极小，消费者对此也十分熟悉，不需要花时间进行选择，一般随用随买就行了。例如，买油、盐之类的商品就是这样。这种简单的购买行为不经过搜集信息、评价产品特点，最后作出重大决定这种复杂的过程。对习惯型购买行为的主要营销策略是：

(1) 利用价格与销售促进吸引消费者试用。由于产品本身与同类其他品牌相比难以找出独特优点以引起顾客的兴趣，就只能依靠合理价格与优惠、展销、示范、赠送及有奖销售等销售促进手段吸引顾客试用。一旦顾客了解和熟悉了某产品，就可能经常购买以至形成购买习惯。

(2) 投放大量重复性广告加深消费者印象。在低度参与和品牌差异小的情况下，消费者并不主动收集品牌信息，也不评估品牌，只是被动地接受包括广告在内的各种途径传播的信息，根据这些信息所造成的对不同品牌的熟悉程度来选择。消费者选购某种品牌不一定是被广告所打动或对该品牌有忠诚的态度，只是对其更熟悉而已。购买之后甚至不去评价它，因为并不介意评价结果。习惯型购买行为的过程是：由被动的学习形成品牌信念，然后实施购买行为，接着可能有也可能没有评估过程。因此，企业必须通过大量广告使顾客被动地接受广告信息而产生对品牌的熟悉。为了提高效果，广告信息应简短有力且不断重复，只强调少数几个重要论点，突出视觉符号与视觉形象。根据古典控制理论，不断重复代表某产品的符号，购买者就能从众多的同类产品中认出该产品。

(3) 增加购买参与程度和品牌差异。在习惯型购买行为中，消费者只购买自己熟悉的品牌而较少考虑品牌转换，如果竞争者通过技术进步和产品更新将低度参与的产品转换为高度参与并扩大与同类产品的差距，将促使消费者改变原先的习惯性购买行为，寻求新的品牌。提高参与程度的主要途径是在不重要的产品中增加较为重要的功能和用途，并在价格和档次上与同类产品拉开距离。

3. 寻求多样化型

有些商品的品牌之间有明显差别，但消费者并不愿在购买决策上多花时间，而是不断变化他所购商品的品牌。这样做往往不是因为对产品不满意，而是为了寻求多样化。对于寻求多样化型购买行为，市场领导者和挑战者的营销策略是不同的。市场领导者力图通过占有货架、避免脱销和提醒购买的广告来鼓励消费者形成习惯型购买行为。挑战者则以较低的价格、折扣、赠券、免费赠送样品和强调试用新品牌的广告来鼓励消费者改变原有的习惯型购买行为。

4. 降低失调型

有些商品的品牌之间区别不大，但消费者不经常购买，购买时有一定的风险性。对这类商品，消费者大概进行一番比较后，如果某个品牌价格合理、购买方便、机会合适，就会决定购买。如购买沙发时，虽然看重款式、颜色，但各个品牌一般差别不大。购买之后，消费者也许会对商品的某个地方不够满意，或者听到别人称赞其他品牌的商品。于是在使用期间，消费者会了解更多情况，并寻求种种理由来降低这种心理失调，以证明自己的购买决策是正确的。对于这类购买行为，营销者要提供完善的售后服务，通过各种途径经常提供有利于本企业产品的信息，使顾客相信自己的购买决定是正确的。

4.3.3 消费者购买决策过程的五个阶段

消费者在购买产品时，均会有一个决策过程，该过程因所购产品类型、购买类型的不同而有所区别。典型的购买决策过程一般由认识需要、收集信息、评估选择、购买决定和购后行为五个阶段构成，如图 4-3 所示。

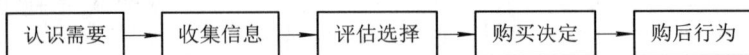

认识需要 → 收集信息 → 评估选择 → 购买决定 → 购后行为

图 4-3　消费者的购买决策过程

1. 认识需要

消费者感到自己需要某种产品后，才会去选择和购买。因此，认识需要是消费者购买决策过程的第一阶段。在这一阶段中，消费者在现实生活中感觉到或意识到实际状态与理想状态之间有一定差距，并产生了要解决这一问题的要求时，购买的决策便开始了。

消费者需要的产生，可能是由人体机能的感受所引发的，如饥饿、口渴等；也可能来源于外界的某种刺激，如看见电视中的西服广告而打算自己买一套、路过水果店看到新鲜的水果而决定购买等；或是由内、外刺激两方面的共同作用导致的。这一需要会驱使消费者去寻找合适的购买对象。在这一阶段，营销者应注意不失时机地采取适当措施，唤起和强化消费者的需要。

2. 收集信息

当消费者认识到自己的需要以后，便会开始进行与购买相关联的活动。对于反复购买的产品，消费者会越过收集信息阶段，很快地实施购买活动从而满足需求，如日常生活需要的日用品。但是当所需购买的物品不易购到，或者说需求不能马上得到满足时，他们便会把这种需求存入记忆中，并注意收集相关信息，以此作出购买决策。消费者信息的来源主要有：个人来源(如家庭、朋友、邻居和熟人)、商业来源(广告、销售人员、经销商网站、移动网站、包装和展览)、公共来源(大众传媒、消费者评审组织和网络搜索)和经验来源(对产品的操作、检查和使用)。

一般来说，各种来源的信息对消费者决策都有一定的影响。在正常情况下，商业来源主要起通知作用，消费者得到的信息大部分来自商业来源；而个人来源主要起评估作用，影响力最大。营销者对不同的产品和不同的消费者，还要具体地调查研究，依据调研结果拟定促销计划，设法扩大对自己有利信息的传播。

3. 评估选择

根据所收集的信息，消费者要对产品及品牌进行比较和选择。消费者主要从以下几个方面对产品进行评价。

(1) 产品属性。它是指产品能够满足消费者需要的特性。消费者一般将某一种产品看成是一系列属性的集合。

(2) 属性权重。它是指消费者对产品有关属性所赋予的不同的重要性程度。营销者应更多地关心属性权重分配，而不是属性特色。

(3) 品牌信念。它是指消费者基于各品牌的属性及每种属性的参数，形成对某种品牌优劣程度的总的看法。

(4) 效用函数。它是描述消费者所期望的产品满足感随产品属性的不同而有所变化的函数关系。

(5) 评价模型。它是指消费者对不同品牌进行评价和选择的程序和方法。

4. 购买决定

消费者对产品信息进行比较和评价后形成购买意图，随后可能会作出购买决定。但消费者也可能会推迟或取消购买的决定。只让消费者对某一品牌产生好感和购买意向是不够的。

消费者从产生购买意图到实际购买之间，还要受两个因素的影响：第一个因素是他人的态度。消费者的购买意图，会因他人的态度而增强或减弱。例如，一个消费者在考虑购买一款新型智能手机时，如果他的朋友圈中有人对该品牌的手机给予高度评价，并分享了良好的使用体验，那么这位消费者的购买意愿可能会因为他人积极的态度而增强。第二个因素是意外的情况。购买意图是在预期家庭收入、预期价格和预期获益的基础上形成的。如果发生了意外的情况，如失业、意外急需、产品涨价以及新出现的不利于该产品的信息等，都可能导致消费者购买意图的修改。例如，一位计划购买汽车的消费者可能因为突发的家庭支出需求而推迟购车计划，或因为车型新出现的安全问题信息而决定取消购车计划。

5. 购后行为

将产品买回家后，消费者的购买决策过程并没有终止，开始使用产品以后，消费者会以购前期望为标准，检查、评价买回来的产品，会对自己购买的产品产生某种程度的满意感或不满意感。购买后的满意程度，决定了消费者是否会重复购买这种产品，决定了消费者对这一品牌的态度，并且还会影响其他消费者，形成连锁反应。

假设一位消费者购买了一部新型智能手机。在使用过程中，他发现手机操作简便、性能强大，满足了他对高效率和多功能的需求。这位消费者的购后满意度较高，可能会通过口碑或社交媒体积极地分享他的使用体验，对该品牌形成积极的态度，并有可能成为品牌的忠实用户。反之，如果该手机在使用过程中出现了频繁的故障或不符合他的期望，他可能会感到不满意，对品牌产生负面印象，甚至通过口碑传递负面信息，影响其他潜在消费者对该品牌的购买意愿。

因此，营销者在购后阶段需要关注用户的反馈，积极解决可能出现的问题，提升产品的品质和服务水平，以增强消费者的满意度，促使其成为品牌的忠实支持者，并在市场上形成良好的口碑效应。购后行为不仅关乎个体消费者的满意程度，更会影响品牌的整体声誉和市场竞争力。

4.4　　组织市场与生产者市场分析

4.4.1　组织市场的概念、类型和特征

组织市场是指组织为了生产、销售、维持组织运作或履行组织职能而购买产品或服务所构成的市场。购买的目的是用于再生产、转售或开展公益事业等。组织市场具体包括生产者市场、中间商市场、非营利性组织市场和政府市场等几种不同的类型。

组织市场与消费者市场相比，具有以下几点特征：

(1) 购买者数量少，购买规模大。组织市场上的购买者绝大多数为单位，因此购买者的数量相较于消费者市场显著减少。然而，由于这些单位的规模往往较大，组织市场的购买规模呈现出相对庞大的特点。

(2) 地理区域集中。组织市场上的购买者在地理区域上表现出相对集中的特点。

(3) 需求波动大。组织市场的需求是派生需求，即购买者对产业用品的需求最终源自消费者对消费品的需求。由此产生的需求波动较大，即便是消费者需求的微小变动，也可能导致产业购买者需求出现显著的增减，这在西方经济学中被称为"加速原理"。

(4) 需求缺乏弹性。组织市场上的购买者对产业用品和劳务的需求对价格变动的反应相对较小。这是因为生产者在短期内难以对其生产方法作出较大的改变。

(5) 通过谈判和招标购买。组织市场在购买商品时，谈判是双方交涉中最为重要的一环。为了确保公平公正，政府在购买商品时多采用招标的方式。

(6) 由专业人员购买和决策。由于组织市场用品的技术性强，其采购通常由专业人员负责。与消费者市场相比，组织市场的决策过程更为规范，经常由若干技术专家和最高管理层组成的采购委员会领导。

(7) 直接向生产者购买。组织市场的购买者大多数直接向生产者采购所需产业用品，而不通过中间商采购。这是因为购买者数量有限，且属于大规模购买，直接购买的成本较低。同时，组织市场的售前售后服务通常需要由生产者直接提供。

(8) 供需双方关系密切。组织市场的购买者需要源源不断的货源，供应商则需要长期

稳定的销路，因此，双方之间保持着密切的关系。有些买方经常在产品的花色品种、技术规格、质量、交货、服务项目等方面提出特殊要求，因此供应商需要与买方保持频繁的沟通，详细了解其需求并尽最大努力予以满足。

(9) 可购买也可租赁。组织市场可以通过租赁方式取得所需产品。对于机器设备、车辆等昂贵产品，许多企业可能无力购买或需要融资才能购买，因此采用租赁的方式可以有效地节省资金。

4.4.2 生产者市场分析

1. 生产者市场的内涵

组织市场中，生产者市场的购买行为具有典型意义。生产者市场是重要的组织市场之一，它是由那些购买各种生产资料(包括劳务)，供自己进一步制造产品或提供劳动力给其他购买者的生产者组成的市场。定义生产者市场的标准是：购买者是企业；购买的产品作为生产资料加以使用。

生产者市场购买的产品就是生产资料。生产资料最初分为劳动对象和劳动资料两类。劳动资料又可分为劳动工具和劳动设施两类。随着经济的发展，人们认识到还有第三类生产资料，即生产性劳务。这些劳务主要有维修、运输、检测、仓储、保险、广告、审计等服务内容。

2. 生产者购买行为的类型

生产者购买行为可以分成直接重购、修正重购和新购三种类型。

(1) 直接重购。直接重购是指购买者在供应商、购买对象和购买方式都不发生变化的情况下，购买曾经购买过的产品。这类购买通常是企业定期需要的，供应商已在名单内。对于这样的购买，供应商无需进行重复的推销，而是应该致力于保持产品质量和服务水平，以保持与购买者的稳定关系。

(2) 修正重购。修正重购指买者由于想要改变产品的规格、价格以及交货条件等因素，需要调整或修订采购方案。相较于直接重购，这需要更多的时间和精力，通常还涉及更多的采购决策参与者。对于供应商而言，他们需要认识到修正重购可能带来的挑战，需要积极改进产品规格和提高服务质量，以维护现有的客户关系。对于处于供应商名单之外的企业，修正重购则是一次开拓市场的机会，需要积极应对，争取获取业务。

(3) 新购。新购是指购买者首次购买某种产品或服务。由于缺乏类似的购买经验，购买者在作出决策前通常需要花费更多精力来收集信息。对于供应商，新购是一个独特的机会，他们需要采取措施来影响作出新购决策的关键人物，争取赢得新的订单。

3. 生产者购买决策的参与者

在生产者购买的复杂过程中，会形成一个由不同角色构成的决策单位，它被西方营销学者称为采购中心。企业的采购中心通常包括以下成员：

(1) 发起者：提出和要求购买的人员，可能是组织内的使用者或其他人员；

(2) 使用者：具体使用欲购买的某种产品的人员；

(3) 影响者：影响购买决策的人员，常协助确定产品规格并提供方案或情报信息，企

业的技术人员是最主要的影响者;

  (4) 决定者:有权决定产品要求和供应商的人员;

  (5) 批准者:有权批准决定者或购买者所提购买方案的人员;

  (6) 采购者:企业中有选择供应商并安排采购条件职权的人员;

  (7) 信息控制者:在企业外部和内部能控制市场信息流向的人员,如企业的采购代理商、接线员、接待人员等。

4. 影响生产者购买决策的因素

  (1) 环境因素。在环境因素中,除了经济环境外,其他宏观因素如市场需求水平、技术环境、政治法律环境和文化环境也对生产者的购买行为产生深远的影响。市场需求的波动性直接关系到生产者对产品的需求,而技术环境和政治法律环境则影响着生产者的生产和采购策略。文化环境则决定了生产者的价值观和购买习惯,进而影响其购买决策。

  (2) 组织因素。在组织因素方面,除了上述提到的因素外,还包括企业的文化氛围、创新意识以及财务状况等。这些因素直接塑造了企业的内外形象,影响了生产者在市场中的地位和决策方式。营销人员应该深入了解企业内部文化,以更好地了解其决策过程并制定相应的营销战略。

  (3) 人际因素。在人际因素方面,了解采购中心不同角色的具体职责和关系至关重要。采购中心成员的互动和合作方式直接关系到购买决策的进展。此外,人际关系的稳定性和信任度也在很大程度上影响着生产者与供应商的合作关系。因此,了解采购中心成员之间的互动模式以及构建互信关系将有助于提高合作效率。

  (4) 个人因素。生产者的购买行为虽是理性活动,但作出购买决策的仍然是具体的人。参与购买决策的个人,在购买决策中又不可避免地受其年龄、收入、受教育程度、职位和个人特性等影响。因此,市场营销人员应了解具体决策的参加者,以便采取因人而异的营销措施。

5. 生产者作出购买决策的过程

  生产者作出购买决策的过程一般要经历八个阶段:提出需求、确定需求、说明需求、寻找供应商、征求供应建议书、选择供应商、下达订单和绩效评价。

  (1) 提出需求。购买决策的起点是生产企业内部成员意识到需要购买某种产品以满足特定需求。这需求可能是出于内部原因,如生产新产品、更换设备,也可能是因为外部刺激,例如市场上新产品的推出或广告宣传。

  (2) 确定需求。一旦需求提出,采购者需要明确所需项目的总体特征和需要的数量。对于标准项目,采购者可能直接作出决策;而对于复杂项目,需要由使用者、技术人员和相关负责人协同决策,包括产品的种类、特征和数量。

  (3) 说明需求。总体需求确定后,专业技术人员会对产品的规格、型号和功能等技术指标进行详细分析,并提供详细说明供采购者参考。同时,供应商也需要向潜在购买者说明产品的优势、规格和型号等信息。

  (4) 寻找供应商。采购者根据产品规格要求,通过采购档案、其他部门信息、广告、电话访问和亲自访问等途径,寻找服务周到、产品质量高、声誉良好的供应商。供应商应通过各种方式,努力提高企业在市场上的知名度,以争取成为采购者的备选。

(5) 征求供应建议书。对于复杂项目，采购者会邀请供应商提交供应建议书，并对各供应商的建议进行分析评估。经过筛选后留下的供应商将被要求提供正式的产品说明。供应商的营销人员需要具备调查研究和报告撰写等能力。

(6) 选择供应商。在收到多个供应商的相关资料后，采购者将根据资料选择满意的供应商。在选择供应商时，考虑的因素包括产品质量、性能、产量、技术能力和价格，还包括企业信誉、服务、交货能力以及地理位置等。在最后确定供应商之前，采购者有时还需要与供应商面谈，争取更优惠的条件。

(7) 下达订单。选定供应商后，采购者向其发出正式订货单，其中详细列明所需产品的规格、数量、交货日期，以及退货、保修、运输及保证等条款。

(8) 绩效评价。产品购进后，采购者在使用中评估所购产品的实际效果，进行合同履行情况的评价。这将成为再次采购、修改或取消与供应商合作的依据。绩效评价对于未来合作的成功至关重要。

本章小结

本章首先分析了消费者市场的内涵和购买对象，具体论述了影响消费者购买行为的主要因素：文化因素、社会因素、个人因素和心理因素。接着论述了消费者购买决策的内涵和消费者购买决策的具体过程：认识需要、收集信息、评估选择、购买决定和购后行为。然后，分析了组织市场的概念、生产者购买行为的类型、生产者购买决策的参与者。最后，介绍了影响生产者购买决策的因素以及生产者的购买决策过程。

重要概念

消费者购买行为	消费者市场	组织市场	文化因素
社会因素	个人因素	心理因素	消费者购买决策过程
社会阶层	生活方式	动机	复杂的购买行为
降低失调的购买行为	习惯性的购买行为	寻求多样化的购买行为	
生产者市场			

复习思考题

1. 探析价值观念在消费领域的显现及其对企业营销的启示。
2. 深入剖析企业进行文化营销时的核心内容。
3. 需求的独特特质是什么？对企业的营销策略有何启迪？

4. 如何理解和挖掘潜在需求？对企业的市场营销有何启示？

5. 消费动机主要表现在哪些方面？其对企业的市场推广有何影响？

6. 具体阐述消费者在购买决策过程中的步骤和考虑因素。

7. 组织市场的特征是什么？企业在面对组织市场时应采取何种营销策略？

案例分析

李宁品牌的崛起与创新

面对国际巨头在中国市场的竞争，李宁品牌采取了独特的单品牌策略，主打"中国李宁"国潮概念，以街头文化为抓手，成功渗透中国元素，深刻击中了"Z世代"对国潮概念的青睐。这个创立于1990年的国产龙头品牌在经历了多年的发展后，成功走上国际舞台。

在近年来国外运动品牌耐克和阿迪达斯营收走低的背景下，国内运动品牌逐渐崛起，其中就以李宁为代表。2021年，李宁体育的营收超过200亿元人民币，同比增长达56.1%。另外两家国产品牌安踏和特步也实现了显著的年度涨幅，分别为38.9%和首次突破百亿元。这反映出国际巨头与国内品牌在中国体育运动市场上的竞争格局正在发生深刻的变化。

国内品牌通过捕捉时尚趋势，迅速融入了年轻人的潮流文化，所以能够在激烈的市场竞争中脱颖而出。李宁品牌通过在2018年纽约时装周推出的"悟道"系列，成功转型年轻化。这一时尚潮流的引领使得李宁产品溢价和搜索量暴涨，市值在一周内增加了15亿(港币)。

李宁在国际市场上通过与全球时尚买手店如LN-CC、Foot Patrol、SSENSE等合作，成功扩大了品牌的国际影响力。李宁还紧跟潮流，与电竞团体签约，推出联名产品。2020年与QQ炫舞联名，通过虚拟偶像星瞳IP为品牌发声，充分利用了多次线上线下联动的策略，进一步巩固了品牌形象。此外，选择高流量、高话题度的明星作为品牌的代言人，也是李宁成功的一部分原因。自从2021年肖战成为代言人以来，品牌频频登上热搜，肖战同款单品更是一度销售爆单。在当今流量为王的时代，与有高度话题性的明星进行合作，能够有效提升品牌的曝光度和吸引力。

请结合上述案例材料，思考以下问题：

(1) 消费者对"中国李宁"国潮概念的认同是否反映了价值观念在消费决策中的重要性？

(2) 针对不同消费者群体，李宁是如何精准地了解和挖掘其独特的消费动机，以制定更有针对性的市场推广策略的？

(3) 企业在国际市场中是否应当注重本土文化特色，以及巧妙地融入不同文化元素，以提升品牌的全球认知度？

第 5 章 市场竞争战略

—— 学习目标 ——

- 理解竞争者分析的意义；
- 掌握竞争者识别、分析和选择的方法；
- 能够制定针对性的竞争战略，提高企业的竞争力。

" 引例 "

零售巨头的竞争者分析

亚马逊和沃尔玛是全球知名的零售业巨头，两家公司在电子商务领域展开了激烈竞争。亚马逊作为电商领域的领先者，一直在对竞争对手进行识别与分析，以保持市场领先地位。

亚马逊对沃尔玛等主要竞争对手进行了如下分析：

沃尔玛作为传统零售巨头，在实体店和电商领域都有一定市场份额，拥有强大的供应链和物流体系；eBay 作为在线拍卖和购物平台的领先者，在二手商品和独特商品交易领域具有一定竞争优势；阿里巴巴作为中国电商巨头，在全球范围内拥有庞大的用户群体和多元化的业务板块。

亚马逊也对沃尔玛等主要竞争对手进行了优劣势分析：

沃尔玛的优势在于实体店渠道和供应链体系完善，劣势是在线业务发展相对滞后，需要加强电商业务；eBay 的优势在于二手商品和独特商品交易，劣势是缺乏全新商品销售和快速配送优势；阿里巴巴的优势在于庞大的用户群体和多元化业务，劣势是在全球市场上的知名度和影响力有待提升。基于对竞争者的深入分析，亚马逊制定了以下策略：加强电商业务发展，提升在线购物体验，拓展产品线，增加用户黏性；优化物流和配送，提高配送速度和服务质量，提升用户满意度；创新营销策略，推出独特的营销活动和服务，吸引更多消费者，提高市场份额。

习近平同志曾指出："要从构建新发展格局、推动高质量发展、促进共同富裕的战略高度出发，促进形成公平竞争的市场环境。"正确的市场竞争战略，是企业成功地实现其营销目标的关键。企业要想在激烈的市场竞争中立于不败之地，就必须树立营销观念，强化服务意识，制定正确的市场竞争战略，努力取得竞争的主动权。

5.1 ▶▶▶ 市场竞争者识别

竞争者，是指那些生产经营与本企业产品相似或可以相互替代的产品、以同一类顾客为目标市场的其他企业。现在，各个行业都存在着激烈的市场竞争，成功的企业是那些能够识别竞争者并不断收集竞争者情报的企业。然而，识别竞争者并不是一项简单的工作，企业实际的和潜在的竞争者的范围是广泛的。一个企业更有可能被新出现的对手或者新技术而不是当前的竞争者打败。例如，网上购物平台的出现对线下实体店铺形成了冲击。一般来讲，企业可以从市场竞争观念和行业竞争观念两方面来辨认自己的竞争者。

5.1.1 市场竞争观念

企业还应该从市场、消费者需要的角度来发现竞争者。凡是满足相同的市场需要或者服务于同一目标市场的企业，无论是否属于同一行业，都可能成为企业的潜在竞争者。从行业来看，电影可能是以同属于影视业的电视为主要的竞争对手，但是从市场的观点来看，特别是从满足消费者欣赏影视作品的需要来看，在线视频网站构成了对电影业的竞争威胁。从满足消费者需求以及市场需要出发来发现竞争者，可以开拓思路，从更广泛的角度来认识企业的现实竞争者和潜在竞争者。

市场竞争观念下，企业一般会面对以下四种类型的竞争者：

(1) 愿望竞争者。它们提供不同的产品，满足同一顾客的不同需求。竞争者之间争夺的，是同一顾客的购买力。

(2) 属类竞争者。它们提供不同种类的产品和服务，满足顾客相同种类的需要。这是决定需要类型之后的次一级竞争，也称平行竞争。例如，为满足人们假日消费的需要，在娱乐、图书馆、培训和旅游等产品、服务提供者之间的竞争。

(3) 产品形式竞争者。它们以不同的形式提供同类的产品和服务，满足同一需求。如不同规格、型号和款式的电视机、计算机，具有不同的性能、质量和价格等。

(4) 品牌竞争者。它们是以不同的品牌提供相似产品和服务，满足同一需要的竞争者。如同一类型、规格的电视机、计算机，由不同品牌的企业生产、提供。

5.1.2 行业竞争观念

企业需要先从自身所处行业出发来发现竞争者。提供同一类别产品或可以相互替代产品的企业，共同构成一种行业，如汽车行业、医药行业等。由于同行业企业产品的相似性和可替代性，彼此间形成了竞争的关系。在同行业内部，一种产品的价格变化，就会引起相关产品的需求量变化。例如，咖啡涨价会促使消费者转而购买其他饮料；滚筒洗衣机的价格下降，则会使波轮式洗衣机的需求量减少。因此，企业要全面、透彻地了解本行业的竞争状况，以确定本企业在行业中的竞争策略目标。

汉得信息的"五力模型"

行业竞争分析最经典的方法就是 S-C-P 模型和迈克尔·波特的五力模型，这在第 3 章已有详细介绍。

发现和识别竞争者要注意两点：一方面不应将目光局限在现有市场上生产相同产品的行业里，另一方面注意力不要过于分散。分析与防范的范围过大，草木皆兵，会造成财力、物力的极大浪费，也往往会使企业压力太大，惶惶不可终日，因此最好从行业和市场两个方面综合考虑。

5.2　市场竞争者的分析与选择

5.2.1　竞争者的目标

确定了谁是企业的竞争者之后，还要进一步搞清楚每个竞争者在市场上追求的目标是什么，每个竞争者行为的动力是什么。可以假设，所有竞争者努力追求的都是利润的最大化，并据此采取行动。但是，各个企业对短期利润或长期利润的侧重不同。有些企业追求的是"满意"的利润而不是"最大"的利润，只要达到既定的利润目标就满意了，即使其他策略能赢得更多的利润，他们也不予考虑。

企业要了解每个竞争者的重点目标是什么，才能正确估计他们对不同的竞争行为将如何反应。例如，一个以"低成本领先"为主要目标的竞争者，对其他企业在降低成本方面技术突破的反应，要比对增加广告预算的反应强烈得多。企业还必须注意监视和分析竞争者的行为，如果发现竞争者开拓了一个新的细分市场，那么这可能是一个营销机会，或者发觉竞争者正试图打入属于自己的细分市场，那么就应抢先行动，予以回击。

竞争者目标的差异会影响其经营模式。美国企业一般都以追求短期利润最大化模式来经营，因为其当期业绩是由股东评价的。如果短期利润下降，股东就可能失去信心，抛售股票，以致企业资金成本上升。日本企业一般按市场占有率最大化模式经营。它们需要在一个资源贫乏的国家为 1 亿多人提供就业，因而对利润的要求较低，大部分资金来源于寻求平稳利息而不是高额风险收益的银行。日本企业的资金成本要远远低于美国企业，所以它们能够把价格定得较低，并在市场渗透方面显示出更大的耐性。

营销者还必须考虑到竞争对手在利润目标以外的目标。每一个竞争者均有目标组合，其中每一个目标有不同的重要性，企业应当了解竞争对手对目前的获利能力、市场占有率的成长、现金流量、技术领先、服务领先以及其他目标的相对重视程度如何。

5.2.2　竞争者的基本竞争战略

基本竞争战略是由美国哈佛商学院著名的战略管理学家迈克尔·波特提出的，分为成本领先战略、差异化战略、集中化战略三种。企业一般是从这三种战略中选择一种作为其主导战略。要么把成本控制到比竞争者更低的程度；要么在企业产品和服务中形成与众不同的特色，让顾客感觉到你提供了比其他竞争者更多的价值；要么致力服务于某一特定的市场细分、某一特定的产品种类或某一特定的地理范围。

1. 成本领先战略

成本领先战略是指企业通过在内部加强成本控制，在研究开发、生产、销售、服务和广告等领域把成本降到最低限度，成为产业中的成本领先者。按照波特的思想，成本领先战略应该体现为产品相对于竞争对手而言的低价格。但是，成本领先战略并不意味着仅仅获得短期成本优势或者仅仅是削减成本，它是一个"可持续成本领先"的概念，即企业通过其低成本地位来获得持久的竞争优势。

1) 企业采用成本领先战略的好处

(1) 设置进入障碍。企业的生产经营成本低，便为产业的潜在进入者设置了较高的进入障碍。那些生产技术不熟练、经营上缺乏经验的企业，或缺乏规模经济的企业都很难进入此产业。

(2) 增强讨价还价能力。企业成本低，可以使自己更容易应付投入费用的增长，提高企业与供应商的讨价还价能力，降低投入因素变化所引起的影响。同时，企业成本低，还可以提高自己对购买者的讨价还价的能力，对抗强有力的购买者。

(3) 降低替代品的威胁。在与替代品竞争时，企业可以凭借其低成本的产品和服务吸引大量的顾客，降低或缓解替代品的威胁，使自己处于有利的竞争地位。

(4) 当企业与产业内的竞争对手进行价格战时，企业由于能够有效降低成本从而保持领先的竞争地位。

2) 成本领先战略的适用情况

(1) 产品具有较高的价格弹性，市场中存在大量的价格敏感用户。

(2) 产业中所有企业的产品都是标准化的，产品难以实现差异化。

(3) 购买者不太关注品牌。

(4) 价格竞争是市场竞争的主要手段。

(5) 消费者的转换成本较低。

3) 实施成本领先战略需要采取的措施

(1) 在规模经济显著的产业中装备相应的生产设施来实现规模经济。

(2) 降低各种要素成本。各种投入包括资金、劳动力、原材料和零部件等生产要素都是企业成本的直接来源，要力求以最优惠的供给价格获得各种要素。

(3) 提高生产率。生产率即单位要素的产出，它与单位产品的成本成反比，因此，提高生产率与降低成本密切相关。采用最新的技术、工艺或流程和充分利用学习曲线来降低成本，都是提高生产率的必要手段。

(4) 改进产品工艺设计。企业价值工程研究的一个重要内容是寻找物美价廉的替代品。通过采用简单的产品设计，企业可以在降低成本的同时充分满足消费者需要。

(5) 提高生产能力利用程度。生产能力利用程度决定分摊在单位产品上的固定成本的多少。

(6) 选择适宜的交易组织形式。在不同情况下，是采取内部化生产，还是靠市场获取，成本会有很大的不同。

(7) 集中配置资源。企业将相关资源集中用于某一经营领域，如用于某一顾客群体、某一特定市场、某一类型产品、某一特定的技术等，可能会比分散地使用资源获得更高的效率。

4）实施成本领先战略存在的风险

(1) 技术的变化可能使过去用于降低成本的投资(如扩大规模、工艺革新等)与积累的经验一笔勾销。

(2) 产业的竞争者或追随者通过模仿或使用具有更高技术水平的设施，能够达到同样的甚至更低的产品成本。

(3) 市场需求从注重价格转向注重产品的品牌形象，使得企业原有的优势变为劣势。企业在采用成本领先战略时，应注意这些风险，及早采取防范措施。

2. 差异化战略

所谓差异化战略，是指企业让产品具有与众不同的特点，从而与竞争对手产品形成明显的区别。这种战略的核心是让产品具备某种对顾客有价值的独特性。

海底捞的差异化战略

1) 企业实施差异化战略的四种基本途径

(1) 产品差异化。产品差异化主要体现在产品的特征、工作性能、一致性、耐用性、可靠性、易修理性、式样和设计上。

(2) 服务差异化。服务的差异化主要体现在送货、安装、顾客培训、咨询服务等方面。

(3) 人员差异化。训练有素的员工应能表现出以下六个特征：胜任、礼貌、可信、可靠、反应敏捷、善于交流。

(4) 形象差异化。形象差异化是指在产品的核心部分与竞争者类同的情况下，塑造不同的产品形象以获得差别优势。形象就是公众对产品和企业的看法和感受，塑造形象的工具有名称、颜色、标识、标语、环境、活动等。

2) 差异化战略的适用条件与组织要求

(1) 可以有很多途径创造企业与竞争对手产品之间的差异，并且这种差异被顾客认为是有价值的。

(2) 顾客对产品的需求和使用要求是多种多样的，即顾客需求是有差异的。

(3) 采用类似差异化途径的竞争对手很少，即真正能够保证企业是"差异化"的。

(4) 技术变革很快，市场上的竞争主要集中在不断地推出新的产品特色。

3) 实施差异化战略须具备的内部条件

(1) 企业具有很强的研究开发能力，研究人员要有创造性的眼光。

(2) 企业具有以其产品质量或技术领先的声望。

(3) 企业在该行业有悠久的历史，或能吸收其他企业的先进技能并形成独特的技术体系。

(4) 企业有很强的市场营销能力。

(5) 企业的研究、开发以及市场营销等职能部门之间要具有很强的协调性。

(6) 企业要具备能吸引高级研究人员、创造性人才和高技能职员的物质条件。

(7) 各种销售渠道能够强有力地合作。

4) 实施差异化战略的意义

(1) 增强顾客对企业的忠诚度。

(2) 形成了强有力的产业进入障碍。

(3) 增强了企业对供应商讨价还价的能力，这主要是由于差异化战略提高了企业的边际收益。

(4) 削弱了购买商讨价还价的能力，企业通过差异化战略，使得购买商缺乏可与之比较的产品选择，降低了购买商对价格的敏感度，另一方面，通过产品差异化使购买商具有较高的转换成本，使其依赖于企业。

(5) 由于差异化战略有助于建立顾客对企业的忠诚度，所以替代品无法在性能上与之竞争。

5) 实施差异化战略会面临的风险

(1) 可能丧失部分客户。如果采用成本领先战略的企业大幅压低产品价格，与差异化战略的产品价格差距过大，用户可能会为了节省费用，放弃差异化产品，转而选择物美价廉的产品。

(2) 当用户变得越来越老练，对产品的特征和差别体会不明显时，可能会忽略产品之间的差异。

(3) 大量的模仿缩小了能感知到的差异，特别是当产品进入成熟期时，拥有技术实力的厂家很容易通过逼真的模仿，减少产品之间的差异。

(4) 过度差异化。过度的差异化会超出客户的需求，导致成本增加过多，反而降低产品的市场竞争力。

3. 集中化战略

集中化战略也称为聚焦战略，是指企业或事业部的经营活动集中于某一特定的购买者集团、产品线的某一部分或某一地域市场上的一种战略。这种战略的核心是瞄准某个特定的用户群体、某种细分的产品线或某个细分市场。集中化战略可以分为产品线集中化战略、顾客集中化战略、地区集中化战略和低占有率集中化战略等。

1) 集中化战略的适用条件

(1) 具有完全不同的用户群，这些用户或有不同的需求，或以不同的方式使用产品。

(2) 在相同的目标细分市场中，其他竞争对手不打算采用集中化战略。

(3) 企业的资源不允许其追求广泛的细分市场。

(4) 企业中各细分部门在规模、成长率、获利能力方面存在很大差异，致使某些细分部门比其他部门更有吸引力。

2) 采用集中化战略的收益

(1) 便于集中使用整个企业的力量和资源，更好地服务于某一特定的目标。

(2) 将目标集中于特定的部分市场，企业可以更好地调查研究与产品有关的技术、市场、顾客以及竞争对手等各方面的情况，做到"知彼"。

(3) 战略目标集中明确，经济效果易于评价，战略管理过程也容易控制，从而带来管理上的简便。

3) 实施集中化战略会面临的风险

(1) 由于企业全部力量和资源都投入了某一种产品、服务或某个特定的市场，当顾客偏好发生变化，技术出现创新或有新的替代品出现时，就会发现这部分市场对原先产品或服务的需求下降，企业就会受到很大的冲击。

(2) 竞争者打入了企业选定的目标市场，并且采取了优于企业的更集中化的战略。

(3) 产品销量可能变少，产品要求不断更新，造成生产费用的增加，使得采取集中化战略的企业成本优势被削弱。

4) 竞争战略与战略群体分析

企业根据所采取的战略的不同，可选择进入不同的战略群体。

企业要想进入某一战略群体，必须注意两点。一是进入各个战略群体的难易程度。普通的小型企业适合进入投资和声誉要求较低的群体，这类群体较易进入，而实力雄厚的大型企业则可考虑进入竞争激烈的群体。二是当企业决定加入某一战略群体时，首先要明确谁是主要的竞争对手，然后决定自己的竞争战略。企业必须有战略优势，否则很难吸引相同的目标顾客。

除同一战略群体内存在激烈竞争外，不同战略群体之间也存在竞争。这是因为：第一，某些战略群体可能具有相同的目标顾客；第二，顾客可能分不清不同战略群体的产品的区别；第三，属于某个战略群体的企业可能改变战略，进入另一个战略群体。企业采取何种竞争战略取决于竞争对手的目标和在市场中的位置。通过对竞争对手的认识和分析，可以了解竞争对手的战略目标，从而采取相应的竞争策略。

5.2.3　分析竞争者的优劣势

对竞争者优势和劣势的评估，是竞争者分析的重要方面，主要包括两项内容。

1. 对竞争者资源的分析

竞争者资源条件的强弱，通常只能在与本企业的比较中确认。企业要将竞争者的每一项资源要素与己方的一一对比。在产品、定价、分销、促销、企业信誉、成本、技术、组织与管理人员素质、财务实力等方面，确认竞争者的强项和弱项。

2. 对竞争者假设的分析

每个企业都有一套关于自己和市场的假设。例如，竞争者可能把自己看作行业领导者，或者是本行业最低成本者，或者有最强的销售能力，或者顾客有较高的忠诚度，信誉最好，等等；企业可能认为"顾客偏爱产品线齐全的企业""顾客欢迎价廉物美的产品""顾客认为服务比价格更重要"，等等。竞争者的这些假设可能是准确的，也可能是不准确的。当它们不准确的时候，就为企业提供了可乘之机。对竞争者假设的分析，就是识别其在环境认知中的偏见和盲点，以便捕捉市场机会。

为了分析竞争者的优势与劣势，企业要收集过去几年中关于竞争者的情报和数据，如销售额、市场占有率、边际利润、投资收益、现金流量、发展战略等。获取竞争对手的信息是一件十分困难的工作，一般可以通过市场调查的方式，将竞争企业与本企业的情况进行比较，也可以借助某些二手资料来进行了解，还可以通过某些合法的手段来掌握竞争者的某些内部情况。应当指出，竞争者的优势和劣势主要是指其在市场上的优势和劣势，因而主要也是通过观察竞争者在市场上的表现来判断其优劣的。

5.2.4　判断竞争者的反应模式

在了解竞争者的目标和优势、劣势的基础上，要进一步判断竞争者对本企业策略可能的反应模式。竞争者的反应模式不仅受其目标和优势、劣势的制约，而且受其企业文化、价值观、营销观念等的影响。

常见的竞争者的反应模式有以下几类。

(1) 从容不迫型。这类竞争者不能迅速对其他企业的行动作出反应，或者反应不强烈。原因可能是认为自己的顾客忠诚度高，或者敏感度不高，没有发现对手的新举措，也可能是缺乏作出反应的条件如资金等。

(2) 选择型。这类竞争者会对某些类型的攻击作出反应，对其他类型的攻击可能无动于衷。例如对降价行为针锋相对地进行回击，但对增加的广告费用不加理会。

(3) 强烈型。这类竞争者对任何进攻都会作出迅速而强烈的反应。他们的信念是"最好别惹我，否则有你好看的"。

(4) 随机型。这类竞争者对攻击的反应具有随机性，有无反应和反应强弱等无法根据既往情况加以预测。

5.2.5 竞争对象的选择

企业明确了谁是主要竞争者，并分析了竞争者的优势、劣势和反应模式之后，就要决定自己应该进攻谁、回避谁，可根据以下几种情况作出决定。

1. 竞争者的强弱

多数企业认为应以较弱的竞争者为进攻目标，因为这样可以节省时间和资源，事半功倍，但是获利较少。反之，有些企业认为应以较强的竞争者为进攻目标，因为这样可以提高自己的竞争能力并且获利较大，而且即使是强者也总会有劣势。

2. 竞争者与本企业的相似程度

多数企业主张与相近似的竞争者展开竞争，但同时又认为应避免摧毁相近似的竞争者，因为其结果很可能反而对自己不利。

3. 竞争者表现的好坏

有时竞争者的存在对企业是必要的和有益的，是具有战略意义的。竞争者可能有助于增加市场总需求，分担市场开发和产品开发的成本，并有助于使新技术合法化；竞争者为吸引力较小的细分市场提供产品，可导致产品差异性的增加；竞争者还可加强企业与政府管理者的谈判力量。但是，企业并不会把所有的竞争者都看成是有益的。因为每个行业中的竞争者通常都分为表现良好的和具有破坏性的两种类型。表现良好的竞争者遵守行业规则，按合理的成本定价，有利于行业的稳定和健康发展；它们激励其他企业降低成本或增加产品差异性；它们接受合理的市场占有率与利润水平。而具有破坏性的竞争者则不遵守行业规则，它们常常不顾一切去冒险，或用不正当手段(如收买、贿赂买方采购人员等)扩大市场占有率，从而扰乱了行业的发展。

那些表现良好的企业会试图组成一个只有良好竞争者的行业。它们通过颁发许可证、相互结盟及其他手段，试图使本行业竞争者的营销活动限于协调、合理的范围之内，大家遵守行业规则，凭自己的努力扩大市场占有率，彼此在营销因素组合上保持一定的差异性，从而减少直接的冲突。

5.3 市场竞争的基本战略

　　市场竞争战略是企业依据自己的市场地位，为实现竞争目标和适应竞争形势而采用的具体方式。企业选择竞争战略的过程受到多方面因素的制约和影响，只有对这些因素进行全面客观的分析，才能作出适当的决策。根据现代市场经营决策原理，竞争战略涉及三个方面：企业自身、顾客和竞争者。对企业来说，其市场竞争战略的优劣取决于两个基本方面：首先是本企业战略是否比竞争者的战略更适合目标市场的需要；其次是所用战略是否适合企业的资源条件，从而能最有效地发挥企业优势。

　　成功的市场竞争战略，就是企业采取有效的营销方针和营销手段，使自己在与竞争者有差异的同时，能更好地发挥企业的优势，满足顾客需要。因此企业选择竞争战略时，应综合考虑顾客、竞争者和企业自身资源条件三个因素，正确判断本企业的经营实力和资源状况，了解顾客需要及其变化态势，了解市场竞争状况和本企业在同行业中的竞争地位，认识竞争对手的市场竞争战略及其走势，以此为基础，才能作出最佳的决策。

　　顾客分析是企业选择竞争战略的前提。企业无论采取什么竞争战略，都必须与目标市场的需要相适应。在市场竞争中，企业的营销方针和营销手段与目标顾客的需要越是吻合，就越有竞争力。

　　要做到与顾客的需要相适应，企业必须深入细致地进行顾客分析，了解影响顾客需求的市场环境因素及其变化；认识顾客需求的特点，根据顾客需求进行市场细分；依据自身的资源条件选定目标市场，针对目标市场的需求设计具体的营销方针和营销策略；提供适合顾客需要的产品和服务，使顾客的需要获得最大程度的满足。

　　竞争者分析是选择市场竞争战略的基础。从一定意义上说，企业竞争战略的优劣，是相对于竞争对手而言的。在市场竞争中，如果企业采用的方式和手段与竞争对手相同，顾客就可能难以分辨两者的优劣。因此，成功的竞争战略是使企业的营销方针和策略有别于竞争者，能比对手更符合顾客的需要。要做到这一点，就必须分析竞争者，了解对手的优势和劣势，判断竞争者对本企业采取的战略可能作出的反应和对策，以己之长供其所短，保持在竞争中的优势地位。

　　企业资源分析是企业选择竞争战略的条件。竞争总是在各种因素的优劣较量中进行和发展的。市场竞争战略的实质是运用企业的资源优势，去达到比竞争者更优异的成效。任何一个企业的资源都是有限的，利用有限的资源，扬长避短，最大程度满足顾客需要，实现企业经营目标，是现代市场营销理念的基本要求。企业只有在对内部资源条件和外部竞争环境有全面、深刻的了解，并对其进行综合分析的基础上，才能作出正确决策。

　　企业的资源分析主要包括对企业生产能力、技术条件、营销能力和财务状况等因素的分析。生产能力是指企业生产各种产品的综合能力；技术条件包括企业开发新产品的能力、技术装备和检测手段、产品质量保证体系、职工技术水平等；营销能力包括企业营销机构及其人员素质状况、营销费用与广告费用的承受能力、处理各方面关系的能力、市场占有率、分销渠道状况和销售服务水平等；财务状况包括企业资金，资金来源及其经济性，利润水平，产品的边际成本、边际利润和边际效益等。这些因素对企业竞争战略有着直接的影响和制约。

企业必须明确自己在同行业竞争中所处的位置，进而结合自己的目标、资源和环境以及在目标市场上的地位等来制定市场竞争战略。现代营销理论根据企业在市场上的竞争地位，把企业分为四种类型：市场领先者、市场挑战者、市场跟随者和市场补缺者。

5.3.1 市场领先者战略

市场领先者是指在相关产品的市场上占有率最高的企业。一般来说，大多数行业都有一家企业被公认为是市场领先者，它在价格调整、新产品开发、配销覆盖和促销力量方面处于主导地位，为同业者所公认。主导者所具有的优势包括消费者对品牌的忠诚度高、营销渠道的建立及其高效运行、营销经验的迅速积累等。它是市场竞争的导向者，也是其他竞争者挑战、效仿或回避的对象。这些市场领先者的地位是在竞争中自然形成的，但不是固定不变的，如果它没有获得法定的特许权，必然会面临着竞争者的无情挑战。因此，企业必须随时保持高度的警惕并采取适当的措施，否则就很可能丧失领先地位而降到第二、第三甚至更为次要的地位。一般来说，市场领先者为了维护自己的优势，保持自己的领先地位，通常会采取以下三种策略。

1. 扩大市场需求总量

当一种产品的市场需求总量扩大时，受益最大的是处于市场领先地位的企业。一般来说，市场领先者通常从以下三个方面扩大市场需求量。

(1) 发掘新的使用者。每一种产品都有吸引新用户的潜力，因为有些顾客对产品还不甚了解，或者不知道这种产品，或者因为其价格不合理或者产品性能还有缺陷等而不想购买这种产品。下面以香水为例来说明。营销者可以从三个方面发掘新的使用者：设法说服不用香水的女性使用香水(市场渗透策略)；说服男士使用香水(市场开发策略)；或者向其他国家或地区推销香水(地理扩展策略)。

(2) 开辟产品新用途。公司也可通过发现并推广产品的新用途来扩大市场。杜邦公司的尼龙就是这方面的典范。当尼龙进入产品生命周期的成熟阶段，杜邦公司就会开辟其新用途。尼龙首先是用作降落伞的合成纤维；然后用作女袜的纤维；接着成为男女衬衫的主要原料；再后来又成为汽车轮胎、沙发椅套和地毯的原料。每项新用途都使产品开始了一个新的生命周期。这一切都归功于该公司不断进行的研究和开发计划。

(3) 增加产品的使用量。使原有消费者更多地消费某产品的常用方法有：鼓励消费者在更多的场合使用该产品；建议消费者提高使用该产品的频率和增加使用量。例如，宝洁公司建议消费者在使用海飞丝洗发水洗发时，为使效果更佳，每次将使用量增加一倍。

2. 保护市场占有率

被挑战者取而代之是市场领先者的主要威胁，因此，市场领先者在努力扩大市场需求总量时，必须注意警惕竞争者的挑战，保护自己的现有市场阵地。事实上，行业中的领先者对各自的竞争对手从未放松警惕，如可口可乐公司时时提防着百事可乐公司，麦当劳要正视汉堡王的发展，通用汽车公司从不敢放松对其竞争对手福特公司各项政策的关注。

为了减少受到攻击的可能性，市场领先者通常会选择以下六种防御策略。

(1) 阵地防御。阵地防御就是在现有阵地周围建立防线，这是一种静态的、消极的防御，是防御的基本形式，但是，不能作为唯一的形式。对于营销者来讲，单纯防守现有的阵地或产品，就会患"营销近视症"。当年，亨利·福特便因他对 T 型车的"近视症"而付出了沉重的代价，使得年盈利 10 亿美元的福特公司从顶峰跌到濒临破产的边缘。

(2) 侧翼防御。侧翼防御是指市场领先者除保卫自己的阵地外，还应建立某些辅助性的基地作为防御阵地，或必要时作为反攻基地。特别要注意保卫自己较弱的侧翼，防止对手乘虚而入。例如，20 世纪 70 年代美国的汽车公司就是因为没有重视侧翼防御，遭到日本汽车公司的进攻，在小型汽车市场失去了大片阵地。

(3) 先发防御。先发防御是一种更积极的防御策略，是在敌方对自己发动进攻之前，先发制人抢先攻击。具体做法是，当竞争者的市场占有率达到某一危险的高度时，就对它发动攻击；或者是对市场上的所有竞争者全面攻击，使得对手人人自危。

(4) 反攻防御。当市场领先者遇到对手的降价、促销攻势，或改进产品、市场渗透等进攻时，不能只是被动应战，应主动反攻。领先者可选择迎击对方的正面进攻，迂回攻击对方的侧翼，也可发动钳式进攻，切断从其根据地出发的攻击部队。例如，当美国西北航空公司最赚钱的航线之一——明尼阿波利斯至亚特兰大航线受到另一家航空公司降价和促销的进攻时，美国西北航空公司采取的报复手段是将明尼阿波利斯至芝加哥航线的票价降低，由于这条航线是对方主要收入来源，最终迫使进攻者不得不停止进攻。

(5) 运动防御。运动防御要求市场领先者不但要积极防守现有阵地，还要扩展可作为未来防御和进攻中心的新阵地，它可以使企业在战略上有较多的回旋余地。市场扩展可通过两种方式实现：市场扩大化和市场多角化。例如，美国雷诺和菲利浦·摩尔斯等烟草公司认识到社会对吸烟的限制正在加强，而纷纷转入酒类、软饮料和冷冻食品这样的新行业，实行市场多角化经营。

(6) 收缩防御。有时，在所有市场阵地上进行全面防御会力不从心，顾此失彼。在这种情况下，最好的行动是实行战略收缩，即放弃某些薄弱的市场，把力量集中用于优势的市场阵地中。

3. 提高市场占有率

企业设法提高市场占有率，也是增加收益、保持市场领先地位的一个重要途径。在美国许多市场上，市场份额提高一个百分点就意味着数千万美元的收益。如咖啡市场份额的一个百分点就值 4800 万美元，而软饮料市场的一个百分点就是 12 亿美元。但是，也有些研究者对上述观点提出了不同意见。对某些行业的研究发现，除市场领先者

九阳豆浆机——市场
领先者的竞争战略

以外，有些市场占有率低的企业，依靠物美价廉和专业化经营，也能获得很高的收益，只有那些规模不大不小的企业收益最低，因为它们既不能获得规模经济效益，也不能获得专业化竞争的优势。另一项研究显示，收益率的增长不仅取决于市场占有率的提高，还取决于为提高市场占有率所采取的市场营销策略。所以，企业想要提高市场占有率，应考虑以下三个因素：

(1) 引起反垄断活动的可能性。许多国家有反垄断法，当企业的市场占有率超过一定限度时，就有可能受到指控和制裁。

(2) 为提高市场占有率所付出的成本。当市场占有率已达到一定水平时，想进一步提高就要付出很大代价，结果可能得不偿失。美国的另一项研究表明，企业的最佳市场占有率是 50%。因此有时为了保持市场领先地位，甚至要在较疲软的市场上主动放弃一些份额。

(3) 争夺市场占有率时所采用的营销组合策略。有些营销手段对提高市场占有率很有效，却不一定能增加收益。只有在以下两种情况下，市场占有率同收益率成正比：一是单位成本随市场占有率的提高而下降，如20世纪20年代初福特公司的T型车；二是在提供优质产品时，提高销售价格带来的收益大大超过为提高质量所投入的成本。

总之，市场领先者必须善于扩大市场需求总量，保卫自己的市场阵地，防御挑战者的进攻，并在保证收益增加的前提下，提高市场占有率，这样才能持久地占据市场领先地位。

5.3.2　市场挑战者战略

在行业中排名靠前的企业，如果向市场领先者和其他竞争者发动进攻，以夺取更大的市场占有率，这时他们可被称为市场挑战者。市场挑战者战略包括明确战略目标和进攻对象以及选择进攻策略。

1. 明确战略目标和进攻对象

战略目标同进攻对象密切相关，针对不同的对象存在不同的目标。一般来说，挑战者可以选择以下三种公司作为进攻对象。

(1) 市场领先者。进攻市场领先者风险很大，但是潜在的收益可能很高。为取得进攻的成功，挑战者要认真调查研究顾客的需要，并找出其不满之处，这些就是市场领先者的弱点和失误。如美国米勒啤酒之所以获得成功，就是因为该公司将那些想喝"低度"啤酒的消费者作为开发重点，而这一市场在以前却被忽视了。此外，通过产品创新，以更好的产品来夺取市场也是可供选择的策略。例如，施乐公司通过开发出更好的复印技术(用干式复印代替湿式复印)，成功地从3M公司手中夺走了复印机市场。

(2) 与己规模相当者。对一些与自己势均力敌的企业，挑战者可选择其中经营不善而发生危机者作为攻击对象，以夺取它们的市场。

(3) 区域性小型企业。挑战者可将一些地方性小企业中因经营不善而发生财务困难者作为攻击对象。

总之，战略目标取决于进攻对象，如果以市场领先者为进攻对象，其目标可能是夺取某些市场份额；如果以小企业为对象，其目标可能是将它们逐出市场。但无论在何种情况下，如果要发动攻势，就必须遵守以下原则：每一项行动都必须指向一个明确的、肯定的和可能达到的目标。

2. 选择进攻策略

挑战者的进攻策略可以有如下几种：

(1) 正面进攻。即在产品、价格、广告等对手的主要强项上，直接与之正面交锋。

(2) 侧翼进攻。避开对手强项，集中优势力量进攻对手弱点，在对手力量薄弱的地区或细分市场上展开攻势。

(3) 包围进攻。从所有的方面展开进攻，使对方难以应战，如提供多种多样的产品，满足各个细分市场的需要，渗透到对手所有市场中去。

AirBnb：点对点
住宿服务

5.3.3　市场跟随者战略

美国学者西奥多·莱维特曾指出，产品模仿有时像产品创新一样有利。因为一种新产品的开发者要花费大量投资才能取得成功，并获得市场领先地位，而其他企业通过仿造或改良这种产品，虽然不能取代市场领先者，但因不需大量投资也可获得很高的利润，其盈利率甚至可超过全行业的平均水平。市场跟随者就是指那些模仿市场领先者的产品、市场营销组合的企业。这种效仿市场领先者为市场提供类似产品的市场跟随战略，使得行业市场占有率相对稳定。具体来说，市场跟随者战略可分为以下三类。

1. 紧密跟随

紧密跟随是指跟随者尽可能地在各个细分市场和营销组合领域仿效领先者。这种跟随者有时好像是挑战者，但只要它不从根本上危及领先者的地位，就不会发生直接冲突。有些跟随者表现出较强的寄生性，因为它们很少刺激市场，总是依赖市场领先者的市场而生存。

2. 有距离的跟随

有距离的跟随是指跟随者在目标市场、产品创新、价格水平和分销渠道等方面都跟随领先者，但仍与领先者保持一定差异。这种跟随者易被领先者接受，同时它也可以通过兼并同行业中的弱小企业而使自己发展壮大。

3. 有选择的跟随

有选择的跟随是指跟随者在某些方面紧随领先者，而在另一些方面又自行其是。也就是说，它不是盲目追随，而是择优跟随，在跟随的同时还要发展自己的独创性，但同时避免直接竞争。这类跟随者之中有些可能发展成为挑战者。

此外，还有一种特殊的跟随者在国际市场上十分猖獗，即"冒牌货"。这些产品具有很大的寄生性，它们的存在对许多国际驰名的大公司是一个巨大的威胁，已成为新的国际公害，因此必须制定对策，以清除和击退这些"跟随者"。

5.3.4　市场补缺者战略

几乎每个行业都有些小企业，它们专心致力于市场中被大企业忽略的某些细分市场，在这些小市场上通过专业化经营来获取最大限度的收益。这种有利的市场位置就称为"利基"，而所谓市场利基者，就是指占据这种位置的企业。

1. 理想利基的特征

一般来说，一个理想的利基具有以下特征：有足够的市场容量和购买力；市场有发展潜力；对主要竞争者不具有吸引力；企业具备有效地为这一市场服务所必需的资源和能力；企业已在顾客中建立起良好的信誉，足以对抗竞争者。

2. 进取利基的策略

取得补缺基点的战略关键在于企业实施专业化的营销技能，具体来讲，就是在市场、顾客、产品或渠道等方面实行专业化。下面是几种可供选择的专业化方案。

(1) 最终用户专业化：专门致力于为某类最终用户服务。例如，计算机行业有些小企业专门针对某一类用户(如诊所、银行等)进行营销。

(2) 垂直层面专业化：专门致力于分销渠道中的某些层面。例如，制铝厂专门生产铝锭、铝制品或铝质零部件。

(3) 顾客规模专业化：专门为某一种规模(大、中、小)的客户服务。例如，有些小企业专门为那些被大企业忽略的小客户服务。

(4) 特定顾客专业化：只对一个或几个主要客户服务。例如，美国有些企业专门为西尔斯公司或通用汽车公司供货。

(5) 地理区域专业化：专为国内外某一地区或地点服务。

(6) 产品或产品线专业化：只生产一大类产品。例如，美国的绿箭公司只生产口香糖一种产品，现已发展成为一家世界著名的跨国公司。

(7) 客户订单专业化：专门按客户订单生产预订的产品。

(8) 质量和价格专业化：专门生产经营某种质量和价格的产品。例如，专门生产高质高价产品或低质低价产品。

(9) 服务项目专业化：专门提供某一种或几种其他企业没有的服务项目。例如，美国有一家银行专门承办电话贷款业务，并为客户送款上门。

(10) 分销渠道专业化：专门服务于某一类分销渠道。例如，专门生产适于超级市场销售的产品，或专门为航空公司的旅客提供食品。

市场补缺者可能面临的风险是该消费市场需求的转移或新竞争者的进入。因此，补缺者一般围绕上述范畴实施交叉补缺，而非单一的补缺，即在两个或者更多的补缺基点上发展营销实力，以增强公司总体实力和发展机会。

本章小结

市场竞争是市场经济的主要特征。企业在坚持以顾客为中心的同时，还必须考虑竞争者的状况。企业首先要将产业和市场两方面结合起来识别与发现竞争者，在此基础上企业需要收集有关竞争者的目标、战略、优势和劣势、市场反应模式等方面的信息情报，从而确定自己的竞争性定位，选择自己的竞争战略。

根据企业不同的竞争定位，可将其划分为市场领先者、市场挑战者、市场跟随者、市场补缺者四种类型。它们各自有其适宜的竞争策略。市场领先者通常有三种选择，即扩大市场需求总量、保护市场占有率和提高市场占有率；市场挑战者首先要确定自己的战略目标和挑战对象，然后还要选择适当的进攻策略；市场跟随者可供选择的跟随策略主要有紧密跟随、有距离跟随、有选择跟随等；市场补缺者往往也可通过其敏锐的洞察力和灵活的策略获得较好的效益，其战略主要是实行专业化。

重要概念

竞争者　　　市场竞争观念　　　行业竞争观念　　　五力模型

竞争者分析　　竞争者选择　　　竞争者的反应模式　　竞争对象的选择
市场领先者　　市场挑战者　　　市场跟随者　　　　　市场补缺者

复习思考题

1. 企业应该从哪些角度识别与发现竞争者？
2. 竞争者有哪些市场反应模式？应该怎么应对？
3. 作为市场领先者应该通过哪些途径来扩大市场需求总量？
4. 什么是市场跟随者？它具有什么样的特点？
5. 什么是市场补缺者？它怎样进行专业化市场营销？

案例分析

小米手机的竞争战略

小米是全球领先的智能手机公司之一，正式成立于 2010 年 4 月，并于 2018 年 7 月 9 日在香港联交所主板上市。根据市场调研机构 Canalys 的数据，2023 年第二季度小米在全球范围内手机出货量排名第三，产品遍布全球 100 多个国家和地区。2023 年 8 月，小米连续第 5 年上榜《财富》全球 500 强。小米一直不断追求极致的用户体验和运营效率，它称自己的使命是：始终坚持做"感动人心、价格厚道"的好产品，让全球每个人都能享受科技带来的美好生活。

小米公司的创始人雷军说过："一家像蚂蚁一样的小公司，怎么去挑战那些巨无霸呢？我们看到的第一个机会是，它们全部是硬件公司，假如我们把软件、硬件和互联网融为一体，那么小米手机将具备颠覆行业的空前竞争力。这将是一个巨大的创业机会。"

小米通过建立网上社区的形式，把众多潜在顾客聚集到一起，共同创造小米产品。这些顾客通过参与小米产品的打造，产生了强烈的认同感。小米由此节省了大量的渠道费用和营销费用。在正式推向市场之前，小米已经在线上积累了 10 万个顾客，这些人因为参与了小米手机的产品创造，于是自动成为了他的宣传者，只要是小米的活动或产品发布会，这些人都会积极宣传。传播渠道也是卖货渠道，小米没有在线下开店，只靠线上渠道就卖出了第一批手机。小米也是搞粉丝营销的鼻祖，雷军充分利用了互联网的新技术，在线上建立论坛，让粉丝们一起参与产品设计，做到了粉丝今晚提建议，第二天下午就能收到回复。

在智能手机领域，渠道费用和营销费用要占到一部手机 50% 以上的成本。当小米在线上卖货、在线上营销的时候，它的成本就是同价位手机的一半甚至更低。小米用省下来的钱疯狂提高配置，把小米手机的性价比做到尽可能最高。

对其他手机品牌来说，只是把互联网技术当作战术使用，甚至只是当作传播的工具使用。产品研发还是工程师团队自己来，渠道搭建还是走线下渠道或者依赖电商平台。核心顾客群体，交给第三方公司去找。对于小米手机来说，则是以互联网技术为核心打造了整个组织。互联网是小米的传播手段、主要渠道，也是小米聚集核心顾客的地方。

小米手机避开了苹果和三星的优势区域，专注于低价位智能手机的开发，取得了巨大成功，这就是有竞争思维的表现。但小米真正的竞争对手是山寨机。小米真正赚钱的不是1999元的产品，而是699元的红米手机，这款手机打败了低价的山寨手机，总共售出了3.2亿部。小米手机在广大消费者眼中，是高性价比智能手机的代表。

外部市场环境的变化，包括宏观经济波动、消费者购买力的变化以及竞争对手的策略调整都会对小米手机的市场表现产生影响。这些因素可能导致消费者的购买意愿减弱，从而影响小米手机的销售情况。

尽管小米的市场地位受到了挑战，但从长远来看，高端化战略可能是小米实现可持续发展的必经之路。通过提升产品品质和创新能力，小米有望在高端市场获得更多忠实用户，并带来正面的品牌溢出效应。一个好的产品品质可以为小米赢得用户的信任和口碑，同时也有助于提高品牌价值和利润率。

曾经华为、OPPO、VIVO等品牌在中低端智能手机市场拥有稳固的用户基础，后来也开始进入高端市场，这使得小米在高端市场的挑战者角色面临着诸多压力。小米的高端化战略于2019年开始，随后推出的小米10和小米11系列进一步加强了其在高端市场的影响力。高端市场对于品质、创新和服务有着更高的要求，这是小米面临的一大挑战。

为了实现长期的高端化战略，小米需要优化供应链管理，确保产品的质量和交货时间。小米还应加强品牌建设，提升品牌形象和消费者认知度。理解高端消费者的需求是非常关键的，只有通过深入了解他们的需求和偏好，才能开发出满足他们高水平要求的产品。小米还需要保持创新，不断推出具有差异化竞争优势的产品，以在激烈的市场竞争中取得突破。

请结合上述案例材料，思考以下问题：

(1) 小米的竞争对手有哪些？

(2) 小米的竞争战略是什么？其有效性如何？

(3) 企业应如何实现可持续发展？

第6章 市场营销调研

- 了解营销信息和营销信息系统的含义；
- 理解市场营销调研的含义、内容和主要步骤；
- 了解营销调研中数据收集的主要方法；
- 掌握市场调研问卷设计的步骤和方法；
- 掌握营销调研报告的结构与撰写要点。

引例

网易云音乐：通过营销调研洞察用户需求

网易云音乐是国内知名的音乐流媒体平台，拥有庞大的用户群体和丰富的音乐资源。该平台注重运用营销调研发掘用户需求，据此开发新产品及提升用户体验。

一个典型的例子是，网易云音乐在2018年推出了一项名为"私人雷达"的新功能，该功能可以根据用户的听歌历史和偏好，为用户推荐适合他们的音乐人和歌曲。"私人雷达"的推出，源自网易云音乐的产品经理在与用户沟通过程中发现的两个"痛点"：一是用户在自发搜索音乐时，由于自身经验和偏好的局限，通常难以接触到新的音乐类型和风格，导致听歌体验单调乏味；二是用户在平台上发现的音乐人和歌曲，往往是已经比较热门和知名的，而那些优秀的独立音乐人和原创歌曲，却很难被发现和欣赏，导致平台上的音乐资源浪费和低效利用。为了解决这两个问题，网易云音乐的产品经理决定开发一款能够为用户提供个性化推荐的功能，帮助用户拓展音乐视野，发现更多的音乐人和歌曲。

为此，他们进行了以下几个步骤的用户调研：第一步，通过问卷、访谈、观察等方式，收集用户基本信息，如年龄、性别、地域、职业、兴趣等，以及用户的听歌习惯，如听歌时间、频率、场景、目的等；第二步，通过数据挖掘和分析，对用户的听歌历史和偏好进行建模和分类，找出用户的音乐口味和特征，以及用户之间的相似度和差异度；第三步，通过协同过滤和深度学习等算法，为用户推荐与他们口味相近或相异的音乐人和歌曲，同时考虑音乐人和歌曲的热度、新颖度、质量等因素，以提高推荐的准确性和多样性；第四步，通过A/B测试和用户反馈，评估推荐功能的效果和用户满意度，不断优化和调整推荐策略和算法，以提高推荐的效率和用户的黏性。

基于调研分析结果，网易云音乐成功地开发了"私人雷达"，这一新功能为用户提供了更加个性化和多元化的音乐推荐，同时也为平台上的音乐人和歌曲提供了更多的曝光和传播机会，实现了用户和平台的双赢。据统计，该功能上线后，用户的听歌数量和时长均有显著提升，活跃度和留存率也有明显提高，用户对该功能的评价也普遍较高，认为该功能能够帮助他们发现更多的好音乐，丰富他们的听歌体验。

除了"私人雷达"，基于类似的开发模式，网易云音乐还推出了为用户提供个性化的听歌数据分析和总结的"年度听歌报告"、为用户提供高品质音乐服务的"云音乐黑胶 VIP"会员产品、满足用户音乐社交需求的"云村"线上社区、为用户提供音乐购买和收藏的"云音乐数字专辑"、为用户提供实时线上演出和互动的"云上 LIVE"品牌，以及被用户视为"私人雷达"升级版的"私人漫游"等创新产品或服务。

凭借持续不断的营销调研和深度洞察用户需求的能力，网易云音乐以其卓尔不群的个性化服务和丰富多样的功能，深受年轻群体和音乐社交爱好者的喜爱与推崇，在竞争激烈的音乐流媒体领域占据了领先地位。

市场营销调研是企业制定营销策略和开展营销活动的重要依据。针对性获取并分析市场营销信息，以此支持管理者的实践性决策，是营销调研的主要功能。根据具体目的和性质，营销调研可分为探索性调研、描述性调研、因果性调研和预测性调研等不同类型，但也存在一般性的过程和步骤。遵循科学方法实施营销调研，并将调研结果有效传达给管理决策者，对企业有效开展市场营销管理而言意义重大。

6.1　市场营销信息

6.1.1　营销信息的含义和用途

1. 营销信息的含义

营销信息是企业在进行市场营销活动时，需要了解和掌握的各种信息。这些信息包括市场的需求、竞争对手的动态、消费者的行为和偏好等。这些信息可以帮助企业更好地理解市场环境，制定有效的市场营销策略。

营销信息的重要性不容忽视。没有准确和及时的市场营销信息，企业就无法作出正确的决策，也无法有效地进行市场营销活动。

2. 营销信息的用途

营销信息是企业进行有效决策、预测市场趋势、分析竞争对手和评估市场营销活动效果的关键依据。归纳起来，其主要用途包括四个方面：

(1) 决策支持。营销信息是企业制定市场营销策略和决策的基础。通过收集和分析市场营销信息，企业可以更好地理解市场环境，制定出符合市场需求的产品策略、价格策略、促销策略和分销策略。例如，某家居用品生产公司通过收集和分析市场营销信息，发现消费者对环保产品的需求正在增加。因此，该公司决定扩大其环保产品线，包括推出一系列使用可再生材料制成的环保家居用品，并确定合适的定价、促销和分销渠道。

(2) 市场预测。通过对营销信息的分析，企业可以预测市场的发展趋势，提前做好市场布局和策略调整。例如，一家企业解决方案提供商通过分析营销信息，判断人工智能将是未来的发展方向。因此，该公司提前布局，研发了一系列基于人工智能技术的企业管理软件，占据了市场先机。

(3) 竞争分析。通过收集竞争对手的营销信息，企业可以了解竞争对手的战略和战术，以便制定出有效的竞争策略。例如，某汽车制造商通过收集竞争对手的营销信息，了解到竞争对手最近研发出一款新的电动汽车，具有更长的续航里程和更低的价格。该公司利用这一信息制定出应对策略，提前发布了自己的新款电动汽车并调整了定价策略。

(4) 效果评估。通过收集和分析市场营销信息，企业可以评估市场营销活动的效果，以便对营销策略及活动进行调整和改进。例如，一家电商平台通过收集和分析市场营销信息，发现他们最近进行的限时促销活动在社交媒体上引起了广泛的关注，但实际销售额并没有达到预期。该公司据此对其促销活动的不足之处进行了分析和判断，并通过改进促销内容和调整促销时间来调整促销效果。

6.1.2　营销信息系统的定义

企业在日常经营活动中不断接收并产生海量的营销信息，这些信息来源广泛、多种多样且相互关联，构成了一幅纷繁复杂的信息图景。然而，对于企业营销活动而言，这些信息的重要程度各不相同，有些信息对企业的决策影响深远，而有些信息则可能相对次要。因此，企业需要对这些营销信息进行有效的管理，以确保能够准确、及时地获取和使用这些信息。为了实现这一目标，企业需要使用必要的工具、技术和方法，对市场营销信息进行系统化管理，也就是通常所说的营销信息系统(marketing information system)。

营销信息系统是由人、信息技术和程序所构成的一个持续的、彼此关联的系统化构架。企业使用营销信息系统来及时准确地收集、筛选、分析、评估和传递信息，从而为营销管理和决策者改进市场营销计划、执行和控制工作提供依据。

6.1.3　营销信息系统的构成

营销信息系统在营销环境和营销管理者之间搭建起了沟通的桥梁。营销信息系统能够从外部营销环境中收集各种营销信息，进行整理、转化、储存和进一步开发后传递给营销管理者。营销管理者利用营销信息系统对信息需求进行评估，并凭借信息分析来制定各种营销计划和具体执行方案，在此过程中形成的各种新的信息又会经由营销信息系统反馈回营销环境，从而持续不断地进行着企业与营销环境之间的往复沟通。

如图 6-1 所示，营销信息系统由内部报告系统、营销情报系统、营销调研系统和营销分析系统四个子系统组成。

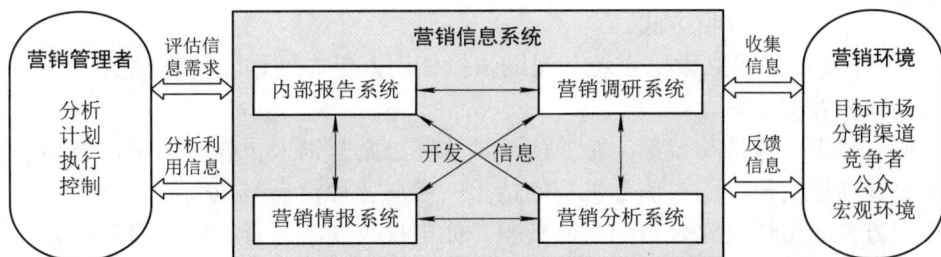

图 6-1　营销信息系统

1. 内部报告系统

内部报告系统是企业营销信息系统的一个重要组成部分，它主要负责收集、处理和提供来自企业内部财务会计、生产、销售等各个部门的各种信息，以支持企业日常营销活动的计划、管理和控制。

内部报告系统提供的数据信息包括但不限于订单、销量、存货水平、费用、应收应付款、生产进度、现金流量等，其核心是围绕"订单—发货—账单"的信息循环。这个循环描述了从销售人员将顾客的订单送至企业，到负责管理订单的机构将有关订单的信息送至企业内的有关部门，再到组织生产和备货，最后，企业将货物及账单交付给顾客的整个过程。

内部报告系统的一个重要任务是提高销售报告的及时性。营销管理者利用内部报告系统获取当前销售的最新报告，以便在销售发生意料之外的上升或下降时，能够尽早采取应对措施。当今，不断发展的数字技术已经将销售工作从推销的"艺术"转变为工程业务过程，销售人员利用数字化的内部报告系统能够快速便捷地获取潜在和现有顾客的信息，并迅速组织、反馈和送出销售报告。

此外，内部报告系统还需要定期提供控制企业全部营销活动所需的信息，包括订货、销售、库存、生产进度、成本、现金流量、应收应付账款及盈亏等方面的信息。通过分析这些信息，比较各种指标的计划和实际执行情况，企业营销管理人员可以及时发现企业的市场机会和存在的问题。

总的来说，内部报告系统的关键在于如何提高这一循环系统的运行效率，并使整个内部报告系统能够迅速、准确、可靠地向企业的营销决策者提供各种有用的信息。这对于企业的决策支持、市场预测、竞争分析和效果评估等各个方面都至关重要。

2. 营销情报系统

营销情报系统的主要功能是收集、分析和传递有关外部环境发展变化的情报，以便为营销决策提供支持。营销情报系统涉及消费者、竞争者、宏观环境、微观环境等外部信息来源和相关的一整套程序。

营销情报系统的运行可以分为以下五个阶段。

(1) 情报的定向：确定企业所需的外部环境情报及其优先次序，并建立情报收集系统。

(2) 情报的收集：从各种渠道收集情报，如政府机构、竞争者、顾客、大众传播媒体、研究机构、专业的情报供应商、网上顾客反馈系统等。

(3) 情报的整理和分析：将收集到的原始信息进行整理筛选和加工处理，使之成为适用、可靠、有效的可用营销情报。

(4) 情报的传递：将经过处理的情报在最短时间内传递到适当的人手中。为此，要确定接收人、接收时间和接收方式。

(5) 情报的使用：建立索引系统，帮助情报使用人员方便地获得存储的情报，同时定期清除过期或失效的情报。

为了提高情报的质量和数量，企业应该训练和鼓励营销人员收集情报，鼓励中间商及合作者向企业通报情报，购买信息机构的情报，参加各种贸易展览会等。营销情报也可以通过向第三方专业市场研究公司购买而获得，如电视收视率调查、媒体监视研究、零售普查和零售稽核等服务都可以提供营销情报。

3. 营销调研系统

营销调研是为了营销管理和决策目的，运用科学方法，对有关信息进行有计划、有步骤、系统地收集、整理、分析和报告的过程。营销调研系统是执行营销调研功能的信息系统，其主要作用是对市场营销环境和市场需求进行观察、实验和调研，并对调研结果进行收集、评估，进而传递给决策者以提供决策支持。

营销调研系统与内部报告系统和营销情报系统的主要区别在于：它是为解决特定的具体问题而从事信息的收集、整理和分析，具有很强的目的性和针对性。因此，营销调研的内容根据具体问题不同而不同，包括市场特性的确定、市场需求潜量的测量、市场占有率分析、销售分析、企业趋势研究、竞争产品研究、短期预测、新产品接受性和潜力研究、长期预测、定价研究等不一而足。

在营销调研系统中，企业内部的市场研究部门常常担负着针对特定问题收集原始数据，加以分析、研究和撰写报告等调研工作。有时，当企业自身缺乏获取信息以及进行调研的资源、能力和时间时，也会委托企业之外的专业市场研究公司来开展工作。例如，需要获取大范围市场中消费者的需求特征信息，或是较为详细的行业发展趋势预测时。

4. 营销分析系统

营销分析系统是借助各种数理分析模型和信息处理技术，对市场营销数据和问题进行分析和解决，以便为营销决策提供支持的信息系统。

营销分析系统由两部分组成，如图 6-2 所示。

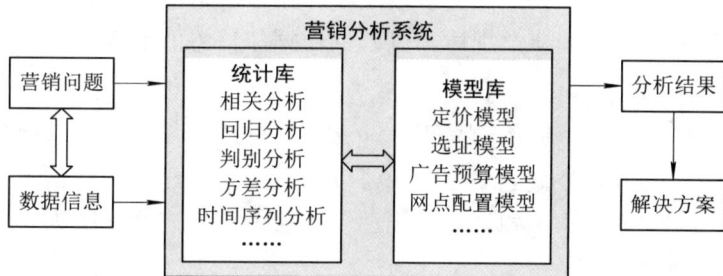

图 6-2　营销分析系统

(1) 统计库：包含一组随时可用的特定资料统计程序，可以对输入的市场信息进行各种统计分析，如计算平均数、标准差，进行相关分析、回归分析、判别分析、方差分析、时间序列分析等。这些统计方法可以从信息中发掘出更精确的调查结果，为决策模型提供重要的输入数据。

(2) 模型库：包含一组数学模型，协助企业决策者选择最佳的市场营销策略，这些模型包括描述性模型和决策模型。描述性模型主要用于分析实体分配、品牌转换、排队等候等营销问题；决策模型主要用于解决产品设计、厂址选择、产品定价、广告预算、营销组合决策等问题。这些统计方法和决策模型都被编制为计算机程序，配置在数字基础设施上，大大提升了营销管理者进行科学决策的能力。

营销分析系统有时也被称为营销决策支持系统。当营销管理者面临特定的营销问题时，可以将问题及影响问题解决方案的数据和信息输入该系统，系统就能调用相关程序和模型进行计算并输出数据分析结果，营销管理者据此进行决策并制定解决方案。

当今，大数据(big data)技术越来越多地被应用于营销分析系统，社会化媒体的大数据应用于调研和分析显得尤为重要。社会化媒体数据包括了消费者的购买习惯、用户需求、品牌偏好等，且都是消费者自愿表达的对产品满意度和质量问题的看法，充满了情感因素，往往是消费者心理自然的流露，真实的表达。利用大数据分析，营销人员可以快速发起营销活动，第一时间测试营销新方法，同时可以第一时间追踪和理解消费者的反馈。因此，大大有助于企业的精准营销，提高营销效率，增强消费者黏性。

九阳家电的
大数据营销

6.2　市场营销调研概述

6.2.1　营销调研的含义及作用

1. 营销调研的含义

菲利普·科特勒将市场营销调研(marketing research)定义为"系统地设计、收集、分析和报告与某个企业面临的特定营销问题有关的各种数据、资料的过程"。

营销调研具有目的性、系统性和科学性三个明显的特征。目的性体现在营销调研旨在识别或解决营销管理问题；系统性表现为围绕研究目标展开的信息识别、收集、整理和分析过程，涵盖调查技术、定量和定性分析以及统计技术等方面；科学性意味着营销调研依赖一套科学的研究方法，遵循科学规律，以确保数据和信息的准确性和可靠性。

2. 营销调研的作用

总体来看，营销调研的主要作用是为企业营销管理决策提供信息。通过营销调研，企业在自身与消费者、顾客和公众之间建立起了以信息沟通为纽带的联结，有助于识别和定义营销问题与机遇，制定、完善和评估营销活动，监控营销方案的实施和绩效，从而加强对整个营销过程的理解。

具体而言，营销调研的作用体现在以下几个方面。

(1) 发现和把握市场机会。营销调研能够帮助企业掌握市场的变化趋势和消费者的需求动态，从而发现市场的潜在需求、新的细分市场、新的竞争优势等市场机会。在此基础上，营销调研还能够帮助企业确定目标市场的规模、特征、吸引力和可进入性，为市场定位和差异化提供依据。

(2) 降低营销决策的风险。市场营销决策是基于对市场的认知和判断，而市场是复杂多变的，如果缺乏充分的信息支持，就可能导致错误的决策，给企业带来损失。营销调研能够为营销决策提供客观、准确、及时的信息，帮助营销管理者分析市场的现状和问题，评估不同的方案和结果，从而作出更合理的决策。

(3) 改进和创新营销活动。营销调研有助于企业了解自身的优势和劣势，以及竞争对手的战略和行为，从而制定出更有效的营销组合策略，包括产品、价格、渠道、促销等要素。同时，也有助于企业评估营销活动的效果和反馈，从而及时调整和改进营销策略，提高营销效率和效果。

(4) 增强企业的市场影响力。营销调研能够帮助企业建立和维护良好的外部关系，包括与消费者、渠道商、供应商、竞争者、政府、社会等各方的关系，从而塑造和提升自身的品牌形象和声誉，增加消费者的认知度、喜好度和忠诚度，增强企业的市场影响力和竞争力。

(5) 预测和引领市场趋势。营销调研支持企业营销管理者利用各种统计和预测方法，对市场的未来发展进行预测和规划，从而为企业的长期发展提供战略指导。营销调研还能够让企业利用创新的思维和方法，对市场的需求和问题进行深入的探索和解决，从而引领市场的新趋势和新风尚。

6.2.2　营销调研的类型

市场营销调研可根据不同的标准划分为不同的类型。其中，根据调研性质，营销调研可划分为探索性调研、描述性调研、因果关系调研和预测性调研等四种类型。

1. 探索性调研

探索性调研是在对营销问题或范围缺乏清晰的认识，无法明确调研的目标和内容时，进行的一种初步的、非结构化的、灵活的调研。探索性调研经常在项目的开始阶段进行，其目的是收集一些基本的信息，发现问题的可能原因和方向，为后续的调研提供指导和假设。探索性调研的方法包括文献分析、专家访谈、深度访谈、焦点小组、案例分析等。

2. 描述性调研

描述性调研是在对调研问题有了一定的了解，能够明确调研的目标和内容时，进行的一种系统的、结构化的、量化的调研，通常用于解决"是什么"和"发生了什么"等问题。描述性调研的目的是描述市场或营销活动某个方面的现状和特征，如市场的规模、结构、分布、变化等，或是特定群体消费者的心理、行为特征等，以及市场中各种变量的分布、关联、差异等。描述性调研的方法包括问卷调查、观察法、实验法等。

3. 因果性调研

因果性调研是在对营销问题有了深入的了解，能够提出明确的假设时，进行的一种试图证明因果关系的调查和研究，用于解决"为什么会是这样"的问题。总体而言，因果性调研的目的是分析市场中各种变量之间的因果关系，如市场因素(如价格、广告等)对市场结果(如销量、满意度等)的影响，以及可能的中介变量和调节变量的作用。因果性调研的方法主要是实验法，通过控制实验条件、操纵自变量、观察因变量的变化，从而验证假设。

4. 预测性调研

预测性调研是在对市场问题或机会有了充分的分析，能够建立可靠的模型时，进行的一种试图预测市场未来变化的调研。它的目的是利用历史数据和现有数据，运用统计和数学方法，对市场的未来发展进行预测和规划，从而为企业的长期战略提供依据。预测性调研的方法包括趋势分析法、回归分析法、时间序列分析法、马尔可夫链分析法等。

6.2.3　营销调研的内容

营销调研作为企业制定营销策略和决策的重要依据，其内容涵盖了以下几个方面：

(1) 市场需求与趋势研究：对市场上对产品或服务的需求量、需求结构、需求变化和需求潜力等方面进行研究和分析，以便掌握市场的规模、特点、机会和趋势，为企业制定合适的营销策略和目标提供依据。

(2) 用户和消费者行为研究：对市场上的用户和消费者的基本特征、购买动机、购买过程、购买行为和购买后行为等方面进行研究和分析，以便了解用户和消费者的需要、偏好、满意度和忠诚度，为企业设计、生产、推广和提供产品或服务提供指导。

(3) 营销组合要素研究：对企业在市场营销活动中所运用的各种营销工具和手段进行研究和分析，以便制定和实施有效的营销组合策略，提高企业的市场竞争力和盈利能力。

(4) 竞争对手研究：对市场上与企业竞争或可能竞争的其他企业进行研究和分析，以便了解竞争对手的目标、战略、优势、劣势、表现、反应等方面，为企业制定有效的竞争策略和差异化策略提供依据。

(5) 营销效果评估：对企业营销活动的结果和效果进行研究和分析，以便检验企业的市场营销目标是否达到，企业的市场营销策略是否有效，企业的市场营销投入是否合理，企业的市场营销组织是否高效，为企业改进和完善市场营销活动提供依据。

6.2.4　营销调研的步骤

完整的营销调研包括四个主要步骤：确定问题和调研目标、制订调研计划、实施调研计划、解释和汇报调研结果，如图 6-3 所示。

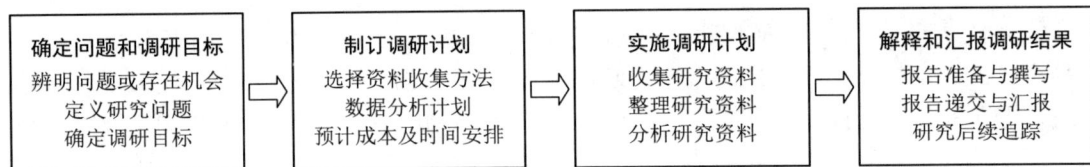

图 6-3　营销调研的主要步骤

1. 确定问题和调研目标

营销调研的第一步是要确定企业所面临或需要解决的现实问题，并将之定义为具体的研究问题，在此基础上明确调研的目标。清楚定义所研究的问题是营销调研的起点，也是整个过程中最为重要的一环，因为它决定了调研的方向和范围，如果问题被误解或定义错误，则之后所有的努力、时间和资源都将白费。

这一步骤的主要内容和任务包括：

(1) 确定调研背景和实践决策问题，分析调研需求和价值。

(2) 根据现实问题定义研究问题：定义要通过调研解决的核心问题或假设。

(3) 划分调研子问题：将核心研究问题细分为多个具体问题或假设。

(4) 确定调研目标：明确通过调研要达到的预期结果或效果。

2. 制订调研计划

营销调研的第二步是为了实现调研目标而制定具体的调研操作方案。这一步骤中最为重要的任务通常包括如下内容：

(1) 确定调研方法：采用什么样的方式来收集和分析数据及信息。

(2) 框定调研对象：从哪些人或群体中获取数据和信息。

(3) 制订样本计划：从调研对象中抽取多少个个体或单位作为代表。

(4) 选择调研工具：使用什么样的仪器或材料来收集和分析数据和信息。

(5) 明确调研时间：在什么时候开始和结束调研。

(6) 制定调研预算：为了完成调研需要花费多少资金。

3. 实施调研计划

营销调研的第三步是按照调研计划的要求，实际地收集和分析数据及信息。在这一步骤中，调研者的主要任务包括收集数据和分析数据两个部分。

(1) 收集数据和信息：根据调研计划确定的方法和工具，在计划时间和预算范围内，对选定的对象和样本进行调研，从中获取所需的数据和信息。

(2) 分析数据和信息：根据调研计划确定的数据分析方法，对收集到的数据和信息进行整理、归纳、统计、比较、解释等操作，以得出有意义的结论。

4. 解释和汇报调研结果

营销调研的第四步是将调研的结果以书面或口头的形式，向调研的委托方或利益相关方进行说明和交流。这一步骤中，调研者的主要任务包括：

(1) 解释调研结果：对调研结论进行解读和评价，说明调研的意义和价值，指出调研的局限和不足，提出调研的建议和改进措施。

(2) 汇报调研结果：根据调研的目的和对象，选择合适的汇报形式和方式，如书面报告、口头报告、幻灯片、图表等，以清晰、简洁、有力的方式，向调研的委托方或利益相关方展示和传达调研的结果。

6.3　市场营销调研方法

在开展营销调研的过程中，调研者需要使用科学的方法来收集、整理、分析和解释营销信息以及数据，这些方法和工具统称为营销调研方法。根据对数据的操作方式，营销调研方法可以分为两大类：数据收集方法和数据分析方法，如图 6-4 所示。数据收集方法是指用于获取市场信息的手段和技术，数据分析方法是指用于处理和解释市场信息的方法和工具。

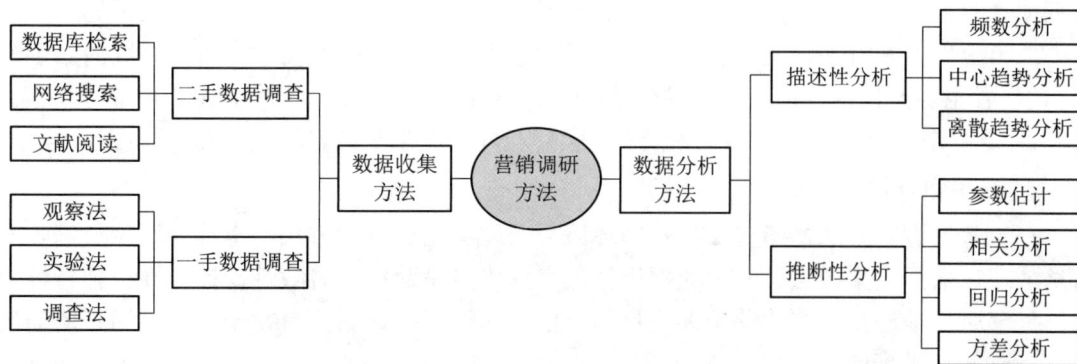

图 6-4　营销调研的常用方法和类型

6.3.1 营销调研的数据收集方法

根据数据的来源和性质，市场营销调研过程中经常使用的数据收集方法可以分为二手数据调查方法和一手数据调查方法，各自又包含若干常用的具体操作方法。

1. 二手数据调查方法

二手数据(secondary data)调查方法是指利用已存在的、为其他目的而收集的信息和数据，而不是为了特定研究目的而收集新数据的方法。在营销调研开始时，调研者一般会通过以下几种方法首先收集二手数据。

1) 数据库检索

营销调研者可以通过各种数据库平台，如公司内部数据库、外部各类机构的公开数据库和知网、WOS等学术数据库，搜索和下载相关的数据、报告、文献等资料，或是向外部专业市场研究机构和数据供应商购买专门的打包数据和报告。数据库检索的特点是可以获取大量专业性、权威性和针对性的数据，计算机数据库通常还能提供高级搜索功能，有助于调研人员进行精确和快速的检索。

2) 网络搜索

营销调研人员也可以通过各种网络搜索引擎，如百度、必应、微信搜索等，搜索和浏览相关的网页、新闻、文章、博客等来获取二手资料。网络搜索的特点是可以获取更多的实时性和多样性的数据，也可以利用关键词和过滤条件进行灵活和广泛的搜索。

3) 文献阅读

调研者还可以通过阅读和分析已经获取的文献、报告、论文等资料，提取和整理相关的信息和数据。通过文献阅读和分析，调研者能够完成对二手数据的结构化整理，获得深层次的信息和数据，同时，还可以利用专业文献阅读工具中的批注和摘录等功能进行有效和系统的二手资料收集整理。

二手数据调查方法最大的优点是节省时间和成本，有时还能获取更广泛和更深入的数据。但二手数据调查也存在固有的缺陷，主要体现在数据的可得性、准确性、时效性和适用性方面。例如，调研者通常无法获取消费者对新产品反馈的二手数据；互联网上存在许多来源不明、准确性存疑和难以确定时间的资料和数据；有时，调研者费时费力获得的二手数据或许并不完全适用于营销调研针对的问题。

二手数据调查对于营销调研人员的检索和分析能力具有较高要求。对于获取的二手数据，调研者也需要仔细评估其相关性(是否适合调查计划的需要)、准确性(是否可靠和准确)、及时性(是否是当前决策所需的最新资料)和客观性(是否存在过强的主观性)。

2. 一手数据调查方法

一手数据调查方法是指直接从营销环境中获取原始数据的方法，也称为原始数据收集方法或现场数据收集方法。一手数据调查最大的优点是数据的时效性、针对性和独特性较高，能够更好地满足特定的营销调研目的。但相对于二手数据而言，一手数据调查所需的成本、时间和难度通常较大。

在营销调研中，最为常用的一手数据调查方法有以下三种。

1) 观察法

观察法(observational research)是指通过直接或间接地观察营销环境和现象，记录和分析消费者、竞争者、分销商等市场主体的行为、态度、反应等来获取所需信息的方法。观察法可以分为人工观察法和机械观察法。人工观察法是指由调研人员亲自或委托他人进行观察的方法，例如神秘顾客法、零售店审计法、交通计数法等。例如，某冰淇淋品牌想要了解消费者对其新推出的口味的喜好和反馈，专门安排了营销调研人员到其门店进行观察，记录消费者的购买行为、口味选择、品尝反应、重复购买意愿等信息，以此评估新口味的市场表现和潜力。机械观察法是指借助各种仪器和设备进行观察的方法，例如扫描仪、眼动仪、视频监控等。

观察法的优点是能够获取客观、真实、直观的数据，避免被调查者的主观偏差和记忆误差，适用于观察消费者的实际行为和反应。观察法的不足之处是不能获取被调查者行为背后的内在动机、感受和想法，观察效果受到环境和条件的限制，观察结果可能存在观察者的主观影响，且实施成本和技术难度较高。

2) 实验法

实验法(experimental research)是指通过人为地控制和改变营销环境中的一个或多个因素，观察和测量其对另一个或多个因素的影响，从而确定因果关系的方法。营销调研中常用的实验法包括实验室实验法和现场实验法。

实验室实验法是指在人为创造的、与真实市场环境相似的条件下进行的实验，如模拟商店法、模拟测试市场法等。例如，在 Coca-Cola 公司一次著名的实验中，他们招募了来自多个年龄段、地域和文化背景的目标消费者群体代表，将这些参与者随机分成几组，每组观看使用不同风格背景音乐的广告，并在观看结束后填写问卷，对广告的吸引力、情绪表达和对产品需求程度进行评价，调研人员最后对参与者的反馈数据进行分析，得到了不同音乐风格对广告效果和产品销售影响的实验结果。

现场实验法是指在真实的市场环境中进行的实验，例如测试市场法、分裂市场法等。在营销调研中，现场实验法通常是以在市场上进行小范围实验的方式来开展的。例如，一家洗发水品牌想要测试其新的广告创意的效果，于是选择了两个相似的城市作为测试市场，分别投放不同的广告，然后比较两个市场的销售量、市场占有率、品牌知名度、品牌形象等指标，以此评估广告创意的优劣。

实验法的优点是方法本身及操作过程具有较强的科学规范性，能够较为准确地确定市场因素之间的因果关系，为市场决策提供有力的依据，适用于测试市场营销组合的效果。但缺点是受到实验设计、实验控制、实验成本和实验伦理等因素的制约，可能存在实验效应、实验偏差和实验泄露等问题，且难以推广到整个市场。

3) 调查法

调查法(survey research)是收集一手数据时最为常用的方法。这类方法通过不同手段和媒介向被调查者提出一系列问题，通过收集其回答或反馈来获取信息。调查法又可具体分为访谈法、问卷法、小组讨论法和投影技术法等。

(1) 访谈法：一种通过口头交流与被调查者沟通的方法。它可以通过面对面或电话等方式进行，能够获得较为深入、细致和真实的信息，在营销调研中常用于探索消费者的深层动机、态度、感受和想法等。访谈法的主要形式包括深度访谈、电话访谈和专家访谈等。

深度访谈是指通过与被调查者进行一对一、深入、细致、无结构或半结构的访谈，了解其对某一主题或问题的看法、感受、动机、态度等。这种方法能够获得更加细致和个性化的信息，有助于发现消费者潜在的需求和偏好。表 6-1 概要地列出了深度访谈法的实施步骤和要点。

表 6-1　深度访谈法的实施步骤和要点

步　骤	要　点
确定访谈目的和对象	• 根据调研问题确定访谈目的； • 有针对性地选择合适的访谈对象，一般每次只访谈一个人； • 访谈总体人数不宜过多，10～20 人为宜
制定访谈提纲	• 根据访谈目的和对象制定非结构化或半结构化的访谈提纲，包括开场白、主要问题、结束语等部分； • 尽量采用开放式问题，避免使用是非题或选择题； • 问题顺序从简单到复杂、从表面到深层、从一般到具体
选择访谈地点和时间	• 选择安静、舒适、不受干扰的环境作为访谈场所； • 访谈时长应该适中，一般 0.5～2 小时为宜
营造良好的访谈氛围	• 营造轻松、自然、友好的访谈氛围，避免过于正式、刻板； • 在访谈开始时向受访者介绍访谈的目的、内容等，征得其同意并获得其配合，同时保证其回答的隐私得到保护； • 向受访者表达感谢和尊重，建立良好的信任关系
通过开放式和探索性问题进行访谈	• 采用开放式的提问方式，鼓励受访者自由表达； • 注意倾听、观察，采用层层递进和追问细节的探索性问题引导和控制访谈进程
记录访谈内容	• 根据访谈情况和需要，选择合适的方法记录访谈内容； • 尽可能记录下访谈过程中的所有信息，包括感想和启发； • 在选择录音、录像等记录方式时，要尊重被调查者的意愿和隐私，并确保这些方法不会影响访谈的自然和真实性

电话访谈是指通过电话与被调查者进行结构化或半结构化的访谈，以获取信息。电话访谈虽然不及面对面访谈那样直观，但便捷快速，节省时间和成本，可以覆盖较广的地域和人群。电话访谈法对调研者的沟通技巧和说服力具有较高要求。

专家访谈是指针对特定领域专家或权威人士进行的访谈，以获取其对于某一问题或主题的专业见解和意见。这种方法常用于获取行业内部的信息或建议，有助于调查对象更全面地了解市场趋势和行业发展。

(2) 问卷法：一种通过向被调查者发放或发送一份包含一系列问题的表格，要求其填写或回复的方法。这种方法可以收集大量的数据，而且数据的标准化和量化程度较高，便于进行统计和分析。但是，问卷法受问卷设计和填写质量的影响较大，而且难以获得深层次和细微的信息。问卷发放方式主要包括现场发放、邮寄、传真和网络发放等。

互联网时代，通过网站、电子邮件和社交媒体等网络平台发放问卷已经成为问卷调查最为常用的方式。通过网络发放问卷大大节省了调研成本，能够在短时间内对广大地域范围内的对象实施调研，具有很高的灵活性、交互性和实时性。这种方法可以根据被调查者的回答动态地调整问题的显示和跳转，通过音频、视频、图片等多媒体方式增加问卷的吸引力和趣味性，并且可以及时反馈问卷的填写情况和数据的分析结果等。问卷法中问卷数据的真实性和数据安全等方面也面临着新的挑战。

(3) 小组讨论法：一种邀请一定数量的被调查者，在调研者的引导下，就某一主题进行自由讨论的方法。它常用于了解消费者对某一产品或服务的整体评价和建议等，有时也能够用于发掘消费者的潜在需求从而产生创意。小组讨论法可以获得被调查者多样化和互动性的观点和感受，同时也可以观察他们的非语言反应，如表情、姿势、动作等。但是，小组讨论法受小组成员组成和氛围的影响较大，而且难以量化和统计数据，通常只能用于定性分析和解释。小组讨论法的常见形式包括焦点小组讨论和座谈会等。

焦点小组讨论(focus group)是指邀请6～12名被调查者，在一位专业主持人的引导下，就某一主题进行约1～2小时的自由讨论的方法。焦点小组讨论的特点是：讨论内容丰富，可以涉及多个方面和层次；讨论氛围活跃，可以激发被调查者的参与度和创造力；讨论过程灵活，可以根据讨论的进展和情况调整讨论的重点和方向等。焦点小组讨论法的有效实施需要调查者具有较高的专业水平和经验，而且需要注意避免成员间的"群体影响"。表6-2是对焦点小组讨论法实施要点的概要介绍。

表 6-2　焦点小组讨论法的实施要点

小组规模	6～12 人
人员组成	同类型或不同类型的，需预先筛选对象
讨论环境	轻松、非正式
时间长度	1～2 小时
记录方式	用笔记录、录音、录像
主持人要求	专业能力以及观察、互动和沟通技能

座谈会讨论(seminar)是指邀请一些专家或学者，在一位主持人的引导下，就某一主题进行系统的讲解和深入的探讨的方法。座谈会法的优点是可以获得较为权威、专业且深入的信息，同时也可以增强参与者对讨论结果的信任和认同。座谈会法的缺点是成本较高，而且受专家或学者知识和经验的局限，有时难以反映普通消费者的需求和想法。

(4) 投影技术法：又称投射法，是将被调查者置于事先设计好的模拟场景中，激发被调查者表达其潜在的动机、态度和感受的方法。该方法的优点是可以突破被调查者的心理防御和社会期待，获取更真实、更深层的信息，同时也可以增加被调查者的参与乐趣和创造力。投影技术法常被质疑之处在于其调研结果的信度和效度较难验证。营销调研中常用的投影技术法包括联想法、角色扮演法、故事完成法等。

联想法：向被调查者展示一些词语、图片、声音等刺激材料，要求其说出或写出与之相关的第一个想法或感受。例如，B公司想了解消费者对其新推出的一款咖啡机的印象和期待，于是招募了一些对咖啡感兴趣的消费者进行调查。调研者向他们展示了该咖啡机的图片，并要求他们说出或写出与之相关的第一个词语或感受，如"方便""高端""香浓"等，并记录下他们的回答。

角色扮演法：让被调查者扮演某一角色，如消费者、销售员、竞争对手等，在一个假设的情境中进行模拟的行为或对话。例如，B 公司还邀请了若干对咖啡机有购买意愿的消费者扮演想要购买该咖啡机的顾客，与销售员进行模拟对话，询问该咖啡机的功能、价格、优惠等问题。在此过程中，录制他们的对话并进行汇总处理和分析。

故事完成法：向被调查者提供一个故事的开头或中间部分，要求其根据自己的想法或感受来完成故事的剩余部分。例如，B 公司邀请已经购买并使用过该公司咖啡机的消费者参加调查。调研者向他们提供了一个故事的开头，如"小明是一个喜欢喝咖啡的上班族，每天早上都要给自己和妻子冲一杯咖啡，然后带着满满的幸福感去上班。有一天，他的咖啡机突然坏了，他急忙跑到附近的商场，看到了一款新的咖啡机，他……"要求被调查者根据自己的使用体验和满意度来完成故事的后续部分，并收集这些故事进行定性分析。

6.3.2 营销调研的数据分析方法

数据分析方法是指用于处理、整理、归纳和解释数据的技术和工具，其目的是要从数据中提取有价值的信息，发现规律和关系，支持营销决策和评估。营销调研中常用的数据分析方法包括描述性分析和推断性分析两大类。

1. 描述性分析

描述性分析是指对调研所获数据的基本特征和分布进行概括和总结的数据分析方法。营销调研中常用的描述性分析包括频数分析、中心趋势分析和离散趋势分析等，具体的统计指标则包括频数、百分比、平均数、标准差、最大值、最小值等。以下对三种常用的描述性分析操作方法进行介绍。

1) 频数分析

频数分析是指对数据进行分类和计数，得到每一类数据的频数和频率。频数的计算公式为 $f_i = n_i$，其中 f_i 表示第 i 类数据的频数，n_i 表示第 i 类数据的个数。频率的计算公式为 $p_i = \dfrac{f_i}{n}$，其中 p_i 表示第 i 类数据的频率，n 表示数据的总个数。频数和频率分析可以用于了解营销数据的分布情况，例如市场占有率、消费者偏好等。

2) 中心趋势分析

中心趋势分析用于衡量数据的平均水平，常用的统计指标包括以下几种：

(1) 平均数：所有数据的总和除以数据的个数。平均数是最常用的中心趋势指标，适用于连续型数据，例如销售额、收入等。其计算公式为 $\bar{x} = \dfrac{\sum\limits_{i=1}^{n} x_i}{n}$，其中 $\bar{x}$ 表示平均数，x_i 表示第 i 个数据，n 表示数据的个数。

(2) 中位数：将所有数据按照大小顺序排列后，位于中间位置的数据。中位数是另一种常用的中心趋势指标，适用于有极端值或偏态分布的数据，例如房价、年龄等。中位数通常表示为 M，如果数据列中数据的个数为奇数，M 为按照大小顺序排列后的中间位置的数据；如果数据列中数据的个数为偶数，M 为按照大小顺序排列后中间两个数据的平均数。

(3) 众数：出现次数最多的数据，适用于离散型数据，例如性别、职业等。众数通常用 M_0 表示，如果数据列中只有一个出现次数最多的数据，M_0 就是该数据；如果数据列中有多个出现次数最多的数据，M_o 就是这些数据的集合。

3) 离散趋势分析

离散趋势分析用于衡量数据的变异程度，主要包括以下几种：

(1) 极差：数据的最大值和最小值之差。极差是最简单的离散趋势指标，适用于反映数据的整体波动范围。极差的计算公式为 $R = x_{max} - x_{min}$，其中 x_{max} 表示数据的最大值，x_{min} 表示数据的最小值。

(2) 方差：数据与平均数的差的平方的平均数。方差是最常用的离散趋势指标，适用于反映数据的平均波动程度。方差的计算公式为 $s^2 = \dfrac{\sum\limits_{i=1}^{n}(x_i - \bar{x})^2}{n}$，其中 s^2 表示方差，x_i 表示第 i 个数据，$\bar{x}$ 表示平均数，n 表示数据的个数。

(3) 标准差：方差的平方根。标准差是另一个常用的离散趋势指标，适用于反映数据的标准化波动程度。

在市场营销调研的报告中，描述性分析结果可以用数值直接表示，也可以用表格或图形的形式更加直观地进行展示。常用的表格形式有频数表、交叉表、列联表等，常用的图形展示方法包括柱状图、饼图、折线图、散点图等。

描述性分析的优点是可以简明地概括数据的总体情况，为进一步的分析奠定基础。但无论是频数分析、中心趋势分析还是离散趋势分析，也无论采用哪种结果展示方式，描述性分析并不能解释数据背后的深层次含义，也无法得出数据的因果关系和预测结果。推断性分析则能够进一步揭示营销调研数据的深层含义和规律。

2. 推断性分析

在营销调研中，通常调研者不可能也不必要对全部对象进行调查，而是会从总体数据中随机或有规律地抽取一部分数据作为样本，即采用抽样方法来获取数据。不过，样本数据实际上并不完全等同于总体数据，根据样本数据所计算得到的平均值、频率等样本统计量以及样本数据中体现出来的某些关系和规律等，也都不等同于总体指标和总体特征。

举个简单的例子，如果调研者想要获知某品牌产品所有消费者的平均年龄，对所有消费者进行调查过于费时费力，这时候就可以采用抽样方法，从所有消费者中随机抽取一部分人作为调查的样本，然后再计算样本人群的平均年龄。然而，通过抽样调查所获知的样本人群的平均年龄，是否可以比较准确地代表所有消费者的真实平均年龄？营销调研者必须采用科学的手段来回答这个问题，否则，数据分析结果就可能与调研目的相去甚远。幸运的是，数学家和统计学家们已经找到了许多方法来解决类似的问题，营销调研者只需要有效利用这些方法，就可以较好地解决上述问题。

这类利用统计学方法和原理，从营销调研所获得的样本数据来推断总体数据的方法，可以统称为推断性分析。推断性分析的具体方法很多，在营销调研中最为常用的有参数估计、相关分析、回归分析和方差分析等。

1) 参数估计

参数估计是一种利用样本数据来估计总体分布中未知参数的方法。参数是描述总体特征的数值，例如总体均值、总体方差等。这些参数通常是未知的，因此我们需要依靠从样本中得到的统计量来估计它们。参数估计的目的是根据样本信息对总体数字特征作出推断和估计，即用样本估计量推断总体参数的具体数值，或者在一定概率保证下确定总体参数所属的区间。

点估计是调研者利用样本数据构造一个统计量，计算其观察值作为总体参数的近似值的方法，也就是直接用样本指标作为总体参数的估计值。

例如，某公司想要调查其某个产品品牌的市场占有率，可随机抽取 1000 名消费者，询问他们是否购买过该品牌的产品，然后计算出购买过该品牌产品的消费者的比例，作为总体市场占有率的估计值。假设其抽样调查结果如表 6-3 所示，该次抽样调查中购买过该品牌产品的消费者的比例为 20%，那么就可以近似地认为该品牌的市场占有率也是 20%。

表 6-3　某品牌市场占有率调查结果

是否购买过该品牌产品	频　数	比　例
是	200	0.2
否	800	0.8
	1000(总计)	1 (总计)

点估计的好处是简单直观，但缺点在于不能提供估计的精度和可靠性的度量，也不能反映参数的变异性和不确定性。因此，调研者很多时候会使用区间估计来估测总体参数。

区间估计是指通过样本构造一个区间，使得总体参数落在该区间的概率不低于某个事先设定的概率的方法。这一区间称为置信区间，这一事先设定的概率就称为置信水平。

例如，调研者想要估计某品牌产品的平均顾客满意度。调研者从该产品的用户中随机抽取 100 名用户，让他们对该产品的满意度打分(假设满分为 5 分)，然后计算出这 100 名用户的平均分数和标准差，分别作为总体平均顾客满意度的估计值和误差。假设样本平均分数为 4.5，标准差为 0.5，那么就可以用 4.5 ± 0.098 作为该产品的平均顾客满意度的 95% 置信区间，即有 95% 的把握认为总体平均顾客满意度在 4.402 到 4.598 之间。这个区间估计是将样本均值的抽样分布认为近似于正态分布，然后根据正态分布的性质，用样本均值加减 1.96 倍的标准误差得到的。

2) 相关分析

相关分析用来衡量两个或多个变量之间的线性关系强度和方向。这种分析可以帮助营销调研者发现市场变量之间的潜在联系，为营销决策提供依据和参考。

用来衡量变量间相关性的统计指标是相关系数，其中最为常用的是皮尔逊相关系数(Pearson correlation coefficient)，取值范围在 -1 到 1 之间，其中 -1 表示完全负相关，1 表示完全正相关，0 表示无线性相关。

皮尔逊相关系数的计算公式为

$$r = \frac{\sum_{i=1}^{n}(x_i - \bar{x})(y_i - \bar{y})}{\sqrt{\sum_{i=1}^{n}(x_i - \bar{x})^2 \sum_{i=1}^{n}(y_i - \bar{y})^2}} \tag{6-1}$$

其中，n 是样本容量，x_i 和 y_i 是第 i 个观察值，$\bar{x}$ 和 $\bar{y}$ 是样本均值。皮尔逊相关系数的计算要求两个变量都是连续的，并且服从正态分布。如果这些条件不满足，可以使用其他相关系数，如斯皮尔曼(Spearman)相关系数或肯德尔(Kendall)相关系数等。

例如，某品牌想要分析其广告投入(x)和销售收入(y)之间的相关性，从该品牌的历史数据中随机抽取了 10 个月的数据，如表 6-4 所示。

表 6-4　某品牌广告投入与销售收入数据

月　份	广告投入/万元	销售收入/万元
1	15.6	120.8
2	18.2	134.6
3	22.5	156.3
4	19.8	139.5
5	25.3	167.8
6	21.6	149.2
7	23.7	162.4
8	26.8	174.6
9	24.5	165.3
10	27.6	182.7

使用皮尔逊相关系数分析广告投入和销售收入之间的相关性，根据公式(6-1)，首先计算出样本均值：$\bar{x} = 22.56$，$\bar{y} = 155.32$，然后代入 10 个月的样本数据计算可得

$$r = \frac{661.448}{663.201} = 0.997$$

计算得到的皮尔逊相关系数为 0.997，接近于 1。但这一结果只是根据样本计算得到的，为了推断这个样本指标值在多大程度上能够用来估计广告投入与销售收入间真实的相关性，还需要对皮尔逊相关系数构造统计量并进行 t 检验(即检验这一相关性是否具有统计显著性)。t 统计量的计算公式为

$$t = r \times \sqrt{\frac{n-2}{1-r^2}}$$

其中，$r = 0.997$，$n = 10$。代入计算得

$$t = 0.997 \times \sqrt{\frac{10-2}{1-0.997^2}} = 36.43$$

查 t 分布表(自由度为 8)得 $p < 0.0001$(远小于 0.05)。p 值是统计学中用于判断原假设是否成立的指标。它表示在原假设为真的情况下，观察到当前样本结果(或更极端结果)的概率。如果 p 值很小(通常小于显著性水平，如 0.05)，说明在原假设下，当前数据出现的概率极低，因此拒绝原假设。如果 p 值较大，则原假设为真。在本例中，原假设是"广告投入与销售收入无线性相关(相关系数 $r = 0$)"。

本例中 p 值远小于一般的显著性水平 0.05，这意味着，如果广告投入与销售收入真的无关(相关系数 $r = 0$)，那么观察到相关系数 $r = 0.997$(或更高)的概率几乎为 0。因此，可以拒绝原假设。

综上，可以认为该品牌广告投入和销售收入之间存在非常强的相关性，广告投入越高，销售收入也越高。这一结果可以支持该品牌继续增加广告投入的营销决策。

3) 回归分析

回归分析用来探索一个或多个自变量与一个因变量之间的函数关系。根据自变量多少,回归分析可以分为一元回归分析和多元回归分析。当自变量只有一个时,称为一元回归分析;当存在多个自变量时,称为多元回归分析。例如,某企业想要知道哪些因素对其产品销售量存在较大影响,可以先根据经验或探索性研究寻找可能影响产品销售量的若干变量,如产品质量、价格、渠道、广告投入、竞争对手的产品价格等,而后构建回归模型并收集数据进行统计验证。

这里对回归分析的基本步骤进行简要阐述:

(1) 选择合适的回归模型。根据变量的类型和关系特征,选择不同的回归模型,例如简单线性回归模型、多元线性回归模型、对数回归模型等。

(2) 估计回归方程和回归系数。利用最小二乘法或其他方法,根据数据求出回归方程和回归系数的估计值。回归方程表示自变量和因变量之间的函数关系。回归系数表示自变量对因变量的影响程度。

(3) 检验回归方程和回归系数的显著性。利用 F 检验或 t 检验等方法,判断回归方程和回归系数是否能够反映自变量和因变量之间的真实关系,而非随机误差造成的假象。F 检验用于检验整个回归模型的显著性,即所有自变量作为一个整体对因变量的影响是否显著。t 检验用于检验单个回归系数的显著性,即每个自变量对因变量的影响是否显著。

(4) 评价回归方程的拟合优度。利用决定系数(R^2)等指标来衡量回归方程对数据的拟合程度,即回归方程能够解释的因变量变异比例。决定系数的取值范围是 0 到 1,数值越接近 1 表示拟合优度越高,越接近 0 表示拟合优度越低。

(5) 利用回归方程进行预测和控制。根据回归方程和回归系数,可以对因变量的未来值进行预测,也可以通过改变自变量的值来控制因变量的值,达到营销分析目的。

以下是一个关于回归分析在营销调研中的实际应用案例。一家小型酒店希望提高某类客房的每日营业收入。通过初步分析,酒店管理层认为客房价格和客房入住率是影响该类客房每日营业收入的两个重要因素,于是他们收集了一个季度的数据(见表 6-5)进行回归分析。

表 6-5 某酒店客房价格、入住率与客房收入数据

日 期	客房价格	客房入住率	每日客房收入
2024-01-01	500	70	35 000
2024-01-02	520	68	35 360
2024-01-03	480	72	34 560
...	...	...	...
2024-02-06	490	71	34 790
2024-02-07	510	69	35 050
...	...	...	...
2024-03-31	530	75	36 200

基于上面的数据,该酒店的营销调研人员采用如下步骤进行回归分析:

第一步,进行探索性数据分析。将收集的数据绘制成散点图,并计算变量之间的相关系数。分析结果表明,客房价格、入住率和客房收入之间存在一定的线性相关性。

第二步，建立回归模型。由于因变量和自变量都是连续型的，且呈线性关系，所以可以使用多元线性回归模型，构建的回归方程为：客房收入 $= \beta_0 + \beta_1 \times$ 客房价格 $+ \beta_2 \times$ 客房入住率 $+ \varepsilon$，其中 β_0 是截距，β_1 和 β_2 是回归系数，ε 是随机误差项。

第三步，拟合线性模型。利用收集的数据，使用最小二乘法拟合回归方程并估计回归系数。使用 SPSS 软件进行计算，拟合得到回归方程。

第四步，检验回归方程和回归系数的显著性：利用 F 检验和 t 检验，检验回归方程和回归系数是否显著。假设回归分析的结果如表 6-6 所示。

表 6-6 某酒店客房价格、入住率与客房收入回归分析结果

	回归系数	t 值	p 值
常量(截距)	2814.32	15.05	0.0001
客房价格	55.73	19.54	0.0001
客房入住率	86.34	15.35	0.0001
$R^2 = 0.74$			
$F = 189.89$，$p < 0.0001$			

F 检验结果：F 值为 189.89，p 值小于 0.0001，表明整个回归模型显著，即客房价格和客房入住率作为一个整体对客房收入有显著影响。

t 检验结果：客房价格的 t 值为 19.54，p 值为 0.0001；客房入住率的 t 值为 15.35，p 值为 0.0001，表明这两个自变量对客房收入的影响均显著。

决定系数(R^2)：R^2 值为 0.74，表明该线性回归模型可以解释 74% 的客房收入变异，拟合效果良好。

最终得到的回归方程为：客房收入 $= 2814.32 + 55.73 \times$ 客房价格 $+ 86.34 \times$ 客房入住率。这个方程可以用于对酒店未来客房收入的预测，例如，如果将该档次客房价格定在 500 元/日，入住率如果达到 70%，那么预计该类客房当天的总收入可以达到 30 739.76 元。

4) 方差分析

方差分析用于比较两个或多个总体均值是否存在显著差异，在营销调研中可以用于比较不同市场细分、产品定价策略或广告宣传效果等方面的特征或效果差异。方差分析主要包括以下几种类型：

单因素方差分析：只有一个自变量(因素)的方差分析，例如比较不同品牌手机的续航能力是否有显著差异。

双因素方差分析：存在两个自变量(因素)的方差分析，例如比较不同品牌和不同颜色手机的销量是否有显著差异，以及品牌和颜色之间是否有交互作用。

多因素方差分析：有三个或以上的自变量(因素)的方差分析，例如比较不同品牌、颜色和价格的手机的顾客满意度是否有显著差异，以及品牌、颜色和价格之间是否有交互作用。

方差分析的基本原理是通过分析数据中不同来源的变异对总变异的贡献大小，从而确定自变量对因变量的影响程度。方差分析的基本步骤如下：

(1) 提出假设：假设所有组的平均值没有差别，这是要检验的假设，叫作原假设。如果有差别，就是另一种假设，叫作备择假设。

(2) 选择方差分析类型：根据自变量的数量和性质，选择适合的方差分析类型。例如，只有一个自变量，就选择单因素方差分析；有两个自变量，就采用双因素方差分析，依此类推。还要选择一个显著性水平，通常是 0.05 或 0.01，表示拒绝原假设的可能性有多大。

(3) 列出方差分析表：关键指标包括不同组的变异、自由度、平方和、均方、F 值和 p 值。F 值是比较不同组的平均值差异的指标，p 值表示这个差异有多大概率是偶然的。如果 p 值很小，就说明差异很大，不太可能是偶然的。

(4) 作出决策和结论：根据 p 值和显著性水平，作出决策并得出结论。如果 p 值小于或等于显著性水平，说明差异很显著，可以拒绝原假设，接受备择假设。如果 p 值大于显著性水平，说明差异不显著，不能拒绝原假设。

(5) 事后检验：如果拒绝了原假设，要进一步分析哪些组的平均值有差异，叫作事后检验。有很多方法可以进行事后检验，如 LSD 法、Tukey 法、Bonferroni 法等。

同样用一个假想的例子来说明方差分析方法的应用。假设某公司想要比较不同广告媒体对产品销售额的影响，调查者随机抽取 100 名消费者，向他们展示报纸、广播、宣传品和直接体验四种广告媒体，然后记录他们的购买金额，此时可以用单因素方差分析来分析数据。按照消费者接触的不同广告媒体类型对收集的数据进行排序，如表 6-7 所示。

表 6-7　某公司广告媒体使用与消费者购买情况调查数据

消费者编号	广告媒体	购买金额/元
1	报纸	50
2	报纸	60
3	报纸	40
…	…	…
98	直接体验	90
99	直接体验	80
100	直接体验	100

我们可以用以下步骤来进行方差分析：

第一步，提出原假设和备择假设。原假设是指不同广告媒体对产品销售额没有显著影响，即各个广告媒体的购买金额的平均数没有显著差异。备择假设是指不同广告媒体对产品销售额有显著影响，即至少有两个广告媒体的购买金额的平均数有显著差异。

第二步，选择合适的方差分析模型和显著性水平。由于只有一个自变量(广告媒体)，因此可以使用单因素方差分析模型，显著性水平为 0.05。

第三步，列出方差分析表，计算相应的 F 值和 p 值。利用数据，列出方差分析表，如表 6-8 所示。

表 6-8　某公司广告媒体使用效果差异方差分析结果

检验变量	变异来源	自由度	平方和	均方	F 值	p 值
购买金额	组内	3	12 000	4000	16	0.000 01
—	组间	96	24 000	250		
—		99(总计)	36 000(总计)	—	—	—

第四步，作出决策和结论。从表 6-8 中看到，由于 p 值远小于显著性水平 0.05，可以拒绝原假设，接受备择假设，认为不同广告媒体对产品销售额有显著影响，即各个广告媒体的购买金额的平均数有显著差异。

第五步，进行事后检验。由于方差分析结果显著，可以进行事后检验，以确定具体哪些广告媒体的购买金额的平均数有显著差异。使用 Tukey 法进行事后检验，得到表 6-9 所示的结果。

表 6-9　某公司广告媒体使用效果方差分析的事后检验

广告媒体	购买金额平均值	与其他广告媒体的差异
报纸	50	与广播、宣传品有显著差异，与直接体验无显著差异
广播	70	与报纸、直接体验有显著差异，与宣传品无显著差异
宣传品	80	与报纸、直接体验有显著差异，与广播无显著差异
直接体验	90	与报纸、广播、宣传品有显著差异

从表 6-9 中可以看出，直接体验是最有效的广告媒体，其次是宣传品，再次是广播，最后是报纸。

以上介绍了参数估计、相关分析、回归分析和方差分析四种在市场营销调研中常用的推断性数据分析方法。除此之外，还有一些其他的推断性数据分析方法，例如聚类分析、时间序列分析和贝叶斯分析等。

在数字化时代，营销信息和数据的规模、复杂度、多样性和动态性都在不断增加，对数据的收集、处理、分析和应用提出了更高的要求，也增加了实际操作的难度。同时，数据的价值和潜力也在不断提升，给数据的挖掘、利用和创新带来了更多的可能性和空间。因此，不少营销调研者和分析者正将数理统计方法与快速发展的计算机、网络技术进行结合，运用机器学习、人工智能等先进的方法和技术进行营销调研，以适应市场营销的新形势和新需求。

6.4　营销调研问卷设计

6.4.1　问卷的概念与特征

1. 问卷的概念

问卷调查是市场营销调研中收集数据的重要方法。问卷由一系列问题、备选答案及说明等组成，是调查者收集必要数据的工具。在营销调研中，调研者需要针对调查目的，遵循科学合理的方法和规范，根据一定的理论假设对问卷进行设计。

市场营销领域中，一般所说的调研问卷指的是狭义的问卷，由一系列涵盖调查内容、需要被调查者回答的问题组成。其中，当调研者希望将问卷数据用于量化分析和统计时，最为常用的是量表式的调研问卷。有些时候，人们所提到的"问卷"可能具有更为广泛的含义，广义的调研问卷可以包括调研提纲、观察记录表、实验记录等。这些形式的问卷在不同的调研场景中也发挥着重要作用。本节中的问

A 记小厨使用量表式问卷
进行服务质量调查

卷主要指狭义的问卷。

2. 问卷的特征

一份好的市场调研问卷应至少具备以下特征：

首先，信息应齐全。问卷应包含调查者需要了解的全部重要信息。遗漏关键信息可能导致数据不完整或误导性的结果，也会给调查本身以及后续的数据分析带来很多麻烦。

其次，问题要适宜。问题的设计应考虑被调查者的能力、意愿和合作度。合适的问卷问题应该是被调查者能够回答的、被调查者愿意回答的、被调查者乐于合作的。换言之，问题应该能够有效引导和激励被调查者参与并完成调查。

最后，误差最小化。问卷设计应该尽量减少测量误差，确保数据的准确性和可靠性。

6.4.2 问卷设计的一般流程

营销调研问卷的设计一般会按照图 6-5 所示的流程开展。

明确调研目的 ➡ 收集问卷设计所需资料 ➡ 设计问卷的结构、问题并排序 ➡ 问卷测试 ➡ 问卷修改 ➡ 确定问卷

图 6-5 问卷设计的一般流程

(1) 明确调研目的：明确问卷调研的目的，列出通过调研需要解答的核心问题，并对调研问题进行细分，以确定问卷调研的内容范围和信息主次关系。

(2) 收集问卷设计所需资料：收集前期和参考性资料，包括调研问题所涉及主要概念的研究量表、可参考的类似问卷模板、被调查者的相关信息等，做好问卷设计准备。

(3) 设计问卷的结构、问题并排序：根据实际情况对问卷的整体结构进行设计和调整，对问卷中的具体问题进行设计，并对问题进行合理排序。

(4) 问卷测试：检查或小范围测试问卷，检查问题的清晰度、完整性和通畅性等。

(5) 问卷修改：修改和优化问卷，确保其准确性、完整性和易读性。

(6) 确定问卷：根据修改后的问卷，制定最终版本，并准备发放。

6.4.3 问卷设计步骤详解

以下按照问卷设计的一般流程顺序，对问卷设计步骤及其操作进行详细介绍。

1. 明确调研目的

在开始设计问卷内容之前，营销调研人员首先要明确问卷调查的目的，即将营销管理者所面临的现实管理问题转化为更为具体和精确的调研问题，并对这些问题进行细分，以确定问卷调研的内容范围和期望获取信息的主次关系。

例如，ABC 公司发现其产品销售额呈下滑趋势，对于企业管理者而言，其面临的现实管理问题(决策问题)就是"如何提升产品销售？"营销调研者首先需要将这个比较宽泛的问题转化为调研问题。假设他们通过探索性研究，大致确定了"产品品质"和"品牌感知"两个因素可能是影响消费者对该企业产品购买意愿的重要因素，并决定使用问卷调查进行进一步研究。此时，核心的调研问题就可以确定为"产品品质和品牌感知是否以及如何影响消费者购买意愿？"而这个调研问题可以细分为"消费者对本企业产品品质的评价如何？""消费者对本企业产品品牌的感知情况如何？""消费者对本企业产品的购买意愿如何？"以及"产品品质和品牌感知与消费者购买意愿之间的关系"这几个更加具体的问题。据此，调研者就基本明确了问卷调研的内容范围和期望重点。

2. 收集问卷设计所需资料

在明确问卷调研面向的信息范围后，调研者需要收集问卷设计所需的前期资料，包括调研问题所涉及主要概念的研究量表、可参考的类似问卷模板、被调查者的相关信息和特征等，针对性地做好问卷设计的准备工作。

例如，上例中 ABC 公司的营销调研者为了更好地设计问卷，可以通过二手数据调研寻找"产品品质""品牌感知"和"消费者购买意愿"等问卷所涉及的关键概念是否存在可借鉴的成熟量表，其他公司或机构在此前是否进行过类似的调研并存在可供参考的问卷模板等，这些相关资料对于本次问卷调查会具有很大的帮助。此外，调研者也需要对打算调查对象的相关背景信息进行了解，例如被调查者的文化水平、对调查问题的了解程度、专业知识水平等，以便在后续进行问题设计时对症下药。

3. 设计问卷的结构

正式设计问卷时，调研者先要设计问卷的整体结构。一般情况下，调研问卷的基本结构包括标题、前言及说明、筛选/过滤部分、被调查者信息、问卷主体、结束语和作业记载等。调研者可以根据实际情况对其内容和顺序进行适当调整。

(1) 标题。标题应该简明扼要，精准概括调查主题，使被调查者迅速了解调查的大致方向。例如"大学生××产品消费状况调查""××品牌顾客满意度调查"等。避免过于笼统或太花哨。

(2) 前言及说明。前言及说明部分包括问候语、调研者身份及机构信息、调研目的与主题介绍、调研用途、承诺信息等。旨在向被调查者说明调查的目的、意义，消除其顾虑，并按要求填写问卷。该部分应简洁明了，可以加入一定的宣传以引起调查对象的重视，但不宜冗长复杂，以免增加阅读与答题负担。

(3) 筛选/过滤部分。这部分是为了确定被调查者是否符合调研条件，非必要可省略。例如，如果调研目标为在校大学生，可在此设置相关问题进行筛选。

(4) 被调查者信息。这部分用于搜集被调查者的一些主要特征，如性别、年龄、民族、家庭人口、婚姻状况、文化程度、职业、单位、收入、所在地区等。这些信息可以帮助调研者更好地理解调研对象，也可以用于后期数据分析中更精细的分组。需要注意的是，在实际调研中，列入哪些项目、列入多少项目，应根据调查目的、调查要求而定，并非多多益善。

(5) 问卷主体。主体部分是问卷的核心，包含了调研者想要了解的所有问题。营销调研中，问卷问题通常用来调查：① 被调查者的行为，包括对被调查者本人行为进行了解或通过被调查者了解他人的行为；② 被调查者的态度、意见、感觉、偏好等；③ 被调查者的行为后果。当然，问题的具体内容是根据事先确定的调研目的与调研问题确定的，例如，在上述 ABC 公司的例子中，问卷的问题直接用于了解消费者对于该公司产品品质和品牌的感知(感觉)，以及对产品的购买意愿(态度)等。

(6) 结束语。提示问卷结束，表示感谢及征询意见，有必要时也可留下调查者的联系方式或请被调查者留下联系方式以供后续提供反馈等。

(7) 作业记载。在现场调查或电话调查等情况下，问卷最后也可以附上调查员的姓名、调查时间等，用于对回收问卷的归类和存档管理。如有必要，还可记录被调查者的姓名和联系方式，以便于审核和追踪调查，但涉及隐私的问卷应避免包含此类内容。

4. 设计问题并排序

1) 问题的形式

根据提问方式，问卷中问题的形式可以分为封闭式问题、开放式问题、混合式问题和连续性问题等。

封闭式问题：事先预设答案，被调查者只需要在给定的选项中选择的问题形式。

例如："你最喜欢本品牌饮料的颜色是_____"

A. 红色　　　B. 蓝色　　　C. 绿色　　　D. 黄色

开放式问题：没有预设答案，被调查者可以自由回答的问题形式。

例如："你为什么喜欢这种颜色？_____"

混合式问题：封闭式问题和开放式问题的结合。

例如："你最喜欢的颜色是_____"

A. 红色　　　B. 蓝色　　　C. 绿色　　　D. 黄色　　　E. 其他

请说明原因：_____

连续性问题：也称为后续性问题或者跟踪问题，是指根据被调查者对前一个问题的回答，来决定下一个要问的问题。这种问题设计通常是调研者需要对受访者进行分类或是希望更深入地了解被调查者的观点和态度时使用的。

例如，先问"你是否喜欢吃苹果？"如果被调查者回答"是"，那么后续问题可能是："你最喜欢哪个品种的苹果？"如果被调查者回答"否"，那么后续问题可能是："你不喜欢苹果的原因是什么？"这样就可以根据被调查者的回答，提出更具针对性的问题，以获取更详细的信息。

2) 问题的类型

根据所获取信息的性质，问卷中问题的类型可分为事实性问题、意见性问题、假设性问题和困窘性问题等。

事实性问题是用于获取事实性信息的问题，例如："你的年龄是多大？"或者"你的职业是什么？"

意见性问题用来获取被调查者的意见和态度，例如："你对我们的产品满意吗？"或"你认为我们的服务可以改进吗？"

假设性问题用来获取被调查者对未来的预测，例如："你认为明年的经济形势会怎样？"或是"如果在购买汽车和住宅中您只能选择一种，您会选择哪种？"

困窘性问题是用来获取一些可能让被调查者感到不舒服或者难以回答的信息，例如："你的月收入是多少？"或者"你是否有过犯罪记录？"

不同类型的问题可以采用不同形式的提问方式，例如，上面例子中的开放性问题，可以根据需要变换成封闭式问题或者混合式问题。

3) 问题的措辞

问题的措辞对于获取准确的调查结果也是非常重要的。问题的答案往往会受到问题措辞的影响，许多营销调研的专业人士甚至认为，问题答案是问题措辞的一个函数。

例如，如果问："你喜欢吃苹果吗？"大部分人可能会回答"喜欢"。但是，如果变换问题措辞为："你经常吃苹果吗？"那么，得到的答案可能就会有所不同。

问卷中问题具体采用怎样的措辞方式需要根据调研环境和被调研人特征等具体情况进行确定，但也存在一些基本的原则。

(1) 在设计问题时，应避免使用含糊不清的用语。例如，如果问："您经常运动吗？"那么，"经常"这个词就可能引起混淆，因为对于不同的人来说，"经常"可以意味着每天，也可以意味着每周或者每月。

(2) 应避免合二为一的问题。例如："您喜欢我们的产品和服务吗？"这个问题实际上包含了两个问题，同时询问了被调查者对产品和服务的态度，使其难以回答。

(3) 要避免使用有明确倾向性的措辞。例如："您是否也认为大学生不应该沉迷于网络游戏？"这个问题就有明确的倾向性，因为它暗示了大学生不应该沉迷游戏。

(4) 避免使用含义不确定或有歧义的概念。例如："您认为我们的产品品质如何？"这个问题中，"品质"这个词就可能引起混淆，因为不同的人对于"品质"的理解可能不同。

(5) 避免在问题中过度解释与说明。例如："您认为我们的新款运动水杯质量如何？这款水杯使用食品级聚丙烯(PP)材料，并采用了高压注塑成型工艺。"这种存在过度说明的问题，可能会使被调查者因信息过载或是注意力转移而影响作答。

(6) 避免道德绑架式问题。道德绑架式问题是指那些让被调查者在道德上感到有压力的问题。例如："您支持环保吗？"这个问题就是一个道德绑架式问题，因为会有人不愿公开表示他们不支持环保。

4) 问题的顺序

问卷中问题排列顺序的不同也可能会影响被调查者的回答。例如，在针对某产品潜在消费者的问卷调研中，使用"先询问有关产品优点的问题，再询问有关产品缺点的问题，然后询问购买兴趣"的排列顺序，较之"缺点—优点—购买兴趣"的询问顺序，被调研者回答的平均购买兴趣要低很多。

问题的设计原则：从一般到具体、从简单到复杂、从不敏感到敏感、从熟悉到不熟悉、从关注到不太关注、从封闭式问题到开放式问题等。总体而言，问题的顺序应尽量符合被调查者的思维逻辑，有利于其集中精力，减轻答题时的疲劳感。

5. 设计问题的选项

1) 选项的设计原则

在针对特定问题设计其选项时，有两个需要遵循的基本原则：穷尽性和互斥性。

穷尽性是指在设计选项时，要尽量使所列出的备选项包含所有可能的回答。例如，当问题是"你最喜欢的智能手机品牌是什么？"时，调研者需要尽可能地将所有消费者可能知晓的手机品牌一一列出，如果觉得品牌过多或是存在一些调研者自己也不太了解的冷门品牌时，可以提供一个"其他"选项，让受访者自行补充填写。

互斥性是指选项之间在内容上不能相互重叠、包含或交叉。例如，当问及"你的年龄是多少？"时，就不应该设计这样的选项："18～20岁""20～22岁"，因为这会造成20

岁的受访者不知道应该选择哪一个选项。正确的做法应该是："18～19岁""20～21岁"。

问题选项满足穷尽性和互斥性条件有时候是较为直观和容易达成的，但在选项内容较为复杂时，很多时候是比较容易犯错误的。以下展示一个例子：

您的职业是：_____(单选)

1、工人　　　2、农民　　　3、教师　　　4、司机

5、公务员　　6、导购员　　7、服务人员　　8、其他

可以看到，为这个问题所设计的选项，一方面遗漏了很多被调查者可能从事的常见和重要的职业类型；另一方面，某些选项之间存在交叉的情况，如"导购员"和"服务人员"两种职业之间即存在包含和重叠的关系。不合理的选项设计会大大降低问卷结果的有效性。

2) 选项的排列方式

问题选项的常见排列方式包括行式排列、列式排列和矩阵式排列等。行式排列是指选项在一行中从左到右排列，适用于选项较少的情况。列式排列是指选项在一列中从上到下排列，适用于选项较多的情况。矩阵式排列是指选项以矩阵的方式进行排列，适用于需要被调查者对多个并列问题进行评价的情况，常用于量表式问卷，如表6-10表示。

表6-10　问题选项矩阵式排列的一个示例

题　项	非常不满意	不满意	中立	满意	非常满意
餐厅提供的服务	□	□	□	□	□
餐厅员工对顾客需求的响应速度	□	□	□	□	□
餐厅员工的服务知识和技能	□	□	□	□	□
餐厅员工对顾客的态度	□	□	□	□	□
餐厅的设施和环境	□	□	□	□	□

3) 选项的类型

根据选项数量，选项类型可以分为二项选择式和多项选择式。

二项选择式是指题目中只提供两个选项，即"是"和"否"。

多项选择式则是指有多个选项。多项选择又可以分为多项选一、多项多选、多项全选排序等。例如，一个"你最喜欢的水果是什么？"的问题，就可以设计为多项选一的形式，列出苹果、香蕉、橙子等选项，让受访者选择他们最喜欢的一个。当然，也可以根据调研需求设计为多项多选或者是多项全选排序的形式。

根据选项的内容和形式，选项类型可以分为混合式选项、排序式选项、区间式选项、等级式选项等。

混合式选项是指选项中包含了不同类型的内容或形式，如文字形式和数字形式。对于混合式问题来说，常用的选项设计方式就是使用混合式选项，即在列举封闭式备选项之后，加上"其他"等开放式问题选项。

排序式选项是指选项需要让被调查者进行排序。例如，在询问"请将以下品牌按照你的喜好程度排序"，可以列出所有选项，并请被调查者对这些品牌选项进行先后排序。

区间式选项是指选项是一系列的区间。例如，在询问"你的年收入是多少？"时，选项可以设计为"10 万以下""10～20 万""20～30 万"等。

等级式选项是指选项代表了不同的等级。例如，在询问"你对我们的服务满意吗？"时，的选项可以设计为"非常满意""满意""一般""不满意""非常不满意"。在用于定量统计分析的量表式问卷中，通常使用等级式选项。

6. 测试与修改问卷

在问卷初稿设计完成后，为了保证问卷的有效性和可靠性，需要进行问卷测试和修改。

1) 问卷的评估标准

调研者在进行问卷测试时，可以围绕以下几个方面对问卷质量进行评估。

(1) 问题是否能获得预期信息。调研者需要检查每个问题是否能够获得预期的信息。例如，如果问卷预期要获知受访者对某品牌的感知情况，就需要核查相应问题本身是否准确且完整地覆盖了"品牌感知"所包含的内在维度，问题及选项是否有针对性且准确无误等。

(2) 问题是否能够被准确理解。调研者需要确保每个问题的表述都清晰，无歧义，且在受访者知识范围内，以便获得准确的答案。

(3) 问题是否有逻辑且系统化。问卷中各个模块内的问题排序需要符合通常的逻辑顺序原则，同时问题之间和问题模块之间应当有一定的逻辑关联。避免杂乱无章或思路跳跃，降低答卷难度，提高其答题意愿。

(4) 问卷是否适用于研究方法。调研者还需要核查问卷是否适用于事先确定的研究方法，尤其是数据分析方法。例如，某企业想通过问卷调查获取数据，并使用方差分析来确定广告类型是否会对顾客的购买意愿产生影响，那么需确保问卷中包含了相关问题，并能对"广告类型"和"购买意愿"进行量化测度。

2) 问卷测试的方法

对问卷进行测试的方法主要包括：

(1) 调研者自查：由问卷设计人员自行对问卷的相关性、完整性和准确性进行检查。这是完成问卷初稿后的基本检查，用来帮助发现问卷中存在的明显问题。

(2) 专家审查：将问卷交给几个或一组专家进行审查。这些专家通常是在相关领域有丰富经验的人员，可以从专业的角度对问卷进行评估。

(3) 问卷预测试：在小范围目标人群中发放问卷，收集反馈意见并回收问卷，分析预调查结果是否与预期一致，据此考虑是否及如何进行修改。

6.5　营销调研报告的撰写

6.5.1　营销调研报告的概念和作用

营销调研报告是对整个市场营销调研项目最终结果的呈现和汇报。撰写营销调研报告是营销调研工作的最后一环，调研者必须提交准确、可信和有针对性的调研报告，以此帮助管理者针对特定营销管理问题作出明智的决策。

营销调研报告的作用主要体现在以下三个方面：

(1) 传达调研结果。营销调研报告的核心功能是全面而准确地呈现调研项目的结果。它应向受众详细地介绍调研内容、背景信息、调研方法以及调研结果，最后给出调研结果的概括、结论和建议。鉴于营销调研报告的主要读者通常是企业管理者，调研者实际上主要通过调研报告完成与管理者的沟通。

(2) 辅助管理决策。营销调研通常是针对某个具体营销问题而开展的，作为调研的最终结果，营销调研报告中包含的数据分析结果等直接信息和结论建议等推论性意见，将成为企业管理者在对营销问题进行决策时重要的参考资料。此外，一份优秀的调研报告也可能成为管理者在解决其他问题时获取信息的二手资料来源，报告中的有关结论也可能作为后续进行的调研工作的基础。

(3) 增加调研工作的可信度。通过详细记录调研过程和相关数据，营销调研报告能够展示调研工作的精度和控制程度，从而增强了调研工作的可信度和说服力。调研报告的撰写者应该尽量以简洁和清晰的方式来呈现内容，聚焦重点，多使用直观的图表等形式。

6.5.2 营销调研报告的撰写原则与要求

撰写营销调研报告时，应遵循以下基本原则和要求。

(1) 客观真实、系统完整。营销调研报告中的数据、事实和观点需经严格核实和验证，反映真实情况，无偏见和夸大。报告应该涵盖调研的目的、范围、方法、过程、结果和建议，逻辑连贯，不遗漏或重复。

(2) 针对性强、简明扼要。报告应该根据调研的目标和对象，选择合适的角度和内容，突出重点，避免偏离主题。报告应该用清晰、准确、规范的语言表达，避免冗长、复杂、模糊的句子，尽量用数字、图表、列表呈现数据和信息，提高可读性和易懂性。

(3) 格式统一、内容充实。报告应该按照规定的格式编排，包括封面、目录、正文、附录等，每个部分应有相应的标题和编号，页码应该连续排列，字体、字号、行距、段落等格式应该一致。报告中的每个部分都应有明确的内容和意义，要有数据支撑，不空洞。

(4) 结论明确、建议切实。营销调研报告的结论和建议应呼应调研问题和管理需求。其中，报告中的结论是对调研主要发现和启示的明确概括，应该是基于调研结果和分析得出的，不能主观臆断或模棱两可。报告中的建议要符合企业所处市场环境的实际情况和企业的资源能力，具有可行性和操作性。

6.5.3　营销调研报告的结构与写作要点

营销调研报告的撰写体例和具体格式根据调研性质和调研项目发起者要求的不同而存在差异，但其基本逻辑结构几乎都是一样的。一般来说，营销调研报告可按照图 6-6 所示的结构和要素进行组织。

图 6-6　营销调研报告的结构和要素

以下按照营销调研报告的一般结构逻辑，依次介绍各部分内容与写作要点。

1. 标题页

标题页相当于报告的封面，通常需要包括调研报告的标题、调研人员的姓名及联系方式、调研机构的名称及联系方式、调研委托人的名称、报告完成日期等信息。其中，标题应该简洁明了，准确地反映报告的主题，例如："2024 年度智能手机市场营销调研报告"。

2. 目录

目录包括章节内容目录、表格目录、图形目录以及附件目录等。章节目录列出报告的主要章节标题，以及每个章节的起始页码；表格目录和图形目录一般在章节目录后列出；附件目录放在目录最后。

3. 执行总结

执行总结是营销调研报告中非常重要的部分，它是对调研报告内容的总结和概括，使阅读报告的营销管理者能够快速清晰地了解报告的主要内容和观点。它应该准确而简洁地描述调研问题、调研方法和调研设计，并重点概括主要结果、结论和建议。执行总结类似报告摘要，但更加具体，根据调研的内容和性质，篇幅可以达到 2～5 页。

4. 调研问题

该部分首先说明调研问题产生的背景，接着阐述调研问题确定的依据，即调研者如何通过与决策者和专家进行讨论，并结合二手数据分析和定性分析确定调研问题。最后，清晰地阐述决策者想要解决的管理问题以及据此转化和分解出来的调研问题和研究假设。

5. 调研方法

该部分主要对调研所采用的方法进行概述，包括指导调研的理论基础、所采用的分析模型、主要的数据收集和数据分析方法类型及应用思路等。此外，调研人员名单和培训过程等信息也可以在此部分列出。

6. 调研设计

该部分应该详尽说明调研是如何进行的，按照调研过程的逻辑，依次阐述以下内容：所采用的营销调研设计类型(探索性、描述性、因果性还是预测性)、调研的信息和数据需求、二手数据的收集方法、一手数据的收集方法(包括量表设计、问卷设计、问卷发放方式)、抽样方法和被调查人群的界定、数据整理和数据分析方案等。在撰写过程中，应当将调研方法的具体应用方式融入各部分内容，并证明其应用的合理性。需要注意的是，撰写者应采用非技术性的、易于理解的方式进行阐述，技术性的细节可以放到附录中介绍。

7. 调研结果

调研结果部分是营销调研报告的核心，通常也是报告中篇幅最长的部分，主要包括对调研所获数据的整理和分析结果、对结果的解释与讨论两部分内容。在阐述数据分析结果时，既要在总体层面上呈现数据特征，又要在细分层面上展示分类结果。撰写时应该多使用表格和图形来展示数据结构和数据分析结果，以增加报告的清晰度和可读性。

在陈述数据分析结果后，调研者必须对这些结果进行解释和讨论，具体说明数据结果反映的现实情况及其意义，以及从中得到的模式或规律等。结果解释与讨论可以跟随具体的数据分析结果逐条进行撰写，也可以在多条结果陈述完成后按照内容模块进行总结和讨论。视哪种方式更利于阐明数据分析结果的含义而定。

8. 结论与建议

这部分首先要在数据分析结果的基础上，进一步推导和归纳出调研的主要结论，分条列出并加以说明。在撰写调研结论时需要注意：① 结论是对具体的、细节性的数据分析结果进行提炼后归纳出来的调研发现，是对主要调研问题的回答，一份调研报告中列出的结论不宜太少，也不宜太多，一般在3~5条；② 调研结论应该是客观而明确的，要有具体数据分析结果的支持，同时简明扼要，撰写时每条结论通常可以以归纳性的标题或短句形式开头，然后加以解释说明，说明性文字应以阐明含义和提供必要佐证为标准，不能三言两语草草了事，但也不能长篇累牍；③ 结论也要突出重点，着重阐述调研的重要发现，而不是事无巨细地复述细节性的数据结果。

其次是基于调研结果和结论向决策者提出建议。调研报告的建议应针对管理决策者所关心的问题而提出，应该是有扎实证据支持、具备可行性和可操作性的具体改进和实施意见。有些情况下，调研的主要目的可能只是聚焦于某个细分领域进行信息收集，调研者或许无法提出有效的实际建议，此时也可以只写从研究结论中得到的若干实践启示。

9. 局限与声明

由于调研时间、经费、样本量和调研人员能力等条件限制，所有调研项目都不可能尽善尽美。此外，调研方法本身也会存在局限性。调研者必须抱着认真负责的态度对调研的主要局限性加以客观说明，减少管理者或其他读者使用调研结果时的潜在风险。

10. 附录

作为调研报告的结尾部分，附录用于收录所有与调研报告相关的额外信息，例如问卷、访谈提纲、技术文档、原始数据和资料清单等。附录的作用主要在于为读者进一步的研读提供必要解释，以及提供必要佐证增加调研的可信度。

德勤：2023 中国消费者洞察与市场展望

本章小结

营销信息是企业开展市场营销活动的基础，包括市场需求、竞争对手动态、消费者行为和偏好等。企业需要使用必要的工具、技术和方法，对市场营销信息进行系统化管理，也就形成了营销信息系统。

营销调研是企业内外部调研人员系统地设计、收集、分析和报告与企业面临的特定营销问题有关的各种数据、资料的过程。营销调研的核心作用是让企业与消费者、顾客和公众之间形成有效的信息沟通，为企业的营销管理决策提供依据。营销调研的类型包括探索性调研、描述性调研、因果性调研和预测性调研，其内容覆盖市场需求与趋势研究、用户和消费者行为研究、营销组合要素研究、竞争对手研究和营销效果评估等多个方面。营销调研的基本步骤包括确定问题和调研目标、制订调研计划、实施调研计划、解释和汇报调研结果等。

营销调研方法可分为数据收集和数据分析两大类。数据收集方法包括以数据库检索、网络搜索和文献阅读等为具体手段的二手数据调查法，以及以观察法、实验法、调查法等为具体方式的一手数据调查法，其中，调查法又具体包括访谈法、问卷法、小组讨论法和投影技术法等。数据分析方法则包括描述性分析和推断性分析。描述性分析的常用操作方法包括频数分析、中心趋势分析和离散趋势分析三类；推断性分析的常用方法包括参数估计、相关分析、回归分析和方差分析等。

在众多营销调查方法中，问卷调查是调研者收集数据的重要方法。其设计流程为：明确调研目的、收集前期资料、设计问卷结构及问题、问卷测试、问卷修改和确定问卷，每个步骤都存在一些需要注意的原则和技巧。

营销调研报告是对整个市场营销调研项目最终结果的呈现和汇报，其作用主要包括传达调研结果、辅助管理决策和增加调研工作的可信度等。营销调研报告的一般结构包括标题页、目录、执行总结、调研问题、调研方法、调研设计、调研结构、结论与建议、局限与声明、附录等要素。在撰写调研报告时，需遵循客观真实、系统完整；针对性强、简明扼要；格式统一、内容充实；结论明确、建议切实等原则。

重要概念

营销信息	营销信息系统	营销调研	探索性调研
描述性调研	因果性调研	预测性调研	二手数据调查
深度访谈	小组讨论法	问卷调查法	描述性分析
频数分析	中心趋势分析	离散趋势分析	推断性分析
参数估计	相关分析	回归分析	方差分析
调研问卷	量表	封闭式问题	开放式问题
混合式问题	营销调研报告		

复习思考题

1. 营销信息系统由哪些部分组成？
2. 什么是营销调研？它包括哪些主要类型？
3. 营销调研的一般过程和基本步骤是什么？
4. 二手数据调研有哪些方式和哪些优缺点？
5. 一手数据调查方法包括哪些常用操作方法？
6. 问卷设计的一般流程是怎样的？
7. 归纳营销调研报告的基本结构和每部分的内容要点。

案例分析

"珍华堂"银饰市场的营销调研

福安市珍华工艺品有限公司位于福建省宁德市，其品牌"珍华堂"是源自清朝同治年间的老字号，所传承的畲族银雕工艺是国家级非物质文化遗产。近年来，宁德市经营畲银的企业数量已超过百家，珍华堂是其中的龙头企业之一。该公司产品融合传统工艺与现代技术，种类丰富，新品不断，拥有众多专利。尽管如此，从市场现状来看，消费者对于传统畲族银饰的印象还停留在它体积较大、价格较高，只适用于宗教、民族节庆，不适合年轻人日常佩戴等方面。在全国范围内，珍华堂畲银的知名度仍然不高，在市场开拓和发展空间等方面受到一定的限制。因此，珍华堂当前存在进一步创新和丰富畲族银饰营销方式，以提高畲银销量和品牌竞争力的迫切需求。

在此背景下，宁德师范学院—国家级大学生创新创业训练计划项目(畲族非遗的数字化传承与创新策略研究)团队针对珍华堂畲银市场展开了一次营销调研,试图对其目标市场现状和特征进行深入了解,并据此给珍华堂提供相关的建议和对策。

1. 调研过程

1) 研究设计

此次营销调研主要通过问卷调查方式收集数据。调查采用滚雪球抽样方法和线上线下问卷调查相结合的方式,其中,线上问卷主要集中在微信朋友圈、小红书上发放。共发放问卷400份,回收问卷400份,其中有效问卷357份,有效回收率为89.25%。除了通过问卷了解被调查者的基本信息(性别、年龄、职业、月消费水平等)外,调查者还对年龄与对畲银的了解程度、年龄与购买畲银最担心的问题、月消费水平与理想的畲银价格等关系进行方差分析,分析消费者对畲银的认知需求、价值认可、购买渠道以及购买原因等,并调查消费者对银饰价格的预期以及担心的问题,为畲银提出多种不同的推广方式。

2) 实证分析

(1) 调查样本的基本信息特征。

本次样本中男性和女性分别占总数的16.25%和83.75%。在年龄构成上,以30岁以下群体为主,其中,20岁以下占总人数的32.21%;20~30岁占总人数的37.82%;31~50岁占总人数的19.61%;50岁以上占总人数的10.36%。

在职业方面,此次调查样本以学生和上班族为主,个体户、上班族和学生分别占总人数的20.73%、35.57%和37.25%。

在月消费水平方面,以中低收入群体为主。其中,月消费水平在1500元以下的占总人数的33.33%;1500~2499元的占5.88%;2500~3499元的占总人数的30.53%;3500元以上的占30.25%。

(2) 对畲银的了解程度。样本中了解畲银的人群占比为70%左右,但是仍然有将近30%的人对于畲银并不了解,这在很大程度上说明了现在畲银市场还有待开发。

(3) 购买原因。357位接受调查者中,只有8.96%的人购买银饰是受到了文化的影响,多数消费者对于畲族银饰文化认知不足,说明畲银的推广力度较小,需要加强宣传。

(4) 购买渠道。调查得出,被调查者所知的购买畲银的渠道以专卖店、畲银手工作坊和展销会这些地方为主。这说明即使在网络快速发展的情况下,大众对于专卖店的信任程度仍然更高,这也加大了畲银网络销售的难度。

(5) 理想价格。畲族银饰品大部分是用纯银制成的。畲族地区自古以来就将畲银作为婚嫁用品和一些场合的重要首饰。其主要特点是手工制作、图案精美、富有寓意。据市场调查,畲银饰品的普遍价格为300元左右。消费者认为银饰的理想价格区间为151~450元,畲族银饰的价格相对而言比较符合现在市场上的普遍价位。

(6) 价值认可。在银饰样式中,戒指、项链和耳环这三类比较受欢迎,应增加这些产品的数量,加大宣传力度,巩固市场地位,增强消费者黏性。消费者在选择畲银饰品时,首先考虑的是其收藏、装饰、商业和使用价值。可以考虑深挖这几个价值,制定营销策略迎合受众。同时,畲族银饰也需要在保持历史和人文底蕴的基础上不断创新。

(7) 方差分析。

① 消费者年龄与对畲银了解程度的方差检验。以"年龄"为自变量对"对畲银了解程度"进行方差检验，结果显示，不同年龄段消费者对畲银的了解程度存在显著差异，即消费者的年龄越大，对于畲银的了解就越深。由此可见，应该加大对年轻群体的宣传力度。

② 消费者年龄和购买畲银最担心的问题之间的方差检验。以"年龄"为自变量对"购买畲银最担心的问题"进行方差检验，结果显示，不同年龄段人群在购买畲银最担心的问题上存在显著差异。

③ 消费者月消费水平和理想的畲银价格之间的方差检验。以"月消费水平"为自变量对"理想的畲银价格"进行方差分析，结果显示，不同月消费水平的消费者对畲银的理想价格的定义存在显著差异，即月消费水平越高，期望的畲银价格就越高，越追求高品质。因此，畲银分级应更加细化，以满足不同消费水平消费者的需求。

3) 结论

第一，畲银的类目市场有待细分。由调查结果可知，畲银的类目可进一步细化，而不只是停留在耳环、手链、项链、戒指、头饰这些大众化的样式上，人们对于银饰的样式有更精细化的追求。

第二，畲银的知名度有待提高。调查结果显示，虽说有一部分人了解畲银，但仍有不少人对其缺乏了解。本次问卷调查主要在闽东地区开展，也表明畲银的知名度还有待进一步提高。

第三，畲银的发展还需要创新。调查结果显示，人们希望畲银的设计能够采用更加复杂的加工工艺，更加富有寓意，且造型更加独特。这反映出现在畲银的发展不能满足人们的需求，需要进一步创新，而不是一直守旧。

第四，畲银的售后服务需要进一步改进。由调查结果可知，畲银的售后服务不应仅仅停留在维修、保修上，还应该提供一些更加深入的服务。

第五，畲银的销售渠道有待进一步拓宽。调查表明，消费者购买畲银的渠道并不是单一的，他们希望有线上线下相结合的方式，这也说明畲银的销售渠道有待进一步拓宽。

2. 优化后的营销策略

1) 进一步开发畲银产品

随着市场竞争的白热化，畲银相关企业必须审时度势，不断开发具有市场竞争力的新产品，才能使企业和店铺保持活力。畲银相关企业要深入了解消费者的需求，进一步利用畲银打造各种产品，如畲银茶具等实用器皿及畲银饰品等，满足消费者的需求。

2) 构建畲银品牌矩阵，助力相关产业高质量发展

加强畲银品牌建设是培育优质非遗相关企业的战略选择，也是赢得新竞争优势的有效途径。构建完善的畲银品牌非遗矩阵，对促进我国非遗及相关产业的健康发展有十分重要的意义。从不同区域的实践来看，如何把畲银这一非遗资源优势利用起来，以促进相关产业发展，一个重要的因素就是要知道如何从"人—货—场"的角度去定位畲银品牌和开发畲银产品。

3) 数字科技助力畲银营销创新

很多畲银相关企业尝试突破传统渠道模式，推进畲银产品线上线下营销渠道融合，根

据畲银自身特点融合公众号、社群电商、快闪店等多种方式进行全方位推广。未来，畲银产品、品牌的跨界营销将成为畲银相关企业营销的主要方式。不同畲银老字号品牌可以通过置换用户资源加强优势互补，并开展联合营销活动，从而提高品牌知名度。相关畲银企业可以自创畲银品牌 IP，也可以通过和企业文化相类似的热点 IP 进行联名，建设畲银品牌新形象，创造新消费热点和消费卖点。此外，还可以通过直播带货销售和推广畲银产品。

4) 坚守畲银匠心品质，打造畲银核心竞争力

很多畲银非遗品牌特别是老字号畲银品牌，都带有明显的地域特征，它们通常在一个区域或领域深耕细作，通过独特的畲银技术工艺、过硬的产品质量，建立了良好的口碑。畲银相关企业要想跟上时代发展，赢得年轻用户，引领当下的生活方式，就要在畲银的关键技艺上不断钻研，与时俱进。

5) 在畲银设计中赋予寓意

针对消费者希望畲银能够更加富有寓意，企业可以根据消费者的自身经历，为其定制独一无二的、个性化的畲族银饰。

6) 开展多样化营销，提高知名度

(1) 小程序营销。珍华堂开发了小程序，以售卖畲银饰品为主。在保留原有畲族风格图腾的基础上，让消费者参与畲银设计和虚拟建模人物设计，从而得到更好的消费体验。

(2) 微博营销。微博营销是指通过微博平台为商家、个人等创造价值而执行的一种营销方式，也指商家或个人通过微博平台发现并满足用户各类需求的商业行为。企业可将微博作为营销平台，通过微博定制、微博运营、微博活动等方式与消费者加强互动。

(3) 事件营销。在畲族传统节日(会亲节、三月三、封龙节)期间，穆云畲族乡生态旅游区会开放游览，举办盘歌会、乌饭节等民俗娱乐活动。可以开启微博和抖音直播，展示畲族节日的氛围，使消费者远程感受畲族独特的节日文化。

请结合上述案例材料，思考以下问题：

(1) 案例中营销调研确定的管理问题和调研问题是什么？

(2) 该次调研主要采用了哪些数据收集方法？

(3) 你觉得案例所呈现的这次营销调研有哪些方面是可以改进的？

第7章　目标市场营销战略

学习目标

● 定义目标市场营销战略的主要步骤：市场细分、目标市场选择、市场定位；
● 阐述如何识别出有吸引力的细分市场并选择一个市场定位战略；
● 讨论如何对产品进行差异化和定位，以实现竞争优势最大化。

"引例"

瓜子二手车的市场定位

在当今竞争激烈的二手车市场中，瓜子二手车以其独特而精明的目标市场营销战略成功地从初创企业中脱颖而出，一跃成为行业领导者。这个过程不仅是一次精准的市场定位实践，更是一场基于深刻战略思考的不断调整的竞争之旅。

最初的阶段，瓜子二手车通过"瓜子二手车直卖网，没有中间商赚差价"这一简练而富有吸引力的宣传口号，巧妙地传达了自身与传统线下渠道的鲜明区别。这不仅是一种品牌定位，更是对市场的深刻理解，吸引了那些原本在传统交易中徘徊的顾客。这一目标市场战略不仅清晰地区分了市场，还加速了市场份额的收割，使得顾客放弃了手续烦琐的4S店和"黄牛"中介，直接选择了瓜子网进行二手车交易。

随着市场的逐步扩张，瓜子二手车并没有满足于表面的成功。通过"车主多卖钱，买家少花钱"这一更具体而深入的信息传递，瓜子巧妙地强化了自己在卖家和买家心中的形象。这个战略直击顾客关心的核心问题，即在卖车时如何获取更多利润、在买车时如何节省开支。同时，这也是对品牌自身价值的更为精准的细化，进一步树立了瓜子在二手车市场中的领先地位。

而随着成交量的逐步攀升，瓜子二手车也在毫不松懈地调整其目标市场战略。通过"创办一年，成交量就已遥遥领先"的广告语，瓜子成功地树立了自身在行业中的"标杆、第一"的形象。这一宣传策略是对自己市场领先地位的明智表达，它强调了瓜子在线上交易中占有51.4%的市场份额，巩固了自己在二手车直卖领域的主流地位。

在同类竞争者纷纷涌入市场的情况下，瓜子二手车该如何制定目标市场战略显得愈发关键。早期，瓜子选择与人人车、优信等竞争对手共同开创市场，并留有一定市场份额给竞争对手。然而，随着企业发展逐步接近临界点，瓜子采取了更为果断的策略，通过第三方机构、媒体等渠道，将优势信息传递给顾客，拉开了与竞争对手的距离。

总的来说，瓜子二手车的成功并非偶然，而是得益于深刻的市场洞察和灵活的战略调整。这一系列目标市场营销战略的成功实施，不仅使得瓜子在同类竞争者中保持领先地位，更为其他企业提供了一个鲜活的案例，展示了如何通过深入的战略思考、不断创新在竞争中占得先机。

7.1　市　场　细　分

7.1.1　市场细分概述

市场细分(market segmentation)指的是企业根据某种标准将市场上的顾客划分成若干个具有共同特征的顾客群，每一个顾客群构成一个子市场，不同子市场之间的需求存在明显的差别。市场细分是选择目标市场的基础工作，也是企业制定市场营销策略的重要依据。

市场细分的客观基础是消费者需求的异质性，进行市场细分的主要依据是异质市场中需求一致的顾客群，实质就是在异质市场中求同质。市场细分的目标是为了聚合，即在需求不同的市场中把需求相同的消费者聚合到一起。

1. 市场细分的产生

市场细分理论是 20 世纪 50 年代中期美国市场营销学家温德尔·斯密(Wendell R.Smith)在总结西方企业市场营销实践经验的基础上提出的。它不单纯是一个抽象理论，而且还具有很强的实践性。从总体上看，不同的市场条件和环境，从根本上决定了企业的营销战略。市场细分理论和实践的发展主要经历了以下几个阶段。

1) 大众化营销阶段

大众化营销(mass marketing)是指卖方针对所有消费者大量生产、分配和促销单一产品的营销方式，这在工业经济发展的初期较为常见。大众化营销观念认为，通过低成本的营销方式和低价格可以创造出最大化的潜在市场，从而获得较高利润。福特汽车公司提供 T 型汽车给所有顾客，就是大众化营销方式的典型贯彻者。随着时代的发展，实施这种营销方式的难度日益显现。

2) 产品差异化营销阶段

20 世纪二三十年代，西方资本主义国家的经济危机给企业的营销活动带来了严峻挑战。面对产品严重过剩的现实，企业被迫转变经营理念，从大众化营销转向差异化营销，千方百计地向市场推出与竞争对手产品质量、外观和性能不同的产品。与大众化营销相比，产品差异化营销无疑是一个重大进步。但是，由于差异化营销只考虑企业自身的设计能力、技术能力及生产能力等，没有关注顾客需求，因而随着顾客需求的不断变化，差异化营销成功的可能性也呈下降趋势。

3) 目标营销阶段

20 世纪 50 年代以后，在科学技术革命的推动下，社会生产力水平得到了极大提高，企业生产的产品日新月异，生产与消费之间的矛盾日益突出，以产品差异化为中心的营销方式远远不能解决企业面临的问题。于是，企业在研究市场的基础上，结合自身的资源和优势，选择最具吸引力和最能有效提供服务的子市场为目标市场，设计与该市场的需求特点相匹配的营销组合。总之，随着后工业化时代的到来，企业的营销战略目标从追求销售量向追求顾客忠诚转变，产品差异化营销战略进入了更高级的发展阶段——目标顾客终身化战略。无论是产品差异化战略，还是目标顾客终身化战略，实施的前提都是对市场需求的有效细分。因此，市场细分理论应运而生。

2. 市场细分的基础

市场细分的客观基础是市场需求具有差异性。具体来说，由于社会、经济、文化和自然条件的不同，以及顾客需求的千差万别和不断变化，顾客需要、欲望和购买行为呈现出异质性特征，使得顾客需要的满足呈现差异性。根据消费者对产品需求的差异程度，可以得到三种不同的偏好模式：同质偏好、扩散偏好和集群偏好。

1) 同质偏好

同质偏好表示市场上所有的顾客有大致相同的偏好。在这样的条件下，各品牌的产品特性必然比较集中于顾客需求和偏好的中心，如图7-1所示。图中横轴代表某一产品属性(如价格、质量等)，纵轴代表顾客对该属性的偏好程度。

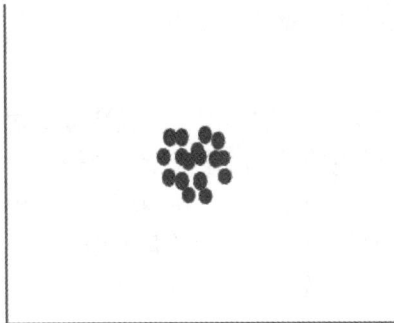

图 7-1　同质偏好

2) 扩散偏好

扩散偏好表示市场上的顾客对产品属性的偏好分散在整个市场空间。进入该市场的第一品牌很可能定位于中央位置，以最大限度地迎合数量最多的顾客，因为定位于中央位置的品牌显然可以将顾客的不满足感降到最低水平。进入该市场的第二个品牌可以定位于第一品牌附近，与其争夺份额；也可远离第一品牌，形成有鲜明特征的定位，吸引对第一品牌不满的顾客群。如果该市场潜力很大，会同时出现几个竞争品牌，定位于不同的空间，以体现与其他竞争品牌的差异性。扩散偏好的示意图如图7-2所示。

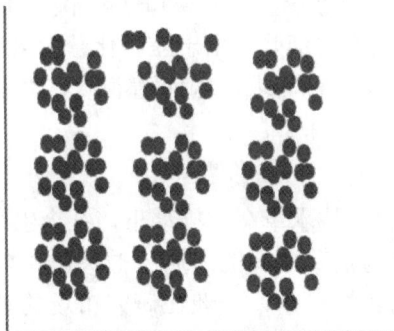

图 7-2　扩散偏好

3) 集群偏好

集群偏好指市场上同时出现多个具有独特偏好的密集群，形成了自然的细分市场。在这种情况下，新进入该市场的企业面临三种选择：定位于中心位置，以尽可能赢得大多数消费者(无差异营销)；定位于某一子市场(集中性营销)；开发多个品牌，分别定位于不同的细分市场(差异性营销)。集群偏好的示意图如图 7-3 所示。

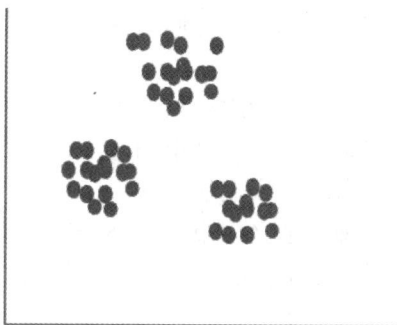

图 7-3　集群偏好

7.1.2　市场细分的标准

1. 市场细分的研究视角

目前，市场细分的研究视角主要有两种，分别是消费者导向的细分和产品导向的细分。

(1) 消费者导向的细分。这种细分方法主要关注消费者的需求和行为特征。它通过对消费者的总体特征进行细分标准设定，将消费者划分为不同的群体。主要运用分析解剖方法论，从个体心理、社会文化环境以及行为决策过程等三个不同侧面对消费者进行细分。消费者导向的细分以尽力满足消费者为目标，因为消费者的需求和行为总是在不断变化的，这些变化可能受到年龄、时代变化、技术进步以及竞争加剧等因素的影响。

(2) 产品导向的细分。这种细分方法主要关注产品或服务本身的具体物理特征，以及消费者希望从产品中获得的利益类型和使用模式等。它是围绕某产品或品牌的特定消费情境来进行细分的。产品导向的细分主要服务于营销决策者的需要，根据不同的营销决策目标(如产品定位、定价、广告定位等)来进行细分。细分变量可能包括产品/品牌的使用率、寻求的利益等。

2. 消费者市场细分的依据

如何选择细分标准进行市场细分，是所有企业开展营销活动时必须解决的问题。对于该问题，相关的研究经历了一些变化。早期研究主要从自然地理环境、人口统计等外部特征进行细分，其假设前提是居住于同一区域、处于同一年龄段或收入水平的消费者具有相似的消费需求。但是，实践表明，具有相同人口与地理特征的消费者在面对相同的促销活动时，可能会有不同的反应。其中一个重要原因是他们的心理偏好不同。于是，人们开始关注消费者的心理特征对其购买行为产生的影响。但是，后来的研究者发现，心理差异不能完全解释消费者行为的变化，消费者对许多产品的消费需求其实与使用情境密切相关。因此，相当一部分学者开始转向行为细分，从产品使用情境及其与消费者行为之间关系的角度进行市场细分。据此，我们可以根据四个因素对消费者市场进行细分，即地理因素、人口因素、消费者心理因素和消费者行为因素。

1) 地理因素

根据地理因素细分市场是指按照消费者所处的地理位置、自然环境来细分市场。例如，根据国家、地区、城市规模、气候、人口密度、地形地貌等方面的差异将整体市场分为不同的小市场。地理因素之所以作为市场细分的依据，是因为处在不同地理环境下的消费者对于同一类产品往往有不同的需求与偏好，他们对企业采取的营销策略与措施会有不同的反应。

地理变量易于识别，是细分市场应考虑的重要因素，但处于同一地理位置的消费者需求仍会有很大差异。例如，在我国的一些大城市如北京、上海，流动人口逾百万，这些流动人口本身就构成了一个很大的市场，很显然，这一市场有许多不同于常住人口市场的需求特点。所以，简单地以某一地理特征区分市场，不一定能真实地反映消费者的需求共性与差异，企业在选择目标市场时，还需结合其他细分变量予以综合考虑。

2) 人口因素

根据人口因素细分市场是指根据人口统计方面的因素细分消费者市场。具体来说，人口细分的变量包括年龄、性别、职业、受教育程度、宗教信仰、收入水平、家庭人口数、家庭生命周期、社会阶层、民族、种族及国籍等。人口统计因素是最常用的细分标准，这是因为消费者的需求爱好和消费行为与这些因素有密切关系，而且人口统计变量资料比较容易获得和进行衡量。

3) 消费者心理因素

根据消费者的心理因素来细分市场是指根据消费者的个性、生活格调、追求的利益等反映消费者心理状况的变量来进行市场细分。由于在购买产品时，消费者会表现出极大的心理差别，因此需要、欲望和购买行为等因素会受到众多心理因素的影响。心理细分的变量主要包括生活方式、购买动机、个性、价值观及所追求的利益等。鉴于心理因素在企业营销活动中的作用甚大，很多企业有意识地通过广告宣传树立品牌个性、品牌形象，以吸引和迎合个性相似的消费者。

4) 消费者行为因素

根据消费者行为因素进行市场细分是指根据购买产品的时机、使用者情况以及消费者对产品的忠诚度等反映消费者行为的变量来细分市场。行为因素是企业进行市场细分和建立细分市场的重要出发点，主要行为细分变量包括时机、利益、使用者、使用率、忠诚度、待购阶段以及态度等。由于行为因素的重要性日益凸显，越来越多的企业和学者开始关注行为因素。

3. 产业市场细分的依据

产业市场购买者的购买目的是再生产，并从中谋求利润，它与消费者市场中消费者的购买目的、需求不同。根据其特点，产业市场的细分依据是：

(1) 用户的行业类别。用户的行业类别包括农业、军工、食品、纺织、机械、电子冶金、汽车、建筑等。用户的行业不同，其需求就有很大差异。即使是同一产品，军用与民用对质量的要求也不同。营销人员可以根据用户行业进行市场细分。

(2) 用户规模。用户的规模可以分为大型、中型、小型企业，或大用户、小用户等。不同规模的用户，其购买力、购买批量、购买频率、购买行为和方式都不相同。用户规模是产业市场的又一细分依据。

(3) 用户的地理位置。除国界、地区、气候、地形、交通运输等条件外，生产力布局、自然环境、资源等也是很重要的细分变量。

(4) 购买行为因素。用户的购买行为因素包括追求利益、使用率、品牌忠诚度、使用者地位(如重点户、一般户、常用户、临时户等)、购买方式等。

对产业市场进行细分时涉及的主要变量及其特点如表 7-1 所示。

表 7-1　细分产业市场的主要变量及其特点

细分变量	特　　点
人口变量	• 行业：我们应把重点放在购买这种产品的哪些行业？ • 公司规模：我们应把重点放在多大规模的公司上？ • 地理位置：我们应把重点放在哪些地区？
经营变量	• 技术：我们应把重点放在顾客所重视的哪些技术上？ • 使用者或非使用者地位：我们应把重点放在经常使用者、较少使用者、首次使用者还是从未使用者身上？ • 顾客能力：我们应把重点放在需要大量服务的顾客上，还是只需要少量服务的顾客上？
采购方法	• 采购职能组织：我们应将重点放在那些采购组织高度集中的公司上，还是那些采购组织相对分散的公司上？ • 权力结构：我们应侧重那些以工程技术人员为主导的公司，还是以财务人员为主导的公司？ • 与用户的关系：我们应选择那些现在与我们有牢固关系的公司，还是追求与我们建立理想关系的公司？ • 总的采购政策：我们应把重点放在乐于采用租赁服务、长期服务合同或系统采购的公司，还是采用密封投标等贸易方式的公司上？ • 购买标准：我们是选择追求质量的公司、重视服务的公司，还是注重价格的公司？
形式因素	• 紧急：我们是否把重点放在那些要求紧急交货或提供即时服务的公司上？ • 特别用途：我们应将重点放在本公司产品的特定用途上，还是将资源平均分配到各种用途上？ • 订货量：我们应侧重于大量订货的用户，还是少量订货的用户？
个性特征	• 购销双方的相似点：我们是否应将重点放在那些人员和价值观念与本公司相似的公司上？ • 对待风险的态度：我们应将重点放在敢于冒风险的用户，还是不愿冒风险的用户上？ • 忠诚度：我们是否应该选择那些对本公司产品高度忠诚的用户？

7.1.3　市场细分的方法和步骤

不同企业的经营方向及具体产品不同，必然在细分方法上有所差别，表现在运用标准的内容、选用标准的数量及选用标准的难易程度等三个方面。例如，科技书刊市场的需求差异主要受教育程度、职业和追求的利益等因素影响；服装市场的需求则容易受到年龄、性别、生活方式、社会阶层、地区及收入等因素的影响。比较两者不难发现，细分服装市场的标准比科技书刊市场的更多、更复杂，也更难以把握，因此要根据情况灵活运用。

市场细分的方法一般分为以下几种：

(1) 单一因素法。单一因素法指选用一个因素进行市场细分。这个因素必须是对需求影响最大的因素。例如，基于年龄因素考虑儿童玩具的市场细分，或基于性别因素考虑成人服装的市场细分等。

(2) 综合因素法。综合因素法指采用两个或两个以上的因素同时多角度进行市场细分。这种方法适用于需求情况更为复杂，需要多方面分析、认识市场和需求的场合。例如，基于家庭收入、家庭规模和车主年龄等因素细分轿车市场。

(3) 系列因素法。系列因素法也是依据两个或两个以上的因素，但按照一定的顺序依次细分市场。细分的过程也是比较、选择目标市场的过程，下一阶段的细分在上一阶段选定的细分市场中进行。

一般来说，市场细分按照以下六个步骤进行：

(1) 确定要研究的市场或产品范畴。企业需定义要研究的整个市场或产品范畴——企业已经参与竞争的市场或产品范畴、新的且相关的市场或产品范畴、全新的市场或产品范畴。

(2) 选择市场细分的依据。这需要企业决策者或营销人员具有高度的洞察力、创造力及相关的营销知识。

(3) 选择具体的细分描述变量。这是指企业需选择市场细分变量，如年龄、职业以及收入水平等。

(4) 描述和分析市场。通过该步骤，企业可对细分市场的规模、预期发展、购买频率、当前使用的品牌、品牌忠诚度及盈利潜力等情况有清楚的认识。

(5) 选择目标市场。尽管选择目标市场不是细分过程的组成部分，但它是细分过程的必然结果，是影响甚至决定企业采用何种营销组合的关键因素。

(6) 设计、实施和保持适当的营销组合策略。通过这些营销策略的实际运用，企业可以满足细分目标市场上的顾客需要，创造利润。

近年来，移动互联网、大数据、云计算等技术的发展为市场细分增添了更多活力。一方面，海量数据的产生为企业市场细分创造了更多的资源土壤；另一方面，大数据等新兴技术的发展带来了更加多样和高效的数据分析、数据挖掘工具，促使企业市场营销更加精准化。

7.1.4　市场细分的有效性原则

不是所有的市场细分都是有效的。一般而言，当提及市场细分的有效性时，它往往包括两个层面的含义：一是市场细分变量选择的有效性；二是市场细分结果的有效性。

1. 市场细分变量选择的有效性

在进行市场细分的过程中，对市场细分变量选择的有效性进行检验十分关键。一般而言，采用某个细分变量对市场进行细分之后，企业往往需要面向不同的细分市场制定不同的营销策略组合。如果不同细分市场中的顾客对营销策略组合的反应没有显著差异或者在产品的购买态度与购买行为等方面没有显著差别，细分一般就是无效的，反之就是有效的。具体而言，主要存在三种基本情况。

(1) 使用单个细分变量的有效性。企业首先需要收集顾客购买态度或购买行为等方面的信息，同时收集顾客人口统计等方面的数据，然后检验不同类别的顾客在购买态度或行为等方面是否存在显著差异。从变量选择的角度来看，衡量消费者购买态度与行为的变量往往是有序变量或类别变量，有关顾客类别的变量通常也是有序变量或类别变量如地区、性别、受教育程度等。尽管顾客的收入水平是定比变量，但也可以把它当作有序变量来处理。这样，对单个市场细分变量有效性的检验就可以采用列联表(contingency table)的卡方检验。

(2) 同时使用两个细分变量的有效性。对于同时使用两个细分变量的有效性检验，企业通常使用分层卡方检验的方法，其实质是对三维列联表的检验。如果用 A 表示顾客的购买态度或行为，用 B 和 C 分别表示两个已经选择的细分变量，则需要检验：A、B 和 C 是否相互独立；A 和(B, C)是否相互独立；在给定 B 之后，A 和 C 是否相互独立(或在给定 C 之后，A 和 B 是否相互独立)。当第一个假设或者第二个假设成立时，B 和 C 这两个细分变量通常是无效的。在第三个假设中，在给定 B 之后，如果 A 和 C 是相互独立的，则细分变量 C 是无效的。

(3) 同时使用两个以上细分变量的有效性。同时使用两个以上细分变量的有效性也可以用分层卡方检验，但随着市场细分变量的增加，分布在每一顾客类别中的样本数会越来越少，这可能会导致不同顾客类别中的样本数达不到既定的要求。为此，可以使用其他方法，如最优尺度回归(optimal scaling regression)或逻辑回归(logistic regression)等方法。

2. 市场细分结果的有效性

市场细分结果的有效性是一个十分重要的问题。为提高市场细分结果的有效性，应该注意以下几点：

(1) 可测量性。这是指企业可以获取细分市场中的顾客特性及其相关的准确信息。这些信息包括细分市场的顾客特征、潜在的顾客数量、顾客的购买意图和消费行为以及市场环境和竞争者特征等。如果上述信息不能有效测量，市场购买力和盈利潜能等就无法进行准确计算。这时的市场细分结果往往是无效的。

(2) 可进入性。这是指企业可以有效地接近细分市场，并为之提供服务。如果一个细分市场看起来很有前景，但很难接近或企业根本没有能力为之服务，这个细分市场就没有现实意义。

(3) 可区分性。这是指不同细分市场的特征可以明确地加以区分。也就是说，不同细分市场上的顾客对企业的市场营销组合应该产生不同的反应。从理论上讲，细分市场之间的排斥性越强越好。

(4) 可盈利性。这是指细分之后的市场应该可以使企业有利可图。换句话说，所识别的细分市场及其潜力应该足够大，以保障企业可以从中获利。否则，企业进行市场细分就没有任何意义。

7.2 ▶▶▶ 目标市场的选择

7.2.1 目标市场的概念

市场细分是选择目标市场的基础。市场细分完成后，企业由于受到内外部条件的制约，并非要把所有的细分市场都作为企业的目标市场。企业可根据自身产品的特性，以及对自身生产、技术、资金等实力大小和竞争能力的分析，在众多的细分市场中，选择一个或几个有利于发挥企业优势、最具吸引力又能达到最佳经济效益的细分市场作为目标市场。

目标市场是指在市场细分的基础上，企业想要进入的最佳细分市场，它不仅是企业营销活动要满足的市场，而且是企业为实现预期目标想努力进入的市场。

目标市场选择是指企业在评估不同细分市场之后，决定选择哪些细分市场和选择多少细分市场的过程。

7.2.2　评估细分市场

一个细分市场是否适合作为目标市场，一般还要结合以下方面进行评估。

1. 特定细分市场的规模和增长率

评估特定的细分市场是否具有适当规模和增长率时，"适当规模"是一个相对的概念：大企业可能更中意销量很大的细分市场，对较小的细分市场不感兴趣；中小企业的实力偏弱，也会有意避开那些太大的细分市场。增长率也是一个重要因素，因为企业都希望目标市场的销量和利润能一直保持良好的上升势头。当然，竞争者通常也会很快进入成长迅速的市场，从而导致利润率的下降。

2. 细分市场的结构吸引力

一个细分市场即使具有适当的规模和成长率，也有可能缺乏盈利的潜力。如果许多势均力敌的竞争者同时进入，或者细分市场有很多旗鼓相当的企业在竞争，尤其是市场趋于饱和或萎缩时，其吸引力就会下降。潜在的进入者包括在其他细分市场的同行，也包括有能力但目前尚未进入行业的企业。一个细分市场的进入障碍太低，其吸引力也容易下降。替代品在某种意义上限制了潜在的收益，其价格越有竞争力，特定细分市场增加盈利的可能性就越小，从而使吸引力下降。下游购买者和上游供应商的影响，主要表现在它们的讨价还价能力上。购买者的压价能力强，或供应商有能力提价，或降低供应质量、服务等，都会使特定细分市场的吸引力下降。

3. 企业的目标和资源

企业还要结合其目标、战略和资源、能力等，确定合适的目标市场。某些细分市场虽然有一定的吸引力，但不适合企业长期发展，那有可能需要"忍痛割爱"。对于那些适合企业目标和战略的细分市场，企业必须考虑是否具备成功进入所需的资源、能力等条件。

7.2.3　目标市场战略

1. 无差异性营销战略

无差异性营销战略是指企业面对整个市场，只提供一种产品，采用统一的营销战略和策略，以吸引所有的消费者，如图 7-4 所示。采用此种战略的企业将整个市场看作一个整体，不需要进行市场细分。企业

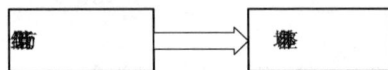

图 7-4　无差异性营销战略

实行无差异性营销战略主要基于以下两种不同的指导思想。

(1) 从传统的产品观念出发，强调消费者需求的共性，忽视消费者需求的差异性。因此企业总是为整个市场生产标准化产品，并实行无差异性营销战略。在产品导向观念占据主导的时代，大多数企业采用这种营销战略开展经营活动。

(2) 经过市场调查之后，企业认为某些特定产品的消费者需求大致相同或存在较少差异，于是针对这类产品采用无差异性营销战略。使用无差异性营销战略的优点是可以降低企业成本，这是因为大批量生产与分销必然会降低单位产品成本，从而节省大量的市场调研、产品开发、广告宣传及渠道维护等方面的费用，获得较好的经济效益。

当然，这种营销战略也存在缺点，即市场的适应性较差。而且，随着消费者收入水平的不断提高，一种产品能够长时间被所有消费者接受的情况越来越少。

2. 差异性营销战略

差异性营销战略是指企业选择两个或两个以上的细分市场作为自己的目标市场，并针对这些细分市场制定和采用不同的营销组合，如图 7-5 所示。差异性营销战略的优点是：可以更好地满足消费者的不同需求；阻止其他竞争对手进入，提高企业竞争力；降低企业经营风险。但它也存在缺点：小批量、多品种的生产会使单位产品的生产成本上升；销售渠道的不断扩展及广告活动的扩大与复杂化会使销售费用大幅提高；市场调研费用、管理费用等成本会增加。

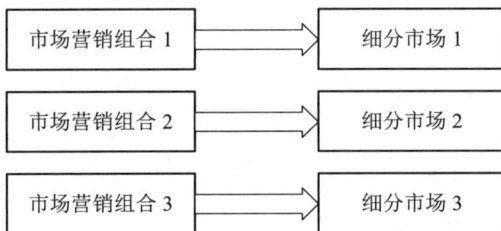

```
市场营销组合 1  ⟹  细分市场 1
市场营销组合 2  ⟹  细分市场 2
市场营销组合 3  ⟹  细分市场 3
```

图 7-5　差异性营销战略

3. 集中性营销战略

集中性营销战略是指企业既不面向整体市场，也不将有限力量分散于多个细分市场，而是集中力量进入某细分市场，或是进入对该细分市场进一步细分后得到的几个更小的子市场，开发理想的产品，开展高度专业化的营销活动，满足市场需求，如图 7-6 所示。集中性营销战略的理论依据是：企业将有限资源集中起来可以在"小"市场上占领"大"份额。这种营销战略的优点是：可以提高产品市场占有率，建立稳固的市场竞争地位；降低企业营销成本，提高投资收益率；提高产品的顾客忠诚度和利润率。这种营销战略的缺点是企业承担的风险较大。例如，一旦目标市场的顾客需求偏好发生变化或强大的竞争对手进入该市场，采用该战略的企业就可能陷入困境。

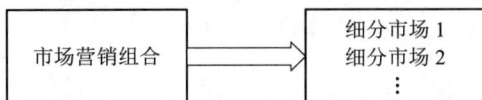

```
市场营销组合  ⟹  细分市场 1
                 细分市场 2
                 ⋮
```

图 7-6　集中性营销战略

7.2.4　影响目标市场营销战略选择的因素

前述三种目标市场营销战略各有利弊，企业到底应采取哪一种战略，应综合考虑企业、产品和市场等多方面因素来作决定。

1. 企业资源或实力

当企业生产、技术、营销和财务等方面实力很强时，可以考虑采用差异性或无差异性市场营销策略；当资源有限、实力不强时，采用集中性营销策略效果可能更好。

2. 产品同质性

产品同质性是指在消费者眼中，不同企业生产的产品的相似程度。对于大米、食盐和钢铁等产品，尽管每种产品因产地和生产企业的不同会有些品质差别，但消费者可能并不十分在意，此时，竞争将主要集中在价格上。因此，这样的产品适合采用无差异性营销策略。对于服装、化妆品以及汽车等产品，由于在型号、式样和规格等方面存在较大差别，产品选择性强、同质性较低，因而更适合采用差异性或集中性营销策略。

3. 市场同质性

市场同质性指各细分市场顾客需求、购买行为等方面的相似程度。市场同质性高，意味着各细分市场相似程度高，不同顾客对同一营销方案的反应大致相同，此时企业可考虑采取无差异性营销策略；反之，则适宜采用差异性或集中性营销策略。

4. 产品所处的生命周期

当产品处于投入期时，同类竞争品不多，竞争不激烈，企业可采用无差异性营销策略；随着产品进入成长期或成熟期，同类产品增多，竞争日益激烈，为了确立竞争优势，企业可以考虑采用差异性营销策略；当产品步入衰退期，为了保持市场地位、延长产品生命周期、全力对付竞争者，可考虑采用集中性营销策略。

5. 竞争者的市场营销策略

企业选择目标市场策略时，还要充分考虑竞争者尤其是主要竞争对手的营销策略。如果竞争对手采用差异性营销策略，企业应采用差异性或集中性营销策略与之抗衡；若竞争者采用无差异性策略，则企业可采用无差异或差异性策略与之对抗。

6. 竞争者的数目

当市场上同类产品的竞争者较少、竞争不激烈时，可采用无差异性营销策略；当竞争者多、竞争激烈时，可采用差异性营销策略或集中性营销策略。

7.3 ▶▶ 市 场 定 位

杰克·特劳特：
战略就是定位

7.3.1　市场定位的概念

一个企业要形成竞争优势，必须为自身、品牌或产品打造鲜明的个性，构建独特的形象，并获得潜在顾客和利益相关者的认同。市场定位是指根据竞争者现有产品在细分市场上所处的地位和顾客对产品某些属性的重视程度，塑造出本企业产品与众不同的鲜明个性或形象，并将其传递给目标顾客，使该产品在细分市场上占据强有力的竞争位置。市场定位也被称为产品定位或竞争性定位。

例如，在感冒药市场，同类产品众多，市场高度同质化，无论是中成药还是西药都难有实质性的突破。然后，"白加黑"牌感冒药把看似简单的药片分成白片和黑片，并将配方中的镇静剂"扑尔敏"只放在黑片中，不仅在外观上与竞争品牌形成很大差别，更重要的是与消费者的生活习惯相匹配。其宣传语"治疗感冒，黑白分明"和"白天服白片，不瞌睡；晚上服黑片，睡得香"突出了产品的独特卖点，从而在市场中脱颖而出。

7.3.2　市场定位的基本原则

不同的企业由于经营的产品不同，所面对的顾客和竞争环境也不同，因而市场定位所依据的原则也就有所不同。

1. 产品特色定位原则

构成产品内在特色的许多因素都可以作为市场定位所依据的原则。其强调的是产品的差异性，通过确定产品的差异，把本企业的产品与竞争对手区别开来，例如所含成分、材料、质量和价格等。所以，仿皮大衣与水貂皮大衣的市场定位自然不会一样；不锈钢餐具若与纯银餐具定位相同，也是令人难以置信的。

2. 特定用途定位原则

为老产品找到一种新用途，是为该产品创造新的市场定位的好方法。实用小苏打曾一度被广泛地用作家庭的刷牙剂、除臭剂和烘焙配料，但现在已有不少新产品代替了小苏打的上述功能。有的公司把它当作调味汁和肉卤的配料，还有的公司发现它可以作为冬季流行性感冒患者的饮料。

3. 消费者利益定位原则

消费者利益是指顾客购买产品能够得到的心理满足程度，它既包括产品本身带来的利益，也包括产品的附加利益。利益定位原则就是根据产品给消费者所提供的利益、解决的问题程度来定位的。世界上各大汽车巨头的定位也各有特色：劳斯莱斯豪华气派，丰田物美价廉，沃尔沃则结实耐用。

4. 特定使用者定位原则

企业常常试图将其产品指向某一类特定的使用者，以便根据这些顾客的看法塑造恰当的产品形象。美国米勒啤酒公司曾将其原来唯一的品牌"高生"啤酒定位于"啤酒中的香槟"，吸引了许多不常饮用啤酒的高收入女性。后来为了迎合市场，又在广告中展示石油工人钻井成功后饮酒狂欢的镜头，还有年轻人在沙滩上冲刺后开怀畅饮的镜头，塑造了米勒啤酒"精力充沛的形象"。通过在广告中打出"有空就喝米勒"的宣传语，米勒啤酒成功占领市场达十年之久。

事实上，许多企业进行市场定位依据的原则往往不止一个，因为要体现企业及其产品的形象，市场定位必须是多维度、多侧面的。

7.3.3　市场定位战略

1. 构建差异化组合进行市场定位

公司需要建立一套独特的利益组合，使自己的产品或服务差异化，从而吸引细分市场的重要群体。

今麦郎凉白开凭什么
抢占"Z世代"心智？

1) 产品差异化定位

产品差异化定位是指企业采取各种手段使自己生产的产品在质量和性能上明显优于同类企业的产品，从而在市场竞争中占据有利位置。通过技术创新、管理创新和组织创新等，企业可以生产出具有创新性的产品，因而创新意识是实施产品差异化定位战略的根本。由于产品或服务具有特色，顾客对它们具有很高的忠诚度，从而形成了强有力的进入障碍，导致潜在竞争者难以进入市场。另外，与同类企业相比，实施产品差异化定位战略的企业可以处于更加有利的位置，因而可以有效抵御替代产品带来的威胁。

具体可以从以下几个方面实施产品差异化定位：

(1) 产品情感形象定位。消费者是有感情的人，企业以产品给消费者带来的情感体验为重要的营销诉求点，通过情感共鸣来打动消费者，从而获得更多市场份额。这就是产品情感形象定位。企业通过这种定位，可以直接或间接地增强消费者的情感体验，获得源源不断的忠诚顾客。产品情感形象定位的不足在于，顾客真正从情感上接受并持续购买某种产品可能需要很长时间，并且企业有时还会弄巧成拙。

(2) 产品消费感受定位。任何产品都有其特殊的使用价值与功能特性，当消费者对产品进行消费时，总是期待从中获得某种心理和生理感受。因此，这种根据产品给消费者带来的消费感受进行的市场定位叫作产品消费感受定位。这种定位方式可以形成消费者对产品特有的深刻的正面感受与想法，最终增加产品销量。产品消费感受定位的缺点在于，顾客形成的消费感受如果是消极的，会给产品销售带来负面影响。

(3) 产品等级或属性定位。企业在市场中为其产品确定一个特定的等级和属性，以便满足目标消费者的需求和期望，这就是产品等级或属性定位。这种定位策略基于产品的不同特征、品质、性能等因素，帮助企业在消费者心中塑造独特的产品形象，可以使自己的产品与某个产品类别和属性联系起来或区别开来。

(4) 价格和质量定位。某些生产商和零售商因高质量的产品和昂贵的价格而闻名。公司用于成功定位的价值主张有五种：优质优价、优质同价、同质低价、低质低价、优质低价。

(5) 产品形式定位。产品形式定位是指根据产品外在的形式和状态进行市场定位。对于任何产品而言都可以将其分为内在部分与外在表现形式两个方面。在产品内在部分趋同的今天，从产品外在表现形式对其进行合理定位是增强产品竞争优势和取得良好销售业绩的关键。通过产品外在形式定位，企业可以将产品特有的外在形象表现出来，增强顾客对产品表层及深层价值的认可，达到"使顾客只要看到某种形式就会想起某种产品"的目的。

2) 服务差异化定位

服务差异化是指向目标市场的顾客提供与竞争对手不同的优质服务。服务差异化定位可以提高顾客的总价值，建立与顾客的良好关系，击败竞争对手。企业竞争优势越体现在对顾客的服务水平上，由服务差异化带来的市场差异化就越容易实现。因此，如果将差异

化的服务因素融入产品支撑体系，企业就可以在主要竞争领域建立进入壁垒。进一步来说，服务差异化定位战略的适用范围较广，尤其适用于需求饱和的市场。对于技术含量很高的产品，如计算机、复印机和汽车等，服务差异化定位战略的应用最为有效。

3) 人员差异化定位

人员差异化定位是指通过录用、培训与培养比竞争对手更优秀的员工来获得差异化优势的定位。由于企业所有的竞争行为都通过员工这一载体实现，因而人员差异化定位战略运用得当确实可以提升企业的竞争优势。进一步来说，受过良好训练的员工应该具备的基本素质包括知识和能力、礼貌、诚信、可靠、团队合作精神、反应敏锐以及善于交流等。

4) 形象差异化定位

形象差异化定位是指在产品的核心部分与竞争对手产品的核心内容趋同的情况下，企业通过塑造产品与众不同的形象，往往可以获取差异化竞争优势。通常，差异化形象的主要维度有知名度、美誉度、信誉度以及特色度等。对于采取形象差异化定位战略的企业来说，其所要做的就是激发创造性思维，进行创造性设计，并广泛传播企业形象。

2. 市场定位战略的类型

市场定位战略一般分为迎头定位、避强定位、创新定位、并存定位、重新定位等类型。

1) 迎头定位战略

这是一种与在市场占据支配地位、即最强的对手直接对抗或针锋相对的定位战略，也称为针对式定位。企业采取与细分市场上最强大的竞争对手相同的定位，与对手展开激烈的争夺，最终将竞争对手挤出原有位置，并取而代之。这种策略风险较高，但成功后会获得巨大的市场优势。例如，百事可乐与可口可乐、王老吉和加多宝等品牌的定位战略就是典型的例子。

选择迎头定位战略的企业，一般需要考虑以下问题：

(1) 本企业能否提供比对手质量更优或成本更低的产品或服务？

(2) 该定位形成的市场潜力，可否容纳两个或两个以上直接对抗的企业？

(3) 本企业是否拥有比对手更充裕的资源或更好的条件？

(4) 这个定位与本企业形象、品牌声誉和能力等是否匹配？

2) 避强定位战略

这是一种避免与强大对手直接竞争的定位战略。选择避强定位战略的企业通常会进入那些不被强大对手注意的目标市场进行产品投放和形象树立。这种策略旨在站稳脚跟、扩大影响。例如，“七喜”饮料一问世就将产品定位于“非可乐型饮料”，避免了与百事可乐、可口可乐的正面竞争。“非可乐”的定位使七喜处于与“百事”“可口”对立的类别，成为可乐饮料之外的另一种选择。不仅避免了与两巨头的正面竞争，还巧妙地与两品牌挂钩，使自身处于和它们并列的地位，成为知名度第三大的软饮料。

3) 创新定位战略

创新定位战略是一种在企业面临激烈竞争和市场空缺的情况下，通过营销创新来塑造独特的产品或服务形象，以在目标市场中与竞争对手区分开来的策略。当企业难以与同行业竞争对手相抗衡或填补市场空白时，创新定位提供了一条突破困境的途径。

江小白：避强而立，
青春白酒的崛起

创新定位的核心思想在于寻找尚未被占领但存在潜在市场需求的位置，填补市场上的空缺，生产独具特色的产品。例如，日本索尼公司通过推出索尼随身听等新产品，成功填补了市场上迷你电子产品的空缺，并通过不断创新在战后时期实现了迅速发展，成为世界级的跨国公司。这种成功案例表明，创新定位不仅能够使企业在竞争激烈的市场中脱颖而出，还有助于创造新的市场机会。

在采用创新定位战略时，企业需要保证所推出的新产品在技术上、经济上的可行性，并评估市场容量是否足够。同时，企业应该审慎考虑创新定位是否能够为公司带来合理且持续的盈利。这意味着除产品创新外，还需要关注市场反馈、消费者需求变化以及竞争对手的动态，以保持创新的持续性和适应性。

4）并存定位战略

并存定位战略是指企业把自己的产品定位在现有竞争对手的产品附近，力争与竞争对手共同满足同一个目标市场的需求，即服务相近的顾客群。这种做法并非是向竞争对手发动猛烈进攻，而是指一些实力不强的中小企业在进行产品定位时，跟随现有的大企业采取行动，力求与对手和平共处。在采用这种定位战略时，企业一般无须开发新产品(可以仿制竞争对手的现有产品)，因而省去了大量研发费用。同时，由于现有产品已经在市场上畅销，所以企业不必承担自身产品不为市场接受的风险。一般而言，并存定位得以成功的基本条件是：① 在企业意欲进入的目标市场中存在未被满足或未被很好满足的需求，即存在新的利基市场；② 企业推出自己的产品时，应注意在各方面与竞争产品相媲美，并突出自己的特色。

5）重新定位战略

重新定位也被称为再定位，通常是指对那些销路不佳、市场反应差的产品进行二次定位。它的优点是能帮助企业摆脱困境，重新获得增长与活力。初次定位后，随着时间的推移，可能因为企业决策失误、竞争对手的有力反击，或新的强有力竞争对手选择了与本企业相近的市场位置，致使本企业原来的市场占有率下降，从而陷入经营困境。此外，顾客需求偏好的转移，也可能使原来喜欢本企业产品的人转而喜欢其他企业的产品，进而导致市场对本企业产品的需求减少。在这些情况下，企业就需要对其产品进行重新定位。

一般来讲，重新定位是企业为了摆脱经营困境，寻求重新获得竞争力和业绩增长的战略。不过，重新定位也可能是由于企业发现了新的市场机会。例如，强生公司发现某款婴儿用品在成年人中也开始流行后，就对其进行了重新定位，新广告语变成了："宝宝用好，您用也好。"

在考虑重新定位战略时，应该注意以下两个方面的因素：

第一，原产品在原市场里的重新定位。这里的重新定位是以变应变的定位思路，是对原有产品或服务重新进行更有价值的定位。其原因要么是竞争所迫，要么是顾客的要求发生变化，要么是原定位已经不符合时代的特征或要求。

中国品牌王老吉就是一个典型的案例。"怕上火，喝王老吉"，凭借这一宣传口号，王老吉在 2004 年火遍中国，为消费者带来了一个全新的饮料品类：凉茶。作为一个区域性功能饮品，王老吉流传海外多年，但直到 2003 年才重新在本土市场导入饮料业主流。王老吉诞生于 1828 年，被称为凉茶始祖，一直在中国广东部分地区流行。100 多年来，凉茶已成为当地人日常的保健饮品，用来"清热解毒祛暑湿"。2002 年，王老吉想打开全国市场，但推广过程中遇到了阻碍，主要表现为：多年来，广东的"凉茶"概念未能被区域外消费者认知和接受，并且消费者对药饮产品持谨慎态度。2003 年，王老吉聘请了第三方咨询公司，将产品重新定位于"预防上火的饮料"，并推向全国。强调预防上火，是借助"上火"这个大家普遍接受的中医理念，换取大多数消费者对凉茶产品与功效的认识和认同。把凉茶归属为饮料品类，是为了瞄准更广阔的目标人群，并消除人们对大量消费药饮的顾虑。王老吉自此走出了广东，借助大规模的广告宣传，王老吉迅速成为全国知名饮料品牌。

第二，原品牌在新市场里的重新定位。这是指品牌通过对原有品类的分化，寻找到新的市场目标，并对新市场目标进行重新定位。其原因主要是原来的市场失去吸引力或者企业无法在原有市场上取得优势。

1954 年，美国菲利普·莫里斯公司(Philip Morris)成功地展开了万宝路品牌的重新定位，将原本面向女性的品牌形象转变成为面向男性，从而创造了世界上最为成功和持久的品牌之一。这一重新定位的决策背后，很可能是因为通过深入的市场分析，发现原有市场失去吸引力或难以取得优势。万宝路在这一过程中对目标市场进行了全面研究，成功地将焦点从女性市场转移到了男性市场，打造了全新的品牌形象。这种重新定位不仅仅意味着品牌形象的调整，更包括了广告和宣传策略的变革，强调男性特质、独特品味，以及与男性生活方式相关的元素。

7.3.4　市场定位战略的选择与实施

市场定位战略的选择与实施的步骤如下：

(1) 深入了解目标顾客的需求偏好，准确选择定位指标。通过对市场进行深入分析，包括对市场趋势、消费者需求、竞争格局和潜在机会的深入了解，企业能够获得关键的信息。这一过程涵盖了对目标市场的详细研究，帮助企业识别潜在的差异化和竞争优势。以小米公司为例，该公司在进入智能手机市场时，深入了解了年轻消费者对高性价比和创新设计的需求。他们准确选择了"创新、高性价比、年轻化"作为其定位指标。通过对目标顾客进行调研，小米了解到年轻一代消费者对于颜值、性能和价格的平衡需求，这一理解成为小米在市场中成功定位的基础。

(2) 弄清目标市场上竞争者的特点。通过对竞争对手的产品、服务、定位、营销策略等方面进行调研和分析，可以更好地了解竞争环境。这一步骤为企业提供了在市场中找到自身定位的基础信息，同时也为制定差异化战略提供了依据。例如，小米公司在了解了目标顾客需求后，对竞争对手进行了详细调研。他们分析了其他手机厂商的产品线、定价策略以及市场占有率等。通过对竞争对手的深入研究，小米确定了差异化战略，专注于高性价比，并通过在线销售模式降低成本，与其他手机品牌形成了明显的差异。

(3) 结合现有条件确定自己的特色。企业需要结合现有条件确定自己的特色。这涉及对企业自身资源、技术、人才、资金等方面的实力进行评估。通过了解自身实力，企业可以更明智地选择适合自己的市场定位战略，确保所选战略与企业实力相匹配。例如，小米公司结合自身资源和实力，强调了技术创新和在线销售的特点。公司利用中国丰富的电子供应链和互联网发展环境，通过与供应商的紧密合作，实现了产品的迅速更新和定价的灵活性。这使得小米能够迅速响应市场变化，推出具有竞争力的新产品。

(4) 对企业定位提前进行准确宣传。强调制定具体的实施计划，包括产品定位、目标市场选择、营销策略、销售渠道、品牌建设等方面的具体行动。通过有针对性的宣传，企业能够向目标市场传递清晰的信息，建立起与市场期望一致的品牌形象。例如，小米公司制订了具体的实施计划，包括建立在线销售渠道、进行有针对性的广告宣传和新品发布等，向年轻消费者传递了"科技潮流、价格亲民"的品牌形象。他们通过社交媒体、线上销售平台等多渠道进行宣传，建立了与目标市场期望一致的品牌形象。

7.4 ▶▶▶ 数字经济时代的市场定位战略

7.4.1 大数据下的市场细分

大数据下的市场细分是指利用大数据技术对市场进行细分的过程。市场细分是根据消费者的需求、特点、行为等因素，将一个整体市场划分为若干个子市场的过程。在大数据的背景下，市场细分可以更加精准、高效地进行。

1. 数据的收集与处理

大数据市场细分的前提是收集大量的消费者数据。这些数据可以来自不同的渠道，如社交媒体、电商平台、搜索引擎等。收集到的数据需要进行清洗、整合和处理，以消除数据中的噪声和异常值，提高数据的质量和可用性。

2. 消费者画像的构建

在处理好的数据基础上，可以构建消费者画像。消费者画像是对消费者需求的详细描述，包括人口统计学特征(如年龄、性别、收入等)、兴趣爱好、购买行为、社交关系等多方面的信息。通过构建消费者画像，可以更深入地了解消费者的需求和偏好，为市场细分提供依据。

3. 市场细分方法

在大数据背景下，市场细分的方法也发生了变化。传统的市场细分方法主要基于人口统计学特征和地理特征等因素，而在大数据时代，可以利用更多的消费者行为数据和社交媒体数据等进行市场细分。例如，可以利用聚类分析、关联规则挖掘等数据挖掘技术，将消费者划分为不同的群体，每个群体中的成员具有相似的消费行为和需求特征。

4. 精准营销策略的制定

基于大数据下的市场细分结果，企业可以制定更加精准的营销策略。例如，针对不同的消费者群体，可以制定不同的产品策略、价格策略、渠道策略和促销策略等。通过精准营销，可以提高营销效果，降低营销成本，实现企业的可持续发展。

7.4.2 大数据下的市场定位

1. 相关概念

在大数据背景下，市场定位的策略和方法发生了一些变化。大数据提供了丰富的消费者信息，使企业能够更深入地了解消费者的需求、偏好和行为模式。基于大数据的精准市场定位策略，可以帮助企业更准确地识别目标市场，制定更有效的营销策略。此外，大数据还为企业提供了机会，可以通过个性化的定位策略来提高客户满意度和忠诚度。

2. 基于大数据的市场定位策略

基于大数据的市场定位策略的实施分为以下几个主要步骤：

(1) 数据收集与分析。首先，企业需要收集大量的消费者数据，包括购买记录、浏览行为、搜索记录、社交媒体互动等。然后，通过数据分析技术，挖掘消费者的需求、偏好和行为模式。例如，阿里巴巴通过淘宝、支付宝等平台收集了海量的购物、支付、搜索数据，为精准市场定位奠定了数据基础，形成了更全面的市场认知。

(2) 目标市场细分。基于数据分析的结果，企业可以将市场细分为不同的子市场，每个子市场中的消费者都具有相似的特征和需求，这样可以帮助企业更准确地识别目标市场。例如，京东通过对购物行为的细致分析，可以将消费者划分为喜欢电子产品的、喜欢时尚的、注重健康的等不同子市场。这有助于企业更有针对性地制定市场定位策略，提供符合特定群体需求的产品或服务。

(3) 精准定位。在了解目标市场的需求和特征后，企业需要制定有针对性的营销策略，以确保产品能够在目标市场中获得良好的定位。这可能涉及调整产品的设计、功能、价格、推广渠道等。以华为为例，该公司通过对用户使用手机的习惯和应用偏好进行分析，推出了适合不同用户群体的手机型号，实现了产品的精准定位，提高了市场占有率。

(4) 持续优化。市场定位不是一次性的工作，而是需要持续优化和调整的过程。企业需要定期收集和分析消费者数据，了解市场的变化和消费者的需求变化，并及时调整市场定位策略，以保持市场敏感性和适应性。例如，字节跳动旗下的抖音通过分析用户的短视频喜好，持续优化推送算法，确保用户在平台上看到更符合其兴趣的内容。

总之，大数据为市场定位提供了更多的可能性和机会。企业需要充分利用大数据的优势，制定精准的市场定位策略，以提高市场竞争力并取得成功。

本章小结

本章首先全面分析了市场细分的概念、产生、基础，以及消费者市场细分和产业市场细分的依据等。接着，详细论述了目标市场的选择以及无差异目标市场战略、差异性目标市场战略以及集中性目标市场战略。然后，介绍了市场定位的概念，分析了避强定位、创新定位等多种定位方式，阐述了差异化和定位战略，分析了市场定位战略的选择与实施步骤。最后，介绍了大数据时代的市场定位战略。

重要概念

市场细分	目标市场选择	市场定位	地理细分	人口统计细分	心理细分
行为细分	无差异营销	差异化营销	集中性营销	定位战略	

复习思考题

1. 什么是市场细分，其依据及本质是什么？
2. 营销人员在消费市场中如何使用行为细分？请举例说明。
3. 目标市场战略包括哪几种？不同类型目标市场战略的特点是什么？
4. 什么是市场定位？举例说明如何实施定位战略。

案例分析

"灵感之茶"的市场定位之路

作为致力于满足年轻人口味的"灵感之茶"，"喜茶"采用天然原料，调制出了既保留茶叶的香醇又引领潮流的芝士茗茶，成功在激烈的茶饮市场站稳了脚跟。2011年，年仅20岁的聂云宸决定从奶茶入手，创造真正的"奶+茶"饮品，向顾客提供天然又美味的茶饮，即使是不懂茶的顾客也能轻松畅饮优质茶饮。他发现奶茶在女性群体中更受欢迎，尤其是20到30岁的年轻女性。于是聂云宸花费时间深入研究，希望研制出既能保留茶叶的香气又能引领潮流、让年轻人感兴趣的茶饮。最终，他找到了一种深受年轻人喜爱又适合搭配茶饮的食材——芝士，并尝试将芝士制成奶盖，成功调制出了第一杯芝士茶。然而，初期的推广活动虽然吸引了人气，却未能持续。在顾客的微博评论中，聂云宸发现自家芝士茶口感过于平淡，缺乏惊喜。这启发了他，使他开始关注提升产品口感，形成了喜茶作为"灵感之茶"的发展理念。

首先，喜茶注重选择纯天然原料。市面上大多数奶茶使用各种粉末冲泡。聂云宸放弃了常用的奶茶粉，选用上等茶叶制作茶基底，搭配香气浓郁的芝士，为顾客提供原料天然、口味独特的茶饮。此外，聂云宸强调，茶饮的年轻化并非廉价化或低档化。喜茶所用的茶叶都是原产地特供，乌龙茶来自中国台湾，红茶来自印度和斯里兰卡，抹茶则来自日本……每一款茶叶都有独特的味觉记忆点，有些清新，有些带有浓烈的焙火味。喜茶巧妙地搭配不同的茶叶，创造出与众不同的产品，让顾客回味无穷、印象深刻。在与上游厂商合作时，喜茶坚持"以合理的价格提供好茶"的理念。喜茶产品的定价普遍在20~30元，原价几千元一斤的茶叶，通过采购、烘焙、萃取、搭配芝士奶盖，以饮品的形式呈现给顾客，定价虽然高于一般奶茶店，但整体仍然低于星巴克。

其次，喜茶突出个性化店面设计。传统装修显得单一乏味，缺乏特色。为此，喜茶打造了风格多样的主题店，吸引不同偏好的人群。喜茶通过不同主题创造出多样的环境氛围，酷炫、梦幻、闲适、文艺……各种风格的主题店铺让喜茶一直走在时尚前沿。喜茶还通过LAB概念店的形式展现了"酷"的一面：流动、漂浮、富有未来感的"漂浮之城"让人心无杂念；前卫、现代感十足的"金属棋盘"充满趣味；科技感十足的金属"镜面通道"引人遐想……LAB店内设置了甜品实验室、制冰实验室、茶极客实验室、周边实验室和娱乐实验室五大板块，不断研发喜茶的最新口味，为顾客提供令人惊喜的独特产品。考虑到喜茶 80%的顾客是女性，喜茶专门打造了更贴近女性喜好的主题店，例如 2017 年 9 月，在深圳推出的首家"粉红店"。为搭配粉色主题，该喜茶门店还推出两款"混血茶"，甜蜜的芝芝莓果和满杯莓果成为少女们下午茶的标配。此后，以"茶饮＋现场烘焙软欧包"为主题的喜茶"热麦店"为年轻人提供了便于休憩、小聚的社交场所，透明开放的烘焙区为顾客提供新鲜出炉的松软面包，再搭配香浓的芝士茶，为顾客带来"1＋1＞2"的享受。

接着，喜茶强调禅意的简约包装。为激发年轻人对"灵感之茶"的联想和好奇，聂云宸尝试着用禅意美学来设计包装。喜茶最典型的包装设计遵循禅意美学：细长的透明塑料杯身，呈现出茶饮自身的颜色，澄澈的茶汤搭配洁白如雪的芝士奶盖，色彩艳丽的果肉点缀其中，让喜茶在视觉上产生非凡吸引力，给人以舒适、享受的感觉。聂云宸还加入了可旋转杯盖的设计，使顾客可以自主控制杯口的大小，轻松享受芝士和原茶混合的口感。黑白简约的 Logo 作为喜茶的灵魂，印在透明杯身的正中央，Logo 上的小人看不出种族、性别，是人类共同的形象。简约的 Logo 寄托着聂云宸对喜茶的期望：打造一个中性的品牌，赢得所有人的喜爱。

最后，喜茶注重发挥传播效应。在互联网时代，"晒朋友圈""刷微博"逐渐成为年轻人生活中不可或缺的一部分，聂云宸希望这些成为喜茶推广的强大助力。"灵感之茶"正是"酷"的代名词，激发了年轻人在朋友圈分享的欲望。禅意的包装、个性化的店铺设计让人在视觉上感受到"酷"的冲击和吸引。年轻人把分享喜茶的照片视为一种时尚，看作一种展示个人形象的朋友圈仪式。无论是喜茶独特的包装还是设计感十足的店铺，都适合拍照晒图。产品的高颜值图片加上独具特色的名字，让喜茶在朋友圈传播开来，引起了更多人的关注。除了朋友圈，喜茶还充分利用活跃在年轻人中的分享平台——微博来宣传。在喜茶的官方微博上，会定期发布精美的喜茶新品和新店铺图片，同时经常发起转发抽奖活动。喜茶的粉丝们在官方微博下方积极发表自己的观点和评论，还附上"高颜值买家秀"，进一步扩大了喜茶的宣传。此外，喜茶的本地化也是"灵感之茶"品牌宣传的另一个突破点。每次喜茶进入一个新的城市，都会根据不同的生活环境推出不同的产品，借助当地特色来吸引当地消费者。这使喜茶极易受到当地年轻人的狂热追捧，一些成为忠实粉丝的年轻人会积极地向朋友宣传，这些自发的品牌"代言人"也是喜茶宣传的重要推手。

请结合上述案例材料，思考以下问题：
(1) 市场细分变量包括哪些？请利用市场细分变量分析喜茶的细分市场。
(2) 喜茶选定的目标市场是什么？喜茶采用了哪种目标市场营销战略？
(3) 喜茶的市场定位是什么？喜茶是如何将这一市场定位传递给目标顾客的？

第8章 产品组合与新产品开发

学习目标

- 掌握产品整体概念的五个层次;
- 掌握产品组合策略和产品生命周期各阶段的营销策略;
- 了解新产品开发的有关理论。

引例

康师傅的产品组合策略

康师傅作为中国食品行业的佼佼者,凭借其精湛的产品组合策略,在方便面、饮品等多个领域都取得了显著的成绩。其产品组合策略不仅满足了消费者的多样化需求,还为企业带来了持续的市场竞争优势。

康师傅的产品组合非常多元化,涵盖了方便面、茶饮料、果汁、饮用水等多个品类。这种多元化的策略使得康师傅能够满足不同消费者的需求。无论是追求便捷的都市白领,还是注重健康的家庭主妇,都能在康师傅的产品线中找到适合自己的产品。在方便面领域,康师傅推出了多种口味和规格的方便面,如红烧牛肉面、香辣牛肉面等,满足了消费者对口味和食用场景的不同需求。在饮品领域,康师傅同样推出了多种茶饮料(如冰红茶、绿茶、茉莉蜜茶)、果汁和饮用水等。康师傅的饮料产品分为五大系列:茶系列、果汁系列、运动饮料系列、水系列以及汤系列,为消费者提供了丰富的选择。

康师傅非常注重产品的创新,不断推出新产品来丰富和更新其产品组合。这种创新不仅体现在口味的研发上,还体现在产品的包装、规格和营销策略上。例如,康师傅曾针对年轻消费群体推出了"小杯装"方便面,这种小巧精致的包装迅速吸引了年轻消费者的关注。此外,康师傅还推出了"低糖""无糖"等健康型饮品,满足了消费者对健康饮食的追求。

在产品组合策略上,康师傅注重品质的统一性。无论是方便面还是饮品,康师傅都力求做到口感醇厚、营养丰富、安全健康。这种对品质的统一追求使得消费者在购买康师傅产品时能够放心选择,进一步增强了消费者对品牌的忠诚度和信任感。

在市场营销管理过程中,市场定位以后,就要根据目标市场的需求和相关的环境因素,制定市场营销组合策略——产品、价格、分销和促销策略,而产品策略是整个市场营销组合策略的基石。企业如何认识现有产品、开发新产品、改进和完善产品性能，既是占领目标市场的需要，也是企业合理、顺利经营的根源和基础。产品整体概念、产品生命周期各阶段的特征及策略、产品组合策略、新产品开发等是本章所要阐述的内容。

8.1 产品与产品分类

8.1.1 产品整体概念

1. 产品整体概念的五个层次

产品是指能够通过交换满足消费者或用户某种需求和欲望的任何有形物品和无形的服务。它既可以是实体产品，如汽车、电脑、服装等，也可以是无形服务如创意、数字、演讲等纯无形的服务产品，也有快餐、物流等与实体产品结合的服务产品。

消费需求不断的扩展和变化使产品的内涵和外延不断扩大。从内涵看，产品从有形物品扩大到服务、人员、地点、组织和观念；从外延看，产品从实质产品向形式产品、附加产品拓展。

1) 核心产品

核心产品是指向消费者提供的基本效用或利益，是消费者真正要买的东西，是产品整体概念中最基本、最主要的内容。消费者购买产品，并不是为了获得产品本身，而是为了满足自身某种特定的需要。例如，手表的计时功能、洗衣机的洗衣功能、手机的通话功能等，这些功能必须满足消费者对该产品的基本需要。若手表不能计时，无论它具备多少其他功能，消费者也不会认为它是手表。核心产品确定了产品的本质内涵。

2) 形式产品

形式产品是指核心产品借以实现的形式或目标市场对某一需求的特定满足形式。形式产品包含五个特征，即品质、式样、特征、商标及包装。产品的基本效用必须通过某些具体的形式才得以实现。市场营销者应首先着眼于顾客购买产品时所追求的利益，以求更完美地满足顾客需要，从这一点出发再去寻求利益得以实现的形式，进行产品设计。消费者购买计算机时注重的质量、商标的知名度等，咨询服务时注重的服务公司环境、人员素质和公司形象等，都属于形式产品。

3) 期望产品

期望产品是指消费者购买产品时，期望得到的与产品密切相关的一整套属性和条件。如旅馆的客人期望得到清洁的床位、洗浴香波、浴巾的服务等。因为大多数旅馆均能满足旅客的这些一般期望，所以旅客在选择档次大致相同的旅馆时，一般不是选择哪家旅馆能提供期望产品，而是根据哪家旅馆就近和方便而定。

4) 延伸产品

延伸产品是顾客购买有形产品时所获得的全部附加服务和利益，包括提供信贷、免费送货、质量保证、安装、售后服务等。延伸产品的概念来源于对市场需要的深入认识。因为购买者的目的是满足某种需要，因而他们希望得到与满足该项需要有关的一切。美国学者西奥多·莱维特曾经指出："新的竞争不是发生在各个公司的工厂生产什么产品，而是发生在其产品能提供何种附加利益(如包装、服务、广告、顾客咨询、融资、送货、仓储及具有其他价值的形式)"。

5) 潜在产品

潜在产品是指现有产品最终可能实现的全部附加部分和新转换部分，或指与现有产品相关的未来可发展的潜在性产品。潜在产品指出了产品可能的演变趋势和前景，如彩色电视机可发展为多媒体视频终端等。这促使企业不断进行产品的开发与新产品的上市，例如计算机的人性化、智能化，就体现了潜在产品在市场上的实现与应用。

综上所述，产品的整体概念并不是一个封闭性的圆环，而是一个外延在不断扩大和更新的开放式的圆环，如图8-1所示。

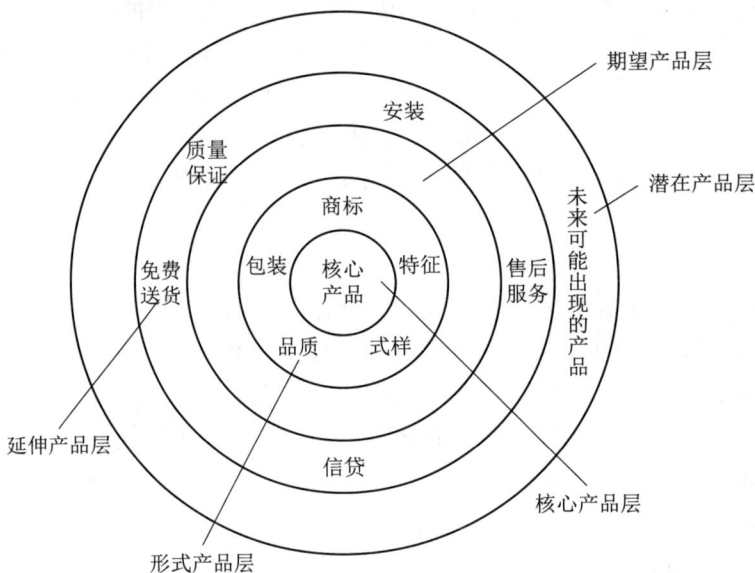

图 8-1 产品整体概念的五个层次

2. 产品整体概念的市场意义

产品整体概念是对市场经济条件下产品概念的完整、系统、科学的表述。它对市场营销管理的意义表现在：

(1) 它以消费者的基本利益为核心，指导整个市场营销管理活动，是企业贯彻市场营销观念的基础。企业市场营销管理的根本目的就是要保证消费者的基本利益。例如，消费者购买电视机是希望业余时间过得充实和快乐；购买计算机是为了提高生产和管理效率；购买服装是要满足舒适、风度和美感的要求。概括起来，消费者追求的基本利益大致包括功能和非功能两方面的要求。消费者对前者的要求是出于实际使用的需要，而对后者的要求则往往是出于社会心理动机。这两方面的需要往往交织在一起，并且非功能需求所占的比重越来越大。而产品整体概念，正是明确地向产品的生产经营者指出，要竭尽全力通过有形产品和附加产品去满足核心产品所包含的一切功能和非功能的要求，充分满足消费者的需求。可以断言，不懂得产品整体概念的企业不可能真正贯彻市场营销理念。

(2) 只有通过产品五个层次的最佳组合才能确立产品的市场地位。营销人员要把对消费者提供的各种服务看作产品实体的有机组成部分。当今社会，科学技术的应用速度越来越快，消费者对切身利益的关注度也在不断提高，使得营销者的产品以独特形式出现越来越困难，消费者也就越来越倾向于根据产品的整体效果来确认哪个厂家、哪种品牌的产品是自己喜爱和满意的。例如，国内消费者在购买家电产品时，往往对有两层包装的产品（"双包装产品"）更为信任。对于不少缺乏电器专业知识的消费者来说，他们判别家电产品的质量可靠性，往往是以包装好坏作为依据。对于营销者来说，产品越能以一种消费者易觉察的形式来体现其购物时所关心的因素，越能获得好的产品形象，进而确立有利的市场地位。

(3) 产品差异是构成企业特色的主体，企业要在激烈的市场竞争中取胜，就必须致力于创造自身产品的特色。不同产品项目之间的差异是非常明显的。这种差异可能表现在功能上，如鸣笛水壶与一般水壶之别；也可能表现在设计风格、品牌、包装的独到之处，甚至表现在与之相联系的文化因素上，如各种服装的差异；还可能表现在产品的附加利益上，如不同的服务。总之，在产品整体概念的五个层次上，企业都可以形成自己的特色。随着现代市场经济的发展和市场竞争的加剧，企业所提供的附加利益在市场竞争中显得越来越重要。国内外许多企业的成功，在很大程度上应归功于他们更好地认识了服务等附加产品在产品整体概念中的重要地位。

8.1.2　产品分类

1. 按耐用性和有形性分类

产品可以根据是否耐用和是否有形分为三种类型：耐用品、非耐用品和服务。

(1) 耐用品。耐用品是指在正常情况下能多次使用的有形物品。例如电冰箱、汽车、电视机、机械设备等。耐用品通常需要较高的初始投入，但使用寿命较长，可以为消费者带来长期的使用价值。耐用品市场具有购买频率低、价格高、消费者决策慎重等特点，因此，企业需要注重产品的品质和售后服务，以提高消费者的信任度和忠诚度。

(2) 非耐用品。非耐用品是指在正常情况下一次或几次使用就被消费掉的有形物品。例如文具、牙膏、食品、日用品等。非耐用品的价格相对较低，使用寿命较短，消费者的购买决策相对较快。非耐用品市场具有购买频率高、价格敏感等特点，因此，企业需要注重产品的性价比和促销策略，以吸引消费者的注意力。

(3) 服务。服务是指提供给消费者的无形产品，如理发、修理、咨询等。服务产品的特点是无形性、不可分割性、可变性和易逝性。服务产品的质量取决于服务提供者的技能、态度和服务过程的管理。服务市场具有消费者参与度高、口碑传播重要等特点，因此，企业需要注重服务过程的规范化和标准化，提高服务质量和消费者满意度。

2. 按消费者购买习惯分类

根据消费者的购买习惯和特点，产品一般分为便利品、选购品、特殊品和非渴求品四种类型。

(1) 便利品。便利品指消费者购买频繁，希望有需要即可买到的产品。例如香烟、报纸等。便利品的价格相对较低，消费者的购买决策较快，购买地点多为便利店、超市等。便利品市场具有购买频率高、价格敏感等特点，因此，企业需要注重产品的可获得性和便利性，以满足消费者的即时需求。

(2) 选购品。选购品指消费者在购买前往往要对产品质量、价格、式样等进行反复了解和比较的产品。例如儿童衣物、女装、家具等。选购品的价格和品质差异较大，消费者的购买决策较为慎重。选购品市场具有消费者参与度高、信息不对称等特点，因此，企业需要注重产品的差异化和品牌形象建设，以吸引消费者的注意力并提高产品的附加值。

(3) 特殊品。特殊品指消费者能识别其独特性或品牌，并且习惯上愿意多花时间和精力去购买的产品。例如名人字画、古玩、特殊品牌和造型的奢侈品等。特殊品的价格较高，消费者的购买决策非常慎重，通常需要较长时间的考虑和比较。特殊品市场具有消费者群体小、需求个性化等特点，因此，企业需要注重产品的独特性和品牌形象建设，以满足消费者的个性化需求并提高产品的附加值。

(4) 非渴求品。非渴求品指消费者不知道或虽然知道但一般情况下不会主动购买的产品。例如刚上市的新产品，以及人寿保险、百科全书等。非渴求品的市场需求不稳定，消费者的购买决策较为被动。非渴求品市场具有信息不对称、消费者教育成本高等特点，因此，企业需要注重产品的宣传和推广策略，提高消费者的认知度和购买意愿。

3. 按工业用途分类

根据参与生产过程的程度和价值大小，产品可以被划分为三大类：材料和部件、资本项目以及供应品和服务。

(1) 材料和部件。材料和部件是工业生产中不可或缺的一环，它们完全参与生产过程，并且其价值会全部转移到最终产品中。根据加工程度和用途的不同，材料和部件又可以进一步细分为原材料、半制成品和部件两大类。

原材料是工业生产的基础，它们通常是从自然界中直接获取或通过初步加工得到的物质。例如，矿石、石油、木材等都是常见的原材料。这些原材料需经过加工后才能成为具有特定功能和用途的产品。

半制成品和部件则是在原材料的基础上经过加工或组装而成的中间产品。它们通常是为了方便后续生产过程的进行而预先制作好的。例如，汽车发动机、电脑主板等都是典型的半制成品和部件。这些物品在后续的生产过程中可以直接使用，从而大大提高了生产效率和产品质量。

(2) 资本项目。资本项目是另一类重要的工业品，它们虽然不直接形成最终产品，但在生产过程中发挥着辅助和支撑的作用。资本项目通常包括各种装备和附属设备，如机器设备、生产线以及各种零部件和配件等。资本项目的价值并不会一次性转移到最终产品中，而是通过折旧、摊销等方式逐步转移到产品中。因此，在选择资本项目时，企业需要考虑其长期效益和成本效益，以确保投资决策的合理性。

(3) 供应品和服务。供应品和服务是工业生产中不可或缺的一部分，它们虽然不直接参与最终产品的形成，但在生产过程中发挥着重要的作用。供应品通常包括各种辅助材料和消耗品，如润滑油、清洁剂、劳保用品等。这些物品虽然价值较低，却是保证生产过程顺利进行的必要条件。服务同样是工业生产中不可或缺的一环。例如，设备维修、技术咨询、物流配送等都是常见的服务项目。这些服务虽然不直接形成最终产品，但可以提高生产效率、降低生产成本并提升产品质量，从而为企业创造更大的价值。

8.2　产品生命周期

产品生命周期理论是企业制定产品策略及市场营销组合策略的重要依据。通过了解产品生命周期各阶段的特点，企业能精准把握市场需求、竞争态势和潜在风险，从而制定出更加有效的产品策略和市场营销组合策略。这不仅有助于企业在激烈的市场竞争中立于不败之地，还能助力其实现可持续发展。

8.2.1　产品生命周期的概念及其阶段

1. 产品生命周期的概念

1957 年，美国学者波兹等人根据产品销售量随着时间的推移呈现出由少到多、趋于饱和、转而减少，直至从市场消失的变化规律，提出了产品生命周期的概念，并把产品生命周期定义为产品从进入市场销售到退出市场所经历的全部过程。产品经研制开发并投放市场后，其销售额和利润都会随时间的推移经历一个由低到高、再从高到低，直至最后被市场淘汰的过程。这个过程被称为产品生命周期(Product Life Cycl，PLC)。

产品生命周期的概念与产品的使用寿命不同。前者是指产品的市场寿命或经济寿命，即产品在市场上存在时间的长短，主要受市场因素的影响。而后者是指产品从投入使用到报废所经历的时间，其长短受自然属性、质量、使用频率和维修保养等因素的影响。市场营销学研究的是产品的市场生命周期。

2. 产品生命周期的阶段

典型的产品生命周期包括导入期、成长期、成熟期和衰退期四个阶段，每个阶段都有不同的特点。产品的销量随产品生命周期的推移在坐标图上呈一条"S"形曲线，如图 8-2 所示。

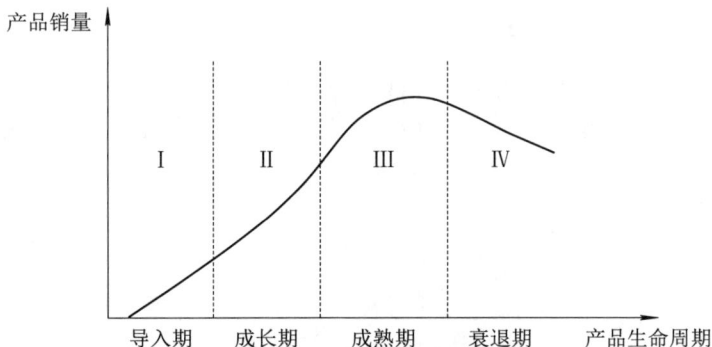

图 8-2　产品生命周期曲线

1) 导入期

新产品刚进入市场时，称之为介绍期或导入期，是指新产品刚刚投入市场的最初销售阶段。其主要特点是：① 产品设计尚未定型，花色品种少，生产批量小，单位生产成本高，广告促销费用高；② 消费者对产品不熟悉，只有少数追求新奇的顾客可能购买，销售量少；③ 销售网络还没有全面、有效地建立起来，销售渠道不畅，销售增长缓慢；④ 由于销量少、成本高，企业通常获利甚微，甚至发生亏损；⑤ 同类产品的生产者少，竞争者少。

2) 成长期

成长期又称畅销期，是指产品在市场上迅速为顾客所接受，销售量和利润迅速增长的时期。其主要特点是：① 产品已定型，花色品种增加，生产批量增大；② 消费者对新产品已经熟悉，销售量迅速增长；③ 建立了比较理想的销售渠道；④ 由于销量增长，成本下降，利润迅速上升；⑤ 同类产品的生产者看到有利可图，进入市场参与竞争，市场竞争开始加剧。

3) 成熟期

成熟期又称饱和期，是指产品销量趋于饱和并开始缓慢下降、市场竞争非常激烈的时期。通常成熟期在产品生命周期中持续的时间最长。根据这一阶段的销售特点，成熟期可以分为成长成熟期、稳定成熟期和衰退成熟期三个时期。三个时期的主要特点是：① 成长成熟期的销售增长率缓慢上升，有少数消费者继续进入市场；② 稳定成熟期的市场出现饱和状态，销售平稳，销售增长率只与购买人数成正比，如无新购买者则增长率停滞或下降；③ 衰退成熟期的销量开始缓慢下降，消费者的兴趣开始转向其他产品和替代品。

4) 衰退期

衰退期又称滞销期，是指产品销量急剧下降，产品开始逐渐被市场淘汰的阶段。其主要特点是：① 产品需求量、销量和利润迅速下降，价格下降到最低水平；② 市场上出现了新产品或替代品，消费者的兴趣已完全转移；③ 多数竞争者被迫退出市场，继续留在市场上的企业减少服务，大幅度削减促销费用，以维持最低水平的经营。

3. 产品生命周期的其他形态

典型的产品生命周期是一种理论抽象，是一种理想状况，在现实经济生活中，并不是所有产品的生命历程都符合这种理论形态。除了上述不对称的"S"形曲线，产品生命周期曲线还有以下几种形态。

1) 再循环形态

再循环形态产品生命周期是指产品销售进入衰退期后，由于种种因素的作用而进入第二个成长阶段，如图 8-3 所示。这种生命周期是市场需求变化或企业投入更多促销费用的结果。最具代表性的就是医药产品的生命周期。

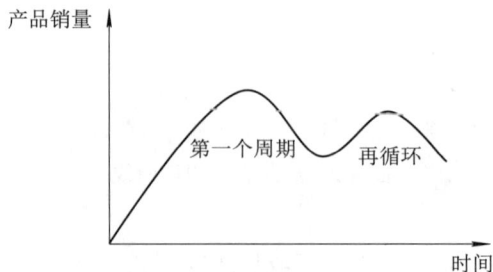

图 8-3　再循环形态产品生命周期

2) 多循环形态

多循环形态也称"扇形"或波浪形循环形态，是产品进入成熟期后，企业通过制定和实施正确的营销策略，使产品销量不断达到新的高峰，如图 8-4 所示。

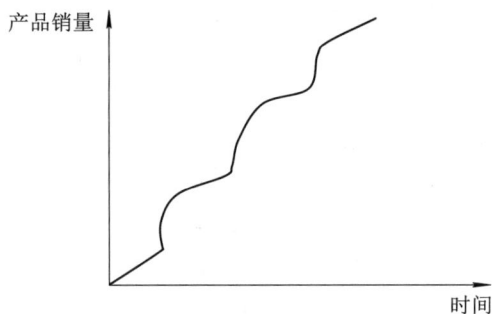

图 8-4　多循环形态产品生命周期

3) 非连续循环形态

非连续循环形态是产品在一段时间内迅速占领市场，又很快退出市场，过一段时间后又开始新的循环，如图 8-5 所示。大多数时尚类商品的生命周期就属于非连续循环形态生命周期。

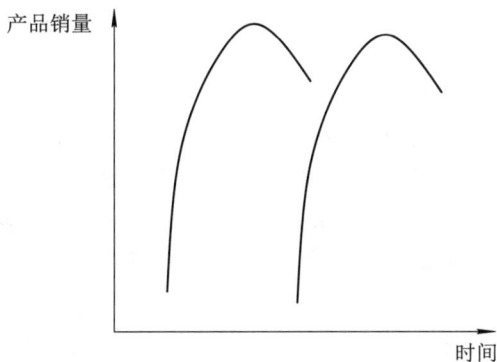

图 8-5　非连续循环形态产品生命周期

4. 产品种类、形式和品牌的生命周期

一般而言，产品种类、形式和品牌的生命周期各不相同。产品种类具有最长的生命周期。许多产品种类的成熟阶段是无限期的，如打印机、报纸、咖啡、洗衣机等。产品形式比产品种类更能准确地体现标准产品生命周期的历史。因此，研究产品形式的生命周期对于指导企业营销有重要意义，如研究手动打印机的生命周期。产品品牌展现出最不规则的产品生命周期轨迹。如可口可乐历经百年依然不失辉煌，而我国 20 世纪 80 年代红极一时的水仙、金星、小霸王等品牌到 20 世纪 90 年代中后期已经淡出了消费者视线。

8.2.2　产品生命周期各阶段的营销策略

1. 导入期的营销策略

在这一时期，企业营销工作的重点是作出正确的判断，抓住时机，采用有效的营销策略占领市场，形成批量规模，以便较快地进入成长期。在导入期，可供企业选择的市场营销策略主要有以下四种。

(1) 快速取脂策略。快速取脂策略是采用高价格、高促销费用的方式推出新产品，以求迅速扩大销售量，取得较高的市场占有率，快速收回投资。适用条件包括：有较大的潜在市场需求；目标顾客的求新心理强，急于购买新产品，并愿意为此付高价；企业面临潜在竞争者的威胁，需及早树立品牌。

(2) 缓慢取脂策略。缓慢取脂策略是采用高价格、低促销费用的方式推出新产品，以求获得更多的利润。适用条件包括：市场规模相对较小，竞争威胁不大；市场上大多数用户对该产品没有过多疑虑；适当的高价能为市场所接受。

(3) 快速渗透策略。快速渗透策略是采用低价格、高促销费用的方式推出新产品，旨在迅速占领市场，获得高市场占有率。适用条件包括：产品的市场容量很大；消费者对产品不了解，且对价格十分敏感；潜在竞争比较激烈；单位生产成本可随生产规模和销量的扩大而大幅度下降。

(4) 缓慢渗透策略。缓慢渗透策略是采用低价格、低促销费用的方式推出新产品。低价可以促使市场迅速接受新产品，低促销费用则可以降低营销成本，获得更多的利润。采取这种策略应具备的条件是：产品的市场容量大；消费者对产品已经了解，且对价格十分敏感；企业面临潜在竞争者的威胁。

2. 成长期的营销策略

经过市场导入期，消费者对产品已经熟悉，消费习惯也已形成，销售量迅速增长，新产品就进入了成长期。进入成长期以后，老顾客重复购买，并带来了新顾客，销售量激增，企业利润达到高峰。随着销售量增大，企业生产规模也逐步扩大，产品成本逐步降低，新的竞争者会涌入。随着竞争加剧，新的产品特性开始出现，产品市场开始细分，分销渠道也会增加。企业为维持市场继续成长，需要保持或稍微增加促销费用，但由于销量增加，平均促销费用有所下降。

针对成长期的特点，企业为维持其市场增长率，使获取最大利润的时间得以延长，可考虑以下几种策略。

(1) 改善产品品质。通过增加新功能、改变产品款式等方式对产品进行改进，提升产品的竞争能力，满足更广泛的顾客需求，吸引更多的顾客。

(2) 寻找新的细分市场。通过市场细分，找到新的尚未满足的或许更小的细分市场，根据其需要组织生产，迅速进入这一新市场。

(3) 改变广告宣传重点。把广告宣传的重心从介绍产品转到建立产品形象上，维系老顾客，吸引新顾客，使产品、品牌形象深入顾客心中。

(4) 在适当的时机可以调整价格，以争取更多的顾客。例如，适当降价，以激发那些对价格敏感的消费者产生购买动机，采取购买行动。

3. 成熟期的营销策略

处于成熟期的产品，企业只要保住市场占有率，就可获得稳定的收入和利润。成熟期的营销重点是稳定市场占有率，维护已有的市场地位，通过各种改进措施延长产品生命周期，以获得尽可能高的收益率。为此，企业可以采取以下三种策略。

(1) 市场改良策略。这种策略不需要改变产品本身，而是通过发现产品的新用途、改变销售方式和开辟新的市场等途径，达到扩大产品销售的目的。

(2) 产品改良策略。这种策略是以产品自身的改进来满足消费者的不同需要，以扩大产品的销量。产品整体概念中任何一个层次的改进都可视为产品的改进。

(3) 营销组合改良策略。这种策略是通过改变市场营销组合的因素，以刺激销售，从而达到延长产品成长期、成熟期的目的。常用的方法有：通过提供特价、实施早期购买折扣、补贴运费、提供延期付款选项等方法来降低价格，吸引消费者，提高产品的竞争力；改变销售途径，扩大分销渠道，广设销售网点；调整广告媒体组合，变换广告时间和频率，采取更有效的广告形式；开展多样化的营业推广活动；扩大附加利益和增加服务项目等。

4. 衰退期的营销策略

在这一时期，企业既不要在新产品未跟上来时就抛弃老产品，以致完全失去已有的市场和顾客，也不要死抱住老产品不放而错过机会，使企业陷于困境，可以采取以下几种营销策略。

(1) 维持策略。企业选择继续沿用先前的市场策略，保持不变的细分市场、销售渠道、定价策略以及促销手段。目标是稳定现有顾客基础，保持市场份额，直到产品自然退出市场。

(2) 集中策略。把企业能力和资源集中在最有利的细分市场、最有效的销售渠道和最易销售的品种上，这样有利于缩短产品退出市场的时间，同时又能为企业创造更多的利润。

星巴克的产品生命周期及营销策略

(3) 收缩策略。企业大幅度降低促销水平，尽量减少销售和推销费用，以增加目前的利润。这样可能导致产品在市场上的衰退加速，但又能从忠于这种产品的顾客中得到利润。

(4) 放弃策略。对于衰退迅速且未来前景黯淡的产品，企业应果断采取放弃策略。可以选择立即完全退出市场，包括停止生产、销售转移等措施；或者采取渐进式放弃，逐步减少资源投入，将资源转向其他更有潜力的产品。

8.3　产 品 组 合

8.3.1　产品组合及其相关概念

1. 产品组合、产品线和产品项目

产品组合(product mix)是指一个企业提供给市场的全部产品线和产品项目的组合或结构，即企业的业务经营范围。如果企业的产品组合不当，就有可能造成产品的滞销积压，甚至引起企业亏损。因此，企业为了实现营销目标，充分有效地满足目标市场的需求，必须设计一个优化的产品组合。

产品线又称产品大类，是指在技术上和结构上密切相关，具有相同的使用功能、规格不同而满足同类需求的一组产品。如某电器集团公司生产的产品系列有电视机、电冰箱、空调、洗衣机，那么该公司就有四条产品线。又如某汽车制造厂生产轿车、卡车和大客车，那么该厂的产品线就有三条。

产品项目是指产品线中各种不同的品种、规格、质量、价格、技术结构和其他特征的具体产品，企业产品目录上列出的每一个产品都是一个产品项目。如某企业的电视机产品线中可能有 43 英寸、65 英寸、75 英寸普通液晶电视和 85 英寸高清智能液晶电视等多个产品项目。

2. 产品组合的广度、长度、深度与关联度

通常人们从产品组合的广度、长度、深度和关联度四个方面来描述企业的产品组合情况。

产品组合的广度亦称宽度，是指企业所拥有的产品线的数量。产品线越多，说明企业的产品组合就越宽，否则就越窄。

产品组合的长度是指企业所有产品线中所包含的所有产品项目的总和。以产品项目总数除以产品线数目即得出产品线的平均长度。

产品组合的深度是指每一条产品线中每一品牌所包含的具体的花色、品种、规格、款式的产品的数量。如某品牌的牙膏有 3 种规格，2 种味道，则该品牌产品的深度就是 6。

产品组合的关联度是指各条产品线之间在最终用途、生产条件、分销渠道以及其他方面相互关联的程度。关联度越高，说明企业的产品线之间越具有一致性；反之，则缺乏一致性。例如，某企业生产电冰箱与洗衣机，产品组合的关联度就较强，因为这些产品都是白色家电，在最终用途、生产条件和分销渠道方面有密切联系。

认识产品组合的宽度、长度、深度和关联性，对于理解企业的资源分配和产品布局至关重要。这些要素揭示了企业是采用多元化战略还是集中化战略，从而可以更加有效地进行产品线的扩展或收缩，确保资源在动态市场环境中得到最优配置。这种策略性调整不仅有助于提升企业的市场竞争力，还能确保在有限的资源条件下实现最大的经济效益。因此，企业应密切关注产品组合的各项指标，以指导战略决策和资源配置。

8.3.2　产品组合的分析

为了优化企业的产品组合，使每一条产品线及各产品项目都能取得良好的经济效益，企业应对现有产品组合进行系统分析和评价，据此调整企业的产品发展和投资战略。分析、评价产品组合的方法很多，常用的方法之一就是波士顿矩阵法，本书第二章对波士顿矩阵法已有详细介绍。

宝洁的产品组合

在确定产品投资策略时，企业需根据产品组合的分析评价结果来制定具体的计划。这些策略旨在调整产品在市场中的定位，优化资源配置，以实现预期的市场占有率或提升资金来源。以下是四种常见的产品投资策略：

(1) 发展策略。对于明星类产品和有潜力转化为明星的问题类产品，企业应采取发展策略。这意味着企业需要显著增加对这些产品的投资，甚至要牺牲近期的利润，以扩大其市场占有率。通过加强市场推广、提升产品质量和增加产品线深度等措施，这些产品有望在未来成为企业的重要利润来源。

(2) 维持策略。金牛类产品通常已处于成熟期，市场份额稳定且能够为企业带来可观的现金流。对于这类产品，企业应采取维持策略，保持其现有地位和市场占有率。这并不意味着停止投资，而是将投资维持在现有水平，以确保产品能够继续为企业创造价值。

（3）缩减策略。对于处境不佳的金牛类产品，以及那些虽然目前仍有盈利但前景堪忧的问题类和狗类产品，企业应考虑采取缩减策略。这意味着减少对这些产品的投资，将资源转移到更有前景的产品上。通过缩减产品线、减少生产量和降低市场推广力度等措施，企业可以降低风险并提升整体投资收益率。

（4）放弃策略。对于那些没有发展前途或已经成为企业负担的问题类和狗类产品，放弃策略可能是最佳选择。这意味着企业需要果断地处理或变卖这些产品单位，以便将有限的资源转移到更有盈利潜力的产品上。虽然放弃策略可能导致短期的财务损失，但从长远来看，这有助于企业优化产品组合、提升整体竞争力和盈利能力。

8.3.3　产品组合策略

企业调整产品组合，实际上就是根据环境变化、实际需要及生产经营能力，调整产品组合的宽度、深度和关联度，以改善产品组合的结构状况。企业调整产品组合的策略主要包括以下几个方面。

1. 扩大产品组合

扩大产品组合策略包括扩大产品组合的宽度和增加产品组合的深度两方面的内容。扩大产品组合的宽度意味着在现有产品组合的基础上引入新的产品线。当企业预测到现有产品线的销售增长和利润贡献可能在未来出现下滑，或认为仅凭当前产品线难以实现长远发展目标时，就会考虑这一策略。新加入的产品线可以与现有产品线紧密相关，形成互补效应；也可以与现有产品线关联度不高，从而拓展企业进入全新市场的机会。增加产品组合的深度则是指在现有产品线内部增加新的产品项目。这通常发生在企业希望为特定细分市场提供更多选择，或通过增加产品特色来提升吸引力时。在这一过程中，企业需要确保新增产品项目与现有产品项目具有显著差异，以避免内部竞争和自相残杀。通过扩大产品组合，企业不仅能够更充分地利用现有资源和技术，还能够分散经营风险，提高对市场变化的应对能力。同时，这一策略也有助于企业满足更广泛的消费者需求，提升品牌形象和市场竞争力。

2. 缩减产品组合

缩减产品组合策略包括缩减产品组合的宽度和降低产品组合的深度两方面的内容。缩减产品组合的宽度是指企业在现有产品组合中剔除那些利润较低、发展前景不佳的产品线。通过淘汰这些产品线，企业能够集中资源和精力在更有潜力和利润的产品线上，从而提升整体的经营效率和盈利能力。降低产品组合的深度则是指淘汰现有产品线内部某些市场前景不佳、利润微薄甚至亏损的产品项目。这样做有助于优化产品组合的结构，减少资源浪费，并使得企业能够更加专注于推广和发展具有竞争优势的产品项目。在市场环境不断变化的情况下，缩减产品组合策略显得尤为重要。当市场繁荣时，拥有较长、较宽的产品组合可以为企业带来更多的盈利机会；然而，当市场不景气或供应紧张时，缩减产品组合反而能够帮助企业提升总利润。通过聚焦高利润或有潜力的产品，企业能够提升专业化程度，向市场的纵深发展，并在激烈的市场竞争中脱颖而出。

3. 产品线延伸

产品线延伸是指部分或全部地改变企业现有产品线的市场定位，即将企业的产品线延长超出现有的范围。产品线延伸策略可分为向下延伸、向上延伸和双向延伸三种类型。

(1) 向下延伸：在高档产品线中增加低档产品项目。实行这一决策需要具备以下市场条件：利用高档名牌产品的声誉，吸引购买力水平较低的顾客慕名购买此产品线中的廉价产品；高档产品销售增长缓慢，企业的资源设备没有得到充分利用，为赢得更多的顾客，将产品线向下伸展；企业最初进入高档产品市场的目的是建立品牌信誉，然后再进入中、低档市场，以扩大市场占有率和销售增长率；补充企业的产品线空白。实行这种战略也有一定的风险，如处理不慎，会影响企业原有产品特别是名牌产品的市场形象，还必须辅之以一套相应的营销组合策略，如对销售系统的重新设置等。所有这些将大大增加企业的营销费用开支。

(2) 向上延伸：在原有的产品线内增加高档产品项目。这种战略适用于：高档产品市场具有较大的潜在成长率和较高利润率的吸引；企业的技术设备和营销能力已具备进入高档产品市场的条件；企业要重新进行产品线定位。采用这一策略也要承担一定的风险，要改变产品在顾客心目中的地位是相当困难的，如处理不慎，还会影响原有产品的市场声誉。

(3) 双向延伸：原本定位于中档产品市场的企业掌握了市场优势以后，向产品线的上下两个方向延伸。一个企业产品组合越多，意味着产品线和产品项目越多，顾客对此类产品的选择余地也就越大。选择愈多愈好，这几乎成了人们生活中的常识。但是选项越多反而可能造成负面结果，过多选项会使人们陷入游移不定、自责后悔的怪圈。所以企业在设计产品组合时应该求精，并能突出重点，推出拳头产品线和拳头产品项目。

4. 产品线现代化

在某些情况下，虽然产品组合的宽度、长度都很恰当，但产品式样可能已经过时，这就应当通过采用新的技术和制造工艺，改变产品面貌，使产品线现代化。如果企业决定对现有产品线进行改造，那么产品线现代化策略会面临以下问题：是逐步实现技术改造，还是以最快的速度采用全新设备更换现有的产品线。逐步现代化可以节省资金耗费，但缺点是竞争者很快就会察觉，并有充足的时间重新设计产品线；而快速现代化虽然在短时期内耗费资金较多，却可以出其不意，令竞争对手措手不及。

8.4 新产品开发

新产品不仅是企业生命力的体现，更是其未来发展的关键所在。通过不断地推出新产品和改进现有产品，企业能够更好地适应市场变化，满足消费者需求，从而在激烈的市场竞争中立于不败之地。

8.4.1 新产品的概念、分类及产生原因

市场营销学中使用的新产品概念不是从纯技术角度理解的。一种产品只要在功能或形态上得到改进，与原产品产生差异，并为顾客带来新的利益，即视为新产品。

新产品的分类主要有以下几种：

(1) 按创新程度分类，可以分为全新产品、改进型新产品、换代型新产品、仿制新产品等。其中，全新产品是指应用新原理、新技术、新材料，具有新结构、新功能的产品；改进型新产品是指在原有老产品的基础上进行改进，使产品在结构、功能或形态上发生改变，或采用新技术、新设计、新材料以提高产品质量，增加新的功能，或扩大产品使用范围；换代型新产品是指采用新技术、新结构、新方法或新材料在原有技术基础上有较大突破的产品；仿制新产品则是企业模仿国内外市场上的畅销货或参考新产品样机、图纸后试制出的新产品。

(2) 按所在地的特征分类，可以分为地区或企业新产品、国内新产品、国际新产品等。其中，地区或企业新产品是指在国内其他地区或其他企业已经生产但本地区或本企业初次生产和销售的产品；国内新产品是指在国外已经试制成功但国内尚属首次生产和销售的产品；国际新产品是指在世界范围内首次研制成功并投入生产和销售的产品。

(3) 按开发方式分类，可以分为技术引进型新产品、独立开发型新产品、混合开发型新产品等。其中，技术引进型新产品是直接引进市场上已有的成熟技术制造的产品，这样可以避开企业自身开发能力较弱的难点；独立开发型新产品是指从用户所需要的产品功能出发，探索能够满足该功能需求的原理和结构，结合新技术、新材料的研究独立开发制造的产品；混合开发型新产品是以上两点相结合制造的产品。

企业之所以要大力开发新产品，主要基于以下原因：

(1) 产品生命周期缩短的现实要求企业必须进行新产品开发。任何一个产品，无论其曾经多么辉煌，都会随着时间的推移而逐渐衰退。这是市场规律的自然体现，也是消费者需求不断变化的必然结果。为了应对这一挑战，企业必须不断推陈出新，用新产品来替代那些即将退出市场的老产品。只有这样，企业才能在市场中保持持续的竞争力和盈利能力。

(2) 消费需求的变化是新产品开发的重要驱动力。随着社会的进步和消费者生活水平的提高，人们对于产品的需求也在不断地升级和变化。智能手机的不断迭代更新，以及环保节能产品的兴起，都是消费需求变化的典型体现。因此，企业必须紧跟消费者的步伐，通过开发新产品来满足他们日益多样化的需求。

(3) 科技的进步为新产品开发提供了强大的支持。随着科技的不断发展，新的材料、新的工艺、新的设计理念不断涌现，这些都为新产品的开发提供了无限的可能性。新产品可以充分利用这些最新的科技成果，提升自己的性能和品质。例如，利用人工智能和大数据技术，企业可以开发出更加智能化、个性化的产品，为消费者带来全新的使用体验。

(4) 市场竞争的加剧使得新产品开发成为企业的必然选择。在激烈的市场竞争中，只有不断地推出新产品，才能在众多的竞争对手中脱颖而出，赢得消费者的青睐。新产品的开发不仅可以提升企业的市场竞争力，还可以为企业带来新的经济增长点和更大的市场份额。通过不断创新和升级产品，企业可以巩固和拓展自己的市场地位，实现持续稳定的发展。

8.4.2　新产品开发的程序

为了提高新产品开发的成功率，必须建立科学的新产品开发管理程序。一般而言，新产品的开发程序包括 8 个主要步骤：新产品构思、筛选构思、产品概念的形成和测试、营销规划的拟订、商业分析、新产品研制、市场试销和批量上市。

1. 新产品构思

新产品开发是从寻求构思即开发新产品的设想开始的。成功地开发一种新产品，首先来自一个有创造性、有价值的构思。虽然并不是所有的构思都可能变成新产品，但寻求尽可能多的构思却可以为开发新产品提供较多的机会。新产品构思的主要来源是企业内部技术人员与业务人员的想法和建议顾客的意见、竞争者产品也可以为企业改良现有产品或开发新产品提供思路。此外，随着垂直营销系统的广泛采用，生产企业与上游供应商和下游经销商的合作日益密切，他们可为生产企业提供关于新材料、新技术和市场动态方面的最新信息。最后，新产品构思还可以来自展销会、杂志、科研机构等其他途径。

2. 筛选构思

筛选构思就是对大量的新产品构思进行评价，研究其可行性，挑出那些有创造性的、有价值的构思。筛选构思的目的是选出那些符合本企业发展目标和长远利益，并与企业资源相协调的产品构思，并及早地发现那些不可行或者可行性不大、没有发展前途的构思。

企业在甄别构思时，一般要考虑以下因素：一是环境条件，即市场的规模与构成、产品的竞争程度与前景、国家的政策等；二是企业的发展目标和长远利益，这涉及企业的战略任务、利润目标、销售目标和形象目标等；三是企业的开发与实施能力，包括经营管理能力、人力资源状况、资金能力、技术能力和销售能力等。企业在对构思进行筛选的过程中，要避免两种失误：一是误舍，就是将那些可行的新产品构思舍弃；二是误用，就是将一些没有前途的新产品构思付诸开发。无论误舍还是误用，都会给企业造成重大损失。因此，企业必须从自身的实际情况出发，根据具体情况决定如何取舍新产品的构思。图 8-6 显示了新产品构思的基本筛选过程。

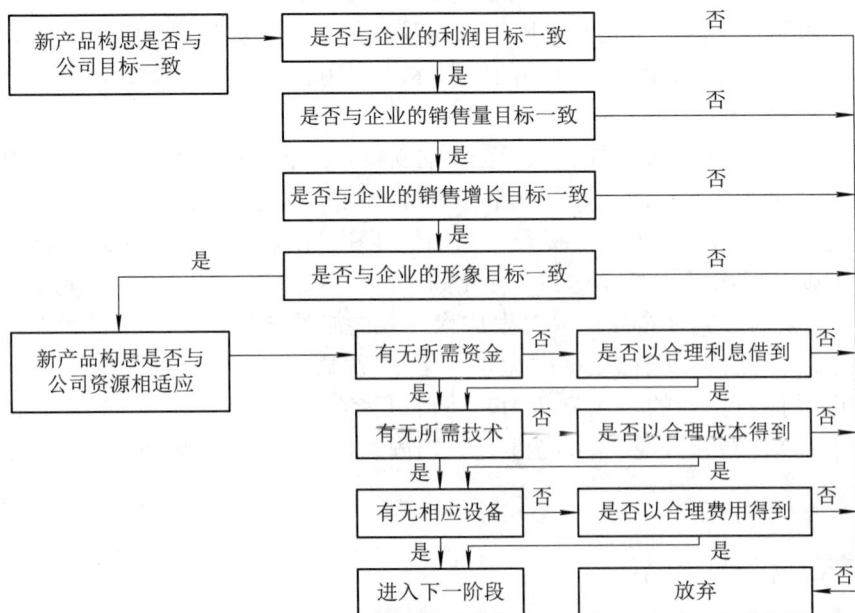

图 8-6　新产品构思的基本筛选过程

3. 产品概念的形成和测试

经过筛选后保留下来的产品构思必须发展成产品概念。这里还需明确产品构思、产品概念和产品形象三者的区别。产品构思是企业从技术角度认为自己可以向市场提供的一种产品构想；产品概念是指企业从消费者的角度对这种创意所作的详尽描述；产品形象则是消费者对某种现实产品或潜在产品所形成的特定形象。

显然，同一个产品构思可以转化为多个产品概念，因此需要经过审慎的测试来选定合适的概念。测试可通过对目标顾客进行问卷调查来进行。根据问卷调查结果，企业可以确定最受顾客欢迎的产品概念，从而也是企业应当选择的产品概念。

4. 营销规划的拟定

对经过测试后确认的产品概念，紧接着就要为该产品拟定营销规划。初拟的营销规划应包括三个部分：

(1) 说明目标市场的规模、结构、行为、新产品的市场定位、近期的销售量和销售额、市场占有率、利润率等。

(2) 略述新产品的计划价格、分销渠道、促销方式和营销预算。

(3) 阐述新产品的远景并提出设想，如长期销售额和利润目标、产品生命周期各阶段的营销组合策略等。

5. 商业分析

商业分析是对新产品概念进行经济效益分析，即对新产品的销售情况、成本和利润作出进一步的评估，判断其是否符合企业的目标，以此决定是否进入新产品的正式开发阶段。

商业分析包括预测销售额和推算成本与利润两个步骤。在估计新产品的销售情况时，要深入考察类似产品过去的销售情况以及目标市场情况，推算出最小和最大销售量，以估量出风险大小。然后工作人员要与各有关部门共同讨论分析，估计成本，推算利润。根据这些成本和利润数据，可以分析新产品的财务吸引力。

6. 新产品研制

新产品研制是指将产品概念转化为实际产品，经产品创意转化为可行的市场供给物的过程。如果产品概念通过了商业分析，研究、开发及工程技术部门就可以把这种产品概念转变成为产品，进入试制阶段。只有在这一阶段，文字、图表及模型等描述的产品设计才能变为实体产品。这一阶段应当搞清楚的问题是：产品概念能否变为技术上和商业上可行的产品。如果不能，除在全过程中取得一些有用副产品(如数据、资料、信息情报等)外，所耗费的资金将全部付诸东流。

7. 市场试销

在对新产品模型或样品进行多次消费者调查后，企业便可生产小批量新产品，并在典型的消费者环境中推出产品和营销方案(包括定位、品牌、包装、定价、分销、广告等)，以观察市场反应，这一步骤被称为市场试销。如果企业对新产品开发试验的结果感到满意，就着手用品牌名称、包装和初步营销方案把这种新产品"装扮"起来，把产品推向真正的消费者市场进行实验。其目的在于了解市场大小，以及消费者和经销商对于经营、使用和再购买这种新产品的实际情况，然后再酌情采取适当对策。市场试销的规模决定于两个因素：一是投资费用和风险的高低；二是市场试销费用的高低和时间的长短。投资费用和风险越高的新产品，试销的规模应越大一些；反之，投资费用和风险较低的新产品，试销规模就可小一些。所需市场试销费用越多、时间越长的新产品，市场试销规模应越小一些；反之，则可大一些。不过，总的来说，市场试销费用不宜在新产品开发投资总额中占太大比例。

8. 批量上市

新产品试销成功后，就可以正式批量生产，全面推向市场。这时，企业将面临两个大的投资决策：首先，公司需要购买或租赁全面投产所需的设备，其中以保证新产品达到一定的生产规模。为了安全起见，许多企业会把生产能力保持在所预测的销售额以内。其次，企业需要投入大量的营销成本，因为许多新产品在上市初期往往需要很高的广告和促销预算支持。

在新产品正式上市之前，企业需要作出如下四个方面的决策：

(1) 何时上市。即什么时候将新产品投放市场最适宜。通常，全新型新产品进入市场的时间要早，动作要快；换代型新产品应选择在老产品的成熟期早期或中期进入市场；改进型新产品应选择在基础产品成熟期进入市场；仿制型新产品则应选择在竞争产品的成长期进入市场。

(2) 何地上市。即企业决定将新产品推向哪一地区，或哪些地区，是全国市场还是国际市场。通常小企业会选择快速进入一个有吸引力的城市市场，而大企业往往把产品引入某一地区，然后向其他地区扩展。一些有信心、有资本实力和有能力的大企业则会在全国市场范围内同时推出其新产品。例如，宝洁公司这样的超级公司可以在 1 年内把新产品从美国推向全球市场。

(3) 销售给谁。即企业希望将销售目标对准最有吸引力的市场。理想的新产品的潜在购买者应具备以下特征：他们是早期采用者，是大量使用的用户，是观念倡导者或舆论带头人，并能为新产品进行正确的宣传，且和他们接触的成本不高。现实中这样的群体很少见。企业只能根据这些标准对各种预期的群体作出评价，把目标对准最有希望的群体。

(4) 怎样上市。即企业要制定一个较为完善的新产品的市场营销组合策略，有计划地进行营销活动。

8.4.3 影响新产品市场扩散的因素

1. 新产品的特征

新产品的市场扩散与其特征息息相关。以下是决定新产品市场扩散速度的四个关键特征：

(1) 相对优点。当新产品在功能、可靠性、便利性、新颖性等方面展现出比原有产品更多的优越性时，市场对其的接纳速度会显著加快。这意味着，消费者更容易被那些具有明显优势的新产品所吸引。

(2) 适应性。新产品与目标市场的消费习惯、社会心理及产品价值观是否相契合，对其市场扩散具有重要影响。当新产品与这些因素相适应或较为接近时，其市场扩散会更加顺利；反之，则可能遭遇市场阻碍。

(3) 简易性。新产品的设计、整体结构、使用维修及保养方法的简易程度，直接影响其在目标市场的推广扩散。一般来说，结构和使用方法简单易懂的新产品，特别是消费品，更容易被市场接受和推广。

(4) 明确性。新产品的性质或优点能否容易被人们观察和描述，以及是否容易被说明和示范，也是影响其市场扩散速度的重要因素。信息传播便捷、易于认知的产品，其市场采用速度通常会比较快。

2. 消费者的购买行为

消费者购买行为的以下两个方面，会在一定程度上影响新产品的市场扩散速度。

1) 消费者采用新产品的阶段

人们对新产品的采用过程，客观上存在着一定的规律性。美国学者罗吉斯调查了数百人接受新产品的实例，总结出了人们接受新产品的过程和一般规律，认为消费者接受新产品一般要经过以下五个阶段：

(1) 认知阶段。消费者首次接触新产品，通常是通过广告、社交媒体或口碑传播，此阶段的消费者对新产品的了解非常有限，但初步的印象和好奇心可能促使他们进一步了解。对于企业来说，这个阶段的关键是确保新产品能够引起目标受众的注意，并通过有效的传播渠道提供足够的信息来激发消费者的兴趣。

(2) 兴趣阶段。在此阶段，消费者开始对新产品产生兴趣，并主动寻找更多信息。他们可能会比较不同产品、阅读评论或咨询朋友和家人的意见。企业应提供详细的产品信息、比较数据和用户评价，以帮助消费者建立对新产品的信任和兴趣。

(3) 评价阶段。在此阶段，消费者会评估新产品的价值、性能和价格等因素，以确定其是否符合他们的需求和预算。企业应提供有说服力的产品演示、试用机会和优惠活动，以降低消费者的购买风险并增强他们的购买意愿。

(4) 试用阶段。在此阶段，消费者开始小规模地试用新产品，可能是通过免费样品、试用期或租赁等方式。试用的目的是验证新产品的性能、易用性和可靠性。企业应确保提供优质的客户服务和支持，以解决消费者在试用过程中可能遇到的问题，并鼓励他们分享试用体验。

(5) 采用阶段。经过成功的试用后，消费者在此阶段决定完全采用新产品，并开始大规模购买。他们可能会成为品牌的忠实拥趸，并向其他人推荐新产品。

2) 消费者对新产品的反应差异

在新产品的市场扩散过程中，由于社会地位、消费心理、产品价值观、个人性格等多种因素的影响和制约，不同消费者对新产品的反映具有很大的差异。具体来说，可以将消费者分为以下几个主要群体：

(1) 创新采用者。这类消费者也称"消费先驱"，通常富有个性，勇于革新冒险，性格活跃，消费决策很少受他人影响。他们经济宽裕，社会地位较高，受过高等教育，易受广告等促销手段的影响，是企业投放新产品时的理想目标。

(2) 早期采用者。这类消费者一般是年轻人，乐于探索，对新事物比较敏感并有较强的适应性，经济状况良好。他们对早期采用新产品具有自豪感，对广告及其他渠道传播的新产品信息很少有成见，促销媒体对他们有较大的影响力，但与创新采用者比较，他们会较为谨慎。

(3) 早期大众。这部分消费者一般较少有保守思想，接受过一定的教育，有较好的工作环境和稳定的收入，对社会中有影响的人物，特别是自己所崇拜的"舆论领袖"的消费行为具有较强的模仿心理。他们经常是在征询了早期采用者的意见之后才尝试新产品。研究他们的心理状态、消费习惯，对提高产品的市场份额具有很大的意义。

(4) 晚期大众。指比较晚地跟上消费潮流的人。他们的工作岗位、受教育水平及收入状况往往比早期大众略差，对新事物、新环境多持怀疑或观望态度，往往在产品进入成熟阶段才开始购买。

(5) 落后的购买者。这些人受传统思想束缚很深，思想非常保守，对新事物、新变化多持怀疑态度，固守传统消费行为方式，在产品进入成熟期甚至衰退期后才能接受。

新产品在整个市场扩散过程中的销量，对应消费者对新产品的反应差异，在坐标图上形成完整的"正态分布曲线"，这与产品生命周期曲线极为相似，为企业规划产品生命周期各阶段的营销战略提供了有力的依据。

特斯拉的新产品
开发之路

本章小结

本章主要介绍了产品整体概念、产品生命周期、产品组合与新产品开发策略。内容要点主要包括：产品整体概念是指人们向市场提供的能够满足消费者或用户某种需求的任何有形物品和无形服务的总和，包括核心产品、形式产品、期望产品、延伸产品和潜在产品五个层次内容。产品生命周期是指产品从进入市场到退出市场所经历的市场生命循环过程，根据销售额和利润额变化将这个过程划分为导入期、成长期、成熟期和衰退期这四个阶段。各阶段营销目标不同，相应的市场营销策略也不同。产品组合是指一个企业生产销售的各种产品线及其产品品种、规格的搭配，衡量产品组合的要素包括组合的广度、长度、深度和关联度。新产品开发过程包括新产品构思、筛选构思、产品概念的形成和测试、营销规划的拟订、商业分析、新产品研制、市场试销和批量上市。

重要概念

产品	消费品	便利品	选购品	特殊品
非渴求品	工业品	产品组合	波士顿矩阵法	
产品线	产品生命周期	新产品		

复习思考题

1. 简述产品的概念及产品的整体概念。

2. 什么是产品组合、产品线和产品项目？

3. 产品组合的广度、长度、深度和关联度对营销活动的意义是什么？

4. 简述新产品开发的程序。

案例分析

酒店的产品组合营销

酒店产品包括该酒店的各个场所、有形的实物、无形的服务以及设施等。大多数顾客来酒店不会只消费某项产品，一般情况下都会选择感兴趣或符合自己需求的额外产品。虽然整体产品代表了酒店的整体功能，但宾客往往会根据自己的需求选择其中若干项的组合。因此酒店会根据市场情况变化，不断对产品组合进行考察、评估与改进。

酒店产品组合的普遍策略有扩展策略、精简策略、优化策略、高档策略和低档策略。大型酒店为扩大经营范围，会采用扩展策略，这有利于合理运用酒店丰富的资源，以满足消费者多元化且多层次的需求，拓展多元化业务，减小收益风险。精简策略则相反，指在市场饱和状态时减少产品组合的广度，发挥酒店资源最大效用。优化策略顾名思义，指对酒店现有产品进行升级，细分市场。高档策略指对现有产品划分等次，利用现有高档次项目，塑造酒店品牌形象、提高声望，进而促进销售。低档策略即在现有产品系列中，增加低廉酒店产品项目，满足中低档消费需求，拓宽市场占有率，从而提高产品销售量。最后，区别于前五种的是产品组合营销策略，即酒店根据其自身的特色与客源类型创造出各种特殊产品组合，采用产品组合营销是为了提高市场竞争力，满足消费者的多样化需求。目前市场上有针对商务顾客的公务产品组合、针对家庭游玩者的家庭玩乐产品组合等。各式产品组合的开发不断激发了酒店的创新力，挖掘了产品潜在的组合配套能力。

三亚美高梅(MGM)度假酒店是位于海南省三亚市亚龙湾的一家豪华度假酒店，隶属于钓鱼台美高梅酒店管理有限公司。这家酒店拥有 596 间风格各异的客房，包括 73 间套房和 6 套豪华别墅，每一间客房都精心设计，融入当地特色和品牌理念，为宾客提供舒适且独特的住宿体验。酒店坐落在亚龙湾的沙滩上，环境优美，尽享南海壮丽海景，是放松身心、享受美好假期的理想之地。酒店不仅提供一流的住宿环境，还拥有一系列完善的娱乐和餐饮设施，包括水疗中心、游泳池、多个餐厅和酒吧，能满足宾客的各种需求。此外，三亚美高梅度假酒店还以其独特的活动而闻名，如海上城堡、酷漂乐园、卡丁车等，这些活动让宾客在享受舒适住宿的同时，也能体验到刺激和乐趣。酒店还设有专门的儿童游乐区，让每个家庭都能在此度过愉快的假期。

三亚 MGM 酒店产品组合现状如下。

1. 基础产品组合

基础产品组合是不限固定消费群体、适用于所有消费者的策略。基础产品组合是多数酒店都采用的，即房费中包含附加权益，例如免费双人早餐、欢迎水果、免费接送机、酒店跟拍等。这类产品组合的发展是由于线上预订的流行。为了吸引顾客，酒店给予 OTA(在线旅游代理)渠道预订客户更多优惠权益。这也是现今酒店行业竞争激烈的结果。各家酒店凭借自身产品的优势，将所有可利用的产品都"组合"到了客房预订套餐中。美高梅酒店也将自己的特色产品"打包销售"，包括美高梅"M"秀表演、FUN 动冲浪体验、儿童泡泡岛游戏、LEO 小火车等。这些是三亚美高梅酒店独一无二的产品，它们与入住权益相组合，使得线上预订套餐更具吸引力。

2. 潮玩娱乐产品组合

三亚美高梅度假酒店的潮玩娱乐产品组合面向"爱玩、会玩、敢玩"的时尚男女，尤其是 90 后年轻人以及年轻情侣。从其宣传语"挑战活力、感受心跳、纵情娱乐"中就可以体会出该酒店的品牌文化。酒店每日特色的"M"秀表演、美高梅网红热气球、独一无二的 FUN 动冲浪等项目更是适合追求刺激、爱好挑战的时尚人士，走进酒店就可以感受到活力与热情。

3. 家庭套餐产品组合

目前，旅游市场上家庭旅游的热度居高不下，已成为旅游消费市场的重要组成部分。面向此类人群的家庭套餐组合，注重亲子互动，能为消费者留下许多美好的回忆。三亚美高梅度假酒店紧跟市场潮流，将自身打造成了独具特色的亲子酒店，推出了丰富多彩的儿童娱乐活动，如创意涂鸦、快乐垂钓以及儿童泡泡岛水上乐园等，在当地酒店行业中可谓独树一帜。

三亚美高梅酒店的产品组合套餐覆盖群体广泛，能满足各种类型消费者的不同需求。此外，酒店每月都会更新组合产品的内容，保持消费者的新鲜感，同时也是在测试市场，从中找出最优产品组合。

请结合上述案例材料，思考以下问题：

(1) 如何采用产品整体概念的五层次模型分析该酒店产品？

(2) 三亚美高梅度假酒店的产品组合策略具体包括哪些？

(3) 酒店产品组合的普遍策略有哪些？

第9章　品牌、包装与服务策略

学习目标

● 了解品牌的内涵和品牌战略的基本模式；
● 了解包装的种类和策略；
● 掌握服务营销的概念和服务营销组合。

引例

可口可乐"新口味"的失败

20 世纪 80 年代，可口可乐在饮料市场的领导者地位受到了挑战，竞争对手百事可乐来势汹汹，展开了号称"百事挑战"的广告攻势。百事可乐公司对顾客口感测试进行了现场直播，即在不告知参与者在拍广告的情况下，请他们品尝各种没有品牌标志的饮料，然后说出哪一种口感最好。而在几乎每一次测试后，品尝者都认为百事可乐更好喝，"百事挑战"系列广告使百事可乐在美国的饮料市场份额从 6% 猛升至 14%。

可口可乐公司也立即组织了口感测试，结果与"百事挑战"中的一样，人们更喜爱百事可乐的口味。测试报告使得可口可乐的决策层和管理层都相信，消费者的口味在这许多年里发生了变化，他们更喜欢百事可乐的甜味，不喜欢可口可乐的爽味。

于是，致力于修改可口可乐秘方的"堪萨斯项目"于 1983 年开始启动。经过一年的努力，可口可乐的新配方在实验室成功出炉。新一轮的市场调研开始了。这次可口可乐花费了四百万美元，开展了 19 万次品尝实验，参加者来自各个年龄组，覆盖了美国的每一个地区。调研结果显示：在口味测试中，新可口可乐以 6～8 个百分点的领先优势击败百事可乐；消费者对新可口可乐的满意度超过老可口可乐 10 个百分点，分别为 55% 和 45%；在允许看到商标的情况下，消费者对新可口可乐的满意度高于百事可乐，分别为 61% 和 39%。

1985 年 4 月 23 日，可口可乐公司正式宣布推出新可口可乐，同时停止生产老可口可乐。

在"新可乐"全面上市初期，市场反应相当好，约有 1.5 亿人在"新可乐"面世的当天就品尝了它。但很快情况发生了变化，在"新可乐"上市后的一个月内，可口可乐公司每天接到超过 5000 通抗议电话，更有雪片般飞来的抗议信件，可口可乐公司不得不开辟了 83 条热线，雇佣了更多的公关人员来处理这些抱怨和批评。有的顾客称"老可乐"是美国的象征；有的顾客威胁说将改喝茶水，永不再买可口可乐公司的产品；更有忠于"老可乐"的人们成立了"美国老可乐饮者"组织，发起了抵制"新可乐"的运动。许多人开始寻找已停产的"老可乐"，各地消费者开始储存成箱的"老可乐"，这些"老可乐"的价格一涨再涨。两个月后，"新可乐"的销量远远低于公司的预期值，不少瓶装商强烈要求恢复销售"老可乐"。可口可乐的批发商也接到潮水般涌来的出言不逊的电话，送货人员在街上遭到愤怒且好事的可乐饮用者的拦截。

但可口可乐公司依然幻想消费者们在尝试了新饮料后会喜欢上它。1985年5月，公司在45个城市举办了新可口可乐"滚动"派对，共送出100万罐"新可乐"，但是几乎每一次他们得到的都是消费者的强烈抗议，他们要求"老可乐"回归。

"新可乐"面市后的三个月，其销量仍不见起色，而公众的抗议声却愈演愈烈。随着消费者的反对声像滚雪球一样越滚越大，可口可乐公司密切关注着公众舆论的变化，市场调研一直没有中断。6月份的调研结果显示，只有49%的人表示喜欢"新可乐"，而51%的人喜欢"老可乐"。7月初，每周一次的调研表明，喜欢"新可乐"的人数只占30%，有70%的人喜欢"老可乐"。7月11日，可口可乐公司宣布"经典可口可乐"（Cocacola Classic）恢复上市，并将其商标定名为"可口可乐古典"，同时继续保留和生产"新可乐"，其商标为"新可乐"。

9.1 品牌与品牌策略

当今世界已经进入品牌竞争的时代，品牌作为一种新兴的语言已进入千家万户。许多国际知名品牌迅速渗透到世界各个角落，超越了民族文化的障碍，以其独特的品牌魅力吸引着全球消费者。

9.1.1 品牌的定义和内涵

1. 品牌的定义

实际上，即使是在学术界也没有一个被大家所普遍认可的关于品牌的定义，不同的研究者由于各自学科背景和从业经验的差异，对品牌有不同的理解。

品牌的英文brand源自古挪威文Brandr，意思是"烧灼"。人们用这种方式来标记家畜等需要与其他人相互区分的私有财产。到了中世纪的欧洲，手工艺匠人用这种打烙印的方法在自己的手工艺品上烙下标记，以便顾客识别产品的产地和生产者。这就产生了最初的商标，并以此为消费者提供担保，同时向生产者提供法律保护。16世纪早期，蒸馏威士忌酒的生产商将威士忌装入烙有生产者名字的木桶中，以防不法商人偷梁换柱。到了1835年，苏格兰的酿酒者使用了"Old Smuggler"这一品牌，以维护采用特殊蒸馏程序酿制的酒的质量和声誉。

经过几百年的历史演进，以及商业竞争格局和零售业形态的不断变迁，品牌承载的含义也越来越丰富。如今，"品牌"一词无论是其内涵还是外延都已大大地扩展了。

20世纪50年代，美国著名广告大师、奥美公司的创始人大卫·奥格威第一次提出了品牌的概念，而在中国，直到20世纪90年代才出现这个概念。现在行业内外对品牌的定义林林总总，没有形成共识。中国著名品牌研究学者余阳明先生在其《品牌学》一书中认为国内外学者对品牌的定义主要来自以下四个层面：

1) 符号层面

美国市场营销协会定义委员会给品牌下的定义为：品牌是一种名称、术语、标记、符号或设计，或是它们的组合运用，其目的是借以辨认某个销售者或某群销售者的产品或服务，并使之同竞争对手的产品和服务区别开来。

美国营销学家菲利普·科特勒(Philip Kotler)为品牌下的定义是：品牌就是一个名字、称谓、符号或设计，或是上述的总和，其目的是要使自己的产品或服务有别于其他竞争者。

在国内外其他学者的著作中，对于品牌的解释其基本内容都与上面的两种说法类似，主要从品牌的识别功能进行表述。这种观点从最直观、最外在的表现出发，将品牌看作一种标榜个性、区别于其他产品或服务的特殊符号。

2) 综合层面

"广告教父"大卫·奥格威在 1955 年对品牌作了如下定义：品牌是一种错综复杂的象征，它是产品属性、名称、包装、价格、历史声誉、广告方式的无形总和，品牌同时也因消费者对其使用的印象以及自身的经验而有所界定。

美国品牌学者林恩·阿普绍(Lynn B. Upshaw)在谈及品牌特征的意义时说："品牌是消费者眼中的产品和服务的全部，也就是人们看到的各种因素集合起来所形成的产品表现，包括销售策略、人性化的产品个性及两者的结合等，或是全部有形或无形要素的自然参与，例如品牌名称、标志、图案这些要素等。"

这一类定义从品牌的信息整合功能上入手，将品牌置于营销乃至整个社会的大环境中加以分析，不仅包括了品牌名称、品牌包装、品牌标志等有形的东西，而且将品牌放入历史时空，作横向和纵向的分析，指出和品牌密不可分的环节，如历史、声誉问题、法律意义、市场经济意义、社会文化心理意义等。这些东西都是无形的，很容易被人忽略，但它们又是事实存在的，是品牌的一部分，只有将这些要素最大限度地加以整合，品牌才是个完整的概念。

3) 关系层面

美国的奥美广告公司把品牌定义为消费者与产品间的关系，消费者才是品牌的最后拥有者，品牌是消费者经验的总和。

上海财经大学商学院教授王新新认为："品牌是一种关系性契约，品牌不仅包含物品之间的交换关系，而且还包括其他社会关系，如企业与顾客之间的情感关系，企业之所以要建立品牌，是为了维持一种长期、稳定的交易关系，着眼于与顾客在未来的合作。"

此类定义，从品牌与消费者沟通功能角度来阐述，强调品牌的最后实现由消费者来决定。这种界定强调品牌是一种偏向，是消费者或某些权威机构认定的一种价值倾向，是社会评论的结果，而不是自我加冕的。

4) 资源层面

美国学者亚力山大·贝尔(Alexander L Biel)认为："品牌资产是一种超越生产、商品及所有有形资产以外的价值。品牌带来的好处是其未来的品牌价值远远超过推出具有竞争力的其他品牌所需的扩充成本。"

青岛汉阳品牌管理咨询公司总经理韩志峰在其文章《品牌是一种资源》中指出："品牌是企业内在属性在外部环境中创造出来的一种资源。它不仅是企业内在属性在外部环境中体现出来的有价值的形象标志，而且因为其能整合企业外部的不同资源，对企业内在属性发展产生反作用，因此它更是一种资源。"

《大营销——世纪营销战略》一书中对品牌是这样定义的："品牌是一种独立的资源和资本……是一种知识产权，也可以像资本一样营运，实现增值。"

这一类定义的共同点是把品牌视为一种资产，是一种可以在未来产生现金流的极具价值的资源。

以上四类对于品牌的定义都有其一定的合理性，无所谓孰优孰劣，只是各自侧重的视角不同而已。

综上所述，我们认为，品牌是用以识别某个销售者或某群销售者的产品或服务，并使之与竞争对手的产品或服务区别开来的商业名称及其标志，通常由文字、标记、符号、图案和颜色等要素或这些要素的组合构成。

2. 品牌的内涵

著名市场营销专家菲利普·科特勒认为：品牌从本质上说，是销售者向购买者长期提供的一组特定的特点、利益和服务的允诺。好的品牌传达了质量的保证。然而，品牌还是一个更为复杂的符号，它由品牌外部标记(包括名称、术语、图案等)、品牌识别、品牌联想、品牌形象等内容构成。它能表达六层含义：属性、利益、价值、文化、个性和使用者。

1) 属性

品牌属性是指产品自身的特性，包括那些包含在产品说明书上的物理参数、技术参数、性能参数等。例如奔驰汽车 E 级加长版 E300L 的参数配置是 3.0 升汽油直喷 V6 发动机，最大输出功率为 170 千瓦(245 马力)，峰值扭矩 300 N·m，匹配七速手自一体变速箱，最高时速 245 公里……当然，这些参数还可以进一步概括为技术精良、耐用、高速性能出色等。

2) 利益

品牌利益是指产品的属性能给消费者带来的好处和收益。例如，奔驰轿车"技术精良"的属性可以给消费者带来安全需要的满足；而车的"耐用"属性能为消费者节约修理或更换新车的成本。

3) 价值

价值的实质是产品给消费者提供的一组利益的提炼。这种价值可以是产品达到的功效，可以是对消费者情感上的满足，还可以是消费者象征性的自我表达。例如，一些消费者认为奔驰轿车能象征其拥有者有较高的经济收入和社会地位。

4) 文化

品牌文化是指隐含在品牌中精神层面的内容。市场上很多知名品牌都力图使自己展现一种国家文化或民族文化。例如，可口可乐的热情奔放；香奈尔的浪漫而高雅；松下电器的严谨和团结；奔驰的有组织、讲效率、重质量。

5) 个性

品牌个性是与品牌相关的一系列人类性格，是品牌形象人格化后所具有的个性。譬如，奔驰的品牌个性是"成功、严谨和权威"，百事可乐的品牌个性是"新潮、活泼"，海尔的品牌个性是"真诚"，沃尔玛则使人感受到它"勤劳、朴实"的个性。品牌个性与品牌文化密切相关。品牌个性是品牌人格化以后所具有的"人"的个性，而人的个性的形成离不开他所处的社会环境，特别是文化环境。

红牛品牌内涵策划

6) 使用者

品牌暗示了购买或者使用产品的消费者类型。品牌将消费者区隔开来，这种区隔不仅体现在消费者的年龄、收入等表象特征上，更体现在消费者的心理特征和生活方式上。例如，欧莱雅的使用者是时尚、高雅的成熟女性，而奔驰的使用者是成熟稳重的成功人士。

9.1.2 品牌的特征和分类

1. 品牌的特征

品牌的特征包括以下几点。

(1) 品牌的专有性。品牌是用以识别生产或销售者的产品或服务的。品牌拥有者经过法律程序的认定，享有品牌的专有权，有权要求其他企业或个人不能仿冒、伪造。品牌具有专有性和排他性。

(2) 品牌的表象性。品牌是企业的无形资产，不具有独立的实体，但它最原始的目的就是让人们通过一个比较容易记忆的形式来记住某一产品或企业，因此，品牌必须有物质载体，需要通过一系列的物质载体来表现自己，使品牌形式化。品牌的直接载体主要是文字、图案和符号，间接载体主要有产品质量、产品服务、知名度、美誉度、市场占有率等。没有物质载体，品牌就无法表现出来，更不可能达到品牌的整体传播效果。

(3) 品牌的价值属性。品牌拥有者可以凭借品牌的优势不断获取利益，可以利用品牌的市场开拓力、形象扩张力不断发展，因此品牌具有一定价值。这种价值不能像物质资产那样以实物形式呈现，但它能使企业的无形资产迅速增值，并且可以作为商品在市场上进行交易。作为无形资产，品牌的价值可以量化。

(4) 品牌的扩张性。品牌具有识别功能，代表一种产品、一个企业，企业可以利用这一优点展示品牌对市场的开拓能力，还可以利用品牌资本进行扩张。

(5) 品牌转化的风险性。品牌创立后，在其成长的过程中，由于市场的不断变化，需求的不断提高，企业的品牌资本可能壮大，也可能缩小，甚至品牌可能在竞争中退出市场。品牌的成长也存在一定风险，有时是由于企业的产品质量出现意外，有时是由于服务不过关，有时是由于品牌资本盲目扩张、运作不佳。这些都给企业品牌的维护带来挑战，使企业品牌效益的评估也出现不确定性。

2. 品牌的分类

品牌可以依据不同的标准划分为不同的种类。

1) 根据品牌知名度的辐射区域划分

根据品牌知名度的辐射区域，可以将品牌分为地区品牌、国内品牌、国际品牌。地区品牌指在一个较小的区域之内生产销售的品牌，例如地区性生产和销售的特色产品，这些产品一般在一定范围内生产和销售，产品辐射范围不广，主要受产品特性、地理条件及某些文化特性的影响。国内品牌指国内知名度较高，产品辐射全国，在全国销售的产品，如长虹彩电、联想电脑等。国际品牌指在国际市场上知名度、美誉度较高，产品辐射全球的品牌，如可口可乐、麦当劳、万宝路、奔驰、微软等。

2) 根据品牌产品生产经营的不同环节划分

根据产品生产经营的所属环节，可以将品牌分为制造商品牌和经营商品牌。制造商品牌是指制造商为自己生产制造的产品设计的品牌，如海尔、华为等。经销商品牌是经销商根据自身的需求和对市场的了解，结合企业发展需要创立的品牌，如沃尔玛、华润集团等。

3) 根据品牌来源划分

依据品牌的来源，可以将品牌分为自有品牌、外来品牌和嫁接品牌。自有品牌是企业依据自身需要创立的品牌。外来品牌是指企业通过特许经营、兼并、收购或其他形式而取得的品牌。嫁接品牌主要指通过合资、合作方式形成的品牌。

4) 根据品牌的行业划分

根据品牌产品的所属行业不同，可将品牌划分家电电子行业品牌、食品饮料行业品牌、日用化工品牌、企业机械品牌、服装鞋类品牌等。

除了上述几种分类外，品牌还可依据产品或服务在市场上的态势划分为强势和弱势品牌；依据品牌用途不同，划分为生产资料品牌和消费品品牌等。

9.1.3　品牌战略及其基本模式

1. 品牌战略概述

在科技高度发达、信息快速传播的今天，产品、技术及管理诀窍等容易被对手模仿，难以成为核心专长，而品牌一旦树立，则不但有价值并且不可模仿，因为品牌是一种消费者认知，是一种心理感觉，这种认知和感觉不能被轻易模仿。

近年来，许多企业纷纷运用品牌战略的利器，取得了竞争优势并逐渐发展壮大，从而确保了企业的长远发展。

打造品牌是企业上下与内外整体努力的结果，决非仅仅是营销传播部门的专属职权。塑造品牌的目的在于累积作为企业无形资产之一的品牌资产，从而获取品牌资产所带来的有形价值与收益。可以说，品牌是一项长期的投资，塑造品牌已成为一个完整的商业体系，它需要企业在研发、生产、销售、传播与服务等每个环节上作出正确的决策。品牌的特征决定了品牌运作本身就是一项战略性工程，它具有长期性、持续性、系统性、全局性与全员性等战略特征。企业需要以战略眼光，纵观全局，长期地、持续地操作，不可能一蹴而就、一劳永逸。

意欲打造强势品牌的企业，要将品牌运作上升到战略层面。品牌需要战略规划，更需要从分析、规划、实施到评估与控制方面对品牌进行科学的管理。万宝路、宝洁、IBM 等跨国企业无不将品牌资产视作企业最重要的无形资产，并由企业最高层直接挂帅管理，其策略与行为的变与不变，均建立在品牌战略的基础上。沃尔沃(VOLVO)所编写的名为《传播沃尔沃汽车：世界上最伟大的品牌之一》的品牌管理手册中，不仅设定了沃尔沃品牌的核心七要素(首屈一指的安全性能、环保领袖、价值最大化等)，甚至还为品牌传播的语言、视觉、风格等确立了基调。万宝路(Marlboro)在其《品牌管理手册》中更是规定了所有传播表现上的人物、环境、色调乃至光线等基本要求。

2. 品牌战略的内容

所谓品牌战略，包括品牌化决策、品牌模式选择、品牌识别界定、品牌延伸规划、品牌管理规划与品牌远景设立六个方面的内容。品牌战略是纲领性的、指导性的，也是竞争性和系统化的，它不是具体的战术性执行方案，更不是简单的一句品牌口号与一个品牌目标。

(1) 品牌化决策。品牌化决策解决的是品牌的属性问题。是选择制造商品牌还是经销商品牌？是塑造企业品牌还是产品品牌？是自创品牌还是外购或加盟品牌？在品牌创立之前就要解决好这些问题。不同的品牌经营策略，预示着企业不同的道路与命运，例如是选择"宜家"式产供销一体化，还是步入"麦当劳"的特许加盟之旅。总之，不同类别的品牌，在不同行业与企业所处的不同阶段有其特定的适应性。

(2) 品牌模式选择。品牌模式选择解决的是品牌的结构问题。是选择综合性的单一品牌还是多元化的多品牌？是联合品牌还是主副品牌？是背书品牌还是担保品牌？品牌模式虽无所谓好与坏，但却有一定的行业适用性与时间性，尤其对资源与管理能力有相当的要求。一个清晰、协调且科学的品牌结构，对于整合有限的资源、减少内耗、提高效能、加速累积品牌资产无疑是至关重要的。

(3) 品牌识别界定。品牌识别界定确立的是品牌的内涵，也就是企业经营者希望被消费者所认同的品牌形象，它是整个品牌战略规划的重心所在。它从品牌的理念识别、行为识别与符号识别等三方面规范了品牌的思想、行为、外表等内涵，其中包括以品牌的核心价值为中心的核心识别和以品牌承诺、品牌个性等元素组成的基本识别；还规范了品牌在企业、企业家、员工、代言人与产品、推广、传播等层面上的"为与不为"的行为准则；同时为品牌在视觉、听觉、触觉等方面的表现确立基本标准。

(4) 品牌延伸规划。品牌延伸规划是对品牌未来发展领域的清晰界定。明确了品牌适合在哪些领域和行业发展与延伸，在降低延伸风险、规避品牌稀释的前提下，谋求品牌价值的最大化。例如，海尔家电统一用"海尔"品牌，就是品牌延伸的成功典范。

(5) 品牌管理规划。品牌管理规划指企业要设立品牌管理机构、完善品牌管理机制，在组织机构与管理机制上为品牌建设保驾护航。

(6) 品牌远景设立。品牌远景设立是指在品牌管理规划的基础上为品牌的发展设立远景，并明确品牌发展各阶段的目标与衡量指标。企业做大做强靠战略，"人无远虑，必有近忧"，解决好战略问题是品牌发展的基本条件。

可以说，品牌化决策、品牌模式选择、品牌识别界定、品牌延伸规划、品牌管理规划与品牌远景设立之间既彼此独立又相互影响，是一个完整的体系，密不可分。

品牌战略的确立应该是围绕企业的竞争实力来进行的，企业要根据自己的情况、行业的特点、市场的发展和产品的特征，灵活地探寻合适的战略。以下我们将具体分析一些有代表性的品牌战略。

3. 品牌战略的基本模式

选择什么样的品牌战略是企业的根本性决策，也是企业品牌经营的纲领和"领袖"。企业如果缺乏品牌整体运作的长远思路，将会导致经营混乱无序，这无疑是对品牌资源的极大浪费。对于一艘盲目航行的船来说，来自任何方向的风都是逆风。对于企业而言，只有先做对的事，然后再把事情做对，才能顺利实现战略目标。选择正确的品牌战略是企业做对的事的起点。

不同企业面临的内外环境千差万别，它们采取的相应品牌战略也各有千秋。总的来说，品牌战略有以下六种基本模式。

1) 多品牌战略

从 20 世纪六七十年代至今，全球企业界已从产品经营阶段发展到品牌经营阶段，从而进入了品牌竞争的时代，品牌已成为顾客辨认和识别不同厂家和销售商的产品和服务并使其与竞争对手区别开来的工具，它是比企业产品更长久和更重要的核心竞争力与无形资产。

凸显个性、锁定不同目标消费群，不仅是采用多品牌战略的出发点，对市场领导者而言更是战略防御的需要，也是市场挑战者实施市场攻击的利器。当一个企业同时经营两个或两个以上相互独立的品牌时，它所采用的就是多品牌战略。

实施多品牌战略可以最大限度地占有市场，实现对消费者的交叉覆盖，并且还能降低企业的经营风险——即使一个品牌失败，对其他品牌也没有太大影响。不过，多品牌战略一般是实力强大的企业采取的战略。

2) 单一品牌战略

相对于多品牌战略，也有企业在所有产品上使用同一个品牌。像佳能公司，它所生产的照相机、传真机、复印机等产品都统一使用"Canon"品牌。这样做的好处在于企业可以节省传播费用，有利于推出新品、彰显品牌形象。但单一品牌战略也有它的劣势：只要其中一个产品出现问题，就会殃及池鱼，产生恶性连锁反应。

此外，使用同一品牌的产品间也不宜出现太大反差。

3) 主副品牌战略

主副品牌战略是以企业一个成功品牌作为主品牌，涵盖企业的系列产品，同时又给不同产品起一个生动活泼、富有魅力的名字作为副品牌，以突出产品的个性形象。副品牌虽然适用面窄，但内涵比主品牌丰富。

例如，美的空调有 100 多款产品，怎样才能让消费者一一记住它们呢？主副品牌战略便是解决之道。于是，美的的副品牌"冷静星""超静星""智灵星""健康星"等应运而生。由于副品牌定位准确，美的产品投放市场后引起强烈反响。

不过，值得注意的是，实施副品牌战略的过程中，品牌传播的重心一定要放在主品牌上，副品牌应处于从属地位。

4) 背书品牌战略

浏阳河、京酒、金六福等品牌的白酒都是由五粮液酒厂生产的。企业在传播这些品牌时，都有意识地将这一信息传达给了消费者。与其他品牌关系相比，浏阳河、京酒、金六福等品牌与五粮液之间的关系比较松散。包装上，"五粮液"的位置并不突出，它只起到背书和担保的作用。这就是背书品牌战略。

背书品牌主要是向消费者担保，这些产品一定会带来所承诺的优点，因为这个品牌的背后是一个成功的企业，它可以生产出优质的产品。背书战略尤其适合推广新品。

不过，对于被担保品牌而言，背书品牌既是支持，同时也是制约。背书品牌的形象可能会阻碍被担保品牌走出一条属于自己的路。因此，当被担保品牌较为强大后，可以选择走出背书品牌的"庇护"，开创自己的天地。

5) 品牌联合战略

在同一产品上使用两个或更多品牌，以实现相互借势，达到 $1+1>2$ 的目的，这就是品牌联合战略。

英特尔(intel)公司与全球主要计算机制造商之间的合作，就是典型的品牌联合案例。intel 公司是世界上最大的计算机芯片生产商，曾以开发、生产 X86 系列微处理器产品而闻名于世。但由于 X86 系列产品未获得商标保护，因此，竞争对手也大量生产，使 intel 公司利益受损。鉴于此，intel 公司推出了鼓励计算机制造商在其产品上使用"intel inside"标志的联合计划。结果在计划实施的短短 18 个月里，"intel inside"标志的曝光数高达 100 亿次，使得许多购买者认定要购买有"intel inside"标志的计算机。

6) 品牌特许经营战略

特许人与受许人借助同一品牌，在相同模式的约束下实现品牌扩张，以达到双赢或多赢目的，这就是品牌特许经营战略。当特许人向受许人提供统一的品牌、技术、管理、营销等之后，受许人要向特许人支付一定费用。品牌特许经营战略可以实现品牌的快速扩张，并能借助受许人的资金，降低风险与成本。全球范围内，实施品牌特许经营战略最为成功的企业当数麦当劳。

9.2 包装与包装策略

包装是商品生产的继续。商品只有经过包装才能进入流通领域，实现其价值和使用价值。设计良好的包装，能为消费者创造方便价值，为生产者创造促销价值。因而，许多营销人员把包装化(packaging)称为"四 P"之后的第五个"P"。

9.2.1 包装的概念和种类

1. 包装的概念

包装是指为某一品牌产品设计并制作容器或外部包扎物的一系列活动。包装有两方面的含义：一是为产品设计、制作包装物的活动过程；二是指包装物，并有多种类型。

2. 包装的种类

按产品包装的不同层次划分，包装可分为以下几类：

(1) 首要包装，即产品的直接包装。如牙膏包装管、啤酒瓶等。

(2) 次要包装，即保护首要包装的包装物。如包装一定数量牙膏的纸盒或纸板箱。

(3) 运输包装，即为了便于储运、识别某些产品的外包装，也叫大包装。

按产品包装在流通过程中的不同作用划分，包装可分为以下几类：

(1) 运输包装，主要用于保护产品的品质和数量完整。运输包装又可分为单件运输包装和集合运输包装。

(2) 销售包装，又称小包装。随同产品进入零售环节与消费者直接见面，实际上是零售包装。因此，销售包装除了要求符合保护产品的条件，更重要的是必须具备适于直接销售的各项条件，在造型结构、装潢画面和文字说明等方面都有较高的要求。

9.2.2 包装的作用与要求

1. 包装的作用

在市场营销过程中，包装可以发挥以下积极作用：

(1) 保护产品。包装能够保证产品在生产过程结束后，转移到消费者手中直至被消费掉以前，产品实体不致损坏、散失和变质。如易腐、易碎、易燃、易蒸发的产品，有了完善的包装就能保护其使用价值，这是包装的基本功能。

(2) 促进销售。产品包装具有识别、美化和便利的功能。包装是产品的延伸，是整体产品的一部分。独特的包装可以使产品与竞争者的产品产生区别。优良的包装多经精心设计与印制，不易仿制、假冒、伪造，有利于保持企业信誉。在商品陈列中，包装是货架上的广告，是"沉默的推销员"。包装材料的色彩和图案具有介绍商品的广告作用。良好的包装往往能引起消费者的注目，激发其购买欲望。在商品销售中，包装是传递信息、争取顾客的重要工具。科学合理的包装，可起到方便顾客携带、保管的作用。有的商品无法试用、品尝，包装起到了说明与说服作用，兼具广告宣传的功能。产品包装化可以保持食品的清洁卫生，定额包装还能方便销售，有利于推广自动售货、自助服务等。

(3) 增加利润。包装还有增值的功能。优良的包装，不仅可使好的产品与好的包装相得益彰，避免出现"一等商品，二等包装，三等价格"的情况，而且能提升商品身价，使商品卖出更好的价钱。超出的价格远高于包装的附加成本，且为顾客所乐意接受。另外，包装产品的存货管理也比较单纯和方便。完善的包装可使产品损耗率降低，使运输、储存、销售各环节的劳动效率提高，从而增加企业的盈利。

2. 包装的要求

进行包装时，企业还要考虑不同的对象，具体要求如下：

(1) 消费者的要求。由于社会文化环境的不同，不同国家和地区的消费者对包装的要求是不同的。企业在进行包装决策时应该分析消费者的特性，区别国内国外、不同民族、城市乡村、使包装的形状、图案、颜色、语言等适应目标市场的要求。例如在发达国家，应注重包装的美观性；在发展中国家，双重用途包装较受欢迎，它有可能被顾客用作容器。

(2) 运输商的要求。运输部门主要考虑能否以最低的费用，将商品安全运达目的地。要满足这个要求，就必须采用有效的包装方法。因此企业应弄清以下问题：这些货物运往哪里，是否需要堆积，是露天堆放还是仓库堆放，装卸方式是什么。有些问题不易回答，就需要请教有关行业的专家。

(3) 分销商的要求。分销商要求商品包装既符合运输包装又符合销售包装的要求。

(4) 政府的要求。政府对包装的要求通常与标签(labeling)有关。标签是指附着或系挂在商品和商品包装上的文字、图形、雕刻及印制的说明。为了防止冒名顶替和欺蒙顾客，政府要求企业把包装内商品的数量如实地告诉消费者，便于消费者进行比较，许多国家制定了商品标签条例，规定商品标签应记载某些指定的项目。有的国家还要求有两种语言的标签，不同国家对度量要求的单位也是不同的。

9.2.3　包装的设计与装潢

包装是产品的"外衣"，包装设计与装潢在产品销售当中的重要性显而易见。

1. 包装的设计

产品包装的设计应依据科学、经济、牢固、美观和适销的原则，重点考虑以下方面：

(1) 包装形状。产品包装的形状主要取决于产品的物理性能，例如固体和液体的包装形状各不相同。包装外形应能美化商品，对用户有吸引力，方便运输、装卸和携带等。

(2) 包装尺寸。产品包装的尺寸主要受目标顾客购买习惯、购买力大小及产品有效期等因素的影响，应力求让消费者使用方便、经济。过大过小的包装都不利于销售，甚至会影响企业的利润。

(3) 包装构造。产品包装的构造设计，既要突出产品的特点，又要具有鲜明的特色，使产品的外在包装和内在性能完美地统一起来，给用户留下深刻的印象。

(4) 包装材料。包装材料的选用有三点要求：能充分地保护产品，如防潮、防震、隔热等；有利于促销(如能显示产品的性能和优点等)，开启方便，便于经销商储存和陈列等；节约包装费用，从而降低售价。

(5) 文字说明。包装上的文字说明应根据不同产品的特点，做到既严谨又简明扼要。文字说明主要包括产品名称、数量、规格、成分、产地、用途、使用与保养方法等。某些油脂类、食品类产品通过商品检验后，会在包装上注明"不含黄曲霉素"或"无胆固醇"等字样；某些药品的包装上会注明"无副作用"；某些含糖食品包装上会注明"未使用糖精"等，以增加顾客对该商品的信任感。包装上不可出现弄虚作假的文字宣传。

2. 包装的装潢

装潢是指对产品包装进行装饰和艺术造型。由于当前产品向系列化、多样化、美观化方向发展，消费者购买时不仅讲究质量，还注重包装造型与装潢。因此包装装潢发展到现代，其功能远远不只是保护商品。随着经济的发展和生活水平的提高，消费者对美的追求也日益凸显。包装造型与装潢能否为广大顾客所欣赏和接受，已成为产品能否得到社会承认的必要条件之一。因此许多企业十分重视包装造型与装潢，并以此作为市场营销的一种重要竞争手段。当然，包装装潢要与产品的内在质量相符，不可"金玉其外，败絮其中"，否则将损害企业形象，丧失信誉。

包装装潢的结构和图案设计要求如下：

(1) 独特新颖，美观大方。包装装潢的图案要生动形象，色泽要鲜艳夺目，具有艺术性并富有吸引力。尽量采用新材料、新工艺。画面设计要突出产品的特点，文字说明与装潢内容相互衬托。

(2) 表里一致。包装装潢要与产品价值相称。高档、贵重商品和工艺品、特殊品，应设计优美、精细的包装装潢，给人以名贵的感觉。低档商品采用高档优质包装，会增加成本、提高价格，反而会影响推销。

(3) 便于陈列展销。产品包装的结构通常有堆叠式包装、挂式包装和展开包装。堆叠包装在包装物顶部与底部都设有吻合部分，陈列时可以节省货位。挂式包装具有独特结构，增加了吊钩、吊带、挂孔、网兜等便于悬挂，常见的有贴体包装、起泡包装、盒形包装、袋形包装、套形包装、卡纸形包装等多种形式，可扩大商品展销的空间。展开式包装具有特殊的造型和结构形式，既可以关闭以便于装运，又可以展开，非常方便灵活。

(4) 便于识别商品。某些产品采用透明包装和开窗包装，目的是让顾客直接看到里面商品形态和外观质量，便于挑选。

(5) 方便携带和使用。携带式包装的造型备有提手，为消费者提供方便。便于使用的包装设计有易开包装(如罐头盒上加开启带)、喷雾包装(将液体或气体、粉状产品装入按钮式喷雾容器内，使用时会自动喷出)、礼品包装(专门为赠送礼品而设计的包装，并配有吊牌、彩带、花结和装饰衬垫等)、一次性包装(如采用纸或塑料制的餐具)。此外，还有压缩包装、真空包装和充气包装等。

(6) 尊重民族风俗习惯。不同国家或地区的消费者对图案、色彩有着不同的喜好和习惯，对设计包装装潢有着重要的影响。以色彩为例：中国内地视红色为吉祥，而日本关东地区偏好米白色；法国人钟爱蔚蓝色；忌讳墨绿色，因其让人联想到纳粹军服；伊斯兰文化中绿色具有神圣地位，但部分什叶派地区慎用明黄色；埃及人喜爱伊斯兰绿却厌恶象征恶魔的钴蓝色。图案的使用同样讲究：伊斯兰国家禁止生物形象而推崇几何纹样，瑞士对猫头鹰图案有严格限制，法国禁止食品包装使用孔雀图案，捷克将红三角视为毒品标志，土耳其则用绿三角表示免费样品。

(7) 真正体现社会和消费者的利益。包装应真实说明产品的性能、特色，做到表里一致，不能弄虚作假，欺骗消费者。当前，尤其要注意控制包装成本，避免包装物与所装商品的费用结构失衡。否则，过度包装虽在短期内刺激了销售，给企业带来一定效益，但从长远来看既浪费社会资源、污染环境，也增加企业的销售成本。企业应树立绿色包装观念，增强生态环境保护意识，删繁就简，适度包装。

9.2.4　包装策略

良好的包装只有同包装策略结合起来才能发挥应有的作用。可供企业选择的包装策略有以下几种：

(1) 类似包装策略。类似包装策略即企业生产的各种产品，在包装上采用相似的图案、颜色、包装材料和造型，体现共同的特征。对于忠诚度高的顾客，类似包装具有促销的作用。但如果产品的质量、品种差异大则不太适用，因为在这种情况下个别产品质量下降可能会影响其他产品的销售。

(2) 差异包装策略。差异包装策略即企业的每种产品都有自己独特的包装，在设计上采用不同的风格、色调和材料。这种策略与类似包装策略相反，虽然避免了某一产品影响其他产品，但是也会相应地增加包装设计费用和新产品的促销费用。

(3) 配套包装策略。配套包装策略即根据消费者的习惯，将多种相关的产品配套放在同一包装物内出售，便于消费者购买、携带和使用。在配套产品中增加某种新的产品，有利于新产品的销售。

(4) 复用包装策略或多用途包装策略。复用包装策略或多用途包装策略即包装内产品用过之后，包装物本身还可作其他用途使用，如奶粉的铁盒包装、一些药品的包装物。这种策略的目的是通过给消费者额外利益来扩大产品销售。

(5) 等级包装策略。等级包装策略即对自己生产的不同质量等级的产品分别设计和使用不同的包装。例如，送礼商品和自用商品采用不同档次的包装。这种做法迎合了消费者不同层次的需要，便于消费者选购，从而扩大销售。

(6) 附赠品包装策略。附赠品包装策略即在包装上或包装内附赠奖券或实物，以吸引消费者重复购买。

(7) 改变包装策略。当某种产品销路不畅或长期使用一种包装时，企业可以改变包装设计、包装材料，使用新的包装。这可以使顾客随着包装变化产生新鲜感，弥补原来包装的不足，从而扩大产品销售。同时，在改变包装的时候企业应该注意做好宣传工作，以消除消费者的误解。

Fritz 运水马甲

9.3　服务营销策略

当企业发现越来越难以在实体产品方面实现差异化时，它们往往会开始转向实施服务差异化。实际上，许多企业都由于提供卓越的服务而获得了可观的利润。卓越的服务可以是准时送货、更快更好地回答顾客的咨询，或者是更快地处理顾客的投诉。服务是一种行动，一种承诺，是超越顾客期望的体现。对于服务提供企业而言，它们深知深入了解服务的特性对营销者至关重要。因此，实施服务营销已经成为不论是经营产品的企业还是经营服务行业的企业的重要理念。

服务是用行动给顾客意外惊喜，用真实的承诺为顾客解除后顾之忧。服务与顾客的关联往往在于提供整体的解决方案，这种服务是可以增值的，即产生收费的价值。企业的服务如果不能增值就没有了意义。

9.3.1　服务的分类和特征

1. 服务的分类

政府部门，包括法院、就业服务机构、金融机构、军事后勤部门、执法部门、消防救援部门、邮局、管理机构和教育部门等，都属于服务行业。非营利部门，包括博物馆、慈善机构、教会、大学、基金会和医院在内，也属于服务行业。许多商业部门，包括中间商(批发公司和零售公司)、航空公司、酒店、保险公司、律师事务所、管理咨询公司、电影公司和房地产公司等，也都属于服务行业。在制造业部门中，许多工人其实也是服务的提供者，如计算机操作人员、会计师和法律顾问等。事实上，他们已经构成了一个"服务工厂"，专门向"产品工厂"提供服务。

事实上，现在的实体产品一定需要相应的服务来支持，而服务同样需要实体产品的支持。实体和服务已经相互支撑，密不可分。

服务可分为要素性服务和非要素性服务两类。劳动力是要素性的，而运输、保险等属于非要素性的。

按服务要素所占的比例，可以把绝大多数供应物分为以下五种类型：

(1) 纯粹的有形产品。这类产品没有伴随服务内容，如牙膏、盐等。

(2) 附带辅助服务的有形产品。这类产品附有能提高对顾客吸引力的一种或多种服务。例如，汽车如果没有修理、保养等附带服务，对消费者是没有吸引力的。

(3) 混合供应物。这类供应物中产品和服务的比重相当。例如，快餐业不仅提供食品，同时也提供服务，是有形商品与服务的混合。

(4) 主体服务加辅助产品或服务。这类供应物包括一项主体服务和某些附加的产品或服务。例如，航空客运中乘客购买的是运输服务，但在一次航程中也包括了饮料或杂志等有形商品消费，这些有形商品依赖主体服务商品而存在。

(5) 纯粹的服务。这类供应物的主要内容是服务，如照顾小孩、精神治疗等。

2. 服务的特征

服务具有无形性、同步性、可变性和易逝性等特征。

1) 无形性

无形性也称不可感知性，主要指服务提供的是非物质产品，顾客在购买之前一般不能感觉到。因此，企业应集中介绍服务所能提供的利益。真正无形的服务很少，需借助有形的实物才可以产生。因此对顾客而言，购买某些产品，只不过因为它们是服务的载体，这些载体所承载的服务或者效用才是最重要的。例如，想做整形美容手术的人在做之前是看不见成效的。

服务是一种特殊的无形产品，是一个独立创造价值的部分，往往提供给消费者一种愉悦感、满足感和情感。

2) 同步性

同步性也称不可分离性，主要指服务的生产和消费是同时进行的，有时也与销售过程连接在一起，服务的过程是顾客同服务人员广泛接触的过程。服务的提供者往往是通过劳动直接为购买者提供使用价值，生产过程与消费过程同步进行，如照相、理发。这一特征表明，顾客必须参入到服务过程中，才能享受到服务，而且服务提供者在同一时间只能在一个地点提供直接服务。

3) 可变性

可变性主要指服务的构成成分及其质量水平经常变化，很难统一界定。和实行机械化生产的制造业不同，服务是以人为中心的产业，它依赖于谁提供服务以及何时、何地提供服务。由于人存在差异，所以即使是同一项服务，品质也难以完全相同；同一个人提供同样的服务，由于时间、地点、环境与心态的变化，服务成果也难以完全一致。因此，服务的产品设计须特别注意保持应有的品质，力求始终如一，维持高水准，建立顾客信心，树立优质服务形象。

4) 易逝性

易逝性也称不可储存性，主要指无形的服务既无法储存，也容易消失。服务的生产与消费同时进行及其无形性，决定了服务具有边生产边消费或边销售边生产的重要特征。服务不能在生产后储存备用，消费者也无法购后储存。例如，车、船、飞机上和剧院中的空座位，宾馆中的空房间，闲置的服务设施及人员，均为服务业不可补偿的损失。因此，服务要解决的就是需求与供给不平衡的问题。

9.3.2　服务营销策略

服务营销是指企业通过开展有效的无形的服务，取得顾客的满意和忠诚来促进交换，最终获取企业长远发展的活动。它包括产品支持服务营销和服务业营销两种。

服务企业的营销策略与制造企业基本一致，同样需要通过市场分析和细分来确定目标和定位，然而，服务不同于有形产品，它们通常需要一些额外的营销方法。

随着 20 世纪 70 年代以来服务业的迅速发展，越来越多的证据显示，产品营销组合要素构成并不完全适用于服务营销，因此，有必要重新调整营销组合以适应服务市场营销的新情况。1981 年，美国学者布姆斯和比特纳在"4P"组合的基础上提出了"7P"服务营销组合，增加了人员(people)、过程(process)和有形展示(physical evidence)三项元素。"7P"也构成了服务营销组合的基本框架。

1. 产品(product)

服务产品的概念也遵循产品的整体概念，包括服务的核心层、服务的形式层和服务的附加层。服务的核心层体现了企业为顾客提供的最基本效用，如航空公司的运输服务、医院的诊疗服务等；服务的形式层表现为环境布置、商品展示、品牌设计等；服务的附加层如定期回访等，用以增加服务的价值或区别于竞争者的服务，有助于实施差异化营销战略。

2. 价格(price)

由于服务的可变性特征，其质量水平难以统一界定，也难以采用统一标准，加上季节、时间因素的影响，服务定价因此具有较大的灵活性。而在区别一项服务与另一项服务时，价格是一种重要的识别标志，顾客往往从价格中感受服务价值的高低。

3. 渠道(place)

服务产品一般多采取直接销售的形式，在渠道因素中，服务地点至关重要。商店、电影院、餐厅等服务组织，如能坐落于人口密集、人均收入高、交通方便的地段，服务流通的范围会更广泛，营业收入和利润也会更高。

4. 促销(promotion)

服务促销包括广告、人员推销、营业推广、直接营销、公共关系等营销沟通方式。其中人员推销更是服务营销最直接、最灵活的促销及沟通方式。人员往往就代表着服务，就代表着企业的形象。

5. 人员(people)

服务人员在顾客心目中实际上是产品的一个重要组成部分，这里的人员指的是为顾客提供服务产品的全部员工。服务是由员工来呈现的，服务企业的产品特色，往往体现在服务者的服务形象、服务过程和服务形式上。企业进行服务营销要重视以下三个方面：第一是重视人员的素质培养，严格甄选、训练、激励和管理服务人员；第二是重视服务过程的标准化，加强对服务产品的质量控制，尽可能做到规范化使服务质量统一；第三是重视服务人员与顾客间的关系，根据二八法则，80%的利润来源于20%的顾客贡献，因此，运用关系营销理念，建立长期稳定的客户关系是服务营销的关键之一。松下幸之助说过，服务人员在面对顾客时应该"把顾客当作亲人"。

6. 过程(process)

在营销过程中，服务的提供者不仅要明确向哪些目标顾客提供服务，提供哪些服务，而且要明确怎样提供目标顾客所需要的服务，也就是要合理设计服务提供的过程。向顾客提供服务的过程也是一个价值增值的过程。在这个过程中，企业的不同部门都要为最终更好地满足消费者的需要作出各自的贡献。企业应围绕着以尽可能低的成本向顾客提供尽可能大的价值这一基本宗旨，优化整个价值增值过程，确立自身在市场竞争中的优势。服务业营销服务同样包括了售前服务、售中服务和售后服务三个部分。

7. 有形展示(physical evidence)

服务是无形的，但企业可以通过有形因素向消费者展示无形服务的特点、层次等，这就是服务营销中的有形展示。在服务营销中，有形展示具有十分重要的作用，企业可以对有形展示的三个方面进行管理和设计：一是服务的物质环境，如服务场所的设计及其整洁程度、企业形象标识、服务设备的档次、服务人员的形象等；二是信息沟通，如企业对外的广告宣传、外界对本企业服务质量和形象的评论等；三是价格，由于服务的无形性，价格往往具有很强的暗示作用。

服务营销组合的实施同样建立在营销战略的基础上。同样首先要进行市场分析，通过市场细分来发现市场机会。再通过市场目标的确定，来把握营销机会。接着通过有效的市场定位，使服务产生差异化，从而确定竞争的优势。最终通过服务的品牌战略管理，建立品牌形象。考虑到服务中人员的相对重要性，品牌个性及公司品牌个性也是重要的服务品牌组成部分。品牌个性是消费者所感知到的品牌所体现出来的一套个性特征。公司品牌个性是公司所有员工作为整体所具有的人格特征或特质，它所涉及的内容比产品品牌个性的内容更广。公司品牌个性包括独创性(creative)、合作(collaborative)、热烈(passionate)、同情(compassionate)、敏捷(agile)和纪律(disciplined)六个维度。

9.3.3 服务质量

服务质量是企业为使目标顾客满意而提供的最低服务水平，是顾客对企业所提供服务的评价。衡量服务质量的标准一般包括服务的可感知性(物品与人员的情况)、可靠性、保证性、反应性和人情味等。企业在选择服务水平时，还要考虑经济性。企业的服务质量主要受以下两个因素影响。

1. 顾客期望

顾客对服务质量的期望是由感受、口碑和广告宣传等因素共同作用而形成的。在一般情况下，顾客会对感知服务和期望服务进行比较。如果觉得服务达不到期望的水平，顾客就会对提供者失去兴趣，感到失望。成功的企业往往会在供应物中增加额外的利益，不仅使顾客满意，而且使顾客感到高兴和惊喜，这就是对顾客期望的一种超越。

2. 全面服务营销

全面服务营销包括外部营销、内部营销和互动营销三个部分。其中，外部营销(external

marketing)是指企业为顾客准备服务、进行定价、分销和促销等常规工作；内部营销(internal marketing)是指对企业员工的培养和激励工作，以使其更好地为顾客提供服务。服务质量的提高取决于服务传递者和传递的质量。因此，服务营销者必须精通互动营销的技能。企业可以通过电话、网络和拜访来实现互动营销。顾客保留也许是衡量服务质量最好的办法，服务企业留住顾客的能力取决于它如何向顾客持续地传递价值。所以服务企业应该只选择那些"关心别人的人"作为员工，才能真正持续地做好服务，让服务质量保持稳定。

松下幸之助说过："服务是否到位，决定了人们的满意度，而人们的满意度，又决定了商家所得到的支持率，这与社会的繁荣有着密切的关系。"

本章小结

品牌是用以识别某个销售者或某群销售者的产品或服务，并使之与竞争对手的产品或服务区别开来的商业名称及其标志，通常由文字、标记、符号、图案和颜色等要素或这些要素的组合构成。不同企业采取的品牌战略有六种基本模式：多品牌战略、单一品牌战略、主副品牌战略、背书品牌战略、品牌联合战略和品牌特许经营。

包装是指对某一品牌产品设计并制作容器或外部包扎物的一系列活动。良好的包装只有同包装策略结合起来才能发挥应有的作用。可供企业选择的包装策略有类似包装策略、差异包装策略、配套包装策略、复用包装策略或多用途包装策略、等级包装策略、附赠品包装策略和改变包装策略。

服务营销是指企业通过开展有效的无形的服务，取得顾客的满意和忠诚来促进交换，最终获取企业长远发展的活动，包括产品支持服务营销和服务业营销。1981 年美国学者布姆斯和比特纳在"4P"组合的基础上提出了"7P"服务营销组合，即产品、定价、地点、促销、人员、过程和有形展示。

重要概念

品牌　品牌战略　多品牌战略　　单一品牌战略　　主副品牌战略　背书品牌战略
品牌联合战略　品牌特许经营　包装　运输包装　销售包装　　包装策略
类似包装策略　　差异包装策略　　配套包装策略　　复用包装策略　等级包装策略
附赠品包装策略　改变包装策略　服务　服务营销　　"7P"服务营销组合　服务质量

复习思考题

1. 品牌战略有哪些，企业应如何选择适合自己的品牌战略？
2. 你认为将中国品牌打造成世界知名品牌应该怎么做？
3. 产品包装有哪些种类？有何作用？

4. 常见的包装策略有哪几种？你认为哪些品牌的包装策略比较成功？

5. 试述服务营销策略的内容。

案例分析

宝洁的多品牌战略

宝洁公司能够成为一家100多年持续不断发展的公司，其背后的秘诀就像宝洁公司前总裁奥图说的一样："我们把品牌行销给将近50亿的消费者，我们实施的是一种全球战略，可是我们实现的却是与消费者之间一对一的关系，这才是我们真正的竞争优势。"很少有公司能像宝洁和可口可乐那样，将300多个品牌行销到180多个国家，而这恰恰是他们的伟大之处。消费者调查方面的大部分方法，都是宝洁最早使用或者发明的，例如上门调查、访问和问卷调查等。正是基于对消费者的了解，宝洁成功地建立起自己的品牌体系。

宝洁在国际市场上是知名品牌的代名词，在中国市场上则是已经壮大的跨国公司的代表。宝洁不断地推动着中国市场竞争的升级，甚至悄然改变着中国人的生活方式。宝洁以"亲近生活，美化生活"为宗旨，为消费者提供着优质超值的产品和服务，并且会在全世界更多的地方，更全面地亲近和美化更多消费者的生活。

宝洁公司旗下有以下几类品牌：

美发和时尚类

- 洗发水：海飞丝、飘柔、潘婷、沙宣、伊卡璐、威娜(发廊专用)
- 护肤品：SK-II、玉兰油
- 香皂、沐浴露：舒肤佳、玉兰油、卡玫尔
- 彩妆：蜜丝佛陀、Covergirl(封面女郎)
- 香水：Locaste、Escada(艾斯卡达)

健康类

- 男士用品：吉列、博朗
- 女士用品：护舒宝、朵朵
- 儿童用品：帮宝适
- 牙膏、牙刷：佳洁士、欧乐-B

家居类

- 洗衣剂：碧浪、汰渍
- 电池：金霸王

宝洁公司的多品牌战略主要通过以下几个方面实施：

1. 多品牌战略定位战略

(1) 同系多品牌功用不同。宝洁保证各品牌为消费者提供差异化功用，每个品牌要有各自的定位和个性。它们大多服务于中高档商品，集品牌精神和时尚于一体。飘柔的"洗发、护发二合一"，海飞丝的"去头屑"，潘婷的"头发护养专家"，沙宣的"专业美发用品"，舒肤佳的"杀菌及长时间抑制细菌再生"，碧浪的"强力去污"，都对消费者承诺了一个重要的利益点，同时获得了消费者的认可。

(2) 功用诉求依据消费者定位。不同的消费者有不同的需求。宝洁在头发护理方面提供了众多不同功用的产品，例如，对于发型塑造、去头屑、闪亮发质及健康养护等功能，宝

洁推出了多个品牌去满足。但有的方面一个品牌就能满足需求了，如帮宝适一个品牌就可以行销全球，玉兰油也是这样。

2. 多品牌管理战略

(1) 特有的品牌经理制。在宝洁，当一个产品研发出来后，就会指定一个品牌经理。一个品牌经理只对一个产品负责，就如同一个产品的"总经理"。品牌经理对各个部门进行协调，保障各个部门资源的有效调配，确保该产品引起公司的注意并得到相应的资源，从而确保该品牌的成功。

(2) 首创的市场调研部门。宝洁在消费者市场研究方面始终处于领先地位。宝洁首创了市场调研部门，研究消费者的喜好以及购买习惯，这是工业史上最早的市场研究部门，宝洁也因此成为美国工业界率先运用科学分析方法了解消费者需求的公司之一。宝洁在世界各地开展业务前，必定会先对消费者、市场进行调研，以满足消费者的需求为起点，为品牌打下良好的基础。

3. 多品牌销售战略

(1) 通过"一品多牌"占领细分市场。宝洁利用"一品多牌"策略从功能、价格、包装等方面划分出多个细分市场，以满足不同层次顾客的需求，不断提高市场占有率，从而培养消费者对宝洁品牌的偏好，提高顾客忠诚度。此外，宝洁在功能、价格等方面的市场细分，更是令竞争者难以进入这些细分市场。

(2) 多品牌出击遏制竞争对手。宝洁利用多个品牌的频频出击，在顾客心目中树立起实力雄厚的形象，有利于遏制竞争对手。尤其在洗衣粉、洗发水这种"一品多牌"的市场中，宝洁公司的产品摆满了货架，这等于从销售渠道上减少了竞争对手进攻的可能。

4. 多品牌推广战略

(1) 示范式广告表现策略。宝洁的广告多采用示范式，即选择经常使用该产品的消费者(一般为家庭主妇)，用平实的语言进行诉求，向消费者提供一个或多个利益点，直接阐述商品的特点，用产品的特殊功能来理智地打动消费者。

(2) 长时间持续广告传播。不管是飘柔还是舒肤佳，宝洁都投入大量广告费进行持续性、长时间的广告传播，目的在于确立品牌概念、强化品牌形象、锤炼公众意识，使这些品牌的概念深入人心，保持长期的强大市场占有率。

(3) 广告媒介精准投放。虽然宝洁公司在报纸、杂志、网络等主要媒体都投入了广告费，但鉴于其主要生产大众化的家庭用品，它还是把大部分广告费投放在电视这一最大众化的媒体上。宝洁频繁在央视投放 30 秒以上的加长电视广告，由此而带来的传播效应可想而知。

结合上述案例材料，思考以下问题：

(1) 宝洁实施多品牌战略能够成功的原因有哪些？

(2) 多品牌战略的优势和风险表现在哪些方面？

第 10 章 价格策略

学习目标

- 了解影响企业产品定价的内外因素;
- 熟悉企业定价程序与三种定价方法;
- 掌握企业常见的定价策略并学会灵活运用;
- 掌握企业产品价格的调整策略。

> ## 引例

小米手机的定价策略

正如大家所知道的,在智能手机行业即将爆发的前夜,小米正式进军了这个行业,这是小米手机踩中的行业风口红利。"1999"的价格标签,不仅代表小米手机的性价比理念,也象征着智能手机行业的一个重要发展阶段。

小米进军智能手机行业的 2011 年,市场上高配置的手机价格都很贵,如苹果 4s 官方发布价格是 4999 元,而这时均价只有 700 元的国产手机,产品体验又很差。

小米就是在这种环境下作出决定的:锚定苹果,瞄准追求高质但又对价格敏感的消费人群,坚持"成本定价"原则,用 1999 元的价格做旗舰机,从此一炮而红。

小米第一代手机的成功,本质上是高配低价的成功。基于直营电商的销售模式,小米有底气以贴近成本的定价方式,打造高配低价产品。

从小米 1 代到小米 5 代,小米手机一直是消费者心目中的"性价比之王",起售价始终为 1999 元。在前五代手机中,小米一直保持了自己的品牌特色,即高性能、低价格。这也是小米成功的关键之一。从小米 6 开始,小米手机的起售价首次突破 1999,达到了 2499 元。随后的小米 8 和小米 9 起售价分别为 2699 元和 2999 元。到了小米 10,起售价已经达到了 3999 元。这一系列的涨价说明小米在追求更高品质的同时,也在逐渐提高品牌档次。从小米 10 到小米 14,小米手机的起售价格始终稳定在 3999 元。

小米的极致性价比策略,本质上是将部分利润让渡于消费者,并拉拢消费者成为自身品牌的忠实"粉丝",让用户帮忙做口碑传播,事半功倍。

在设计更高端产品的同时,小米正在逐步提高其产品的价格水平。小米 14 Ultra 在国内的起售价为 6999 元,而在海外市场,小米 14 标准版的起售价为 999 欧元(折合人民币 7778 元),小米 14 Ultra 的起售价为 1499 欧元(折合人民币 11671 元),超过了 iPhone 15 Pro 在欧洲市场的起售价 1199 欧元。

　　价格策略是 4P 理论中最活跃、最关键的因素，是市场竞争的重要手段，价格直接影响企业盈利目标的实现，是 4P 理论中唯一产生收入的策略。价格随着市场变化而上下波动，协调着买卖双方的利益关系。在动态的市场竞争中，企业经营者如果能够在定价决策中正确制定价格变动的幅度、价格变动的时间和价格变动的区间，就能在瞬息万变的市场竞争格局中，吸引和保持顾客，扩大市场份额，获得竞争优势。本章主要介绍影响企业定价的因素、定价程序与定价方法、定价策略以及企业产品价格的调整策略等。

10.1　影响企业定价的因素

　　随着移动互联网的兴起，买卖日益便捷，无处不在，而价格则是买卖成交的关键因素之一。定价是企业在市场竞争中获取利润的重要手段，它既受到企业内部因素的影响，也受到企业外部因素的影响，如图 10-1 所示。企业在定价时要综合考虑内部因素和外部因素，进行合理定价。内部因素主要包括营销目标、产品成本、产品特性、市场营销组合、企业战略等。外部因素主要包括市场性质、市场需求、竞争状况、经济环境、法律法规、消费者心理等。

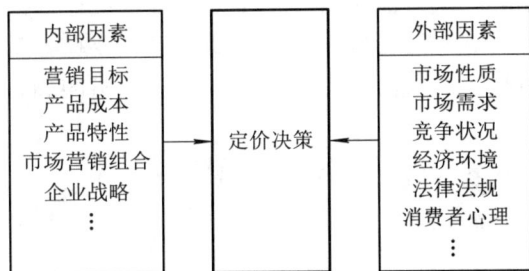

内部因素		外部因素
营销目标 产品成本 产品特性 市场营销组合 企业战略 ⋮	定价决策	市场性质 市场需求 竞争状况 经济环境 法律法规 消费者心理 ⋮

图 10-1　影响企业定价的因素

10.1.1　影响企业定价的内部因素

　　影响企业定价的内部因素主要包括以下几点。

1. 企业营销目标

　　企业的营销目标是影响企业定价的首要因素。不同企业的营销目标，或同一企业不同时期的营销目标是不同的。企业的定价目标可能会根据其战略方向和市场定位有所改变。有的企业可能旨在通过定价维持企业的生存，而有的企业可能专注于当期利润最大化或扩大市场占有率。企业的营销目标归结起来主要有生存目标、利润目标、市场占有率目标、质量领先目标和竞争优势目标等。

　　1）生存目标

　　当企业生产能力过剩，竞争激烈和顾客需求发生变化时，企业往往把生存作为主要追求目标。此时生存比利润更重要，只要产品定价能够补偿变动成本或部分固定成本，企业就可以继续生产，以维持企业到生存情况好转时再求发展。最极端的情况是连固定成本的抵偿都不予考虑，只要能抵补变动成本就行。

2) 利润目标

正常经营时，企业都会追求一定的利润目标，定价通常要保证一定的利润率。当企业的产品在市场上处于绝对有利地位时，企业总是希望制定一个能使现期利润达到最大化的价格。但在竞争性的市场上，任何企业都难以长期地维持不合理的高价，高价既难以被市场接受，又会过早地引起剧烈的竞争，故不宜轻易采用。企业需要综合考虑自身市场定位和竞争情况，制定一个合理的利润目标。

3) 市场占有率目标

为获得市场统治地位，有些企业会尽可能地定低价格，目的是获得更大的市场占有率，从而挤垮竞争对手。在采用这一定价目标时，企业往往会将价格水平定得偏低。所谓"尽量偏低"是指企业的产品价格比绝大多数竞争对手的产品价格都低。对于互联网企业来说，"赢者通吃"的现象比较普遍，所以企业常常采取免费定价策略或倒贴定价策略，在取得垄断地位后再逐渐抬高定价。

4) 质量领先目标

质量领先的定价目标是指企业为了维持其产品质量领导者的形象，在研发、生产及促销等方面作了大量投入，产品质量相对较好，所以定价相对较高。较高的定价一方面会使顾客产生优质产品的印象，另一方面也有利于尽快收回优质产品的研发和生产成本。名牌产品多采用这种定价目标。这一目标实现的前提是：企业要树立良好的形象，生产出优质的产品；市场上存在数量较多的关心产品质量胜于关心价格的顾客。

5) 竞争优势目标

一些企业由于有规模优势或成本优势，为了阻止其他新的竞争者进入同一市场，往往采取定低价的办法，由于利润较薄，可以减少竞争者的数量，从而保持自己的竞争优势。

2. 产品成本

产品成本是企业在生产经营过程中各种费用的总和，是价格构成的基本要素和定价的基础。它不仅是企业定价的依据，同时也是制定产品价格的最低界限。价格只有高于成本，企业才能弥补生产过程中的耗费，获得一定的利润。产品的成本包括直接成本如原材料、劳动力，以及间接成本如管理费用、销售和市场推广费用。企业需要确保定价能够覆盖这些成本并获得预期的利润。一般来说，成本越高，产品定价越高。

3. 产品特性

产品的质量、品牌、技术含量等特性也会影响其价格。不同企业的产品，在品牌知名度、产品设计、功能、款式、可靠性、售后服务等方面可能存在明显差异，产品定价也会不同。一般来说，质量越好、品牌越知名、技术含量越高、功能越全、售后服务越好的产品，其价格就越高。高质量或高科技含量的产品通常可以定更高的价格。

4. 市场营销组合

产品的分销渠道会影响定价。不同的分销渠道可能涉及不同的成本和利润分配，因而影响产品的定价。例如直销与通过零售商销售的成本差异，造成两个渠道的产品定价不同。若企业采取多渠道策略，既有直销，又有代理和经销制，那么给中间商的价格要低一些，直销价格也不宜定得过低，否则中间商没有积极性。此外，企业的促销活动也会影响定价。如促销活动广告、人员推销、公共关系、折扣、优惠券、买一赠一等，都会增加企业费用的开支，需要在定价策略中考虑，以确保促销活动的成本不会影响企业的利润目标。促销费用高，产品成本上升，价格也就较高；促销费用低，产品价格相应就可以定得低一些。

此外，企业的组织结构、企业文化和企业战略都可能影响产品的定价。企业的组织结构和管理层次可能影响定价决策的效率和灵活性。企业文化和价值观可能影响定价的策略和执行。例如注重长期客户关系的企业可能采取更为保守的定价策略。企业的长期发展战略也会影响其定价策略。例如，企业可能选择低价策略以快速占领市场份额，或者选择高价策略以提高品牌形象。

10.1.2 影响企业定价的外部因素

影响企业定价的主要外部因素如下。

1. 市场性质

经济学上把市场划分为四种类型，分别是完全竞争、垄断竞争、寡头垄断和完全垄断。企业定价的自由程度会随不同的市场类型发生变化。每一种市场类型都对企业的产品定价提出了不同的要求。

1) 完全竞争市场

在完全竞争市场中，每家企业只占行业总量微不足道的份额，因此每家企业都没有掌握定价的话语权，都是价格的被动接受者，而非价格的决定者，市场价格完全由市场的供求关系决定。例如，日用小商品和小五金等行业处于完全竞争市场当中。

2) 垄断竞争市场

垄断竞争市场有两个基本特征：一是由于企业众多，行业集中程度不高，市场总体处于竞争状态；二是大部分企业依靠独特的产品或品牌，垄断了部分市场。所以说，在垄断竞争市场中，由于企业具有"垄断"特征，因此他们成为价格的制定者，而不是价格的被动接受者。例如，乳制品和中低档啤酒行业通常处于垄断竞争市场当中。

3) 寡头垄断市场

在寡头垄断的市场中，少数几家企业占据了整个行业的绝大部分市场份额，行业集中程度很高。因此，寡头垄断企业为了避免在竞争中两败俱伤，非常重视保持既定的市场格局，一般不会轻易地变动产品价格。例如，高档白酒和家用空调等行业处于寡头垄断市场当中。

4) 完全垄断市场

在完全垄断市场当中，垄断企业能完全控制产品的价格。然而，除政府垄断的行业(如电力、水等)之外，真正实现独家垄断的行业并不多。尽管垄断企业拥有定价权，但它们通常会很谨慎地使用这种权利，主要是为了顾及舆论的影响。

2. 市场需求

市场需求的大小直接影响产品的价格。当市场需求旺盛而供应稀缺时，企业可以提高价格以获取更高的利润；当市场需求小，供过于求时，企业可能需要降低价格以吸引消费者。市场需求对企业产品定价的影响可以从以下三方面反映出来：

第一，消费者的实际支付能力。企业的产品定价应充分考虑消费者愿意并且能够支付的价格水平，它决定着企业产品在市场中的价格上限。

第二，消费者对企业产品的需求强度。消费者想获得某种产品的欲望越强烈，对这一产品的需求强度就越大，其对产品价格的敏感性就越小，反之亦然。

第三，消费者的需求层次有差异。不同需求层次的消费者对同一产品的需求强度不同，因而对其产品价格的敏感度亦有所差异。一般来讲，高需求层次的消费者对产品价格的敏感度较低，反之则较高。因此，面对高需求层次的消费者市场，企业应采取高价格定价策略与之相适应。

3. 竞争状况

产品成本和市场需求分别决定了价格的下限和上限，然而在上下限之间确定具体价格时，则很大程度上要考虑市场的竞争状况，即企业需要根据市场上的竞争状况灵活定价。如果竞争激烈，企业可能需要降低价格或提供优惠以吸引消费者；如果竞争较小，企业可以提高价格以增加利润。由于竞争状况是在不断发生变化的，所以一般企业的产品定价也会根据竞争程度进行调整。

4. 经济环境

经济环境的变化也会影响企业的定价。经济衰退或通货膨胀等宏观经济因素可能影响消费者的购买力，从而影响企业的定价决策。例如，通货膨胀会导致成本上升，从而推高产品价格；经济衰退则可能导致需求下降，从而压低产品价格。

5. 法律法规

政府的法律法规也会影响企业的定价。政府和立法部门往往会从全局出发，为了维护国家、社会和消费者利益，制定一系列的法律法规，来规范和约束企业的价格行为。例如，政府可能会对某些产品设定最高或最低价格限制，或者对某些产品征收税费，这些都会影响企业的价格决策。

此外，还有其他许多外部因素也会影响企业定价。如技术进步可能降低生产成本，使得企业有能力调整价格。同时，新技术的应用也可能创造新的价值，为高定价提供依据。原材料成本、运输成本等的变化都会影响产品的总成本，从而影响定价。对于跨国企业和大型跨地区企业来说，不同国家和地区的文化背景、价值观念和消费习惯也会影响消费者对价格的接受程度。在制定定价策略时，还需要考虑汇率波动、关税壁垒等因素。

总之，企业定价是一个复杂的过程，需要综合考虑多种内部和外部因素。企业需要不断关注外部环境的变化，以便及时调整定价策略，保持竞争力并实现盈利目标。

10.2 　企业的定价程序与定价方法

企业定价一般要遵循一定的程序，分步骤进行。定价受到内外部诸多因素的影响，这些影响因素可以分为成本、顾客需求和竞争状况三大类，因此，企业在为产品确定具体价格时，通常采取的定价方法有三类：成本导向定价法、需求导向定价法和竞争导向定价法。

10.2.1　定价程序

企业为产品定价时，产品成本决定了价格的下限，市场需求决定了价格的上限，如图 10-2 所示。同时，企业还必须考虑竞争者的价格以及其他外部和内部因素，以便采用合适的方法和程序在上下限之间制定较为合适的价格。

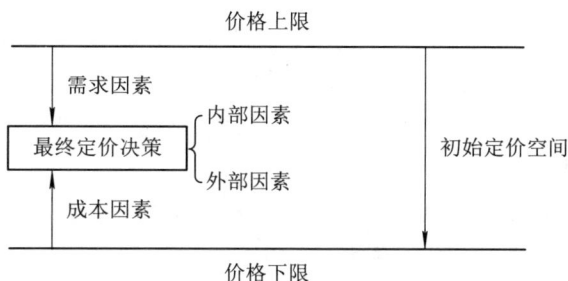

图 10-2　企业的初始定价区间

企业定价是一项比较复杂的工作，是企业制定产品或服务价格的系统性过程，如图 10-3 所示。

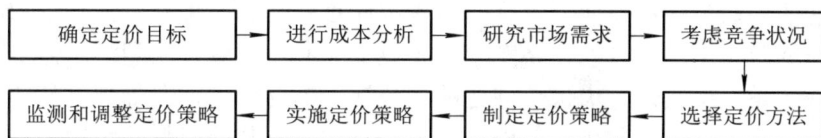

图 10-3　企业定价程序的详细步骤

具体包括以下详细步骤。

(1) 确定定价目标。首先，企业需要明确其定价目标，这可能包括提高市场份额、最大化利润、维持企业生存等。

(2) 进行成本分析。企业需要详细分析产品或服务的成本，包括直接成本如原材料、劳动力，以及间接成本如管理费用、销售和市场推广费用等。

(3) 研究市场需求。企业需要对市场进行深入研究，了解消费者的购买力、需求弹性以及竞争对手的定价策略。

(4) 考虑竞争状况。企业需要分析市场上的竞争对手，了解他们的产品特点、优势和定价策略，以制定有竞争力的价格。

(5) 选择定价方法。企业可以选择成本导向、需求导向或竞争导向的定价方法。成本导向侧重成本基础上的加成；需求导向侧重消费者对价格的反应；竞争导向则侧重与竞争对手的价格比较。

(6) 制定定价策略。根据以上分析，企业需要制定具体的定价策略。这可能包括选择适当的价格水平、确定折扣和信用条件、制定价格调整策略等。

(7) 实施定价策略。企业需要将定价策略付诸实施，并通过有效的沟通和促销手段向市场传达价格信息。

(8) 监测和调整定价策略。企业需要不断监测市场反应和内部成本变化，根据需要及时调整定价策略。

企业在制定定价策略时需要综合考虑多种因素，以确保定价策略与企业的整体目标和战略相一致。同时，企业还需要灵活应对市场环境的变化，及时调整定价策略以保持竞争力。

10.2.2 定价方法

1. 成本导向定价法

成本导向定价法是一种以产品单位成本为基本依据，再加上预期利润来确定价格的定价方法。这种方法适用于服务企业和需求旺盛的市场，主要目的是在不亏本的情况下获得尽可能高的利润。具体来说，成本导向定价法主要包括以下四种定价方法。

1) 成本加成定价法

这是一种最简单的成本导向定价方法，即在产品的总成本基础上加上一个预定的利润百分比来设定销售价格。其计算公式为

$$单位产品价格 = 单位产品总成本 \times (1 + 目标利润率)$$

例如：某饮料生产的单位成本是 5 元，目标利润率是 10%，该饮料的售价为 5 × (1 + 10%) = 5.5 元。

这种方法的优点是计算简便，各企业的成本和目标利润率相差不大，制定出的价格也相差不大，能够避免出现过度的价格竞争，企业都能够获取稳定的利润。但是，这种定价方法是从企业的角度出发来考虑定价问题的，忽视了市场需求、竞争情况和消费者的心理因素，因而制定出来的价格与顾客的评价相关性不大，不利于产品的销售。

2) 目标利润定价法

这种方法是企业根据预定的目标利润来决定产品价格，确保能够实现既定的利润目标。其计算公式为

$$单价产品价格 = 总成本 + \frac{目标利润}{预计销售量}$$

例如：某企业预计其产品的销量为 100 万件，总成本为 850 万元，预期利润目标为 150 万元，则该产品的售价为(850 + 150)/100 = 10 元。

采用这种定价方法必须建立在对价格、销量、成本和利润四要素进行科学预测的基础上，其优点在于计算简便，如果企业能按照制定的价格实现预计的销售量，就能达到预定的利润目标。但这种方法没有考虑顾客的需求弹性和竞争者产品价格等因素对企业产品的影响。这种定价方法主要适用于大型企业或大型公用事业。

3) 边际成本定价法

这种方法仅计算每增加一单位产品所增加的变动成本(边际成本)，略去固定成本，在边际成本的基础上加上一定的利润来设定价格，以预期的边际贡献补偿固定成本并获得收益。边际贡献是指企业增加一个产品的销售，所获得的收入减去边际成本的数值。如边际贡献不足以补偿固定成本，则出现亏损。其计算公式为

$$单位产品价格 = 单位产品变动成本 + 单位产品边际贡献$$

例如，某啤酒厂在一定时期内发生固定成本 35 万元，单位变动成本 2.2 元，在当时市场条件下，同类产品销售价格为 3.5 元/瓶，如果该啤酒厂也将啤酒单价定为 3.5 元，预计

销量为 20 万瓶。这种情况下：

$$固定成本=35 万元$$
$$变动成本=2.2 \times 20=44 万元$$
$$销售收入=3.5 \times 20=70 万元$$
$$企业盈亏=70-35-44=-9 万元$$

按照 3.5 元定价，企业出现了 9 万元的亏损，那么，企业到底该不该继续生产呢？实际上，如果企业不再生产，由于固定成本已支出了 35 万元，这是沉没成本，企业将亏损 35 万元。如果继续生产且售价定为 3.5 元，可减少 35-9=26 万元的固定成本损失，并补偿了全部变动成本 44 万元。只有当市场价格降至 2.2 元/瓶以下，单位产品边际贡献为 0 或负值时，企业才应该停产，因为此时的销售收入不仅不能补偿固定成本，连变动成本也不能补偿。生产得越多，亏损便越多，企业的生产活动将变得毫无意义。

边际成本定价法改变了企业产品售价低于成本就拒绝交易的传统做法，在竞争激烈的市场条件下使企业的定价具有极大的灵活性，对于企业有效地应对竞争者、开拓新市场、调节季节性的需求差异、形成最优产品组合等可以发挥巨大的作用。

4) 盈亏平衡定价法

这种方法又称保本定价法，是企业在确定价格时考虑到全部固定和变动成本，以实现盈亏平衡。其计算公式为

$$单位产品价格=固定总成本\div 销量+单位变动成本$$

例如，某企业在一定时期内固定总成本为 30 万元，单位产品变动成本为 10 元/件，销售量为 2 万件，如果使用盈亏平衡法定价，则该单位产品价格为 300 000÷20 000+10=25 元。

以盈亏平衡点确定价格只能使企业的生产耗费得以补偿，而不能得到收益。因此，在实际定价中均将盈亏平衡点价格作为价格的最低限度，通常在加上单位产品目标利润后才作为最终市场价格。在上面的例子中，定价 25 元只能保证盈亏平衡，在其他情况不变的情况下，只有售价 25 元以上时，企业才能盈利。有时，企业为了开展价格竞争或应对供过于求的市场格局，会采用这种定价方式以取得市场竞争的主动权。

以上每种定价方法都有其适用场景和优缺点，企业需要根据自身的成本结构、市场环境和竞争状况来选择最合适的定价策略。例如，成本加成定价法简单易行，适合市场需求稳定的情况，而边际成本定价法则更适合竞争激烈或需求波动较大的市场环境。

总的来说，成本导向定价法是一种卖方导向定价法，其核心在于确保所有成本得到补偿，并在此基础上获得预期的利润。然而，这种方法可能忽视了市场需求和竞争状况的影响，有时可能会与定价目标脱节。此外，企业运用这一方法制定的产品价格均是建立在对销量主观预测的基础上，可能与实际销量存在偏差，无法保证价格制定的科学性。因此在实际应用成本导向定价法时需要结合需求和竞争等其他因素进行综合考量，来确定最终的价格水平。

蜜雪冰城的成本
导向定价策略

2. 需求导向定价法

需求导向定价法是一种以消费者对产品的需求和价值感知为基础的定价策略。需求导向定价法的核心在于理解和利用消费者对产品或服务的价值感知来制定价格。这种定价方

法认为，消费者对产品的支付意愿主要取决于他们对产品价值的感知，而不是产品的成本。需求导向定价法主要包括以下两种。

1) 感知价值定价法

感知价值也称为"认知价值""理解价值"。感知价值定价法依据消费者对产品的感知价值来设定价格。如果消费者认为产品的价值高，他们可能愿意支付更高的价格。

感知价值定价法的关键在于准确估算产品所提供的全部市场感知价值。企业如果无法准确估算，定价过高，则产品销售会受影响；

星巴克的咖啡文化

定价过低，则会减少企业应有的利润。为了准确把握市场感知价值，必须在定价前进行详细的营销调研。

2) 反向定价法

所谓反向定价法，是指企业依据消费者能够接受的最终销售价格，计算自己的成本和利润后，逆向推算出产品的批发价和零售价。这种定价方法以市场需求为出发点，力求使价格为消费者所接受。分销渠道中的批发商和零售商多采取这种定价方法。企业一般在以下两种情况下采用反向定价法。

(1) 应对竞争。价格是竞争的有力工具，企业为了同市场上的同类产品竞争，在生产之前，会先调查产品的市场价格及消费者的反应，然后制定消费者易于接受又有利于竞争的价格，并由此决定产品的设计和生产。

(2) 推出新产品。企业在推出新产品之前，会先通过市场调查预先了解消费者的购买力，再拟定市场上可接受的价格。

总的来说，需求导向定价法适用于消费者对价格敏感度较高的行业，如手机和化妆品等行业。通过精准地定位消费者的需求和价值感知，企业可以制定出更具竞争力的价格策略。

3. 竞争导向定价法

竞争导向定价法是一种以市场上竞争对手的价格为基准来设定自己产品价格的方法。这种方法的核心在于对市场竞争状况的分析和应对，企业通过制定与竞争对手相比较高、较低或相同的价格来获得市场优势或生存空间。竞争导向定价法主要包括以下两种。

1) 随行就市定价法

企业将自己的产品价格设定为与市场上主流竞争对手的价格相当，以此来保持市场的稳定和避免价格战，这种定价法称为随行就市定价法。随行就市定价法常用于以下情形：难以估算成本；企业打算与同行和平共处；如果另行定价，难以估计购买者和竞争者的反应。此外，小型企业或新进入市场的企业可能会选择跟随市场领导者的价格，以减少市场风险和定价策略的复杂性。

2) 竞争价格定价法

竞争价格定价法即根据本企业产品的实际情况及与竞争者产品的差异状况来确定价格的方法。这是一种主动竞争的定价方法，一般为实力雄厚或产品独具特色的企业所采用。定价时，首先将市场上竞争产品价格与本企业产品的估算价格进行比较，分为高于、等于、低于三种价格层次；其次，将本企业产品的性能、质量、成本、产量等与竞争企业产品进行比较，分析造成价格差异的原因；再次，根据以上综合指标确定本企业产品的特色、优势及市场地位，在此基础上，按定价所要达到的目标，确定产品价格；最后，跟踪竞争产品的价格变化，及时分析原因，相应调整本企业的产品价格。这种定价方法的关键是知己知彼。

3) 投标定价法

投标定价法就是企业根据招标方的要求，在规定的期限内，在投标书上填明可供应产品的名称、品种、规格、价格、数量、交货日期等，密封后提交给招标方。在投标交易中，投标方要根据招标方的规定和要求进行报价。政府、事业单位和大型国有企业在采购金额达到一定标准时常常采招投标形式。另外，采购成套设备、外包建筑工程、设计项目、开发矿产资源或大宗商品订货等也常常采取招投标的形式。投标定价法是大多数通过投标争取业务的公司通常采用的定价方法。竞标的目的在于争取合同，因此，公司考虑的重点是竞争者会报出何种价格，公司制定的价格应比竞争者有优势，而不局限于成本或需求状况。当然，公司必须事先确定一个最低的获利标准再进行投标，价格低于成本将损失利益；价格高于成本虽然增加了利润但不利于中标。

总的来说，竞争导向定价法适用于竞争激烈的市场环境，企业需要不断地观察和分析竞争对手的定价行为，以便及时调整自己的价格策略。这种方法最大的优点在于考虑了产品价格在市场上的竞争力，有助于企业快速对市场变化作出反应。但其主要缺点有：过分关注价格竞争，容易忽略其他营销组合可能形成产品差异化的竞争优势；容易导致价格战，使公司利润受损，也有可能影响整个行业的利润水平。因此，企业在采用竞争导向定价法时，应该结合自身的成本结构和长期战略目标，谨慎决策。

10.3 >>> 企业的定价策略

所谓定价策略，是指企业在特定情况下，依据企业既定的定价目标所采取的定价方针和价格对策。它是指导企业进行合理定价的行动准则，直接为实现定价目标服务。企业常见的定价策略主要有折扣定价策略、地区定价策略、心理定价策略、新产品定价策略、差别定价策略和产品组合定价策略。

10.3.1 折扣定价策略

企业为了鼓励消费者及早付清货款、大量购买、淡季购买，可以酌情降低其基本价格，这种价格调整叫作价格折扣。折扣定价策略是企业用来激励消费者采取某种购买行为的一种常用手段。以下是一些常见的折扣定价策略。

1. 数量折扣

数量折扣也称为批量折扣，是指按购买数量的多少，分别给予不同的折扣。一般来说，购买数量越多，折扣也就越多。数量折扣是折扣定价最基本的形式，当顾客一次性购买大量商品或者一定时间内累计购买商品数量达到一定数量或金额时，企业就会提供优惠的价格折扣，以此鼓励顾客大批量购买，长期购买。数量折扣可以直接促进产品销售数量和速度的增加，从而使企业资金周转次数增加，提升企业的整体盈利水平。企业在实施数量折扣时，应结合产品特点、销售目标、成本水平、资金利润率、需求规模、购买频率、竞争者手段以及传统的商业惯例来制定科学合理的折扣标准和比例。

2. 现金折扣

现金折扣是指企业对在规定时间内提前付款或用现金付款者所给予的一种价格折扣。其目的是鼓励顾客尽早付款，以加快企业的资金周转，降低销售费用，减少利息支出与财务风险。采用现金折扣一般要考虑三个因素：折扣比例、给予折扣的时间限制、付清全部货款的期限。例如，在西方国家，"2/10，Net 30"意味着如果在 10 天内付款，可以享受 2%的折扣，否则全额付款应在 30 天内完成，超过 30 天就是违约，要加付利息。

3. 功能折扣

功能折扣也称商业折扣，是企业根据中间商在产品分销中所处层次、重要性、购买批量、最终售价，及其所承担的功能、责任和风险的不同，而给予执行特定功能(如销售、广告)的渠道成员的折扣。这种策略在分销渠道管理中很常见，既能使中间商的成本和费用得到补偿，又有利于刺激其销售积极性，加速产品的流通和周转。

例如，一家制造商可能允许零售商从建议的零售清单价格中提一个 30%的商业折扣，以抵消零售功能成本并获取利润。同样，制造商可能给予批发商一种低于建议零售价 30%和10%的连锁折扣，即 100/30/10，意味着零售价若为 100 元，零售商拿到的价格是 70 元，批发商拿到的价格是 60 元。

4. 季节折扣

季节折扣是指对销售淡季购买商品的顾客所给予的季节性价格折扣。有些商品的生产是连续的，而其消费却有明显的季节性，为了调节供需矛盾，使企业的生产和销售在一年四季都能保持相对稳定，企业便采用季节折扣的方式。例如，羽绒服企业在夏季可能会有折扣，以清理库存为新产品腾出空间。旅行社在非节假日或旅游淡季，会大幅降低旅游线路价格，吸引有时间的消费者淡季出行。

企业对产品季节折扣比例的确定，应考虑成本、储存费用、基价和资金利息等因素。季节折扣有利于减轻库存压力、加速商品流通、迅速收回资金、促进企业均衡生产、充分发挥生产和销售潜力，避免因季节需求变化所带来的市场风险。

5. 价格折让

价格折让包括以旧换新、回扣、津贴和免费服务等形式。以旧换新就是在顾客购买新产品时，以顾客所拥有的旧的同类商品抵扣一部分新产品的货款的价格折让形式；回扣是指购买者在按价格目录将货款全部付给销售者以后，销售者再按一定比例将货款的一部分返还给购买者；津贴是指企业为达到特殊目的或面对特殊顾客以特定形式所给予的价格补贴或其他补贴。例如，当中间商为企业产品提供了包括刊登地方性广告、设置样品陈列窗等在内的各种促销活动时，生产企业给予中间商一定数额的资助或补贴。此外，企业在销售有形产品的同时，也向消费者提供免费的送货、安装、保修等服务。有些互联网企业甚至长期提供免费服务。

总的来说，企业在实施折扣定价策略时，需要考虑到成本和利润的影响，确保即使在提供折扣后，产品销售仍然能够为企业带来合理的利润。同时，企业还应该分析市场需求、消费者需求和竞争对手的定价，以确定最佳的折扣策略和折扣幅度。此外，折扣定价策略的适用条件是需求者对价格较敏感或者有足够的价格弹性，否则价格折让反倒会影响企业利润。

10.3.2 地区定价策略

地区定价策略是企业根据不同地区的市场环境、消费者购买力和竞争状况等因素，为同一产品或服务在不同地区制定不同的价格。这种策略旨在最大化企业的整体利润，同时考虑到各个地区市场的特殊情况。以下是几种常见的地区定价策略。

1. 原产地定价(Free On Board，FOB)

FOB 又称离岸价，意味着买家负责从卖方所在地取货并支付运费。这种方法简化了卖方的定价策略，因为货物一旦交付，风险就转移给了买方。FOB 定价中卖方主要负责将产品送到某一运输工具(如卡车、火车、船舶、飞机)上交货，并承担此前的风险和费用，交货后一切风险和运费由买方承担。此定价方法适用于所有地区并且操作简便，但有失去远途顾客，特别是购买了易损品的远方客户的风险。

App Store 增强
全球定价机制

2. 统一交货定价(Cost Insurance and Freight Pricing，CIF)

统一交货定价又称到岸价定价，即由卖方承担商品的出厂价、运费和运输保险费的定价策略。在这种方式下，卖方承担交货前的运输风险和费用。这种方法有助于简化定价结构，但可能会导致近距离地区的客户感到不公平，因为他们实际上在运费上补贴了远距离的客户。对于远途客户，这种定价策略有一定的吸引力。当运输成本相对较低而且企业希望对所有销售区域执行同一价格时，通常采用这种定价策略。

3. 区域定价

区域定价指企业将市场划分为不同的区域，并为每个区域设定不同的价格。这有助于企业更好地适应各个地区的需求和竞争状况。一般来说，对于离卖方较远的区域，定价会高一些；对于竞争较激烈的地区，定价会稍低一些。这种定价策略容易出现的问题是：

(1) 在同一价格区域内，有些客户距离企业较近，有些距离企业较远，前者就不合算；

(2) 处在两个相邻价格区域分界线附近的客户，能够利用明显的价格差别套利，最终将导致"窜货"现象的发生。

4. 基点定价

这是指卖方选定一些中心城市为定价基点，按基点到客户所在地的距离收取运费。采用这一定价策略对于中小客户具有很大的吸引力，能够迅速提高市场占有率、扩大销售。这种方法适用于以下条件：

(1) 产品笨重，运费占产品成本的比例很高；

(2) 市场范围大，消费者分布广；

(3) 产品需求弹性小。这种策略的优点是有利于企业产品扩展到远方市场，增加竞争力。缺点是对邻近地区的消费者不利。

5. 补贴定价

在某些情况下，企业可能会选择在特定地区提供补贴价格，或者本企业负担全部或部分实际运费，以促进销售或进入新市场。如企业为促进在农村地区的销售，对于特定农村地区销售的商品给予价格补贴。

总的来说，企业在制定地区定价策略时需要综合考虑多种因素，包括市场需求、消费者购买力、竞争状况以及物流成本等。通过灵活运用不同的地区定价策略，企业可以更好地适应各个地区市场的需求，实现整体利润的最大化。

10.3.3　心理定价策略

每一种产品都能满足消费者某一方面的需求，其产品价值与消费者的心理感受有着很大的关系，这就为心理定价策略的运用提供了基础。企业在给产品定价时可以利用消费者心理因素，有意识地将产品价格定得高些或低些，以满足消费者生理上和心理上、物质上和精神上的多方面需求。心理定价策略是一种利用消费者心理来设定价格的方法，旨在通过调整价格的表现形式或使其与消费者的心理预期相符合，来影响他们的购买决策。以下是几种常见的心理定价策略。

1. 尾数定价

尾数定价也称为"九头定价"，即利用消费者对数字认识的某种心理制定不到某一整数的尾数价格。中外零售商常用数字"9"作为价格尾数，如 4.99 元、99.80 元等。这种策略可以让消费者感觉价格更低，因为人们往往会忽略数字前面的部分，而只关注数字后面的部分。国内市场也常采用 8 作为尾数定价，由于 8 与粤语"发财"的"发"同音，定价时多用 888 元、168.88 元、88.8 元等。这种定价迎合了消费者的心理，有利于促进商品销售。

2. 整数定价

对于高档商品或奢侈品，企业可能会采用整数定价策略，将价格定为整数，如 1000 元、30 000 元等。这种策略可以传达出产品的高品质和独特价值。这样定价的好处是：

(1) 省去了找零钱的麻烦，方便企业和消费者的价格结算。

(2) 对于花色品种繁多、价格总体水平较高的产品，可以利用产品的高价效应，在消费者心目中树立高档、高价、优质的产品形象。

整数定价策略适用于产品需求价格弹性小、价格高低不会对需求产生较大影响的商品。如高档商品、流行品、时尚品、奢侈品等，这些产品的消费者都属于高收入阶层，会接受较高的产品价格，高价不会对产品的消费产生较大影响。

3. 声望定价

声望定价根据产品的品牌声誉来设定价格，通常用于名牌产品或高端市场上的商品。高价位可以强化品牌的高端形象，满足某些消费者的特殊欲望，如地位、身份、财富、名望和自我形象等，吸引目标客户群体。这一策略适用于一些传统的名优产品、具有历史地位的民族特色产品，以及知名度高、有较大的市场影响、深受市场欢迎的名牌商品。质量不宜鉴别的商品也适合采用这种定价，因为有些消费者有崇尚名牌的心理，往往以价格判断质量，认为高价代表高质量。有的名牌商品，降价或低价反而很少有人买。此外，艺术品、礼品或某些带有"炫耀"性质的商品的定价也必须保持一定的高价，定价太低反而卖不出去，但也不能高得离谱，让消费者无法接受。

4. 招徕定价

招徕定价也称为诱饵定价，是指企业将某一种或几种产品价格定得非常高，或者非常低，引起消费者的好奇心理和观望行为，以此带动其他商品的销售。这一定价策略常为综合性百货商店、超级市场、甚至高档商品的专卖店所采用。运用较多的是企业将某些商品的价格定得非常低，以吸引消费者进店购买其他商品。例如某些商店每天随机推出一些降价商品，吸引顾客经常来采购。这些顾客来店时，往往也会顺便选购其他正常价格的商品，这样就达到了促进销售的目的。

采用招徕定价时要注意以下问题：

(1) 特价品应是消费者经常使用且比较熟悉的产品，这样才能对消费者有足够的吸引力。

(2) 特价品应是真正降价，以取信于消费者。

(3) 企业所经营的产品应品种繁多，以利于消费者在购买特价品时选购其他产品。

(4) 特价产品的品种和数量要适当，因为数量太少会使大多数消费者失望，而数量太多又会使企业损失过大。

(5) 用于招徕的降价品，应该与低劣、过时产品明显地区别开来。招徕定价的降价品，必须是品种新、质量优的适销产品，而不能是处理品。否则，不仅达不到招徕顾客的目的，反而可能使企业声誉受到影响。

总的来说，心理定价策略是一种有效的营销手段，可以帮助企业在激烈的市场竞争中脱颖而出。然而，企业在采用这些策略时也需要注意遵守相关法律法规，确保其价格行为的合法性和公平性。

苹果公司 iPhone
手机的定价策略

10.3.4 新产品定价策略

新产品定价是企业在推出新产品时制定价格的过程。这个过程需要企业综合考虑营销目标、市场需求、成本、竞争状况以及产品的特性等因素，科学合理地制定价格。以下是几种常见的新产品定价策略。

1. 市场渗透定价

这种策略旨在通过设定相对较低的价格来吸引消费者，迅速占领市场份额。一旦建立起市场地位和客户基础，企业可能会逐步提高价格。如小米手机在初期定价 1999 元，与相同性能的手机相比，价格明显偏低，在小米手机获得消费者的广泛认可之后，新产品的价格逐渐提高。

采用渗透定价策略的企业无疑只能获得微利，但是，由此产生的好处是：可以使产品尽快为市场所接受，并借助大批量销售来降低成本，获得长期稳定的市场地位；微利可以阻止竞争者的进入，增强企业自身的市场竞争力。

2. 撇脂定价

与市场渗透定价相反，撇脂定价是在产品上市初期设定较高的价格，以最大化短期利润。这种策略适用于具有独特优势或高度创新的产品。一般来说，对于全新产品、受专利保护的产品、需求价格弹性小的产品、流行产品、未来市场形势难以预测的产品等，都可以采用撇脂定价策略。例如，华为手机新品发布时，一般常常采取撇脂定价策略，这是由于华为手机具有较高的研发投入和技术创新，在性能上具有优势，或具备其他品牌不具备的一些功能。

撇脂定价的优点有：

(1) 利用高价产生的厚利，使企业能够在新产品上市之初就迅速收回投资，减少投资风险。

(2) 在全新产品或换代产品上市之初，顾客对其尚无理性的认识，此时的购买动机多属于求新求异，企业利用这一心理，通过制定较高的价格，可以提高产品身份，从而创造高价、优质、名牌的印象。

(3) 先制定较高的价格，在新产品进入成熟期后可以拥有较大的调价余地，不仅可以通过逐步降价保持企业的竞争力，而且可以从现有的目标市场上吸引潜在需求者，甚至可以争取到低收入群体和对价格比较敏感的顾客。

(4) 在新产品开发之初，由于资金、技术、资源、人力等条件的限制，企业很难以现有规模满足所有的需求，利用高价可以限制需求的过快增长，缓解产品供不应求的状况，并且可以利用高价获取的高额利润进行投资，逐步扩大企业的生产规模，使之与需求状况相适应。

不过，撇脂定价也存在一定局限：

(1) 高价产品的需求规模有限，所以过高的价格不利于开拓市场、增加销量，也不利于占领和稳定市场，容易导致新产品开发失败。

(2) 高价高利会导致竞争者的大量涌入，仿制品、替代品会迅速出现，从而迫使价格急剧下降，企业的形象和市场份额都可能遭受打击。

(3) 过高的价格在某种程度上损害了消费者的利益，容易招致公众的反对和消费者的抵制，甚至诱发公共关系危机。

哈根达斯在中国的
撇脂定价

3. 适中定价

适中定价也称满意定价，即既不是利用高价来获取高额利润，也不是利用低价占领市场。当不存在适合于撇脂定价或渗透定价的环境时，公司一般就采取适中定价。有时，企业无法采用撇脂定价，是因为产品被市场看作极其普通的产品，没有哪一个细分市场愿意为此支付高价；有时企业也无法采用渗透定价，因为产品刚刚进入市场，顾客在购买之前无法确定产品的质量，认为低价代表低质量；管理者可能还担心，如果破坏了已有的价格结构，竞争者会作出强烈反应。所以，当消费者对价格较敏感，不能采取撇脂定价时，或者竞争者对市场份额较敏感，不能采取渗透定价时，企业一般都会采用适中定价策略。

以上三种策略并不是由相关的竞争产品价格定义的，而是由驱动消费者使用的产品价值定义的。撇脂定价不一定高于其他市场价格，渗透定价也不一定低于其他市场价格，如果感知价值更高的话，高价格也可能是渗透定价。总的来说，新产品定价需要综合考虑市场需求、竞争、供给、市场潜力以及企业的市场定位、产品特性以及整体营销战略。企业需要权衡各种因素，并对目标市场进行深入调研和科学分析，才能制定出相对适合的价格。

10.3.5　差别定价策略

差别定价又叫歧视性定价，是一种根据消费者的需求差异、购买时间、购买地点或购买量等因素，对同一种产品或服务制定不同价格的方法。这种策略可以帮助企业更好地满足不同消费者群体的需求，同时实现利润最大化。以下是几种常见的差别定价策略。

1. 消费者差别定价

消费者差别定价是指根据消费者的需求差异、支付能力和购买习惯等因素，对同一产品或服务制定不同的价格。例如，学生票、儿童票、老年票和军人票通常比普通成人票便宜；电力公司将电分为居民用电、商业用电、工业用电、农业用电等，并收取不同的电费。

2. 时间差别定价

时间差别定价是指根据购买时间的不同，制定不同的价格。对于不同年份、季节、不同时刻的产品或服务，定价可能差别很大。例如，非高峰时段的交通票价可能比高峰时段的票价便宜；航空公司会在节假日以较高价格甚至全价销售机票，而在非节假日以更低的价格销售机票。

3. 地点差别定价

地点差别定价是指企业对于处不同位置的产品或不同服务地点的产品，制定不同的价格。这些产品或服务的成本费用可能没有太大差异，甚至没有差异。例如，地理位置较好或者位于市中心的房产通常价格更高；距离演员更近的演唱会座位票价更贵，但对于演唱会组织者来说，座位远近的服务成本几乎无差异。

4. 产品版本差别定价

产品版本差别定价是指企业对不同版本、不同外观、不同规格、不同用途的产品制定不同的价格，以满足不同消费者群体的需求。有时，同一款产品也许成本上有一点差异，但它们的价格却相差很多，与成本差异不成比例，甚至是没有关系的。例如，手机厂商可能会推出不同存储容量的手机型号，以吸引不同需求的消费者；不同颜色的手机成本几乎无差异，却可能有不同的定价。

5. 渠道差别定价

渠道差别定价是指企业根据不同的销售渠道，制定不同的价格。例如，线上购物平台的价格可能比线下实体店的价格更具竞争力。

总的来说，差别定价策略可以帮助企业更好地满足不同消费者群体的需求，提高市场竞争力。然而，在实施差别定价策略时，企业需要注意遵守相关法律法规，确保其价格行为的合法性和公平性。同时，企业还需要考虑消费者的接受程度和心理预期，避免因价格差异过大而引发消费者的不满或质疑。要对实质上相同的产品进行差别定价，就必须采取一定的措施以保证差别定价的有效实施。企业可以通过改变产品，并运用相关的价格策略来把消费者分成不同的目标人群，常见的差别定价因素有时间、地点、对象、方式、数量等。

10.3.6 产品组合定价策略

产品组合定价策略是企业根据其产品组合的特点和市场需求，为整个产品线制定价格的方法。这种策略旨在最大化整个产品组合的利润，而不仅仅是单个产品的利润。以下是几种常见的产品组合定价策略。

1. 产品线定价

产品线定价是指企业为同一产品线内的多个产品设定不同价格，以反映它们之间的成本差异、性能差异或市场定位差异。如苹果公司的手机产品就采用了产品线定价策略，基础版的 iPhone SE 系列通常价格较低，面向那些希望以较低价格体验苹果手机功能的消费者；而 iPhone 系列则定位于中高端市场，功能比 SE 系列更全面；Pro 系列和 Pro Max 系列定位于高端市场，拥有更好的性能和功能，因此，定价相对较高。

2. 备选品定价

备选品定价也称选择品定价，是指许多企业在提供主要产品的同时，还会提供一些与主要产品密切相关的选择品并为其制定不同的价格。备选品定价有两种主要策略：一是将备选品的价格定得较高，使其成为企业盈利的一个来源；二是将备选品价格定得较低或免费提供，以吸引消费者购买。例如，一些饭店的菜品定价不高，而酒水的价格却较高，以此来增加饭店的盈利水平。苹果公司的 iPhone 手机定价较高，其采用的 IOS 操作系统则可以免费使用，许多消费者就是因为喜欢 IOS 操作系统而选择购买苹果手机的。

3. 互补产品定价

互补产品定价就是对一些需要配套使用的产品实行关联性定价的策略。对于互补产品的定价，企业一般把主要产品的价格定得较低，而将补充品的价格定得较高，以促进主要产品的销售，以便通过补充品的连续销售获得利润。例如，打印机的硒鼓通常是主要利润来源，因此打印机本身可能被定价较低以吸引消费者购买。常见的互补品的例子还有剃须刀与刀片、汽车与汽车配件、扫地机器人与消耗配件、手机与专用充电头等。

4. 捆绑定价

捆绑定价也称一揽子定价、产品系列定价，是指企业将多个产品捆绑在一起销售，并提供一定的折扣。这种策略可以增加销量和市场份额。例如，旅行社通常会提供一系列的旅游套餐，包括机票、酒店住宿、当地游览、餐饮等。这些套餐以比单独购买各个项目更优惠的价格提供给客户。这种定价策略不仅方便了客户，也提高了旅行社的销售额和利润率。许多电子产品公司，如手机、电脑制造商，会将产品与其他配件或服务捆绑销售，如耳机、保护套、延长保修等。这种定价策略有助于增加销售额，提高客户满意度，并为客户提供更全面的解决方案。

5. 分部定价

分部定价是指企业在其产品组合内实行分段或分部分定价。这是服务业较常使用的一种产品组合定价方式，它们经常会先收取一定的固定费用，再定期收取可变的使用费。例如，移动电话收取话费一般都有基本的月租费，再加上用户每月的使用费用；一些景区收费时，进入景区有大门票，而参观景区内个别景点时可能还会再收取门票。

6. 副产品定价

产品与服务的生产常常会产生副产品。例如，在生产加工肉类、石油产品、其他化工产品，以及冶炼钢铁的过程中，经常产生副产品。如果副产品价值很低，处理费用昂贵，就会影响主要产品的定价。企业确定的主要产品价格必须能够弥补副产品的处理费用。如果副产品对某些消费者有价值，能带来收入，主要产品的价格在必要的时候可定低一些，以提高企业产品的竞争力。

有时，副产品可以变废为宝，例如，可口可乐公司将其生产橙汁饮料过程中的废料果皮转化为有利可图的副产品，先是提取精油装瓶出售，用于制作食品香精或家居清洁剂，余下的部分压制成小球卖作牲畜的饲料。

总的来说，产品组合定价策略要求企业在制定价格时考虑整个产品组合的需求和成本结构。通过合理地调整每个产品的价格，企业可以实现整个产品组合的利润最大化。在实施产品组合定价策略时，企业还需要考虑到市场竞争状况、消费者需求和心理预期等因素。

10.4　企业产品价格的调整策略

价格调整策略是指在市场营销活动中，根据市场状况和企业自身条件的变化适时对产品基本价格进行修订和调整的手段。这一策略的目的在于确保产品的价格能够适应市场的供需变动，并与营销组合的其他要素保持一致，以发挥最佳的促销效果并提升营销收益。价格调整的有效性取决于价格执行的效率，即价格需要不断地进行调整以达到优化状态。因此，价格调整策略本质上是一种动态定价方法，主要有提价和降价两种形式。

10.4.1　企业产品提价

企业提高产品价格通常是为了应对成本上升、市场需求增加或改善产品质量等情况。然而，提价也可能引起消费者的不满，因此需要谨慎处理。

1. 提价原因

企业提高产品价格常会引起消费者和中间商的不满而拒绝或减少产品购买和进货，甚至本企业的销售人员都会反对，一般只有在某些特殊情况下采用此策略。但是，成功的提价会极大地促进利润的增长。调高价格的原因主要有以下三个：

(1) 产品成本提高。价格上调的一个主要原因就是通货膨胀或原材料价格上涨引起企业成本增加。企业无法自我消化增加的成本，只能通过提高售价才能维持正常的生产经营活动，这是产品提高价格的主要原因。一般来说，单个企业的成本提高，将不会构成可以支撑提价的理由，但是，行业性成本的提高，企业提价的可能性就存在了。

(2) 产品供不应求。企业的生产不能满足市场需求时，提高价格不仅能够缓解市场对供给的压力，而且可以使企业能够快速地回笼资金和得到更多的利润，最终也能提高市场供应能力。

(3) 产品税率的变化。政策、法规的限制或淘汰产品税率的提高也是迫使企业调高价格的一个不可忽视的因素。出于保护环境和合理使用稀缺资源的需要，政府对某些产品采用经济手段进行调控会使其价格上升。

2. 顾客对提价的反应

顾客对提价的反应通常是消极的，因为这意味着他们需要支付更高的价格来购买商品或服务。常见的消极反应包括：购买意愿减弱、减少购买量、转向竞争对手或寻找替代品，不满意的顾客甚至会传播负面口碑等。然而，顾客对提价也可能会有一些积极的反应，例如认为产品质量提高或服务改善，或者认为品牌价值提升，从而觉得物有所值，也可能认为产品稀缺性增加，未来产品价格可能继续上涨。以房地产市场为例，当房价持续上涨时，人们往往认为后续价格会继续上涨，于是争相购买。

3. 提价策略

以下是一些常见的调高产品价格的策略。

(1) 逐步提价。在调高价格时，不要一次性提高很多，逐步提价可以减少消费者的抵触情绪。企业可以分阶段提高价格，让消费者逐渐适应。

(2) 提供更高价值。在提价时，企业可以增加产品的功能、形式、服务或品质，以提高产品的价值。让消费者获得更高价值的同时，付出更高的价格。

(3) 优化产品组合。企业可以通过优化产品组合来平衡价格。例如，推出高端产品提升品牌形象，同时保留中低端产品满足不同消费者需求。

(4) 选择性提价。企业可以选择对某些产品或服务提价，而保持其他产品或服务的价格稳定。这有助于维持整体销售额和市场份额。

(5) 变相提价。企业如果不想改变价格水平，可以取消某些原来不收费的项目或产品，降低价格折扣，压缩产品的尺寸、规格和型号，以及改变产品功能，改用成本更低的原材料等，达到降低成本的效果，从而达到变相提价的目的。通常在目标市场消费者对价格很敏感、反对提价，或者政府有价格限制要求，或者竞争需要时采取变相提价策略。

总的来说，企业在制定产品提价策略时需要综合考虑市场需求、竞争状况、消费者心理等因素，通过采取适当的沟通策略和定价技巧，解释提价的原因，如成本上升或产品改进等。这有助于维持消费者的信任度和满意度，保持或获取更高的利润。

提价策略的执行要注意以下几点：① 要在产品进入成长期或其他商品的销售预期大幅增加时进行提价；② 在提价前应采取各种渠道向顾客预告提价的时间并说明提价的原因，让消费者有一个心理适应过程，并寻找节约成本的可能途径，以减少顾客的不满；③ 企业应尽可能采用间接提价的方式，把提价的不利因素减少到最低程度，使提价不影响产品销量和利润，并且能被潜在消费者普遍接受。

10.4.2 企业产品降价

产品降价措施是企业在面临市场压力、库存积压、销售目标未达成或技术进步使成本降低等情况下采取的一种措施。

1. 降价原因

调低价格的原因主要有几个方面：

(1) 产品供过于求，生产能力过剩。当企业的产成品库存过多，企业又很难通过其他措施来扩大销售时，会采用具有竞争攻击性的降价策略来提高销量。

(2) 市场竞争激烈，产品市场占有率下降。当竞争者实力强大，消费者偏好发生转移，本企业产品销量不断减少时，为了夺回失去的市场，企业可能会采取降价策略。

(3) 企业生产成本下降，希望通过降价扩大市场份额。对于大型企业来说，由于规模效应使固定成本分摊降低，从而降低了单位产品成本，这时主动降价，可以建立起更强的竞争壁垒，扩大产品销量。对于高科技企业，则有可能是因为采取了更先进的工艺水平、更强的功能或更低成本的原材料，大大降低了生产成本，这时也可以采用降价的方式，获得更多市场份额。

(4) 为了清仓处理积压或旧型号的产品，增加资金周转率。一般来说，企业有大量积压产品时，会占用大量的流动资金，影响企业正常运营。为了提高资金周转率，企业可以对积压产品降价出售。在新产品上市之前，一般也会对原有同类的旧型号产品及时降价处理，达到回收企业流动资金和增加新产品研发投入的目的。

2. 消费者对降价的反应

消费者对降价的反应通常是积极的，因为这意味着他们可以以更低的价格购买到商品或服务。可能的一些反应有：购买意愿增强、增加购买量、尝试新产品、品牌忠诚度提高、传播正面口碑等。然而消费者对降价也可能会有一些负面反应，例如：怀疑产品质量，认为降价是因为产品质量下降或存在瑕疵；认为商家经营困难，降价是为了清理库存产品；认为商家不诚信，以前定价过高；认为仍有降价空间，等待更低的价格等。例如，当房地产价格持续降低时，多数购房者反倒会采取观望的态度，希望价格会进一步降低，以便以更低价格购买。

3. 降价策略

以下是几种常见的调低价格的策略：

(1) 直接降价：企业直接降低产品的售价。这种策略可以迅速吸引消费者的注意，并刺激他们的购买欲望。

(2) 打折促销：企业通过提供临时性的折扣来降低产品的价格。这种策略通常在特定的时间或场合下使用，如节假日促销、季末清仓等。

(3) 捆绑销售：企业将多个产品捆绑在一起销售，并提供一定的折扣。这种策略可以增加销量和市场份额。

(4) 赠品促销：企业提供免费的赠品来吸引消费者购买产品。这种策略可以增加产品的附加值，提高消费者满意度。

(5) 优惠券促销：企业发放优惠券来鼓励消费者购买产品。消费者可以在下次购买时使用优惠券来享受折扣或特价服务。

总的来说，产品降价策略可以帮助企业在短期内提高销量和市场份额。然而，在采取这些策略时，企业需要考虑到成本、利润和品牌形象等因素。要注意价格调整的幅度和频率，还要把握价格调整的时机，以取得预期的效果。此外，企业还需要确保其价格行为的合法性和公平性，避免违反相关法律法规，以免引发消费者的不满或质疑。

10.4.3　企业应对竞争者价格变动的策略

面对竞争者的价格变动，企业首先应该了解其价格变动的原因，然后针对性地采取应对措施。竞争者可能是同质产品，也可能是异质产品，两种情况的应对策略差异很大。下面分别进行讨论。

1. 同质产品价格变动的应对策略

如果竞争者降价，企业一般也应该随之降价，否则大部分顾客将转向价格较低的竞争者。但是，这种跟进需要谨慎评估：如果竞争者降价并没有带来销量的明显提升，维持原价反而能保护企业的利润空间。面对竞争者的提价行为也是同样的策略。企业既可以跟进，也可以暂且观望。

2. 异质产品价格变动的应对策略

由于每个企业的产品在质量、品牌、服务、包装、消费者偏好等方面有着明显的差异，所以面对竞争者的价格变动，有以下策略可以选择。

(1) 不变策略。不变策略是指靠顾客对产品的偏爱和忠诚度来抵御竞争者的价格进攻，待市场环境发生变化或出现某种有利时机时，企业再做出行动。或者在价格不变的前提下，加强产品宣传，增加销售网点，强化售后服务，增加产品的功能和用途，提高产品质量，或者在包装等方面对产品进行改进。大型企业在面对中小企业的降价进攻时，常常采取这种策略。

(2) 同步策略。同步策略是指部分或完全跟随竞争者的价格变动，采取较稳妥的策略，维持原来的市场格局，巩固市场地位。在市场对价格敏感的情况下，或企业规模和产品质量与竞争者相差不大的情况下，企业多会选择同步策略。需要注意的是，在采取降价策略时，不能靠降低产品质量来维持原有利润，否则可能会对企业品牌形象和长期发展产生不利影响。

(3) 强化策略。强化策略是指以优越于竞争者的价格跟进，并结合非价格手段进行反击，就是在竞争者降价或提价时，比竞争对手更大幅度地降价，或者比竞争对手更小幅度地提价，强化非价格竞争，形成产品差异，利用较强的经济实力或优越的市场地位，给竞争者以毁灭性的打击。对于大型企业来说，往往具有更多的资金储备，可以给出更大的价格补贴力度，能承受更长时间的降价，从而在产品质量占优的情况下，采取更低的产品价格进行销售，从而赢得更多的市场份额，击垮中小竞争对手。

本章小结

产品价格是影响企业利润的关键因素，直接影响企业盈利目标的实现。价格策略是市场竞争的重要手段，是 4P 理论中唯一产生收入的策略。企业定价受到内外部因素的综合影响，内部因素主要有企业营销目标、产品成本、产品特性和市场营销组合等；外部因素主要有市场性质、市场需求、竞争状况、经济环境和法律法规等。企业定价是一项比较复杂的工作，在给产品或服务定价的过程中，一般要遵循一定的步骤。定价方法有成本导向定价法、需求导向定价法和竞争导向定价法三种。企业常见的定价策略主要有折扣定价策略、地区定价策略、心理定价策略、新产品定价策略，差别定价策略和产品组合定价策略。随着企业内外部条件的变化，企业可能需要对产品价格进行调整，主要有提价和降价两种形式。消费者对提价和降价会有不同反应，提价可能带来积极的反应，降价也可能带来消极的反应，主要受到市场需求、竞争状况、消费者心理等因素的影响。面对竞争者的价格变动策略，企业可以根据自身情况确定是否进行相应的价格调整。

重要概念

内外影响因素　　　　定价程序　　　　　定价方法　　　　　成本导向定价法
需求导向定价法　　　竞争导向定价法　　定价策略　　　　　折扣定价策略
地区定价策略　　　　心理定价策略　　　新产品定价策略　　差别定价策略
产品组合定价策略　　价格调整策略　　　产品提价策略　　　产品降价策略

复习思考题

1. "五一"假期期间影响旅行社定价的因素有哪些？
2. 通常的定价程序是什么？
3. 常见的定价方法有哪几种？
4. 试分析企业在网络营销中的定价策略。
5. 企业的价格调整策略有哪些？请以你熟悉的某个品牌为例，分析其价格调整策略。
6. 简述企业采取提价策略和降价策略的原因。
7. 请举例说明企业如何应对竞争者的价格变动。

案例分析

细说互联网经济中的"免费""补贴"和"付费"

互联网时代有一个独特的商业现象——"免费"，就是创业者用免费(或者补贴用户)的方式吸引用户流量。这背后的底层逻辑是什么？天底下真有免费的午餐吗？

以微信为例，使用微信是免费的，但使用微信钱包提现是要付费的，使用微信登录QQ音乐听歌也是要付费的。然而，使用小程序点外卖时，平台会补贴几块钱，让用户可以多点一个煎蛋。

在互联网经济中，"免费""付费"和"补贴"贯穿于我们的日常生活，但渐渐地，以前通过免费使用就可以吸引用户的应用，现在需要大量的资本补贴才能够吸引用户；以前免费使用的功能，现在需要用户付费才能解锁……

2010 年之前的 PC 互联网时代，免费搜索、免费社交、免费看新闻、免费杀毒、免费收发邮件……，第一代互联网企业正是依靠免费策略崛起，成就了一个时代的辉煌。

2010—2014 年移动智能手机开始兴起，免费模式也帮助移动互联网企业飞速发展；最具代表性的就是微信：我们不再花钱发信息，打开微信就可以传递消息，不止文字，还有语音和视频，更有联系人的动态。

渐渐地，我们听到的新产品不仅免费，还有补贴。

团购的兴起，意味着贴钱获客成为免费思维的新变种，团购作为新模式开始崛起。便宜是团购的核心吸引力，正价 200 元的套餐，团购价只需 50 元，消费者蜂拥而至。团购风口自此开启，高峰时期国内的团购网站超过 6000 家。

团购是典型的双边市场，平台同时吸引买家和卖家，这就出现了"先有鸡还是先有蛋"的难题：先聚拢买家，才能吸引卖家，可没有卖家，怎么吸引买家？于是，靠补贴吸引用户就成为团购前期标准操作，之后再找商户就容易了。毕竟，想花钱的人(消费者)难找，想赚钱的人(商户)好找。双边市场具有网络效应，消费者吸引商户，商户吸引消费者，强者更强，赢家通吃。最终，千团大战惨烈收场，只有少数几家挺了过来。一将功成万骨枯，成为互联网世界优胜劣汰的最好注脚。千团大战后，熬过来的，变成了那个领域的将军，这也为后续其他领域树立了榜样。

移动支付：微信给你发红包，支付宝给你线下补贴；

共享汽车：Uber 给你 10 元，滴滴让你免费出行；

外卖：饿了么给你满减，美团给你免单；

电商领域：双十一"剁手"福利，拼多多拼着买更省钱；

还有"社区团购"，巨头们纷纷入局，补贴力度相当惊人："芒果 1 分钱半斤""鸡蛋4.5 元 10 个""鸡腿 5.9 元一斤"……

补贴模式下，又有新的企业冒出，新的企业消失。

免费和补贴，让用户进来了，但是企业最终的目的是什么？是让你留下来，成为它的忠诚用户。想让用户留下来，光有补贴可能还不够，在产品功能和补贴力度都没有太大差异的时候，更考验企业的运营能力。用户的需求是多元化的，且在中国这么复杂的市场环境下，大家功能差不多的时候，单一产品功能并不能吸引所有用户，这时候更需要运营能力、供应链的能力、线上线下协同的能力。

用户成为平台的使用者之后呢？是不间断的免费和继续的补贴吗？可能没有。你一旦成为平台的用户，就成为了平台的流量，怎么利用流量变现？一是看广告，还有一大批小企业、大企业、小活动、大活动需要推广，你就是他们推广的对象，平台会根据一定规则收取费用，收取商家的管理费也好，收取广告主的推广费也好，其实是一个道理。

这是赚了企业的钱，那怎么赚用户的钱呢？免费和补贴之下，你可以浏览和获得任何信息，信息的世界变得很丰富。然而，每一种充裕都会创造一种新的匮乏：一是体验的匮乏，你需要看广告，你需要等到周日晚上才能追剧；二是信息差的匮乏，大家可能看到的都是一搜就有的公开资料等。而匮乏，创造了收费：你看视频想免广告，要付费、充会员；你想提前看视频，要付费解锁大结局；你想看到优质的内容，想听教授讲课，也要付费……

免费和补贴走到极致，便是收费。免费、补贴和付费的互联网经济下，新旧并存，新的格局初定，而战火却未停止……

结合上述案例材料，思考以下问题：

(1) 互联网企业采取免费价格策略的条件是什么？

(2) 免费、补贴和收费的关系是什么？

(3) 对免费价格策略应该如何理解？

第 11 章 渠道策略

- 解释营销渠道及其功能；
- 掌握不同渠道结构的优缺点；
- 识别不同公司的营销渠道；
- 说明企业如何选择以及评估渠道成员；
- 掌握如何预防并处理渠道冲突；
- 了解新零售和全渠道的重要性。

引例

小米的渠道策略

小米科技有限责任公司由雷军等人于 2010 年 4 月创立，小米在成立初期就以其独特的商业模式而备受关注，该模式的特点是：用互联网模式开发手机操作系统、发烧友参与开发改进、通过在线销售渠道直接向消费者销售产品。

小米当年的品牌宣言是"为发烧而生"。小米成立伊始，黎万强负责 MIUI 的研发。他采用新媒体的方式做传播，几乎"零投入"，带着团队在各论坛里选取了 100 名超级用户参与 MIUI 的产品优化与体验反馈。这 100 名天使用户就是小米社群的起点，是小米的核心粉丝。在论坛上面，"米粉"参与了调研、产品开发、测试、传播、营销等多个环节。这些活动让他们获得了荣誉感和成就感。随后，借着微博、微信、QQ 空间等社交平台的热度，小米迅速将 50 万关注者转化成第一代产品的重度用户。2010 年年底，小米推出了手机实名社区——米聊，半年内注册用户就突破了 300 万人。通过微博、微信以及论坛等社会化营销模式，小米聚了粉丝的力量，在短时间内把小米打造成了一个知名度很高的品牌。

2011 年 8 月，"小米 1"问世，获得了 50 万粉丝的支持，这款高性价比的手机售出了 27 万台。雷军曾多次说过，小米手机硬件的利润将不超过 5%，小米手机也逐渐成为高性价比智能手机的代表，2012 年的销量直冲到 700 多万台。小米的成功对中国手机行业产生了重要的影响，小米手机与国内竞争对手在国内市场的出货量比较如表 11-1 所示。

表 11-1　国内主要手机厂商在国内市场的出货量(单位：百万台)

品牌	按年份统计的出货量					
	2012	2013	2014	2015	2016	2017
小米	7	18	60.8	72	41	50
华为	32	52	41.3	62	76	102
OPPO		13	30	25.5	78	77

数据来源：Gartner(February 2014)，iimedia(2013)，IHS iSuppli(2015，2016)，以及小米、苹果等公司的公开数据(IDC)。

　　随着智能手机市场竞争的加剧，小米逐渐意识到单一业务的风险。2015 年小米开始进行多元化发展，进军其他领域，成为以智能手机、互联网服务、IOT 与生活消费品三大业务为主营业务的互联网企业。

　　2016 年，小米缺乏线下中间商和零售店的弊端逐渐凸显出来，销售量较 2015 年几乎下降了一半，而与此同时 OPPO 则异军突起。

　　华为、OPPO 和 VIVO 有丰富的线下渠道资源。华为是一家总部位于中国深圳的全球领先的信息与通信技术(ICT)解决方案提供商，也是全球最大的电信设备制造商之一。华为同中国的三大电信运营商建立了密切的合作，可以通过运营商的营业厅销售手机。除此之外，华为还有自营的智能生活馆、授权体验店、授权专卖店以及一些数码电器连锁店等零售终端。OPPO 和 VIVO 同步步高电子产业有限公司有着控股或关联控股关系。步步高有着深厚的线下渠道资源，OPPO 和 VIVO 的创始人也有线下店管理的经验，他们同中间商有着牢靠的信任关系，各自线下门店有近 20 万家。

　　相比之下，小米的线下渠道寥寥无几。然而，2015 年后，中国市场 70%的智能手机由线下店出货。

11.1　渠道概述

11.1.1　渠道的内涵

1. 渠道的定义

以下是对"营销渠道(marketing channel)"的几种不同解释：

- 营销渠道通常是指产品从生产者传递到消费者或最终用户的流通路径。
- 营销渠道是商品所有权在不同中间转移的路径。
- 营销渠道是一组商业联盟，这些联盟企业为了进行贸易而组合在一起，形成一个松散的结构。
- 营销渠道是企业为了实现分销目标而进行管理运营的外部合作组织。

从不同的观点或视角出发，我们可以发现定义营销渠道的多样性。例如，制造商关注的是将产品送至客户手中的过程中涉及的中间商，因此他们以产品在中间商之间的流动来定义营销渠道。而作为中间商的批发商或零售商，他们从各制造商处购买大量库存并承担相关风险，则将商品所有权的转移视为营销渠道的界定标准。消费者则根据自己的购物体验，将营销渠道视为他们在线购物时使用的网站集合及实体店铺。研究人员则从渠道的结构维度和运营效率来描述渠道。

目前中外教科书上对营销渠道较为经典的定义主要有以下两种：

1) 广义的定义

营销渠道是一系列相互依存的组织，通过这些组织，产品、服务和信息从生产者传递到最终用户。根据该定义，营销渠道的参与者包括产品销售过程中的所有有关企业和个人，如生产者、批发商、代理商、辅助商、零售商以及最终消费者或用户等。而辅助商包括广告代理公司、媒体、物流公司、银行、保险公司、市场调研公司等。

2) 狭义的定义

营销渠道是指在某种产品或服务从生产者向消费者转移的过程中，取得这种产品或服务的所有权或在所有权转移过程中参与了谈判的所有企业和个人。因此，营销渠道的参与者是成员性参与者，包括批发商(因为他们谈判取得所有权)和代理商(他们尽管没有取得产品的所有权，但是在产品所有权转移过程中参与了谈判)。此外，渠道还包括处于渠道起点的生产者和处于渠道终点的最终消费者或用户。

本教材选用渠道的狭义定义，仅涉及渠道的成员性参与者(生产者、批发商、零售商、代理商、消费者)，不研究非成员性参与者(广告代理公司、媒体、物流公司、银行、保险公司、市场调研公司等)。

2. 渠道的功能

借助渠道要实现的功能，可以更好地理解营销渠道这个概念。

营销渠道的功能是消除产品(或服务)与使用者之间的时间、地点、数量、种类的差距，使产品更高效地从生产者转移到消费者。渠道的主要功能包括：

(1) 收集市场信息。企业可以通过营销渠道收集市场信息和客户反馈，利用各种渠道的数据统计和分析，了解市场趋势、竞争对手动态以及客户需求，从而为企业的决策提供重要参考。

(2) 传播信息。企业可以利用营销渠道传播产品或服务的信息，向潜在客户或目标市场传递相关的信息和价值主张，以吸引他们的注意和兴趣。

(3) 促销。企业可以通过营销渠道向消费者传递有关企业及产品的各种信息，说服或吸引消费者购买产品。

(4) 接洽。企业借助社交媒体、电子邮件、客户服务面谈等方式，通过营销渠道与客户进行接触和建立联系，回答客户的问题，提供必要的支持。

(5) 谈判。为了转移货物的所有权，买卖双方可以借助营销渠道，就价格及有关条件进行协商，以达成协议。

(6) 客户服务。企业可以通过营销渠道提供客户服务支持，包括产品售前与售后服务、技术支持、投诉处理等，确保客户在购买和使用产品的过程中感到满意。

(7) 组配。企业可以通过营销渠道协调产品(服务)种类与消费者需要之间的矛盾，按买方要求整理供应品。如按产品的相关性进行分类组合，改变包装大小，分级分等。

(8) 物流。企业可以通过营销渠道将产品实体从生产者传递给最终用户。通过建立供应链和物流系统，确保产品能够顺利地从生产地到达销售地，并最终交付给客户。

(9) 风险承担。随着产品所有权的转移，市场风险也随着发生转移并被分担。例如，产品的需求、价格变化，以及自然灾害等都可能会带来经营损失，这些风险在供应链的不同环节之间进行分担。

(10) 融资。企业可以和渠道成员之间进行的资金融通活动。例如，提前支付货款、设置付款账期等。

11.1.2 渠道的结构

营销渠道的结构指参与完成商品所有权由生产环节向消费者或用户转移的组织或个人的构成方式。它涉及很多方面的问题，如营销渠道由几个层级构成？每一个层级又由哪些类型的渠道参与者构成？每一个区域需要设置多少网点？渠道一体化程度水平如何？营销渠道结构的本质是分销任务或渠道功能在渠道参与者之间的分解与分配。

渠道结构包括长度结构、宽度结构和系统结构三个方面。

1. 长度结构

渠道的长度结构是指在产品从生产者到最终消费者的过程中，涉及的渠道成员的层级关系。根据生产者与消费者之间的之间商层级的多少，将常见的渠道长度结构分为以下几种：

1) 直接渠道(0 级/阶渠道)

直接渠道指生产者直接将产品销售给最终消费者，没有中间渠道成员参与。生产者可以通过自有的销售团队、自己的网络平台、电话销售等方式直接接触消费者。直销渠道长度最短，生产者与消费者之间可以直接进行沟通交流和交易。

2) 间接渠道

间接渠道指在产品流通过程中，涉及一个或多个中间渠道成员，将产品从生产者传递给最终消费者。这种渠道较长，涉及多个层级和渠道成员，主要包括 1 级渠道、2 级渠道和 3 级渠道。(尽管一些企业仍然运用 4 级及以上的渠道来销售产品，但渠道扁平化已成为一种趋势，因此 4 级及以上渠道不在此进行讨论。)

(1) 1 级/阶渠道：只有一个中间渠道成员，将产品从生产者传递给最终消费者的渠道。例如在消费品市场，生产者通过传统的实体零售店、专卖店、超市以及线上商家等将产品销售给消费者；在工业品市场，生产者通过代理商或者批发商将产品销售给工业用户。

(2) 2 级/阶渠道：包括两级中间商的渠道。例如，生产者将产品销售给批发商，然后批发商将产品销售给零售商，最终由零售商销售给消费者；工业品生产者通过代理商和批发商将产品销售给产业用户。

(3) 3 级/阶渠道：包括三级中间商的渠道。例如，生产者通过代理商、批发商和零售商将产品销售给消费者。

图 11-1 和图 11-2 表示了消费品和工业品不同层级的营销渠道。

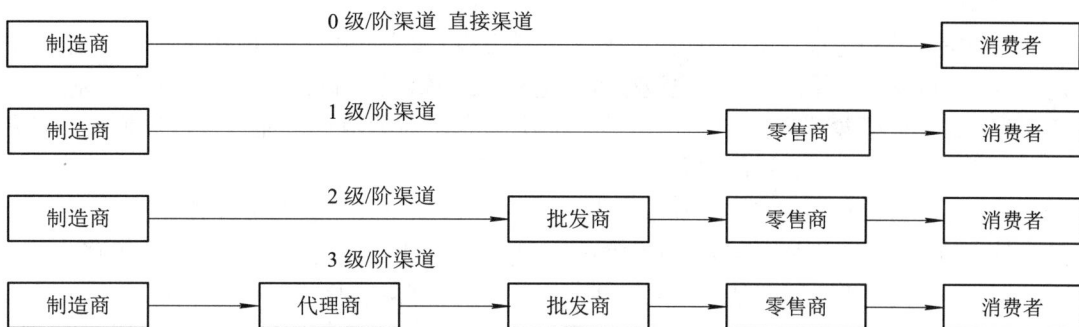

图 11-1 不同层级的营销渠道(消费品)

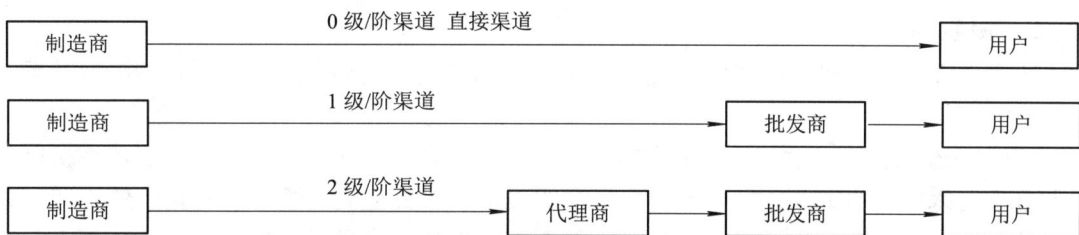

图 11-2 不同层级的营销渠道(工业品)

虽然互联网和电子商务的发展为直接销售提供了更多可能性,但仍然无法完全取代中间商的作用。为什么中间商会存在并且短期内不会消失?

3) 长渠道与短渠道

直接渠道和 1 级渠道被称为短渠道,2 级及以上的渠道被称为长渠道。可以从信息传递、可控制度、外部资源利用、利润分割等方面来分析长、短渠道各自的利弊,如表 11-2 所示。

为什么无法"消灭"中间商?

表 11-2 长渠道与短渠道的利弊分析

	利	弊
长渠道	利用更多的渠道成员,产品可以更快速地进入更广泛的市场,增加销售机会和市场份额;生产商可以利用经销商或零售商的专业知识和经验、设备来提供更好的销售和客户服务	生产者与最终消费者之间的沟通可能不够直接和及时,导致信息传递不畅;生产商的利润可能会被分割;生产者对渠道的控制力度降低
短渠道	直接接触消费者可以建立更紧密的客户关系,更好地了解他们的需求和反馈,从而更好地定制产品和服务;生产商可以更好地控制品牌形象和产品信息;可以减少中间环节的成本,使得生产商能够获得更高的利润	限制了产品的市场覆盖范围,特别是对于覆盖范围广泛的产品来说可能不够有效;建立和维护短渠道可能需要更高的投资,包括市场营销、物流和客户服务等方面的成本

渠道的长度结构可以根据产品特性、市场需求、渠道成员的能力和资源等因素来确定。重要的是根据企业的战略目标和市场条件选择适合的渠道长度结构,以实现高效的产品流通和市场覆盖。

2. 宽度结构

渠道的宽度结构是指各渠道层级中间商数目的多少，如同一层级代理商的数量、批发商的数量、零售商的数量。渠道的宽度也被称为渠道密度。渠道宽度设计通常采用以下三种策略：

(1) 密集性分销渠道：指运用尽可能多的中间商，使渠道尽可能加宽，以便消费者能随时随地买到产品，通常适用于零食、饮料、香烟等便利品。

(2) 选择性分销渠道：指生产企业在某一地区仅通过少数几家中间商来经营其产品。消费品中的选购品和特殊品、需要经过中间商大力推广的工业品更适合采用这种策略。

(3) 独家分销渠道：指在某一时期，某一相对较大的地域范围内只选定一家中间商经销或代理，实行独家经营。独家分销是最窄的分销渠道，通常双方订有书面契约，规定生产者在特定的市场区域不能再请其他中间商来销售该产品，而中间商也不能再经销其他竞争性的产品。

3. 系统结构

按渠道成员相互联系的紧密程度，营销渠道的结构还可以划分为松散(传统)渠道系统和整合渠道系统两大类型。

松散(传统)渠道系统由独立的制造商、批发商和零售商组成。每个企业都是寻求自身的利益最大化独立的企业，渠道中没有一个成员可以对其他成员进行控制和有效协调，渠道成员间的关系松散，为了追求自己的利益不惜牺牲其他成员以及整个渠道的利益。

整合渠道系统是渠道成员通过一体化整合而形成的，主要包括垂直渠道系统、水平渠道系统和多渠道系统。

1) 垂直渠道系统

垂直渠道系统是由生产者、批发商、零售商组成的一个统一系统，每个成员都是渠道的一部分，不仅关注自身利益还关注渠道的整体利益。根据渠道成员间协调方式的不同，可以将垂直渠道系统分为公司型垂直渠道系统、管理型垂直渠道系统和契约型垂直渠道系统三种类型。

(1) 公司型垂直渠道系统。这种系统通过股权来协调渠道成员的行为，又分为两类：一类是由工业公司拥有和管理的，通过控制或者参股中间商来加强对渠道的控制；一类是由零售企业控股或者参股工业企业，并在渠道系统中处于主导地位。

(2) 管理型垂直渠道系统。这种系统通过渠道中某个有实力的成员作为渠道领袖来协调整个渠道系统的各项活动，如定价、促销。渠道领袖还会对企业成员进行指导、帮助及支持。渠道领袖的影响力主要基于供应垄断、特殊专业知识、品牌声望、声誉、规模等。

(3) 契约型垂直渠道系统。这种系统当中不同层次的独立的制造商和中间商，通过正式合同联合在一起，渠道成员之间的合作关系通过合同来规定和约束，明确各方的权利和责任。契约型垂直渠道系统主要包括批发商发起的自愿连锁(wholesaler-sponsored voluntary chains)、零售商合作社(retailer cooperatives)和特许经营系统(franchise)。

批发商发起的自愿连锁是一种批发商发起的由多家不同资本的零售企业自愿组成连锁体的模式。这种模式的特点为：批发商在自愿连锁中发挥着关键的作用，他们负责组织和管理整个连锁经营，提供商品采购、信息分享和自有品牌开发等方面的支持。各成员企业具有较大的自主权，各自保持着自己的资产所有权并进行独立财务核算。

零售商合作社是由独立的零售商共同组成合作社，通过集体采购、共享资源和合作营销来增强竞争力。零售商合作社的成员共同分享采购成本和经营风险，并通过集体行动获得更好的商品定价和供应条件。合作社可以提供集中采购、共享市场营销活动、共享品牌和标准化的运营程序等服务，以帮助成员零售商在竞争激烈的市场中取得优势。零售商合作社的目标是通过合作共赢的方式提高成员的经营效益，并提供更好的产品和服务给消费者。

特许经营系统指特许人(特许经营权拥有者)授权给特许经营商(特许经营权使用者)使用其品牌、商标和业务模式，特许经营商以特许人的品牌和业务模式开展业务，并向特许人支付一定的特许经营费用和/或销售提成。特许经营系统允许特许经营商在特许人的指导下独立经营，并受益于特许人的品牌知名度、市场支持和经验。

表 11-3 为三种垂直渠道系统的优势和劣势。

表 11-3　三种垂直渠道系统的优劣势分析

	优　势	劣　势
公司型垂直渠道系统	① 控制力强。企业直接拥有和控制渠道成员，可以更加直接地管理和监控渠道活动。企业能够更好地控制产品、价格、促销和分销策略，避免了外部渠道的干扰和不确定性。企业能够更好地掌握产品的销售情况、市场反馈和消费者需求，从而更快地作出相应的调整和决策。 ② 品牌形象一致性强。企业可以通过直接管理渠道成员的销售和推广活动，确保产品在市场上的统一表现，提高品牌的认知度和价值。 ③ 信息反馈及时。企业拥有和管理所有渠道环节，信息反馈速度快，有助于及时调整策略和应对市场变化	① 投资成本高。建立和维护公司型垂直渠道系统需要大量的资金、人力和物力投入，对于中小企业来说可能存在较大的困难。 ② 管理难度大。公司型垂直渠道系统涉及多个环节和团队，管理难度较大，需要企业具备强大的组织和协调能力。 ③ 灵活性差。公司型垂直渠道系统一旦建立，调整和改变较为困难，可能会限制企业应对市场变化和竞争挑战的灵活性
管理型垂直渠道系统	① 渠道柔性高。渠道各成员在产权上是相互独立的实体，他们都有自己的物质利益，管理式渠道系统里的领袖企业可以根据自身情况和市场环境较灵活地选择策略和措施应对市场变化和渠道冲突。 ② 投入资金成本低。该系统依赖领袖企业的权威和影响力进行资源整合与管理，无需投入大量的时间和资源进行谈判和协商，以达成具有法律约束力的合同，也无需像公司型垂直渠道系统那样通过投资实现纵向一体化经营	① 过于依赖渠道领袖的决策和管理。如果渠道领袖出现决策失误、管理不当或离开渠道体系，将对整个渠道系统产生重大影响。 ② 沟通成本高。需要核心企业花费大量时间和精力与其他渠道成员进行沟通和协调，以确保整个渠道系统的顺畅运行
契约型垂直渠道系统	① 法律约束力强。契约型垂直渠道系统通过签订具有法律约束力的合同，为渠道成员提供了明确的权利和义务，有助于减少纠纷和保护各方的利益。 ② 稳定性高。由于合同规定了各方的职责和合作期限，因此契约型垂直渠道系统的稳定性相对较高，减少了频繁更换合作伙伴的风险。 ③ 合作明确。合同中详细规定了各方的职责、权利和义务，使得合作双方对彼此的期望和职责有清晰的了解，减少了沟通成本和合作风险	① 灵活性差。契约型垂直渠道系统的合同一旦签订，更改较为困难，可能会限制核心企业应对市场变化和调整渠道策略的灵活性。 ② 谈判成本高。在签订契约型垂直渠道合同时，需要投入大量时间和资源进行谈判和协商，增加了前期成本。 ③ 违约风险高。契约型垂直渠道系统中的合同具有法律约束力，如果一方违约，可能会给另一方带来重大损失

2）水平渠道系统

水平渠道系统是由两家或两家以上的公司横向联合，各公司将资产、生产能力或营销资源结合起来，发挥协同效应，共担风险，共同开拓新的营销机会的渠道系统。水平渠道系统主要有三种形式：生产商之间的联合、中间商之间的联合、促销联盟。

水平渠道系统案例

3）多渠道系统

多渠道系统是对同一或不同的细分市场，采用多条渠道的体系。例如，华为手机通过自己的官方网站、电商平台和手机应用商店等线上渠道进行销售。同时，华为手机也通过移动营运商的实体店、华为专卖店等实体店销售。

多渠道系统的优点是有利于扩大产品的市场覆盖，进入不同的目标市场，为顾客提供更多的便利，还可以增强渠道的抗风险能力。多渠道系统的缺点是易造成渠道冲突，给渠道控制和管理工作带来更大难度。

综上所述，营销渠道系统的结构如图 11-3 所示。

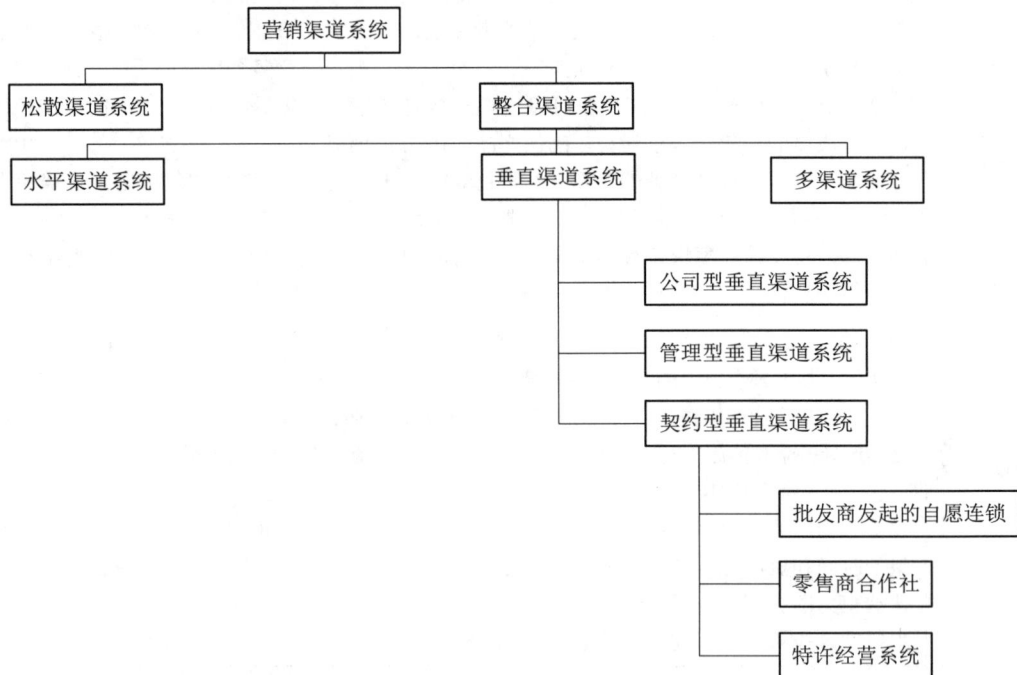

图 11-3　营销渠道系统的结构

11.2　渠道中的中间商

中间商按照业务性质不同可以分为批发商和零售商。批发是指将商品或服务售给为了再出售或其他经营用途的客户的活动。零售是将货物或服务售给最终消费者，从而满足其生活所需的经济活动。

11.2.1 批发商

批发商指的是处于生产商和零售商或者其他组织用户之间的企业或个人。批发商可以承担渠道的所有功能，例如收集市场信息、促销、接洽、谈判、组配产品、物流、风险承担等。

按照批发商与厂商的一体化程度，可以将批发商分为商人批发商、代理批发商、制造商销售部及办事处或者销售分公司。

1. 商人批发商

取得商品所有权后再出售给其他批发商、零售商或者其他组织用户的企业称为商人批发商或独立批发商。

根据经营商品范围的不同，商人批发商可以分为综合批发商和专业批发商。综合批发商经营的商品种类广泛，涵盖了多个行业和领域；而专业批发商则专注于某一特定领域或某一类商品，如食品、服装、电子产品等。

根据市场覆盖面的大小，商人批发商可以分为全国性批发商、区域性批发商和地方性批发商。全国性批发商的市场覆盖面广，业务范围遍及全国；区域性批发商主要在一定的区域内开展业务；而地方性批发商则主要在某一城市或地区经营，覆盖范围较小。

根据承担职能的不同，商人批发商可以分为完全服务职能批发商和有限服务职能批发商。完全服务职能批发商提供全面的服务，包括存货、销售、信贷、送货和协助管理等；有限服务职能批发商则只提供部分服务，如现购自运批发商、承销批发商、卡车批发商、托售批发商和邮购批发商等。

2. 代理批发商

在经济活动中，以收取佣金为目的，为促成他人交易而从事居间、行纪或者代理等经纪业务的自然人、法人和其他经济组织称为代理批发商。他们对其经营的产品没有所有权，只是在促成产品交易后，赚取佣金作为报酬。

按照权利的大小代理批发商可分为三种：

(1) 销售代理。销售代理被授予销售制造商全部产品的权利，类似于制造商的销售分公司或者销售部门，具有较大的定价权、销售策略制定权。

(2) 制造商代理。制造商代理可以代理制造商的所有产品也可以只代理一种产品，根据与制造商签订的正式合同来从事活动。合同中明确规定了代理的地区、产品种类、价格、服务、佣金等条款。

(3) 经纪人。经纪人主要为买卖双方牵线搭桥，并在买卖双方之间协调，不备存货。

根据代理权是否具有排他性以及是否可以发展分代理，代理批发商又可以分为以下三类：

(1) 总代理。总代理的代理权具有排他性且可以发展分代理。也就是说，被代理人一旦指定了某个代理商作为总代理商，就不能再指定其他代理商进行同样的代理活动。但是该代理商有权力发展自己的分代理。

(2) 独家代理。独家代理的代理权具有排他性，但没有发展分代理的权利。独家代理在特定地区、特定时期享有代销指定商品的专营权，这意味着他们有权独家销售或推广这些商品。

(3) 普通代理。普通代理在代理区域内并不享有独家代理权,也没有发展分代理的权利,被代理人可以同时与多个代理商合作,每个代理商都有权在指定区域内进行代理活动。

3. 制造商销售部及办事处或者销售分公司

它们是制造企业设立的具有批发功能的机构,一般用于执行公司的销售策略、进行市场调研、开发与维护销售渠道、管理中间商等。

11.2.2 零售商

零售商是指直接向最终消费者销售商品或服务的企业或个人。零售商在商品从生产者到消费者的流通过程中处于中间环节,其主要提供商品和服务的选择和便利性,并保持商品的价值和使用价值。零售商的经营活动涵盖了商品采购、陈列、销售、促销、售后服务等多个方面。

根据经营活动中的不同要素,如选址、规模、店铺设施、商品策略、价格策略、销售的技术手段及提供附加服务等的不同组合,可以将零售也划分为不同的业态。

1. 有店铺零售

有店铺零售指有相对固定的、进行商品陈列、展示和销售的场所和设施,并且消费者的购买行为主要在这一场所内完成的零售活动。有店铺零售商主要包括以下几种。

(1) 便利店(convenience store)。便利店是以销售即时性商品或服务为主,以满足便利性需求为第一宗旨,采取自选式购物方式的小型零售店。便利店通常出售品种有限且周转率高的商品,营业时间长(通常 24 小时营业),一般靠近居民区、商业街、办公区、购物中心、交通枢纽、学校等人流量大、交通方便的地段。

(2) 超市(supermarket)。超市通常以经营生鲜食品、日杂用品为主。超市的特点包括商品开放陈列、顾客自我选购、排队收银结算等。

(3) 百货商店(department store)。百货商店指在一个大建筑物内,经营若干大类商品,根据不同商品部门设销售区,实行统一管理,采取柜台销售和开架面售方式,注重服务功能,满足目标顾客追求生活时尚和品位需求的零售业态。百货商店以经营品牌服装服饰、化妆品、家居用品、箱包、鞋品、珠宝、钟表等为主。

(4) 折扣店(discount store)。折扣店通常以有限的经营面积、简单的店铺装修、有限的服务和低廉的经营成本为特点。折扣是指卖方按原价给予买方一定百分比的减让,即在价格上给予适当的优惠。折扣商店的主要目的是向消费者提供"物有所值"的商品。总的来说,折扣商店是一种以提供低廉价格、高品质商品为特色的零售业态,旨在满足消费者对"物有所值"的追求。

(5) 超级商店。超级商店在美国被称为"superstore",在欧洲被为"hypermarket",通常指规模较大、经营种类繁多的零售商店,主要销售各种食品和各类生活用品。这种商店通常比传统的超级市场大,提供一站式的购物体验,满足消费者对于日常食品和非食物消费的全面需求。一般来说,超级商店的经营范围包括各种类型的商品和服务,例如家居用品、电器、文具、玩具、化妆品、衣物等。在超级商店中,消费者可以找到几乎所有他们需要的商品。

(6) 仓储会员店(warehouse club)。仓储会员店的主要服务对象是会员，销售的商品以日常消费品为主，是集商品销售与商品储存于同一空间的零售形式。这种商场规模大、价格低，大多利用仓库、厂房开展经营活动。场内极少豪华装饰，一切以简捷自然为特色。仓储会员店是一种零售业态，以提供基本服务、优惠价格和大包装商品为主要特征。

(7) 购物中心(shopping mall)。购物中心是多种零售店铺、服务设施集中在一个建筑物内或一个区域内，向消费者提供综合性服务的商业集合体。这种商业集合体内通常包含数十个甚至数百个服务场所，业态涵盖大型综合超市、专业店、专卖店、饮食店、杂品店以及娱乐健身休闲场所等。

(8) 专业商店(specialized store)。专业商店指专门经营某一类或某一种商品的商店。专业商店的特点是经营的商品种类比较单一，但品种规格极其丰富。经营者能向顾客提供更优质的购物指引，满足市场上少数消费者对某类商品的选择性需求。办公用品专业店、家电专业店、药品专业店、服饰店、体育用品专业店和家居建材商店等都是常见的专业商店。

(9) 品牌专卖店(exclusive store)。品牌专卖店也被称为专营店，主要经营或被授权经营某一特定品牌的产品，实现销售和服务的一体化。专卖店的主要目标是通过提高品牌形象、扩大品牌知名度、抢占市场制高点以及提高市场占有率，实现有效的营销。

(10) 集合店(selection shop)。集合店也被称为"品牌概念店"，通常在一家统一名字的大门店内，汇集多个品牌的产品，货品种类涵盖多个品种，不同风格及设计理念的各个品牌被同一店面"召集"在一起，形成一种独特的品牌集合形式。

(11) 无人商店(unmanned store)。无人商店是在营业现场无人工服务的情况下，自助完成商品销售或服务的零售店。

2. 无店铺零售

无店铺零售是指不通过实体店铺进行销售活动。常见的无店铺零售的主要形式有直接销售、直复营销、自动贩卖机、购物服务公司、网络零售、直播带货等，其中网络零售的发展非常迅速。

(1) 直接销售。直接销售是一种古老的销售方式，采取上门推销、举办销售聚会等形式。

(2) 直复营销。直复营销指使用一种或者多种广告媒体，使之相互作用于消费者，并使消费者作出直接反应。其特点是购物方便，节省时间，购物范围广，主要形式包括邮购、电话营销、广播、电视营销及电子购物等。

(3) 自动贩卖机。自动贩卖机主要用于一些具有高度方便价值的商品，如饮料、香烟、糖果、报纸、书籍等。具有 24 小时售货、提供自助服务和无需搬运产品等便利条件。其商品价格往往比零售店高。

(4) 购物服务公司。购物服务公司是不设实体店的零售商，专为某些特定顾客群体如学校、医院、工会和政府机关等大型组织提供服务，在顾客提出需求时会送服务上门。

(5) 网络零售。网络零售指交易双方以互联网为媒介进行的商品交易活动。买卖双方通过电子商务(线上)应用实现交易信息的查询(信息流)、交易(资金流)和交付(物流)等行为。根据卖方的不同可以分为 B2C 和 C2C 两种形式。B2C 是指商家直接面向消费者进行产品和服务的展示、销售和售后服务，这种形式主要是通过互联网进行信息组织和传递，实现有形商品和无形商品所有权的转移。C2C 则是指个人与个人之间的交易，例如在线拍卖等。根据经营模式的不同，网络零售可分为网络自营零售和网络平台零售。

(6) 直播带货。与传统的网络零售不同，直播带货是一种通过实时视频直播的方式展示和销售商品的新型电子商务形式。在直播过程中，主播会向观众介绍产品的特点、功能、使用方法等，同时观众可以通过弹幕、评论等方式与主播进行互动交流。这种新型的销售方式不仅让消费者能够更加直观地了解产品，还通过互动增加了消费者的参与感和购买意愿。传统网络零售需要依靠用户的评价和口碑来建立信任度；直播带货的主播通常都具有一定知名度和粉丝基础，观众更容易相信他们的推荐和评价。直播带货已经成为了一种非常流行的购物方式。

11.3 ▶▶▶ 渠道的管理

11.3.1 对渠道成员的选择

在对渠道成员进行选择之前，企业需先分析顾客需求，确定渠道目标，随后围绕选择中间商的相关问题、原则、标准及方法展开深入思考，以确保渠道构建的科学性和有效性。

1. 分析顾客需求

分析顾客的需求具体包括以下几个方面。

(1) 分析顾客的购买批量。购买批量指的是消费者在一次购买行为中购买的商品数量。不同的消费者群体对购买批量的需求存在差异。例如，对于日常生活用品，小工商户可能更倾向于到仓储商店批量购买，而个人购买者则更喜欢到大型超级市场进行选购。影响消费者购买批量的因素很多。对工业品而言，组织的性质及规模、产品性质等会影响用户购买的批量要求。对消费品而言，产品性质、家庭规模、居住条件等都可能会对消费者的购买批量产生影响。了解渠道客户的批量需求并制定相应的销售策略和方案是企业在市场竞争中取得优势的关键。

(2) 分析顾客的等待时间。等待时间是指消费者通过某个渠道收到货物的平均时间，也包括渠道对消费者所需服务的响应时间。消费者对不同渠道的等待时间的期待各有差异。例如：消费者通常期望线上渠道在几分钟或几秒钟内获得响应，如果响应时间太慢，消费者可能会选择离开或寻求其他渠道的支持；而对邮寄渠道的响应时间要求则低得多。消费者对在超市的排队等待时间和对百货商店的排队等待时间的忍耐度是不一样的。等待时间越短，渠道的服务输出越多，企业和消费者必须承担的成本也就越大。不同的消费者对等待时间的敏感性不同，因此，企业需要根据自己目标客户的特点来设计等待时间。

(3) 分析顾客购物的空间便利性。空间便利性指渠道为顾客购买商品所提供的方便程度。渠道不但要能让顾客"买得到"，而且还要方便购买。通过销售网点的分散布局，减少顾客运输和寻找商品的成本，可以增加顾客的满意度，提高渠道的服务产出水平。不同的客户对空间便利性的需求不同。以电脑产品为例，地方性中小企业客户对售前和售后空间便利性要求较高，客户一般希望在本地购买，并需要对中间商有一定的了解；而大银行客户对售前和售后的空间便利性要求不那么高，但希望生产制造商有实力并提供强大的技术支持和个性化服务。

(4) 分析顾客的选择范围。选择范围是指营销渠道提供给顾客商品的花色、品种、数量。一般来说，顾客更喜欢购买商品时有较大的选择余地。但一些商家反其道而行之，通过精选产品为顾客节约选择时间。

(5) 分析顾客得到的服务支持。服务支持指渠道需要提供全面的售后支持，包括产品咨询、送货、安装指导、故障排查和维修服务等，以满足目标市场顾客在产品使用过程中的各种需求。例如，有的渠道为顾客提供商品储存、运输等全套服务，而有的渠道则需要顾客自行完成储存、运输等工作。不同产品、不同消费者需要不同的服务支持。

2. 确定渠道目标

我们通常可以从产品种类、便利性、服务等方面来描述渠道目标。例如，渠道目标可描述为"顾客驱车 15 分钟之内能买到公司的产品"。再如，沃尔玛为客户提供满足"一站式购买"的产品种类。可口可乐的渠道目标是实现"无处不在"的覆盖，让消费者在任何地方都能够方便地购买到可口可乐的产品。为实现这一目标，可口可乐在渠道和终端建设上采取了一系列措施，投入大量冰柜、冷水箱等设备，免费提供给零售店使用，以增加产品的曝光率和可及性；通过与各类零售业态合作，可口可乐成功地将产品铺货到超市、便利店、杂货店等各类销售渠道，使销售终端形式多种多样，涵盖了人们日常生活中的各类消费场景；还利用如淘宝、京东等电商平台的卖家来覆盖市场。

3. 选择中间商前应思考的问题

在确定了渠道目标后，在选择中间商前企业还需要深入思考三个问题：第一，到底需不需要中间商；第二，如果需要，需要何种类型的中间商；第三，需要多少中间商？

1) 是否需要中间商

采用直销渠道的企业是不需要中间商的，只有采用间接营销渠道的企业才需要中间商，也才需要选择中间商。企业需要思考选择渠道中间商的真正目的，以下几个方面会影响企业的直销能力，从而也影响其对于中间商渠道的选择：

- 企业是否具备正常经营所必需的仓储设施？
- 企业是否具有自己的推销队伍？
- 企业是否具备必需的广告和其他促销能力？
- 企业是否有提供售前、售中和售后服务所必需的人员、程序和技术？
- 企业是否拥有足够的财力，以便为存货融资和向终端用户提供信用(如分期付款)？
- 企业是否有适用的订货和支付系统？

当生产制造商没有能力进行直销活动时，使用中间商就是必需的。即使生产制造商有能力进行直销，还是有可能采用中间商渠道，因为间接渠道可能比直销渠道更有效率。不过，除了渠道效率以外，企业还要考虑控制渠道的重要性。如果控制渠道非常重要，那么即使间接渠道比直销渠道更有效率，企业也会选择采用直销渠道。

2) 需要何种类型的中间商

如果企业决定要中间商，那么接下来就要确定企业需要什么类型的中间商。也就是说为了满足消费者或用户的需求，哪些功能由哪些中间商或中介服务商来执行更有效率？例如为了减少消费者对产品的等待时间，生产商需要通过批发商来融资，以便提前生产产品并分担市场风险，批发商会提前把货款预付给生产商并分担部分市场风险。再如，制造商需要利用代理商的专业知识及客户关系来进行接洽及谈判功能。

3) 需要多少中间商

这个问题涉及渠道的层级以及每个层级的成员数量，即渠道的长度和宽度。在独家分销渠道系统中，渠道目标能否实现取决于所选渠道成员的表现；而在密集型渠道中，渠道成员选择的重要性相对较小。

4. 选择中间商的原则

(1) 进入目标市场原则。要根据目标市场的需求、购买习惯和消费习惯选择中间商。渠道管理人员在选择中间商时，应当注意自己所选择的中间商是否能够顺利地把自己的产品或服务送达目标市场，是否能够方便目标消费群体购买和消费。为此，企业要考虑中间商的影响范围、中间商的顾客类型，以及中间商的顾客类型与企业目标市场的吻合程度等。

(2) 相互认同原则。所选的中间商应该对企业的经营理念、价值观、营销策略、相关政策等相互认同。相互认同是建立信任、进一步深入合作的基础，能避免未来中间商之间出现大的冲突。营销渠道作为一个系统，各个成员的利益是"捆绑"在一起的。成员之间的相互认同、密切合作，是建立一个高效运转的营销渠道系统的基础。

(3) 分工合作原则。分工合作原则，意味着所选择的中间商应当在经营方向和专业能力方面符合企业的希望。这要求企业在选择中间商时，需要对其的经营特点及其能够承担的渠道功能进行甄别。例如，大型的连锁零售商具有较强的销售能力、品牌影响力，但它们一般不会对生产商提前支付货款。而一些地方性的批发商尽管影响范围远远低于前者，但他们愿意重点经营生产商的产品、为生产商的产品提供仓储服务并愿意进行融资(如提前支付货款)。如果企业需要中间商承担风险以及具备融资、仓储功能时就要选择地方性的中间商。

(4) 形象匹配原则。中间商不仅要解决将现有商品卖出去的问题，而且要树立企业形象和品牌形象，让消费者愿意持续购买企业的产品。选择与本企业形象匹配的中间商，是提升企业形象和品牌形象的一个重要的决定因素。茅台酒与瑞幸咖啡的跨界联合无法长久的原因之一就是品牌形象不匹配、目标客户群体不一致，长期合作最终会破坏品牌形象。

(5) 效率原则。所谓渠道效率原则，是指选择的中间商应能够为制造商带来相对高的营销渠道运行投入产出比。间接渠道的运行效率，在很大程度上取决于中间商的经营管理水平、合作程度、努力程度、影响力等。例如，订单处理水平差的中间商，常常出现少发、发错地方、多发货的现象，需要生产商出面在各个中间商间调配货物，这增加了生产商的管理成本。

5. 选择中间商的标准

罗森布劳姆认为，中间商的选择标准主要是其信用与财务能力、销售能力、商品组合、声誉、市场覆盖范围、销售效率、企业规模、经营能力与经营方式等，这些标准较全面地反映了中间商应该具备的素质。以下是对部分关键标准的具体说明：

信用与财务能力：中间商是否涉及违约诉讼？是否存在信用问题？是否具备稳健的财务状况？是否有足够的资金和资源来履行合同义务？企业可以根据其财务报表、资产负债表和现金流量表进行分析，以评估其财务实力和偿债能力。

销售能力：中间商是否具有较强的销售能力和经验？是否拥有广泛的客户网络和渠道资源？企业需要考察中间商的历史销售业绩、客户群体和市场覆盖情况。

商品组合：中间商经营的产品是否与中间商的产品具有相关性？所经营产品是否与中间商的产品是竞争关系？所经营的产品是否与中间商的产品是互补关系？中间商经营的产品种类及其组合情况是中间商产品政策的具体体现。企业选择时，应尽量选择与现有产品具有互补关系的中间商。

市场覆盖范围：中间商是否具备广泛的市场覆盖能力？是否能够进入企业的目标市场？

经营能力与经营方式：中间商在经营活动中所表现出的能力(包括市场洞察力、决策能力、创新能力和组织管理能力等)如何？经营方式(包括营销策略、组织结构和管理模式等)是否规范、高效？经营方式是否符合未来的发展趋势？例如，随着互联网和电子商务的普及，一部分传统中间商开始采用线上与线下融合的销售方式来顺应时代的变迁。

在此基础上，企业可以考察中间商是否具备其他一些能力，如销售服务水平、促销政策和技术、综合服务能力、配合意愿与能力、价值观、竞争优势等。

6. 选择中间商的方法

1) 强制评分法

强制评分法是通过对拟进行合作的中间商进行强制打分来选出最佳合作者的一种渠道成员选择方法。可以通过以下步骤实现：

第一步，明确需要评价的要素。在选择中间商时，需要考虑的因素包括但不限于成员的财务状况、销售能力、市场覆盖率、信誉度、促销能力等。不同企业选择中间商时关注的条件和能力不同，依据的指标也会有所不同。

小米手机线上中间商的选择及管理

第二步，给评价要素赋予权重。对不同企业而言，不同评价要素的重要性不同，因此需要给不同评价要素赋予不同的权重，所有要素的权重加总等于1。

第三步，制定评分标准。为每个评价因素制定评分标准。例如，财务状况可以按照健康程度分为几个等级并赋予相应的分数；销售能力可以根据过去的销售数据转化为相应的分数。

第四步，评分。根据上述评分标准，对每个中间商进行打分。

第五步，计算总得分。在得到每个中间商的每项指标得分后，需要计算其总分。这需要将各中间商的每项得分与相应的权重相乘得到各项的加权分；然后，将每个中间商的所有加权分相加，得到其总得分。

第六步，选择中间商。根据总得分情况，选出得分最高的中间商。

通过以上步骤，利用强制评分法可以更系统、更科学地评价和选择中间商，有助于企业优化其渠道策略，提升市场竞争力。

这种方法也存在一些缺点：

(1) 主观性。强制评分法依赖评估者的主观判断，不同的评估者对同一渠道成员的评估结果可能存在差异，从而导致选择的结果不一致。

(2) 量化困难。一些评估指标可能难以量化，导致评估结果的主观性和模糊性。例如，中间商的信誉、合作意愿等很难用具体的数字来衡量。

(3) 忽视动态变化。强制评分法主要关注中间商的静态特征，如财务状况、市场覆盖率等，而忽视了其动态变化和发展潜力。这可能导致一些具有潜力的中间商被忽视。

(4) 耗时耗力。强制评分法需要对每个潜在中间商进行全面的评估，这可能需要大量的时间和精力。

例如，某企业想通过大型连锁超市销售产品，假设有家家福、利乐购、大利发三个拟选择的中间商。该企业关注的指标是销量、销售费用、货款结算、采购决策的速度、声誉等。该企业对三个候选零售商进行打分评价，如表 11-4 所示。

表 11-4　强制评分法选择中间商

评价要素	重要性系数	家家福		利乐购		大利发	
		得分	加权分	得分	加权分	得分	加权分
销量	0.3	80	24	90	27	85	25.5
销售费用	0.25	70	17.5	90	22.5	80	20
货款结算	0.2	75	15	90	18	85	17
采购决策的速度	0.15	90	13.5	70	10.5	95	14.25
声誉	0.1	85	8.5	90	9	85	8.5
总分	1	400	78.5	430	87	430	85.25

注：本表采用 0～100 评分法为每个中间商的每个指标打分。

根据计算结果，利乐购是最佳的中间商选择对象。

2) 销量分析法

销量分析法主要考虑的是中间商的销量而非其声誉、历史或其他指标。

销量分析法的具体步骤为：

第一步，设定销售目标。企业需要设定一个具体的销售目标，例如希望在特定时间段内达成的销售额或市场份额。

第二步，评估中间商的销量潜力。企业需要通过收集中间商的历史销售数据来预测其潜在的的销量潜力。

第三步，选择中间商。根据评估结果，选择那些被认为最有可能帮助企业实现销售目标的中间商。

需要注意的是，销量分析法虽然可以在短期内带来销售的增长，但过于注重销量可能会忽视其他重要的渠道关系因素，如长期合作关系、品牌形象维护等。此外，仅靠历史数据来预测未来也有一定的局限性，忽略了影响销量的其他因素。因此，在使用销量分析法时，企业需要权衡短期和长期利益，确保选择的中间商不仅有助于销量的提升，还能在长期内为企业带来持续的价值。

下面举例说明销量分析法的具体过程。假设有 A、B、C 三家中间商，它们近三年(共12 个季度)的销售量如表 11-5 所示。

表 11-5　三家中间商近三年的季度销售量

中间商	第 1 年的季度销售量				第 2 年的季度销售量				第 3 年的季度销售量			
	1	2	3	4	1	2	3	4	1	2	3	4
A	240	250	280	300	340	350	360	368	369	378	400	416
B	300	310	318	320	322	336	342	348	332	350	346	360
C	360	366	376	374	368	370	378	376	370	368	372	380

根据上表提供的 12 期数据，利用最小二乘法的基本原理，可得到三家中间商的销售量随时间变化的方程分别为

$$Y_A = 237 + 15.4t$$
$$Y_B = 301 + 4.7t$$
$$Y_C = 366 + 0.8t$$

其中，237 为截距(以中间商 A 为例)，15.4 为斜率，t 为季度(取值范围为 1～12)。

那么，这三家中间商未来两年的预计销售量如表 11-6 所示。

表 11-6　三家中间商未来两年的销售量预测

	1	2	3	4	5	6	7	8	总计
A	252.4	267.8	283.2	298.6	314	329.4	344.8	360.2	2450.4
B	305.7	310.4	315.1	319.8	324.5	329.2	333.9	338.6	2577.2
C	366.8	367.6	368.4	369.2	370	370.8	371.6	372.4	2956.8

如果制造企业想近两年借助中间商销售产品，则 C 是最佳合作对象。如果制造企业想要进行更长期的合作，则可以计算合作期内预期销售量最大的中间商。

3) 销售费用分析法

与中间商合作销售产品是需要成本的，这些成本主要包括合同谈判及履约监督费用、市场开发费用、促销让利、佣金、因货款延迟支付而产生的收益损失、渠道成员间的沟通费用等。

销售费用分析法可以帮助企业找到销售费用较低、效率较高的中间商，提高企业的销售效率和盈利能力。但是，该方法也存在一定的局限性。例如，它无法全面反映中间商的综合实力和市场竞争力、合作意愿等。此外，过于关注费用可能会使企业忽视中间商带来的其他价值，例如，与地方性零售连锁店相比，国际性零售连锁店虽然费用较高，但能给企业带来极大的品牌效应。

销售费用分析法包括以下两种方法：

总销售费用比较法：估算各个"候选人"在执行渠道功能过程中的销售费用，然后选择费用最低的中间商。

单位商品销售费用比较法：销售费用一定时，销量越大，单位商品的销售费用越低，中间商的效率就越高。因此，在评价中间商时，需要综合考虑销售量与销售费用两个因素。即通过比较单位商品(或单位销售额)的销售费用，选出比值最低的中间商作为分销渠道成员。

4) 经验判断法

与前三种定量方法不同，该方法通过主观判断进行中间商的选择。该方法简单易行、灵

活、成本低；缺点是主观性强，难以量化，难以推广。

11.3.2　对中间商的评价

1. 评估中间商的重要性

定期对中间商进行评估是十分必要的，这不仅能够帮助企业发现问题、优化改进渠道、提升合作伙伴经营水平和能力、提高服务质量，还能维护企业利益、促进互利共赢、推动创新和学习、增强企业竞争力。定期评估中间商的重要性有以下几点：

(1) 发现存在的问题。通过定期的评估，可以发现中间商存在的问题，包括经营不善、服务质量低下、不遵守协议规定等。这些问题可能会影响整个渠道的正常运行，甚至损害企业的形象和利益。

(2) 优化改进渠道。评估结果可以为企业的渠道管理提供参考，针对存在的问题进行优化改进，提升渠道的整体效率。例如，对于经营不善的中间商，可以提供培训或者更换更合适的成员。

(3) 提升合作伙伴的经营水平和能力。通过对中间商的经营实力、现实表现、经营理念与态度等方面进行综合评估，能够发现合作伙伴存在的问题，以优化合作伙伴，提升合作伙伴的经营水平和能力。

(4) 动态调整渠道策略。随着市场环境的变化和企业的战略调整，渠道策略也需要随之改变。定期的评估可以帮助企业了解中间商对这些变化的适应性和响应情况，从而作出相应的调整。

(5) 提高中间商的忠诚度及凝聚力。通过建立相应的激励机制和培训机制，可以提高中间商的积极性和能力。这不仅可以提高渠道的效率，还可以增强中间商对企业的忠诚度和凝聚力。

(6) 维护企业利益。定期评估可以及时发现和防止中间商的不正当行为，如欺诈、窜货等，从而维护企业的利益。

(7) 促进互利共赢的关系。通过评估，可以了解不同类型中间商的诉求和心理预期，制定出相应的激励机制。这样可以有效提高中间商的积极性，促进企业与中间商之间的互利共赢关系。

(8) 推动创新和学习。定期的评估和反馈可以推动中间商进行创新和学习。对于表现优秀的中间商，他们的成功经验可以作为其他成员学习的榜样，推动整个渠道的创新和学习氛围。

(9) 增强企业竞争力。通过对中间商的有效管理，可以提高企业的整体竞争力。一个高效、稳定的渠道网络是企业成功的重要保障。

2. 评估中间商的指标

1) 综合性评估指标

对于中间商的综合性评估，可以从客户满意度、财务绩效、渠道成员的行为、渠道价值等四个维度进行。

(1) 客户满意度。制造商通过中间商为客户提供产品和服务，客户对渠道的满意度是重要的管理指标，它有助于发现渠道存在的问题。客户满意度的指标包括对价格、服务、交付时间等的满意度，还包括退货率等，可以通过对客户的访谈、问卷调查、投诉记录、现场观察等收集对中间商的满意度信息，并反馈给相关的中间商。

(2) 财务绩效。具体包括销售额、成本利润率、销售毛利率、渠道成员自身销售回款率、净资产收益率、销售利润额、资产使用效率、产品销售量、市场占有率、销售增长率、货款支付率、销售计划完成率、回款周期、存货周转率等。

(3) 渠道成员的行为。渠道成员的行为是指渠道参与者为了完成渠道任务所进行的渠道领导、激励与控制活动，以及与其他参与者之间的互动行为。评价指标主要包括：信息共享性、对制造商活动及政策的配合性、对于冲突的解决方式和效果、沟通的开放性和诚实性、是否存在不正当竞争、是否隐瞒关键信息、是否透露制造商的关键信息、是否背信承诺、忠诚度、对损坏和丢失货品的处理方式等。

(4) 渠道价值。可以从中间商给制造商带来的价值和制造商重构该渠道所要花费的成本两个角度来评价成员的价值。例如，可以计算成员销售额、利润和成本、渠道利润贡献等。

2) 一般性评估指标

(1) 销售业绩。如果评估的主要目的是了解中间商的销售业绩，那么可以利用销售额、销售量、销售利润等指标。

(2) 客户满意度。要评估中间商是否满足客户需求，可以利用客户反馈、客户投诉率、客户回头率等指标。

(3) 渠道忠诚度。评估中间商对品牌的忠诚度，可以利用他们的续约率、品牌推广活动参与度等。

(4) 渠道覆盖面。评估中间商的市场覆盖范围，可以利用他们的客户群体、市场区域覆盖等指标。

(5) 渠道成本。如果评估的目的是优化渠道成本，那么利用渠道成本占销售额的比例、渠道成本效益比等指标。

(6) 渠道创新能力。评估中间商的创新能力和市场敏锐度，可以利用他们的新产品推广能力、市场趋势预测等指标。

(7) 渠道合作与沟通能力。评估中间商的合作态度和沟通能力，可以利用他们的沟通频率、信息传递准确性等指标。

11.3.3 渠道冲突管理

1. 渠道冲突及其分类

渠道冲突指的是组成营销渠道的各组织之间敌对或者不和谐的状态。根据组织行为学家罗宾斯的观点：无冲突的渠道是步入老化的组织体系，冲突白热化的渠道会成为脱序组织体系，而适度冲突有利于渠道变革。事实上，无论渠道设计如何精良，管理如何优秀，渠道成员之间总会发生冲突。

按照冲突主体的不同，渠道冲突可分为垂直渠道冲突、水平渠道冲突和多渠道冲突。垂直渠道冲突即同一条渠道不同层次之间的冲突，如制造商与批发商、批发商与零售商之间，可能就购销服务、价格和促销策略等方面产生矛盾冲突。水平渠道冲突即某渠道内同一层次成员之间的冲突，如特许经销商之间的区域市场冲突，零售商之间的价格战等。多渠道冲突即同一制造商建立的两条以上渠道，向同一市场出售产品引发的冲突。常见的有线上、线下渠道抢夺客户。

按照冲突性质的不同，渠道冲突可分为良性冲突和恶性冲突。良性冲突是对制造商有益的渠道冲突。如渠道成员为了获得正常利润无意识做出的有损于其他渠道成员的行为，可激发渠道成员的竞争意识，产生创新。恶性冲突指渠道成员为了获利而蓄意做出破坏渠道规定的行为，如恶性窜货、低价倾销、卖假冒伪劣产品等。

2. 产生渠道冲突的根本原因

产生渠道冲突的根本原因在于以下几点：

(1) 目标不一致。不同的渠道成员是不同的利益体，都有追求自我利益最大化的动机。表 11-7 为生产商与经销商由于目标不一致导致的冲突。

表 11-7　生产商与经销商由于目标不一致导致的冲突

	生产商目标	经销商目标	两者冲突的表现
财务目标	高的出厂价和批发价；更大的销售额；减少补贴	更大的价差；更快的周转；生产商的支持和补贴	生产商认为经销商定价过高，影响销售；经销商认为生产商没有提供足够的支持，无利可图
客户与市场目标	多个细分市场；跨区域市场，多个渠道；尽量多的客户	特定市场；特定区域；可以从中获得良好利润的客户	生产商认为经销商需要更大的市场覆盖；经销商认为生产商不关心自己的利益
产品与客户政策	集中做产品和品牌；可能调整产品线	范围经济；向顾客提供多种品牌供其选择；不经销滞销产品	生产商认为经销商不关心自己的品牌，不忠诚；经销商认为应该淘汰不好的产品线

(2) 角色界定不清。渠道成员的角色指渠道成员可接受的行为范围。渠道成员的定位、任务、职责不明确，会导致彼此之间的工作重叠或者空白。例如，售后服务责任不明确时，加盟连锁店会拒绝为不在自己店铺购买产品的消费者提供服务；促销职责不清晰时，某中间商可能会拒绝开展生产商发起的促销活动，从而导致其行为超出了生产商对其渠道成员角色预期的可接受范围。

(3) 观点差异。渠道成员对于对经济形势及市场态势的看法、所用营销策略的有效性、渠道政策的合理性、成员行为的评价等都会由于各种主客观的原因而有差异。

(4) 决策权分歧。渠道成员间的职责和权利缺乏制定规范时，会常存在定价权、决策参与权等方面的分歧。争夺决策权是产生渠道冲突的根源之一。

(5) 资源稀缺。在渠道中，由于稀缺资源引起的冲突是一个常见问题。当资源有限、资源分配机制不完善，且各中间商对资源的需求强烈时，冲突就可能发生。例如，争夺销售潜力大的市场、大客户以及生产商的支持资源时。

(6) 期望差异。当不同的渠道成员对未来的业绩、回报或资源分配有不同的期待时，这种差异可能会导致摩擦和冲突。例如，生产商可能期望代理商能够销售出更多的产品，而代理商则可能期望得到更大范围的代理权。

3. 产生渠道冲突的直接原因

产生渠道冲突的根本原因是导致渠道冲突最本质的因素，而直接原因是推动冲突发生和发展的最直接因素。常见的直接原因如下：

(1) 价格及折扣。价差体系不合理、不同中间商享受到的折扣不同、某个成员调整价格、对定价的不同观点等因素会直接影响相关成员的利益。

(2) 存货水平。由于市场需求的不确定性，不同渠道成员可能对存货有不同的看法。过多的存货可能导致库存积压，过少的存货则可能导致不能满足客户需求。中间商可能由于自身存货过多而降价抛售，或者向其他市场窜货。

(3) 服务问题。不同渠道成员可能对客户服务标准有不同的理解和执行水平，这也可能导致冲突。中间商对生产商提供的服务不满意也是直接原因之一。

(4) 渠道调整。渠道的结构调整、政策调整、成员调整等都会直接影响相关成员的利益。

(5) 渠道控制与反控制。生产商和中间商都希望自己对渠道的控制力度更大一些，因此就有渠道的控制与反控制。如生产商强行要求中间商定低价来回馈消费者，中间商则可能通过不向消费者推荐该生产商的产品来进行反控制。

(6) 争夺客户。客户尤其是大客户是渠道中的稀缺资源，争夺客户是渠道成员间的一种常见问题，它可能导致渠道冲突，影响渠道效率和盈利能力。

4. 预防渠道冲突的手段

(1) 构建超级目标。为渠道设计需要成员共同参与才能实现的愿景与目标，凝聚成员为完成共同的目标而合作。这样才能使渠道成员不会为了追求短期利益而损害长期目标。

(2) 打造共同价值观。选择具有相同价值观的中间商，或者对中间商进行培训，打造共同的价值观。

(3) 明确权利与义务。与渠道伙伴签订合作协议，明确双方的权利和义务，包括销售目标、市场支持、售后服务等方面的内容，确保每个渠道成员都清楚自己的角色和责任。

(4) 合理设计渠道结构。通过对渠道长度、宽度、系统结构的合理设计来预防冲突。如特许经营品牌所有者可以通过合理地规划门店的距离来减少门店间的水平冲突。

(5) 建立有效的沟通机制。建立有效的沟通机制，使渠道成员能够及时交流和解决问题。这有助于避免误解和猜疑。

(6) 建立合理的奖惩机制和评价标准。为中间商制定明确的规则和政策，包括销售区域的划分、价格政策、促销策略等，并制定合理的奖惩机制和评价标准，使其有足够的动力去从事企业期待的活动。同时，也要确保评价标准的公正性和合理性，避免因评价标准的不公导致中间商间的矛盾和资源争夺。

(7) 构建良好的渠道关系。除了正式的沟通机制外，还可以通过非正式的沟通和联谊等手段打造良好的渠道关系。

(8) 定期对渠道进行检测与评估。建立监控机制通过定期监测销售数据、市场反馈、渠道伙伴的绩效和表现，识别出潜在的冲突和问题，及时采取行动，确保渠道合作的稳定和可持续发展。

渠道冲突案例

5. 发生渠道冲突时的解决手段

(1) 沟通与协商：通过开放、诚实的沟通来理解对方的立场和需求，听取各方的意见

和建议，以达成共识并寻找共同的解决方案。沟通方式包括面对面的会议、电话交谈、电子邮件或视频会议。有效的沟通有助于消除误解、增强理解并建立信任。

(2) 谈判：双方或多方坐下来，就冲突问题进行讨论，寻求妥协或找到双方都能接受的解决方案。谈判时，应明确各方利益，寻求共同利益，并有效利用谈判筹码。

(3) 调停。在第三方(调停者)的帮助下，促进冲突双方进行沟通与谈判。调停者通常要具有中立性和专业性，能帮助双方更好地理解对方的立场，能提供解决方案，并促进双方达成协议。

(4) 仲裁。如果冲突无法通过谈判或调停解决，有时会选择仲裁。在此过程中，冲突双方同意接受的仲裁裁决通常由一名或多名仲裁员作出。仲裁结果通常是最终和有约束力的。

(5) 诉讼。当冲突无法通过非正式手段解决时，可能会选择诉讼。在此过程中，冲突一方或双方会向法院提出诉讼，法院会根据法律对争议进行裁决。诉讼通常是一个耗时且成本较高的过程。

(6) 终止合作。在某些情况下，如果冲突无法解决，或者解决成本过高，双方可能会选择终止合作关系。这可能涉及结束合同、撤销授权委托或终止特许经营等。

11.3.4　处理冲货行为

1. 冲货的定义及其种类

冲货也称为窜货，是一种商业行为，指的是经销商或公司分支机构受利益驱动，违反经销协议，将所经销的产品跨越自身所在的销售区域进行销售，造成市场倾轧、价格混乱，严重影响厂商声誉的恶性营销现象。冲货是一种典型的渠道冲突行为。

冲货通常发生在各个地区之间，主要是指某一区域中间商将自己的产品销售到了其他同一品牌中间商的销售区域。这种行为可能会对生产商的长期利益造成损害，破坏销售环境。冲货行为可以分为良性冲货、恶性冲货和自然性冲货。

(1) 良性冲货：指企业在市场开发初期，有意或无意地选中了流通性较强的市场中的经销商，使其产品流向非重要经营区域或空白市场的现象。良性冲货有助于企业在空白市场上提高知名度、增加销售量和节省运输成本。

(2) 恶性冲货：指经销商为了获取非正常利润，蓄意向自己辖区以外的市场倾销产品的行为。例如，某经销商为了追求更高的利润，低于正常价格向其他辖区销售产品，这种冲货行为即为恶性冲货。

(3) 自然性冲货：指中间商非主动的冲货行为，多出现在中间商经销区域之间的接合地带，如两个县域之间的乡镇市场。这种现象多由于地理距离较近、消费习惯相似等原因而发生。例如，在甲县和乙县的交界地区，甲县的经销商代理的产品可能会因为两地距离太近、消费习惯相似等原因而流向乙县市场，这种冲货行为即为自然性冲货。

总之，良性冲货、恶性冲货和自然性冲货都是销售渠道中常见的冲货现象。在实际操作中，企业应合理规划销售渠道，加强价格体系管理，建立完善的防冲货制度，以避免恶性冲货的发生，同时，企业应充分利用良性冲货和自然性冲货的优势，提高品牌知名度和市场占有率。

2. 造成冲货的常见原因

(1) 价格体系不合理。如果产品的价格体系设置不合理，不同地区之间、不同渠道之间的价格差异过大，就会导致冲货现象的发生。中间商可能会从价格低廉的地方购买商品，然后转售到价格较高的地方牟利。

(2) 销售渠道管理不严格。如果企业对销售渠道管理不严格，对经销商的监管不够，就不能有效控制产品流向和销售渠道。例如，有些经销商可能会为了自己的利益，私自将商品卖到其他地区，从而造成冲货。

(3) 促销政策不当。企业为了激励经销商的销售积极性，往往会制定一些促销政策。如果这些政策不恰当，就容易导致冲货现象的发生。例如，某些促销政策可能会鼓励经销商更多地销售产品，但是却没有对销售区域进行明确的限制，从而导致冲货。

(4) 对中间商的考核、激励指标设置不合理。例如当激励力度过大时，中间商为了完成目标或者获取高额的奖励，会把产品销售到没有权限的市场。

(5) 对自身销售人员的绩效考核指标设置不当。生产商的销售人员可能会为了完成考核任务，参与到中间商的冲货活动中，帮助自己所管理的中间商实现冲货。

(6) 地域差异。不同地区的市场需求和消费习惯可能存在差异，如果企业的产品在不同地区的销售量差异较大，就容易导致冲货现象的发生。例如，如果某一地区的消费者对某一产品的需求量较大，而其他地区的消费者需求量较小，那么前者由于订货批量大则能享受到更低的价格，就更容易将产品卖到其他地区，从而造成冲货。

(7) 渠道层级过多。如果企业的销售渠道层级过多，就会导致渠道管理难度加大，容易出现冲货现象。例如，多级经销商的销售网络中，每一级经销商都可能将产品卖到其他地区，从而造成冲货。

(8) 物流管理不善。生产企业如果无法对物流环节进行有效的监控和管理，无法确保产品的流向和流量符合企业的要求和计划，就会使得产品在不同的销售区域之间流动，导致冲货现象的发生。

3. 有效预防冲货的策略

1) 制定合理的奖惩措施

企业在招商声明和合同中应该明确对冲货行为的惩罚规定。为了配合合同的有效执行，可以采取以下措施：

(1) 交纳保证金。保证金是合同有效执行的条件，也是企业提高对冲货中间商威慑力的保障。如果中间商冲货，按照协议，企业可以扣留其保证金作为惩罚，这样中间商的冲货成本会升高，如果冲货成本高于冲货收益，中间商就不会轻易冲货。对于没有冲货的中间商，企业可以通过支付其保证金利息的方式来降低其对保证金的抵触情绪。

(2) 对冲货行为进行惩罚。企业可选择下列惩罚方式：警告、扣除保证金、取消相应业务优惠政策、罚款、货源减量、停止供货、取消当年返利和取消经销权。

2) 建立监督管理体系

把监督冲货作为企业的重要制度，并成立专门机构或者由专人负责，明查暗访中间商是否冲货。企业在各个区域市场进行产品监察，对各经销商的进货来源、进货价格、库存量、销售量、销售价格等进行认真了解，能在最短时间发现冲货行为并作出反应。

3) 提高渠道管理水平

为了确保渠道管理的有效性，防止冲货的发生，企业需要关注渠道的层级、价差体系、销售目标、激励力度和激励的附带条件等要素。这些要素必须科学、合理，以促进渠道的稳定和健康发展。首先，渠道的层级、价差体系应该能够体现各渠道成员的价值贡献，保证其合理的利润空间，避免因价差过大或过小导致的冲货行为。其次，销售目标应根据市场情况和渠道能力进行设置，避免目标过高。此外，激励力度应与销售目标相匹配，给予渠道成员足够的激励，同时也要避免激励过度。最后，激励的附带条件应明确、合理，避免因条件模糊或缺乏导致渠道成员冲货。

4) 通过合同约束中间商行为

合同中应明确规定中间商不得进行冲货，并明确中间商应承担的责任。同时，应定期对中间商进行检查和审计，以确保他们遵守合同规定。此外，可以建立举报制度，鼓励其他方对冲货行为进行举报，并保护举报者的权益。

5) 利用技术手段

在销售领域，技术手段的应用正在对传统模式产生深远影响。利用技术手段减少冲货已成为企业迫切的需求。

首先，大数据分析可以帮助企业了解市场动态、准确把握各地区的销售情况，可以帮助企业制定合理的中间商销售目标、销售员绩效标准。通过提前预测和调整销售策略，企业可以减少因销售压力而导致的冲货行为。

其次，企业采用智能化的仓储管理系统可以有效降低冲货的可能性。通过实时监控库存，智能系统可以及时预警库存异常，避免因库存积压而导致的冲货现象。

再者，企业可以采用带有防伪防冲货编码的标签对产品的最小单位进行编码管理，借助通信技术和电脑技术，在产品出库、流通到经销渠道各个环节中，追踪产品上的编码，监控产品的流动，对冲货现象进行适时的监控。

6) 建立渠道成员间的信任、关系和情感联结

除了制定严格的管理制度和奖惩措施外，建立信任、关系和情感联结也是非常有效的防止冲货行为的方法。当成员间相互了解、彼此信任并建立起一定的情感联系时，中间商不会轻易为了一时的利益而破坏这种关系。

讨论：有些企业通过外包装的差异化来控制冲货，如外包装印有"某某地区专供"字样或者不同地区采用不同的外包装颜色。你是否认同该办法，给出你的理由。

4. 冲货发生后的处理策略

(1) 明确责任。确定冲货的原因和责任方，如果是由于自身的管理问题导致的冲货，应积极承担责任并采取相应措施进行补救；如果是由于代理商或经销商的违规行为导致的冲货，应与相关方面沟通协商，明确责任归属。

(2) 评估影响。对冲货造成的影响进行评估，包括对市场、渠道、客户和品牌的影响等。了解冲货的具体情况，如冲货的数量、品种、区域和时间等，以便制定相应的应对措施。

(3) 采取措施。根据评估结果，采取相应的措施进行补救。如果冲货数量较少，可以采取撤回或换货的方式进行处理；如果冲货数量较大或影响整个市场，可以考虑采取促销、折扣、降价或其他促销活动来降低影响。

(4) 调整策略。针对冲货的原因，调整相应的管理策略。如果是由于价格体系或销售政策不合理导致的冲货，应重新审视并调整价格体系和销售政策；如果是由于代理商或经销商管理不善导致的冲货，应加强对其的管理和监督。

(5) 加强沟通。加强与代理商或经销商的沟通，并促成渠道系统中利益相关方的共同沟通，使得各相关方可以迅速了解冲货的情况、原因及影响；协同各方制定解决方案，避免各自为政、行动混乱，防止事态进一步扩大，并重建信任。

(6) 法律手段。对于恶意冲货行为，可以考虑采取法律手段进行维权。与律师和相关法律机构合作，采取诉讼或仲裁等方式维护自身权益。采取法律手段的成本最高，不仅意味着与某些渠道成员关系的彻底决裂，还可能耗费大量的时间、精力和财力。

总之，处理冲货需要从多个方面入手，明确责任、评估影响、采取措施、调整策略、加强沟通和运用法律手段等。通过综合施策，可以有效降低冲货的影响，保护企业的利益和市场秩序。

11.4　新零售与全渠道

11.4.1　新零售的内涵

1. 新零售的定义

新零售(new retailing)是 2016 年马云在阿里云栖大会上提出的新概念。阿里研究院在 2017 年 3 月首次对新零售这一概念进行了界定，指出新零售是一种以消费者体验为中心的由数据驱动的泛零售形式，实际上就是实现"商品—市场—人"之间的转换，充分强调了消费者在新零售中的中心地位，即零售从传统的"场—货—人"向"人—货—场"转变。多位企业家也给出了自己对新零售的独特看法，如小米董事长雷军认为，

盒马鲜生的
仓储化转型

新零售是未来的发展趋势，其本质就是线上零售与线下零售的互补与融合，核心是数据驱动，关键是创新，通过运用电商的运作模式和相关技术来改善线下用户的体验，提高营运效率。

杜睿云、蒋侃提出，新零售是新时代下，企业在互联网的基础上，利用大数据和人工智能等一系列先进技术，改造商品生产环节、流通环节与销售环节，从而升级整个产业结构与生态圈，同时将线上服务和线下实体店铺的体验以及当今发达的物流配送系统深度融合的零售模式。

王宝义认为，新零售是传统零售本质意义上的回归，是凭借线上线下全渠道和泛零售形态来满足消费者的多元需求的综合新零售业态。

综上所述，新零售是指企业以用户为中心、以互联网为依托，运用大数据、人工智能等先进技术手段，对商品的生产、流通与销售过程进行升级改造，推动零售业向智能化、多场景化方向发展的数字化零售新业态。

2. 新零售的特点

(1) 打破了地域限制和传统零售当中物理空间和距离的限制，通过虚拟与现实的结合，

实现跨地域销售。

(2) 提供了多种支付方式，例如移动支付、智能扫码等，给予消费者更多的选择。

(3) 可采用自助服务模式服务消费者，也可在线上提供服务，打破了传统零售营业时间的限制，有效提升了销售的灵活性和高效性。

(4) 基于大数据、云计算等技术手段，根据不同消费者的喜好随时随地向消费者推送他们感兴趣的、有需求的类似产品，一定程度上增加了二次消费的可能性。

(5) 灵活运用黑科技，给消费者带来在传统零售模式中触碰不到的科技感，提高了购物便捷度和消费者的体验感。

此外，新零售还呈现出以下发展趋势：跨界竞争与合作的局面将随着全渠道营销的推进而进一步发展；高科技发展将进一步提升消费者的智能化体验等。

11.4.2 全渠道的内涵和要素

1. 全渠道的定义

全渠道(omnichannel)指企业通过多种渠道(如实体店、电商平台、社交媒体等)来销售产品，目标是通过多个渠道上的无缝整合为消费者提供高效一致的服务体验。当企业采用全渠道策略时，消费者选择哪一个渠道发生购买行为并不是最重要的，关键是消费者在产品信息搜索及购买的不同阶段都可以在不同类型的渠道终端进行自由的切换，从而满足自己购物、娱乐和社交相融合的需求。

2. 全渠道的主要特点

(1) 无缝整合。全渠道整合了各种销售渠道，消费者可以在不同渠道之间自由切换，实现购物过程的无缝连接。各个渠道之间应该能够实现信息的共享、订单的同步和库存的统一管理，以提供一致的购物体验。

(2) 一致体验。无论消费者选择使用哪种渠道，他们都能获得一致的品牌形象、产品信息和服务体验，不会因渠道不同而感受到差异。

全渠道案例

(3) 多渠道互通。消费者可以在不同渠道间进行信息同步和互动，例如线上购物后在实体店自提或退换货，实现多渠道的互通和协同。

(4) 个性化服务。企业可以通过全渠道整合收集消费者数据，实现个性化营销和服务，提高客户满意度和忠诚度。

(5) 增强购物体验。全渠道使消费者能够以自己喜欢的方式进行购物，能够提升消费者的购物体验和便利性，促进消费者的购买决策。

(6) 实时互动。通过全渠道，企业可以与消费者实时互动，了解消费者需求和行为，及时调整营销策略和服务。

总的来说，全渠道通过整合各种销售渠道和服务方式，为消费者提供更便捷、一致和个性化的购物体验，同时也帮助企业提高销售效率、增加客户黏性和提升品牌价值。

通过实施全渠道战略，零售商可以提高销售效率、增强品牌形象，并为消费者提供更便捷、一致和个性化的购物体验。全渠道已经成为零售行业中的重要趋势，许多企业正在积极采取措施来实现全渠道的整合和优化。

表 11-8 显示了新零售与全渠道的异同。

表 11-8　新零售与全渠道的异同

相 同 点	不 同 点
① 顾客为中心。新零售和全渠道都以顾客为中心，强调顾客体验和需求。它们都致力于提供个性化的服务和产品，以满足顾客的不同需求。 ② 数字化。新零售和全渠道都充分利用数字化技术，包括大数据、人工智能、云计算等，来提升运营效率和顾客体验。这些技术可以帮助企业更好地理解顾客需求，优化产品和服务，提升销售和营销效果。 ③ 整合资源。新零售和全渠道都注重资源的整合，包括线上和线下的资源，以及不同渠道的资源。这样可以实现资源的共享和优化，提高企业的运营效率和竞争力	① 强调的重点不同。新零售是一种全新的零售模式，通过互联网、大数据、人工智能等技术手段，将线上、线下和物流结合在一起，实现全渠道销售和服务。全渠道则是指企业通过多种渠道销售产品或服务，以满足不同顾客的需求。 ② 技术手段不同。新零售更加注重数字化和智能化技术手段的应用，如人工智能、大数据分析、物联网等。全渠道则更注重传统销售渠道和方式的整合，如实体店、电商平台、移动应用等。 ③ 目标不同。新零售的目标是通过数字化和智能化手段提升顾客体验和满意度，同时提高企业的运营效率和盈利能力。全渠道的目标则是通过多种渠道整合，扩大销售渠道和提高销售额。 ④ 组织能力不同。新零售需要更加灵活的组织结构和对市场的快速反应能力。全渠道则需要更加完善的渠道管理和协调能力

本章小结

营销渠道是产品或服务从生产者转移到消费者的途径，它们不仅影响着产品的流通速度，还直接关系到企业的市场竞争力。营销渠道不仅负责产品的物理流动，还扮演着信息沟通、风险承担和谈判等重要角色。营销渠道管理是企业营销战略的重要组成部分，有效的营销渠道管理可以确保产品在合适的时间、地点，以合适的价格被消费者所获得。

在复杂的商业生态系统中，中间商始终占据着不可替代的地位。中间商种类多样性，无论是代理商、大型连锁超市还是路边小店、网店，它们各自具备独特的优势，每一种都有其独特的运营模式和适应场景，都能承担不同的渠道职能，满足不同消费者的需求。企业应根据自身需求和战略选择合适的中间商，并对中间商进行科学管理和整合，确保企业与渠道成员间的相互协调和通力合作，从而实现渠道的经济性、可控性和适应。

营销渠道管理也面临着新的发展趋势和挑战。随着市场环境的不断变化，营销渠道出现了一些新趋势，如社交媒体营销、新零售、多渠道营销、直播渠道等。与此同时，渠道冲突也不断涌现。企业必须创新营销渠道管理策略，才能适应环境的变化。

重要概念

营销渠道　　　渠道功能　　　渠道结构　　　批发　　　零售　　　公司型垂直渠道系统

管理型垂直渠道系统　　契约型垂直渠道系统　　渠道冲突　　新零售　　全渠道

复习思考题

1. "消灭中间商"能实现吗？
2. 渠道的主要功能有哪些？
3. 企业采用商人批发商与代理商批发商各有什么利弊？
4. 三种垂直渠道系统各有什么优缺点？
5. 渠道冲突产生的根本原因是什么？
6. 全渠道出现的原因以及对企业在渠道管理方面的挑战是什么？

案例分析

格力渠道变革之痛

2023 年，空调行业的新一轮竞争拉开帷幕，格力的渠道变革也到了关键时刻。2022年河北原代理商徐自发"反水"只是冰山一角，代表着格力在全国的盛世欣兴销售体系已出现萎缩。格力在安徽的工厂已经开始试点直接面试经销商的新零售模式。随着销售公司和代理商的利润变薄，格力电器董事长兼总裁董明珠正在推进的新零售变革也到了"深水区"，利益博弈不可避免。

1. 利润变薄

格力空调的价格相对其他品牌差距较大，中高端空调平均每台贵 300 元以上，而中央空调每台贵约 1000～2000 元。空调零售价格现在越来越透明，代理商加价销售，依靠品牌溢价来支撑变得比以往更难。代理商较以往投入了更多的人力、物力资源，但是收获的利润却下降很多。与此同时，代理商的安装业务被"收回"，由格力公司进行统一配送、统一安装。

调研机构奥维云网(AVC)的推总数据显示，2022 年中国家用空调市场全渠道销量 5714万台，同比下降 3.3%；销售额 1969 亿元，同比增长 0.3%。其中，线上渠道销量 3047 万台，同比增长 1%，销售额 926 亿元，同比增长 4.4%；线下渠道销量 2666 万台，同比下降7.7%，销售额 1043 亿元，同比减少 2.8%。

2. 格力专卖店与传统渠道收缩

面对线下家用空调市场的收缩，格力削减了代理商。即使代理商的层级逐渐减少，目前专卖店仍然比以前难做，主要受到来自电商平台的挑战。例如，某低端机型专卖店卖 2499元，电商平台类似产品可能卖 2399 元。

一些格力专卖店在转型。在华南地区，有的格力专卖店转做京东家电专卖店的加盟店，扩大经营的品牌与品类；有的格力专卖店转去做美的空调代理；有些区域格力专卖店的数量从最高峰时的 20 多家，减少到现在的 10 多家。

2011 年前后，格力在全国各地成立了一系列盛世欣兴公司，作为各地的销售公司，接管原来由代理商掌握的区域销售权,增强渠道控制力,并通过盛世欣兴销售体系管理全国约 3 万家格力空调专卖店。十多年过去了,盛世欣兴销售体系在经历高峰之后,现在有了一些优化和调整。其中,河北地区的变动最有代表性。原格力河北代理商徐自发另立门户投资飞利浦空调,由格力与京东合资的珠海恒格数字科技有限公司 2022 年 8 月开始接替河北盛世欣兴格力贸易有限公司,负责格力在河北省的市场销售、经营管理和消费者服务事宜。

3. 格力的新零售改革

格力正在安徽做试点,探索新的销售模式,即格力直接面对经销商,不用经过销售公司,销售公司从销售功能将转向服务功能。

格力的数字化渠道管理部门通过网络平台,对产品从物流到销售价格进行管理。以前,一些代理商为了吃返利政策会备库存,现在做不了,因为进销存、进出价格都一目了然。代理商、经销商的运作空间小了,销售渠道的利润往工厂转移。

格力线下的专卖店渠道仍贡献了过半的收入,因为主推中高端机型,还经营中央空调业务,但是销售公司的规模在萎缩。同时,京东、天猫等电商平台在加快布局线下市场。格力之前曾力推格力董明珠店及其线下体验店,但销售占比不大。无论是格力总厂,还是销售公司,都在应对挑战。

格力电器在 2022 年半年报中表示,格力电商在加强生活电器销售、社交化电商应用、直播带货、下沉渠道开发,并在订单管理、物流、客服等方面推进数字化运营。格力新零售改革已在局部地区试点成功,从下单到送货的整个流程均已打通,系统具有商品智能寻源、仓库就近发货、政策自动结算、全流程可视化等功能,具备推广条件。

相比于空调领域主要的竞争对手美的,格力在线下庞大的经销商和专卖店体系,曾经是其保持优势的重要依靠。但是在移动互联网时代,线下渠道较"轻"的美的,在营销变革、供应链效率提升方面转型更快。格力在拥抱电商之时,如何让线下渠道扬长避短仍颇费思量,利益各方还在博弈之中。

据消息人士说,目前格力销售部门与董明珠就销售政策的制订有不同看法,包括提成、定价、返点等。销售政策变动,销售部门暂时难以适应,积极性打了折扣。问题在于销售体系向服务功能转变后,各方利益如何实现新的平衡。

结合上述案例材料,思考以下问题:
(1) 格力渠道中可能存在哪些冲突?
(2) 格力试点的新零售有何特点?
(3) 格力的销售渠道怎样在线上和线下之间平衡发展?
(4) 格力该如何稳定渠道商的信心?

第 12 章 促 销 策 略

学习目标

- 了解促销组合与整合营销传播的含义；
- 了解促销组合的影响因素；
- 掌握促销组合的基本内容以及各种促销方式的主要特点。

引例

《王者荣耀》的整合营销传播

《王者荣耀》游戏刚上线时，为了扩大品牌影响力，获得更强的市场竞争力，从游戏社交这一角度切入，带来了一套富有创意和趣味的营销组合拳。

游戏推出了以"无处不团，你也在玩"为主题的系列活动，借助多元的传播和曝光渠道，发起多样化、富有乐趣和创意的社交互动环节，来增强玩家和大众对《王者荣耀》存在感的认知。首先，团队制作了五人"开黑"海报和 H5 页面(互动形式的多媒体广告页面)，以五人的背影制造悬念，引导感兴趣的人扫二维码或者"绕到正面看一看"来揭晓谜底，从而诠释和突出《王者荣耀》"开黑"这一社交属性。其后，《王者荣耀》与必胜客进行合作，推出一组具有强烈视觉冲击力、结合游戏内人物内容和必胜客产品特色的主题海报，并推出联合促销活动，将游戏与现实连接起来，让玩家在"开黑"的同时，还能够发现在线下开团带来的惊喜和优惠。借助这一活动，不仅为游戏带来了更高的人气和曝光，也借助 H5 等方式为必胜客店铺进行了有效的引流。

此外，《王者荣耀》还发布了一系列的 TVC 预告片，进一步设置悬念，并结合同款海报，打造出电影感和高级感进行预热，又赚足了一波眼球。之后，借助《王者荣耀》电子竞技赛事中的知名战队和明星选手的名气，以冠军邀请函的形式引起话题并同时为赛事进行预热，还设置了一个英雄对呛环节，制造冲突感和紧张的氛围，引起网友们的围观。最后，发布完整版的 TVC 视频，非常独到而又明显地体现出了"无处不团，你也在玩"的活动主题和游戏品牌理念。

多种渠道、方式、形式的结合与统筹，让《王者荣耀》的品牌推广活动具有非常鲜明的层次感，环环相扣、充满创意与年轻张扬风格的活动形式与形象，非常有效地吸引了年轻玩家的关注和参与，在全方位、多元化的传播中，不断让游戏特色和品牌形象深入人心。

促销是市场营销组合的一个重要因素，其本质是卖方与买方之间的信息沟通，整个促销过程本质上就是营销传播过程。促销方式包括广告、公共关系、销售促进和人员推销等。由于这些方式各自的特点不同，需要在实际的促销活动中综合应用，并基于不同的促销组合，形成不同的促销策略。企业促销的成败，对企业的形象和产品的销售至关重要。

12.1　促销组合、传播策略与整合营销传播

12.1.1　促销组合

1. 促销与促销组合

促销是指企业通过各种有效的方式向目标市场传递有关企业及其产品(品牌)的信息，以启发、推动或创造目标市场对企业产品和服务的需求，并引起购买欲望和购买行为的一系列综合性活动。因此，促销的实质是企业与目标市场之间的信息沟通，促销的目的是诱发购买行为。

促销是企业市场营销组合中的基本策略之一，促销常见的方式有人员促销和非人员促销两大类，其中，非人员促销包括广告、公共关系和销售促进等方式。

促销组合是指企业根据产品的特点和营销目标，综合各种影响因素，对人员推销、广告、公共关系和销售促进四种促销方式的选择、编配和综合运用，形成整体促销的策略或技巧。

促销组合的运用，使得促销被作为一个系统性的策略，四种促销方式则构成了促销组合的四个子系统策略。每一个子系统都包含了一些可变的因素，即具体的促销手段或工具，某一因素的改变意味着组合关系的变化，也就产生了一个新的促销策略。促销组合是一个重要的概念，它体现了现代市场营销理论的核心思想——整体营销，反映了促销实践对整体营销理论的需求。

2. 影响促销组合的因素

影响促销组合的因素很多，企业在制定促销组合策略时，主要考虑以下几方面的因素。

1) 促销目标

促销目标是企业从事促销活动所要达到的目的。促销目标取决于企业的总体营销目标，但在不同时期及不同的营销策略下，企业进行的促销活动都有其特定的促销目标。企业的促销目标可以分为两类：一是增强企业获利能力的长期目标；二是短期内的销售和利润目标。促销目标不同，对促销方式选择的侧重点也就不同。前者注意企业良好形象的树立，注重处理好企业与社会、企业与政府、企业与公众等之间的关系，借以创造良好的外部环境，在促销的四种手段中，公共关系是实现这一目标的主要手段；后者则比较依赖于广告、销售促进和人员推销。

2) 产品类型

对不同类型的产品必须采用不同的促销组合。一般来讲，对消费品促销时，因市场范围广，应较多地采用广告宣传，以起到宣传面广和传播速度快的作用；对工业品促销时，因购买者的购买量较大，市场相对集中，应以人员推销为主。销售促进则在这两类产品市场具有同等重要的地位。

3) 产品的生命周期

产品在不同的生命周期，根据不同的促销目标，应采用不同的促销组合策略。

产品在导入期，促销的目的在于提高产品的知名度，使消费者或用户认识产品，产生购买欲望，从而促使中间商进货和消费者试用。广告起到了向消费者、中间商宣传介绍产品的功效。因此，这一阶段应以广告为主要的促销方式，以公共关系、人员推销和销售促进为辅助。

产品在成长期，销售量迅速增长，同时出现了竞争者，这时企业的促销目标是增进消费者或用户对本企业产品的购买兴趣，进一步激发其购买行为，因此应注重宣传产品的特点，以改变消费者使用产品的习惯，逐渐对产品产生偏好。在这一阶段，广告仍然是促销的重要手段，但此时的重点已经不是介绍产品了，而是增进消费者的好感与偏好，树立产品的特色，因而需要不断地改变广告形式，以争取更多的消费者和用户，特别是购买量大和购买频率高的购买者，如集团购买者。

产品在成熟期，企业的竞争对手日益增多，企业的促销目标应是巩固老顾客，增加消费者对本企业产品的信任感。这一阶段为了与竞争对手竞争，保持已有的市场地位，企业在保持一定广告宣传的前提下，应注重销售促进手段的采用，加强在终端的销售竞争力，同时采用公共关系宣传，以提高和保持企业和产品的市场美誉度。

产品在衰退期，由于有关信息已经被消费者熟知，产品的销量开始下降，企业的任务不再是扩大知名度，而是在延迟产品退出市场时间的同时，尽量采用成本较小的促销手段将现有的产品销售完毕，准备转产。这一阶段，企业可以做一些提示性的广告，主要是有效地利用销售促进手段，刺激产品的销售，加速资金的周转。

总之，在产品的整个生命周期里，可以根据不同的生命周期阶段采用不同的促销方式和促销组合，具体如表 12-1 所示。

表 12-1 产品生命周期不同阶段的促销目标、促销重点和促销组合

产品生命周期	促销目标与重点	促销组合
导入期	提高产品知名度	介绍性广告、人员推销
成长期	提高产品知名度和市场占有率	形象建立型广告等
成熟期	提高产品的美誉度，维持和扩大市场占有率	形象建立和强调型广告、公共关系，辅以销售促进
衰退期	维持信任和偏好、大量销售	销售促进、提示性广告

4) 推式策略与拉式策略

推式策略是指企业运用人员推销的方式，将产品推向市场，即从生产企业推向中间商，再由中间商推给消费者，故称人员推销策略。推式策略一般适合于单位价值较高的产品，性能复杂、需要做示范的产品，根据用户需求特点设计的产品，流通环节较少、流通渠道较短的产品，市场比较集中的产品等。推式策略中企业主要面向的推销对象是批发商或零售商，主要采取人员推销和利益诱导的销售促进方式。

拉式策略是指企业运用非人员推销方式将消费者拉过来，使其对本企业的产品产生需求，以扩大销售，也称非人员推销策略。拉式策略一般适合于价值较低的消费品，流通环节较多、流通渠道较长的产品，市场范围较广、市场需求较大的产品。拉式策略中企业主要面向的推销对象是消费者，主要采取大量作广告的方式。

5) 促销预算

企业开展促销活动，必然要支付一定的费用。费用是企业十分关心的问题，并且企业能够用于促销活动的费用总是有限的。因此，在满足促销目标的前提下，要做到效果好而费用省。企业确定的促销预算额应该是企业有能力负担的，并且是能够适应竞争需要的。为了避免盲目性，企业在确定促销预算时，除了考虑销售额，还要考虑到促销目标、产品生命周期等其他影响促销的因素。

12.1.2　传播策略

促销的本质是与目标市场之间的信息沟通，其主要手段是通过各种形式的信息传播来传递企业所创造的价值。传播(communication)是传递、接收和加工信息的过程。当个体、群体或组织想要传递一个观点或信息，并且接收者(其他个体或组织)理解这些信息时，传播就发生了，图 12-1 展示了信息传播的基本过程。营销(marketing)是企业直接或间接地告知和提醒消费者其销售的产品和品牌信息的方法。对企业而言，生产出来的产品只有最终到达顾客的手中，才能实现企业的战略和财务目标等。因此，企业的市场营销活动必须考虑如何把产品、服务、品牌的信息传递给顾客。另外，现有市场上存在不少与企业争夺客户资源的竞争者，企业要想让顾客准确地得到自己产品或服务的相关信息，就必须设计独有的传播策略来减少噪声以实现信息的传播。

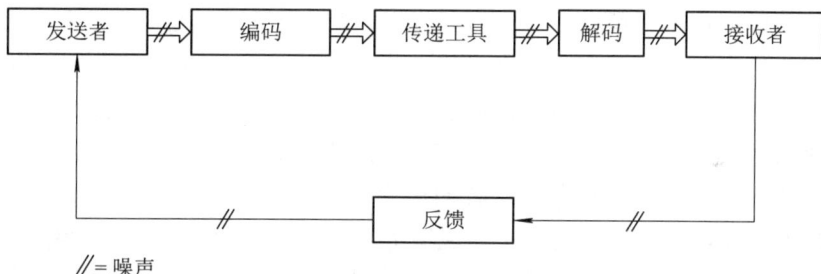

图 12-1　信息传播的基本过程

传播在广告和市场营销过程中发挥着重要作用。假设一个消费者计划到快餐店就餐，而肯德基想通过营销传播来吸引这位顾客。根据传播模型，肯德基首先要求自己的营销部门或者外包的广告团队将所要传播的信息制作成完整的产品广告，然后通过电视、广告牌、车体广告、优惠券、传单、微信公众号推送等方式将产品广告发布出来。当看到这些广告时，消费者会对广告上的信息进行解读，可能会解读到食物的香味，也可能会解读到大幅优惠。当消费者了解相关的信息之后，会决定光顾肯德基。这样就形成了一个完整的传播过程。但是在这个过程中，如果消费者也看到了麦当劳的广告并为之心动，说明这个传播过程受到了影响。

上述例子说明营销传播过程包含以下七个要素：

(1) 发送者(senders)——产生营销信息的主体。在营销传播过程中，发送者一般指相关的企业，在上述例子中就是想要吸引顾客就餐的肯德基。

(2) 编码(encoding)——形成语言和非语言线索。在市场营销过程中，广告创意人员产生点子，并将这些点子转换成能吸引客户注意的信息。

(3) 传递工具(transmission devices)——将营销信息传递给客户的各种媒介。可能是电视、报纸等传统媒体，也有可能是互联网、手机短信、微信公众号等新媒体。

(4) 解码(decoding)——将营销信息传递给客户后客户对信息的解读。解码的途径多种多样，消费者不仅可以看到、听到相关的产品信息，也可以闻到、摸到产品的信息，如参加产品展示、试用等活动。

(5) 接收者(receivers)——营销信息的接收者。只有当接收者能够解码或者理解发送者传达的信息时，这个传播过程才是有质量的。

(6) 反馈(feedback)——接收者对发送者发送信息的反应。在营销传播过程中，反馈包括咨询、购买、投诉、访问网站等。

(7) 噪声(noise)——任何对信息造成扭曲和干扰的因素。噪声可以发生在传播过程的任何一个阶段。影响营销传播的最常见的噪声形式是广告信息超载。

在营销传播过程中，市场营销人员要关注其中的每个元素，善于按照目标受众的需求与偏好进行信息的编码，并引导目标受众进行解码，避开各种噪声，确保所有受众能接收到连续一致的信息。向消费者或其他相关人员的传播绝不仅仅是做一些有吸引力的广告，真正有效的整合营销传播需要将各种活动整合成完整的计划，并能有效地触达目标受众。

12.1.3 整合营销传播

整合营销传播(integrated marketing communication，IMC)被美国广告同业协会定义为：通过评估各种不同的促销手段(广告、人员推销、销售促进以及公共关系等)在特定传播计划中所扮演的角色，并进行整合，使之提供清晰一致的信息，以发挥最大的传播效果。整合传播营销是一种向目标消费者传达品牌和公司信息的战略手段，目的是使传递的信息清晰、简明、统一且具有针对性，以便对特定受众产生最大的影响。

整合营销传播强调产品信息向消费者的传递。在营销传播过程中，企业通过促销组合的方式来使消费者了解、知晓企业的产品或服务。表 12-2 阐释了各种促销手段的含义和常见形式。促销组合决策强调分别评估这些方式，进而决定是否对促销组合中的一个或多个元素进行投资，以促进产品或服务的销售。

表 12-2 各种促销手段的定义和常见形式

促销手段	定 义	常 见 形 式
广告	以付费方式进行的有关商品、服务和创意的非人员的展示和促销活动	四大传统媒体(报纸、杂志、电台、电视)广告、印刷广告(传单、工商名录)、外包装广告、包装中插入广告、户外广告牌、陈列广告、销售点陈列等
人员推销	与一个或多个可能的买主进行面对面接触，通过介绍产品、解答疑问来促进产品销售，获取订单	推销展示、销售会议、奖励节目、样品、交易会和展销会等
销售促进	各种鼓励购买商品和服务的短期刺激	竞赛游戏、兑奖、彩票、赠品、样品、交易会和展销会、示范表演、赠券、回扣、低息融资、款待、折扣等
公共关系	一系列用来与公司的各种公众建立良好关系的活动	报刊文章、演讲、研讨会、年度报告、慈善捐款、捐赠、公司的出版物、游说、公司内部杂志、特别事件等

整合营销传播是使用这些促销组合进行的传播。与传统的促销组合不同，整合营销传播强调传播是一个整体，是一个相互关联的决策过程，与总体品牌信息相关，并且信息传播针对不同的消费群体具有"量体裁衣"的特征。因此，整合营销传播实际上是系统理论在企业营销传播中的实际运用，它体现出了以下一些特征。

(1) 整体性。整合营销传播要求围绕企业的营销目标对可利用的各种营销资源(系统要素)加以统一整合，从而形成具有层次感和节奏感的营销传播计划(系统结构)，最终产生最佳的传播效应(系统功能)。

(2) 目标性。整合营销传播必须从接受者的需求和特征出发，有的放矢，具有针对性。而且不仅是传播内容上的针对性，还应包括传播符号、传播方式以及传播媒体方面的针对性。

(3) 动态性。整合营销传播必须是贯穿全过程的，是对每一个时点和节点的准确把握，同时要根据传播过程中的情况变化不断调整传播计划，以保证最佳的传播效果。

12.2 >>> 广 告 策 略

广告的基本功能是传递信息，它既可用来树立企业和产品形象，又可用来刺激销售，是一种被广泛运用的促销方式。广告作为一种带有浓郁商业性的综合艺术形式，虽然不一定能使企业产品成为世界名牌，但若没有广告，产品肯定成不了世界名牌。成功的广告可以使企业和产品名声大振，家喻户晓，广为传播。因此，企业应根据其产品的特点、市场竞争者的情况，灵活运用广告。

12.2.1 广告的内涵与广告决策

1. 广告的内涵

广告作为一种传递信息的活动，是企业在促销中应用最广泛的促销方式。市场营销学中探讨的广告，是一种经济广告。也就是说，市场营销学中的广告是指广告主以促进销售为目的，付出一定的费用，通过特定的媒体传播产品或劳务等有关经济信息的大众传播活动。由此，我们可以从四个方面来理解广告的内涵：广告是以广大消费者为对象的大众传播活动；广告以传播产品或劳务等有关经济信息为内容；广告是通过特定的媒体来实现的，并且广告主需对使用的媒体支付一定的费用；广告的目的是促进产品销售，进而获得较好的经济效益。

2. 广告决策

广告活动由五个要素构成：广告主，指发布广告的单位和个人；广告媒体，指传递信息的载体；广告费用，指广告主开展广告活动所必须支付的各种费用，包括广告调研费、设计制作费、广告媒体费、广告机构办公费以及工作人员的相关支出等；广告受众，指广告的对象，即接受广告信息的人；广告信息，指广告的具体内容。

当开发一个广告计划时，营销管理人员必须按以下步骤制定广告决策：设定广告目标、设定广告预算、制定广告策略(信息策略和媒体决策)和评估广告效果，如图 12-2 所示。

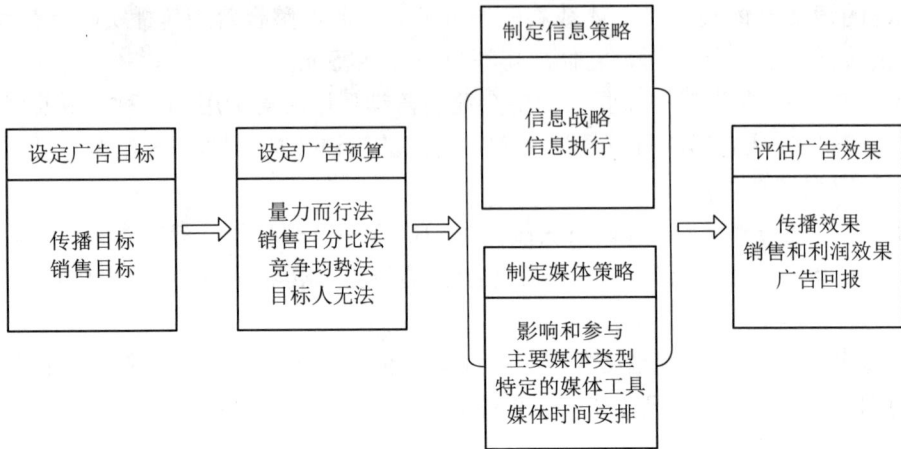

图 12-2　制定广告决策的步骤

12.2.2　广告目标

广告目标(advertising objective)是在一定期限内针对特定目标对象设定的一项具体的沟通任务。广告目标需要根据当前企业的目标市场、定位和营销组合策略来确定，它明确了广告在整个营销计划中的地位和作用。广告目标可以分为告知、劝说和提醒三类。表 12-3 给出了不同类型广告的目标。

表 12-3　不同类型广告的目标

广告类型	广告目标	
告知性广告	沟通顾客价值	介绍产品的新用途
	建立品牌和企业形象	告知市场产品价格变化
	告知市场有新产品出现	描述所能提供的服务
	介绍产品功能	更正错误的印象
劝说性广告	树立品牌偏好	劝说顾客立即购买
	鼓励顾客改用本公司品牌	劝说顾客接受推销访问
	改变顾客对产品价值的感知	说服顾客向他人介绍本公司品牌
提醒性广告	维持顾客关系	提醒顾客购买的地点
	提醒顾客可能会用到此产品	在产品的淡季使顾客仍记得该品牌

告知性广告(informative advertising)主要用在新产品导入期，目标是建立基本需求，提升品牌知名度。广告的主要内容是介绍产品的功能、用途以及企业的其他情况。例如，"恒源祥，羊羊羊"在电视台的来回播放让消费者了解到恒源祥这个品牌。但是，随着产品生命周期的推移，市场上相似的产品越来越多，告知性广告给企业带来的收益就会变得不足，此时，大多数企业会采取第二种类型的广告，即劝说性广告。

劝说性广告(persuasive advertising)是以说服为目标的广告，也是竞争式广告。企业从消费者的切身利益出发，告诉消费者该品牌商品优于其他品牌商品的独到之处，改变消费者的看法，形成消费者对本企业产品或服务的特殊偏爱，从而判定选择本企业的产品或服务。劝说性广告是配合产品生命周期进入成长期或成熟期阶段而实施的，目的是开发消费者对商品的选择性需求。例如，"家中常备江中牌健胃消食片"以及"今年过节不收礼，收礼只收脑白金"都是劝说性广告的典型。

提醒性广告(reminder advertising)是为了加强消费者对已有购买和使用习惯的商品的了解和印象，提示他们不要忘记这个商品的商标、品牌及特色，刺激重复购买，巩固原有市场占有率，吸引产品的后期使用者的购买，引导消费者形成稳固的、长期的习惯需求的广告。它是配合产品的生命周期进入成熟期和衰退期而实施的广告。提醒性广告的目的主要是提高产品的知名度，加强目标消费者对产品的兴趣和印象，配合主诉性广告创造出最大的诉求效果。比较典型的一个例子是"全国销量领先的红罐凉茶改名加多宝"，通过这种方式使消费者加深对加多宝的印象。

12.2.3　广告预算

企业的广告目标确定后，即可制定广告预算，即确定在广告活动上应花费多少资金。一般来讲，企业确定广告预算的方法主要有以下四种。

1. 量力而行法

量力而行法(affordable method)指根据公司能够支付的水平设置广告预算。小公司经常使用这种方法，因为公司的广告费用不能超支。它们以总收入为起点，扣除营业费用和资本支出，然后把剩余的一部分资金投入到广告中。

不过，这个预算设置方法完全忽略了广告对销售的影响。它把广告放在支出最后的位置，甚至在广告对公司成功是必不可少的情况下也是如此。每年不确定的广告预算会导致长期营销计划制定困难。尽管量力而行法有时会导致广告支出过度，但更多时候是广告支出的减少。

2. 销售百分比法

销售百分比法(percentage-of-sales method)是指当前或者预测销售额固定的百分比设置广告预算，或者以单位销售价格的固定百分比设置预算。销售百分比法有一些优势：简单易用，能够帮助管理者思考促销支出、销售价格和单位利润之间的关系。

尽管声称有这些优势，销售百分比法仍难立足。把销量视为广告的原因而非结果是错误的。尽管很多研究发现广告支出和品牌实力之间有正相关关系，但这种关系被证明是结果和原因的关系，而不是原因和结果的关系。实力强大的品牌往往拥有更高的销售额，所以能够承担更高的广告预算。

因此，销售百分比法基于可用的资金而不是机会。它可能阻止广告支出的增长，而广告支出的增加有利于扭转销售下滑趋势。此外，因为预算会随着每年的销售额而变化，所以长期计划很难制定。最后，这种方法不能为选择具体的百分比提供任何依据，除非有先例或竞争对手正在这样做。

3. 竞争均势法

竞争均势法(competitive-parity method)指设置的广告预算与竞争对手保持一致。企业监测竞争对手的广告，或者从出版物和贸易协会获得行业的广告支出数据，然后基于行业平均水平设置自身的预算。

有几种观点支持这一方法。首先，竞争对手的预算代表这个行业的集体智慧。其次，与竞争者保持相同的广告支出有助于避免促销大战。遗憾的是，这些观点并非都有效。没有理由相信竞争对手比自己公司更懂得如何确定广告支出。此外，也没有证据表明基于竞争均势法设定的预算阻止了促销大战。

4. 目标任务法

最合乎逻辑的预算设置方法是目标任务法(objective-and-task method)，即公司基于它想要通过广告完成的任务来制定广告预算。这种方法需要：

(1) 制定具体的促销目标；
(2) 确定需要完成既定目标的任务；
(3) 评估执行任务的成本。这些成本的总和就构成了促销预算。

目标任务法的优点是迫使管理人员阐明支出和促销结果之间的关系假设。但这也是最难使用的方法。通常，很难确定哪些特定的任务将来可以实现既定的目标。例如，微软公司想让 75%的消费者在三个月的导入期里了解最新款的 Surface 平板电脑。微软应该使用哪些具体的广告信息和媒体来实现这个目标？这些信息和媒体的成本是多少？微软管理层必须考虑这些问题，即使这很难回答。

无论使用什么样的方法，设置广告预算并非易事。百货巨头约翰·沃纳梅克(John Wanamaker)曾经说过，"我知道一半的广告费是浪费的，但我不知道是哪一半，我花 2 亿美元做广告，但不知道一半是否足够或者两倍是否太多"。

基于这种想法，当经济形势变坏时，广告是最先被砍掉的项目。削减品牌建设广告对短期销售似乎没有危害。然而，长期来看，削减广告支出会损害品牌形象和市场份额。事实上，当竞争对手减少支出时，公司可以保持或者增加它们的广告支出以获得竞争优势。

12.2.4 广告媒体的种类和选择

广告媒体也称广告媒介，是广告主与广告接受者之间的连接物质。它是广告宣传必不可少的物质条件。广告媒体并非一成不变，而是随着科学技术的发展而改变。科技的进步，必然使得广告媒体的种类越来越多。

1. 广告媒体的种类

表 12-4 总结了主要广告媒体的类型和特点，包括电视、在线媒体、手机媒体、社交媒体、报纸、直邮、杂志、广播和户外广告。每种媒体都有其优点和局限性。媒体策划者要选择那些能够高效地把广告信息传递给目标消费者的媒体。因此，他们必须考虑每种媒体的影响力、信息有效性和成本。正如前几章讨论的，问题通常不在于选择哪一种媒体，而在于选择哪种媒体组合，把它们整合到一个完整的营销传播活动当中。

表 12-4　主要广告媒体类型及其特点

媒　体	优　点	局　限　性
电视	良好的大众营销覆盖面；较低的单次曝光成本；结合图像、声音和动作；感染力强	绝对成本高；广告信息混乱；曝光时间短；受众选择少
在线媒体、手机媒体和社交媒体	专注于个人和顾客社区；及时性；个性化、交互和参与性；社交分享权；低成本	潜影响范围较窄；很难管理和控制；受众常常控制内容和曝光
报纸	灵活性；及时性；良好的本土市场覆盖；广泛的可接受性；较高的可信度	短暂的生命期；再现能力差；较少被传阅
直邮	较高的受众选择性；灵活性；同一个媒体里没有广告竞争；允许个性化	单次接触成本较高；可能被视为垃圾邮件
杂志	较高的地理和人口选择性；信誉和声望；方便读者传阅	广告采购提前期长；成本高；没有版面保证
广播	本地接受度高；较高的地理和人口选择性；低成本	只能通过声音传递信息；广告播放时间短；只能隐约听到广告，注意力易分散
户外广告	灵活性；高重复曝光；低成本；竞争少；良好的位置选择	受众选择性有限；创意受限

2. 广告媒体的选择

不同的广告媒体有不同的特性，这决定了企业从事广告活动必须对广告媒体进行正确的选择，否则将影响广告效果。选择广告媒体一般要考虑以下影响因素：

(1) 产品的性质。不同性质的产品有不同的使用价值、使用范围和宣传要求。生产资料和生活资料、高技术产品和一般生活用品、价值较低的产品和高档产品、一次性使用的产品和耐用品等都应采用不同的广告媒体。例如，对高技术产品进行广告宣传，应面向专业人员，多选用专业性杂志；而对一般生活用品进行广告宣传，则适合选用能直接传播到大众的广告媒体，如广播、电视等。

(2) 消费者接触媒体的习惯。选择广告媒体时，还要考虑目标市场上消费者接触广告媒体的习惯。一般认为，能使广告信息直接传递到目标市场的媒体是最有效的媒体。例如，对儿童用品进行广告宣传，宜选电视作为媒体；对妇女用品进行广告宣传，选用电视或妇女喜欢阅读的杂志效果较好，也可以在妇女用品商店布置橱窗。

(3) 媒体的传播范围。媒体传播范围的大小直接影响广告信息传播区域的宽窄。适合全国各地使用的产品，应以全国性的报纸、杂志、广播、电视等作为广告媒体；属于地方性销售的产品，可通过地方性报刊、电台、电视台、霓虹灯等传播信息。

(4) 媒体的影响力。广告媒体的影响力大多是以报刊的发行量和电视、广播的视听率高低为标志的。选择广告媒体应把目标市场与媒体影响程度结合起来，能影响目标市场每一个角落的媒体就是最佳选择。这样一来，既能使广告信息传递效果最佳，又不会造成不必要的浪费。

(5) 媒体的费用。各广告媒体的收费标准不同，即使是同一种媒体，也因传播范围和影响力的大小而有价格差别。考虑媒体费用时，应该注意其相对费用，即广告促销效果。例如使用电视做广告需支付 20 000 元，预计目标市场收视者 2000 万人，则每千人支付广告费是 1 元；若选用报纸作媒体，费用 10 000 元，预计目标市场收阅者 500 万人，则每千人广告费为 2 元。两者相比较的结果，应选用电视作为广告媒体。

12.2.5　广告的设计

广告效果不仅取决于广告媒体的选择，还取决于广告设计的质量。高质量的广告设计应遵循下列原则。

1. 真实性

广告的生命在于真实。虚假、欺骗性的广告，必然会使企业的信誉丧失。广告的真实性体现在两方面：一方面，广告的内容要真实，即广告的语言文字要真实，不宜使用含糊、模棱两可的言辞，画面也要真实，并且要和文字统一起来，艺术修饰手法要得当，以免使广告内容与实际情况不相符合；另一方面，广告主与广告商品也必须是真实的，不应是虚构的。企业必须依据真实性原则设计广告，这也是一种商业道德和社会责任。

2. 社会性

广告是一种信息传递，在传播经济信息的同时，也传播了一定的思想意识，必然会潜移默化地影响社会文化、社会风气。从一定意义上说，广告不仅是一种促销形式，而且是一种具有鲜明思想性的社会意识形态。广告的社会性体现在：广告必须符合社会文化、思想道德的客观要求。具体说来，广告要遵循党和国家的有关方针、政策，不违背国家的法律、法规和制度，有利于社会主义精神文明建设，有利于培养人民的高尚情操。广告中严禁出现中国国旗、国徽、国歌的音频、国歌的乐谱或歌词等元素。同时，要杜绝损害我国民族尊严，以及含有反动、淫秽、迷信、荒诞内容的广告。

3. 针对性

广告的内容和形式要富有针对性，即对不同的商品、不同的目标市场要有不同的内容，采取不同的表现手法。由于各个消费者群体都有自己的好恶和风俗习惯，为适应不同消费者群体的不同特点和要求，广告要根据不同的广告对象来决定广告的内容与形式。

4. 感召性

广告是否具有感召力，最关键的因素是诉求主题。广告的重要原则之一，就是广告的诉求点必须与产品的优势点、目标顾客购买产品的关注点一致。产品有很多属性，有的是实体方面的(如性能、形状、成分、构造等)，有的是精神感受方面的(如豪华、朴素、时髦、典雅等)，但目标顾客对产品各种属性的重视程度并不一样。这就要求企业在从事广告宣传时，应突出宣传目标顾客最重视的产品属性或购买该种产品的主要关注点，否则就难以激发顾客的购买欲望。

5. 简明性

广告的受众是广大消费者及社会公众，因为广告量增多，而消费者接受和处理信息的能力有限，故广告不应给受众带来太大的视觉与听觉上的辨识压力。简短、清晰明了地点明品牌个性是品牌广告设计的客观要求。例如，宝洁公司的海飞丝宣传语是"头屑去无踪，秀发更出众"，飘柔则是"头发更飘、更柔"，潘婷是"拥有健康，当然亮泽"。显然，简洁明了的广告使广告接受者能够在较短的时间内理解广告主的传播意图，了解品牌个性，有利于提高广告传播效果。

还需说明的是，互联网广告更应注意简明性。广告内容的句子要简短，尽可能采用目标受众熟悉的习语，直截了当，避免长句，也不宜过于文绉绉等。

6. 艺术性

广告是一门科学，也是一门艺术。广告应当利用科学技术，吸收文学、戏剧、音乐、美术等各学科的艺术特点，把真实的、富有思想性、针对性的广告内容通过完善的艺术形式表现出来。只有这样，才能使广告像优美的诗歌，像美丽的图画，成为精美的艺术作品，使人受到感染，从而增强广告的效果。这就要求广告设计要构思新颖，语言生动、有趣、诙谐，图案美观大方，色彩鲜艳和谐，形式不断创新。

12.2.6 广告效果评估

广告效果是指广告信息通过广告媒体传播后对社会和企业所能产生的影响。广告效果包括两个方面：一是沟通效果；二是销售效果。对这两种效果进行评价和测定有利于企业有效制定广告策略，提高广告的经济效益。

1. 广告沟通效果评估

沟通效果评估主要衡量广告对消费者知晓度、认知度和偏好的影响。其目的在于确定广告是否实现了有效的沟通。评估内容一般包括：

(1) 注意度评估。注意度评估主要衡量各种广告媒体吸引人的程度和范围，主要测定读者比率、收听率、收看率、点击率等。

(2) 记忆度评估。记忆度评估旨在测定消费者对于广告的主要内容，如企业名称、产品名称、广告语等的记忆程度，以此检查广告主题是否鲜明、突出。

(3) 理解度评估。理解度评估用于测定消费者对于广告内容和形式的理解程度，从中可以检查广告设计和制作中存在的问题并加以解决。

(4) 购买动机形成评估。购买动机形成评估指了解广告与消费者购买动机形成之间的关系，进而研究广告在促销中的作用，为企业调整营销策略提供依据。

2. 广告销售效果评估

沟通效果不等于销售效果，沟通效果良好不意味着就能提高销量。因此，越来越多的企业在关注广告沟通效果的同时，开始关注广告对企业销售的直接促进作用。在对广告的销售效果进行评估时，经常会将广告费用的增加与销售额的增加进行比较，其计算公式是

广告效果比率＝销售额增加率÷广告费用增加率

江小白的虚拟
IP 广告策略

由于影响销量的因素复杂，因此在对广告销售效果进行评价时，要对推动销售增加的因素进行充分分析。

12.3 人员推销策略

12.3.1 人员推销的特点

人员推销是指企业通过派出销售人员与一个或一个以上可能成为购买者的人交谈，作口头陈述，说服购买者积极购买某种产品或服务的过程。在人员推销活动中，推销人员、推销对象和推销品是三个基本要素，前两者是推销活动的主体，后者是推销活动的客体。通过推销人员与推销对象之间的接触、洽谈，使推销对象购买推销品，达成交易，实现既销售产品，又满足顾客需要的目的。

东方甄选：用高知主播重塑直播带货的"人"优势

人员推销与非人员推销相比，既有优点又有缺点，其优点表现在以下四个方面。

1. 信息传递的双向性

人员推销作为一种信息传递方式，具有双向性。在人员推销过程中，一方面，推销人员通过向顾客宣传介绍推销品的有关信息，如产品的质量、功能、使用、安装、维修、技术服务、价格以及同类产品竞争者的有关情况等，以此来达到招徕顾客、促进产品销售之目的。另一方面，推销人员通过同顾客接触，能及时了解顾客对本企业产品或推销品的评价；通过观察和有意识地调查研究，能掌握推销品的生命周期及市场占有率等情况。这样不断地收集信息、反馈信息，能为企业制定合理的营销策略提供依据。

2. 推销目的的双重性

推销的一重目的是使激发需求与市场调研相结合，另一重目的是使推销产品与提供服务相结合。就后者而言，一方面，推销人员施展各种推销技巧，目的是推销产品；另一方面，推销人员与顾客直接接触，向顾客提供各种服务，是为了帮助顾客解决问题，满足顾客的需求。双重目的相互联系、相辅相成。推销人员只有做好顾客的参谋，更好地实现满足顾客需求这一目的，才能诱发顾客的购买欲望，促成购买，使产品推销效果达到最大化。

3. 推销过程的灵活性

由于推销人员与顾客直接接触，当面洽谈，可以通过交谈和观察了解顾客，进而根据不同顾客的态度和反映，有针对性地改进推销方式，以适应每个顾客的行为和需要，最终促成顾客购买。此外，还可以及时发现、答复和解决顾客提出的问题，消除顾客的疑虑和不满。

4. 协作的长期性

推销人员在推销过程中，需要与顾客面对面地交流，在交流中如果能够把握好方式方法，就可以取得顾客的理解和支持，把双方单一的买卖关系发展成深厚的个人友谊。而感情的培养和深化，可以使顾客对企业产生信任和依赖感，从而为企业培养一批忠实的顾客，有利于企业与顾客建立长期的买卖协作关系，保持企业产品销售的稳定。

人员推销的缺点主要表现在以下两个方面。

一是支出较大，成本较高。由于每个推销人员直接接触的顾客有限，销售面窄，特别是在市场范围较大的情况下，人员推销的开支较多，这就增大了产品的销售成本，并在一定程度上减弱了产品的竞争力。

二是对推销人员的要求较高。人员推销的效果直接取决于推销人员的素质高低。随着科学技术的发展，新产品层出不穷，对推销人员的素质要求也越来越高。推销人员除了应具备营销才能外，还必须熟悉新产品的特点、功能、使用、保养和维修等知识与技术。因此，对于很多企业来说，甄别和培养理想的、胜任其职的推销人员比较困难，而且耗费也较大。

12.3.2　人员推销的职责与步骤

1. 人员推销的职责

推销人员是企业与消费者之间的纽带。一方面，推销人员是企业的代表，所以对推销人员的一种流行的称谓是"销售代表"(sales representative)；另一方面，推销人员又与消费者紧密联系，反映着市场需求状况。一般来说，推销人员具有以下职责：

(1) 探寻。推销人员不仅应了解和熟悉现有顾客的需求动向，而且应尽力寻找新的目标市场，发现潜在顾客，从事市场开拓工作。

(2) 沟通。推销人员应与现实的和潜在的顾客保持联系，及时把企业的产品介绍给顾客，同时注意了解他们的需求，沟通产销信息。

(3) 销售。推销人员应通过与消费者的直接接触，运用推销技巧，分析并解答顾客的疑虑，达成交易。

(4) 服务。除了直接的销售业务，推销人员尚需提供各类服务，诸如业务咨询、技术性协助、融资安排、准时交货。

(5) 调研。推销人员可以利用直接接触市场和消费者的便利，进行市场调研和情报收集工作，并且将访问的情况写成报告，为开拓市场和有效推销提供依据。

(6) 分配。在产品稀缺时，推销人员应将稀缺产品分配给最急需的顾客，并指导客户合理利用资源。

2. 人员推销的步骤

不同的推销方式可能会有不同的工作步骤，通常情况下，人员推销一般包括以下七个相互关联又有一定独立性的工作步骤。

1) 寻找目标顾客

销售人员必须首先寻找自己的销售对象即目标顾客。哪些消费者能够成为自己的目标顾客，取决于销售人员的识别能力。识别有误，会使销售的成功率下降。所以准确寻找和识别顾客应当是销售人员的基本功。

2) 事前准备

在走出去推销之前，推销人员必须掌握产品知识、顾客知识和竞争者知识等三方面的知识。产品知识主要是关于本企业情况及本企业产品的特点、用途、功能等。消费者知识主要包括潜在消费者的个人情况，具体用户的生产、技术、资金情况，用户的需要，购买决策者的性格特点等。竞争者知识主要包括竞争者的能力、地位和它们的产品特点等。同时，还要准备好样品、说明材料，选定接近顾客的方式、访问时间、应变语言等。

3) 接近顾客

接近顾客指推销人员开始登门访问并与潜在顾客开始面对面交谈。这一阶段要注意：

(1) 给顾客留下好印象并引起顾客的注意。穿着得体、举止大方、言谈清晰都是必不可少的。

(2) 验证准备阶段所掌握的信息。

(3) 保持友好和自信的心态。推销是一种互惠互利的交换，你不是在求别人，你的产品是经得起考验的。

4) 介绍和示范

这是推销过程中的重要一步。销售人员要注意通过顾客的视觉、听觉、触觉等感觉向顾客传递信息，其中视觉是最重要的。在介绍产品时，要特别注意说明该产品可能给顾客带来的利益，并注意倾听对方的反馈，以判断顾客的真实意图。

5) 处理异议

顾客在听取介绍的过程中，总会提出一些异议，推销人员应当具有与持不同意见的顾客进行沟通的语言能力和技巧，能解释产品特点、进行协商，并随时准备应对否定意见，提供措施和论据，但不要与顾客发生争辩。

6) 实现交易

在洽谈、协商的过程中，推销人员要随时给予对方能够成交的机会。介绍过程中如发现顾客表现出愿意购买的意图，应立即抓住时机成交。

7) 售后追踪

售后追踪的直接目的是了解顾客是否满意已购买的产品，发现可能产生的各种问题，表示推销人员的诚意和关心，并听取顾客对企业产品提出的改进意见。

12.3.3　人员推销的管理

1. 推销人员应具备的素质

人员推销是一个综合的复杂过程。它既是信息沟通过程，也是商品交换过程，又是技术服务过程。推销人员的素质决定了人员推销活动的成败。推销人员一般应具备以下素质。

1) 态度热忱，勇于进取

推销人员是企业的代表，有为企业推销产品的职责；同时，他又是顾客的顾问，有为顾客的购买活动当好参谋的义务。企业促销和顾客购买都离不开推销人员。因此，推销人员要具有高度的责任心和使命感，热爱本职工作，不辞辛苦，任劳任怨，敢于探索，积极进取，耐心服务，同顾客建立友谊，这样才能使推销工作获得成功。

2) 求知欲强，知识广博

广博的知识是推销人员做好推销工作的前提条件。较高素质的推销人员必须有较强的上进心和求知欲，乐于学习各种知识。一般来说，推销人员应具备的知识有以下几个方面：

(1) 企业知识。推销人员要熟悉企业的历史及现状，包括本企业的规模及其在同行业中的地位，以及企业的经营特点、经营方针、服务项目、定价方法、交货方式、付款条件和产品的保管方法等，还要了解企业的发展方向。

(2) 产品知识。推销人员要知晓产品的性能、用途、价格、使用方法、保养技巧，换代产品相较于原产品新增的功能，以及竞争者的产品情况等。

(3) 市场知识。推销人员要了解目标市场的供求状况及竞争者的有关情况，熟悉目标市场的环境，包括国家的有关政策、条例等。

(4) 心理学知识。推销人员要了解并适时适地地运用心理学知识来研究顾客的心理变化和需求，以便采取相应的方法和技巧。

(5) 财务知识。推销人员了解财务知识是保证销售收入顺利回收的重要前提。

此外，推销人员还应了解政策法规的最新变化及其影响。

3) 文明礼貌，善于表达

在人员推销活动中，推销人员推销产品的同时也是在推销自己。这就要求推销人员要注意推销礼仪，做到文明礼貌、仪表端庄、热情待人、举止适度、谦恭有礼、谈吐文雅、口齿伶俐。在说明主题时，语言要诙谐、幽默，以便给顾客留下良好的印象，为推销获得成功创造条件。

4) 富于应变，技巧娴熟

市场环境因素多样且复杂多变，市场状况很不平稳。为实现促销目标，推销人员必须有娴熟的推销技巧，反应灵敏，能针对不同的市场环境采用恰当的推销方式。推销人员要能恰当地选定推销对象并能准确地了解顾客的有关情况，能为顾客着想，尽可能解答顾客的疑难问题；要善于说服顾客(对不同的顾客采取不同的技巧)；要善于选择适当的洽谈时机，掌握良好的成交机会，并善于把握易被他人忽视或不易发现的推销机会。

2. 推销人员的甄选与培训

由于推销人员素质的高低直接关系到企业促销活动的成功与失败，所以推销人员的甄选与培训十分重要。

1) 推销人员的甄选

推销人员的甄选不仅要针对未从事过推销工作的人员，使其中品德端正、作风正派、工作责任心强且能胜任推销工作的人走入推销人员的行列，还要对在岗的推销人员进行甄选，淘汰那些不适合的人选。

企业甄选推销人员的基本标准主要有以下几种：一是感召力，即善于从顾客角度考虑问题，并使顾客接受自己；二是自信力，让顾客感到自己的购买决策是正确的；三是挑战力，即具有视各种疑义、拒绝或障碍为挑战的心理；四是自我驱动力，即具有完成销售任务的强烈愿望。

企业甄选推销人员的途径有两种：一是从企业内部选拔德才兼备、热爱并适合做推销工作的人；二是从企业外部招聘，即从大专院校的应届毕业生、其他企业或单位中物色合格人选。无论哪种选拔途径，都应经过严格的考核，择优录用。

2) 推销人员的培训

对甄选合格的推销人员，还需经过培训才能上岗，使他们学习和掌握有关知识与技能。同时，对在岗推销人员还要定期培训，使其了解企业的新产品、新的经营计划和新的市场营销策略，进一步提高其素质。

推销人员培训的内容通常包括企业知识、产品知识、市场知识、心理学知识和政策法规知识等。

培训推销人员的常用方法有三种。一是讲授培训。这是一种课堂教学培训方法，一般是通过举办短期培训班或进修等形式，由专家、教授和有丰富推销经验的优秀推销员来讲授基础理论和专业知识，介绍推销方法和技巧。二是模拟培训。它是受训人员亲自参与的、有一定实战感的培训方法，具体做法有实例研究法、角色扮演法和业务模拟法等。例如，由受训人员扮演推销人员，向由专家、教授或有经验的优秀推销员扮演的顾客进行推销，或让受训人员分析推销实例。三是实践培训。这实际上是一种岗位练兵。让经过甄选的推销人员直接上岗，与有经验的推销人员建立师徒关系，通过"传、帮、带"的方式，使受训者较快地熟悉业务，成为合格的推销人员。

3. 推销人员的考核与评价

为了对推销人员进行有效的管理，企业必须对推销人员的工作业绩建立科学而合理的考核与评估制度，并以此作为分配报酬的依据和企业人事决策的重要参考指标。

1) 考评资料的收集

收集推销人员的资料是考评推销人员的基础性工作。全面、准确地收集考评所需资料是做好考评工作的客观要求。考评资料的获得主要有以下四种途径。

(1) 推销人员的销售工作报告。销售工作报告一般包括销售活动计划和销售绩效报告两部分。销售活动计划作为推销人员合理安排推销活动日程的指导，可展示推销人员的地区年度推销计划和日常工作计划的科学性、合理性。销售绩效报告反映了推销人员的工作实绩，从中可以了解销售情况、费用开支情况、业务流失情况、新业务拓展情况等许多推销绩效指标。

(2) 企业销售记录。企业销售记录包括顾客记录、区域销售记录、销售费用支出的时间和数额等信息，是考评推销业绩的重要基础性资料。通过对这些资料进行加工、计算和分析，可以得出适宜的评价指标，如某一推销人员一定时期内所接订单的毛利等。

(3) 顾客及社会公众的评价。顾客和社会公众是推销人员服务质量最好的见证人。因此，评估推销人员理应听取顾客及社会公众的意见。通过对顾客投诉和定期顾客调查结果的分析，可以透视出推销人员在完成销售任务的同时，其言行对企业整体形象的影响。

(4) 企业内部员工的意见。企业内部员工的意见主要是指销售经理、营销经理和其他非销售部门人员的评价。此外，销售人员之间的相互评价也可作为考评时的参考。这些资料可以反映推销人员的合作态度、领导才干等。

2) 考评标准的建立

在评估推销人员的绩效时，科学而合理的标准是不可缺少的。考评标准的确定既要遵循与基本标准的一致性，又要坚持推销人员在工作环境、区域市场拓展潜力等方面的差异性，不能一概而论。当然，绩效考核的总标准应与销售增长、利润增加和企业发展目标相一致。

制定公平而富有激励作用的绩效考评标准，客观上需要企业管理人员根据过去的经验，综合考虑推销人员的个人行为，并在实践中不断加以修订与完善。常用的推销人员绩效考核指标主要有以下两类。

(1) 基于成果的考核。这是一种定量考核，主要考核以下指标：一是销售量，这是最常用的指标，用于衡量销售增长状况；二是毛利，用于衡量利润潜量；三是访问率(每天的访问次数)，这是衡量推销人员努力程度的指标；四是访问成功率，这是衡量推销人员工作效率的指标；五是平均订单数目，这是用来衡量订单规模与推销效率的指标；六是销售费用及费用率，这是用于衡量每次访问的成本及直接销售费用占销售额比重的指标；七是新客户数目，这是衡量推销人员绩效的主要指标。

(2) 基于行为的考核。这是一种定性考核，主要考核销售技巧(包括倾听技巧、获得参与、克服异议等)、销售计划的管理(有无记录、时间利用等)、收集信息、客户服务、团队精神、企业规章制度的执行情况、外表举止、自我管理等。

3) 考评的方法

常用的考评方法有以下两种：

(1) 横向比较法。这种方法是将各推销人员之间的工作业绩进行比较。这种比较必须建立在各区域市场的销售潜力、工作量、竞争环境、企业促销组合等方面大致相同的基础上。应注意的是，销售量不是衡量推销人员工作业绩的唯一标准。除了销售量，还要对能反映工作绩效的其他指标进行衡量，如顾客满意度、成本耗费、产品销售结构、资金周转速度等。

(2) 纵向比较法。这种方法是对同一推销人员现在的业绩和以前的业绩进行比较，包括销售额、毛利率、销售费用、顾客变更情况等。这种考评方式可以衡量推销人员工作表现的提升情况，以把握其业务能力和思想动态的变化情况。

4. 对推销人员的奖励

对推销人员的奖励，实际上是推销人员通过在促销活动中从事推销工作而获得的利益回报，一般包括工资、津贴、福利、保险、佣金和分红奖金等。公平合理的奖励既是对推销人员辛勤劳动的补偿，也是激励推销人员努力工作实现销售目标的最有效工具之一。奖励推销人员既有利于激励推销人员积极努力，保证企业销售目标的顺利实现，也有利于建设(吸收和维持)高素质的销售团队。

对推销人员的奖励机制主要有单纯薪金制、单纯佣金制和混合奖励制三种。

1) 单纯薪金制

单纯薪金制亦称固定薪金制，是指在一定时间内，无论推销人员的销售业绩是多少，推销人员都获得固定数额报酬的形式。具体说来就是"职务工资＋岗位工资＋工龄工资"。

单纯薪金制的优点主要有：易于操作，计算简单，易于管理；推销人员的收入有保障，有安全感；在调整销售区域或客户时，遇到的阻力较小。

单纯薪金制的缺点也显而易见，主要表现在：对销售效率和销售利润最大化缺乏直接的激励作用；由于不按业绩获得报酬，故容易厚待业绩差的人而薄待业绩优秀的人；薪金属固定费用，在企业困难时难以进行调整。

2) 单纯佣金制

单纯佣金制是指与一定期间的销售业绩直接相关的报酬形式，即按销售基准的一定比率获得佣金。

单纯佣金制的优点主要表现在：推销人员的报酬是其销售行为的直接结果，富有激励作用；业绩越好报酬越高，推销人员的努力可获得较高的报酬；推销人员清楚了解自己薪酬(佣金)的计算方式，容易使行为与收入挂钩；佣金属变动成本，公司易于控制销售成本；奖勤罚懒的效果非常明显，业绩差的推销员通常会自动离职。

单纯佣金制的缺点主要有：推销人员收入不稳定，精神压力大，甚至容易焦虑；对企业的忠诚度较差，可能为了分散风险多处兼职；推销人员采用高压式推销，不关心客户的服务需求；推销人员不愿意调整自己的销售领域，造成管理困难；在企业业务低潮时，优秀的销售人员离职率高。

3) 混合奖励制

混合奖励制兼顾激励性和安全性的特点。当然，混合奖励制有效的关键在于薪金、佣金和分红的比率。一般来说，混合奖励中的薪金部分应大到足以吸引有潜力的推销人员；同时，佣金和分红部分足以大到刺激他们努力工作。

混合奖励的常用形式有：薪金+佣金；薪金+分红奖励；佣金+分红奖励；薪金+佣金+分红奖励；薪金+佣金+分红奖励+期权。

除了上述三种奖励形式以外，还有特别奖励，就是正常奖励之外所给予的额外奖励，包括经济奖励和非经济奖励。非经济奖励包括给予荣誉、表扬记功、颁发奖章等。特别奖励的具体形式有业绩特别奖、销售竞赛奖等。

12.4 ▶▶ 公共关系策略

12.4.1 公共关系的概念和职能

1. 公共关系的概念

公共关系(public relations)是指企业在市场营销活动中，正确处理企业与社会公众的关系，以树立品牌及企业的良好形象，从而促进产品销售的一种活动。它的本意是社会组织、集体或个人必须与其周围的各种内部、外部公众建立良好的关系。它是一种状态，任何一个企业或个人都处于某种公共关系状态之中；它又是一种活动，当一个工商企业或个人有意识地、自觉地采取措施去改善和维持自己的公共关系状态时，就是在从事公共关系活动。作为促销组合的一部分，公共关系的含义是指这种管理职能：评估社会公众的态度，确认与公众利益相符合的个人或组织的政策与程序，拟定并执行各种行动方案，提高主体的知名度和美誉度，改善形象，争取相关公众的理解与接受。

公共关系的三个要素是社会组织、社会公众和传播。在三要素之中，社会组织具有主导性，传播具有效能性，社会公众具有权威性。协调三要素之间的关系，是公共关系活动的基本规律。因为社会组织是公共关系活动的发起者，是公共关系活动的主体，没有社会组织就没有公共关系；传播沟通是公共关系活动的手段和媒体，没有传播也就没有公共关系；公众是公共关系的对象，公共关系是针对公众来开展的，没有公众也就没有公共关系。

广告可以是特定的公共关系计划的一部分，或者说，公共关系能够支持广告传播活动。但是，公共关系并不等同于广告。首先，广告需要购买媒体的时间或空间来传递企业的品牌、产品等信息；而公共关系则无需为媒体的报道支付酬金。其次，企业公关活动是通过新闻发布等手段来吸引媒体给予报道，至于媒体报道什么内容将由媒体决定。也就是说，广告要支付费用并控制广告传播内容；而公共关系不支付费用，也不能控制媒体报道内容。

公共关系不以具体产品(或服务)为导向。一般而言，公共关系关注的是企业及其品牌形象。公关活动的目的是为企业营造一个信任的公共环境(包括舆论氛围等)，而不是为具体的企业产品或服务创造需求。当然，这并不意味着企业的公共关系活动就不能激活或创造产品(或服务)的需求。事实上，成功的公关活动为激活需求、扩大产品(或服务)销售积累了人脉资源。

2. 公共关系的职能

一般说来，企业公共关系的目标是促使公众了解企业形象，通过企业与公众的双向沟通，改善或转变公众态度。公共关系的职能主要表现在信息采集、咨询建议、宣传推广、协调沟通和危机处理等五个方面。

(1) 信息采集。公共关系活动就是信息传播与沟通的过程。其中最为重要的信息有组织形象信息和产品形象信息。

(2) 咨询建议。公共关系人员应向社会组织的领导者和决策者提供有关公关方面的信息意见，作为决策的依据。内容包括：① 对组织内部方针政策提供咨询建议；② 对组织关系战略、经营战略提供咨询意见；③ 对组织生存环境相关发展变化提供预测咨询。

(3) 宣传推广。公共关系人员应通过大众传播、组织传播和人际传播等手段，向其内部及外部公众宣传有关组织各方面的信息。

(4) 协调沟通。企业的发展离不开其与社会公众间的协调状态，而沟通保证了关系的协调。协调关系的方法有反馈调节、感情疏通和信息分享。

(5) 危机处理。危机处理指企业为了预防危机的发生，或在危机发生时为及时控制危机、减少损失而采取的措施。危机处理可以维护、恢复甚至提升企业形象。

12.4.2　公共关系活动和程序

公共关系部门无论是独立的职能部门，还是隶属于某一职能部门，都具有相同的活动方式和工作程序。

1. 公共关系活动

公共关系的活动方式是指以一定的公关目标和任务为核心，将若干种公关媒介与方法有机地结合起来，形成一套具有特定公关职能的工作方法系统。按照公共关系的功能不同，公共关系的活动方式可分为以下五种。

(1) 宣传性公关。宣传性公关是指运用报纸、杂志、广播、电视等各种传播媒介，采用撰写新闻稿、演讲稿、报告等形式，向社会各界传播企业有关信息，以形成有利于企业形象的社会舆论导向。这种方式传播面广，对推广企业形象效果较好。

(2) 征询性公关。征询性公关主要是通过开办各种咨询业务、制定调查问卷、进行民意测验、设立热线电话、聘请兼职信息人员、举办信息交流会等各种形式，逐步形成效果良好的信息网络，再将获取的信息进行分析研究，为经营管理决策提供依据，为社会公众服务。

(3) 交际性公关。交际性公关是通过语言、文字的沟通，为企业广结良缘，巩固传播效果，可采用宴会、座谈会、招待会、谈判、专访、慰问、电话、信函等形式。交际性公关具有直接、灵活、亲密、富有人情味等特点，能深化交往层次。

(4) 服务性公关。服务性公关就是通过各种实惠性服务，以行动去获取公众的了解、信任和好评，以实现既有利于促销又有利于树立和维护企业形象与声誉的活动。企业可以各种方式为公众提供服务，如消费指导、消费培训、免费修理等。事实上，只有把服务提到公关这一层面上来，才能真正做好服务工作，也才能真正把公关转化为企业全员行为。

(5) 赞助性公关。赞助性公关是通过赞助文化、教育、体育、卫生等事业，支持社区福利事业，参与国家、社区重大社会活动等形式来塑造企业的社会形象，提高企业的社会知名度和美誉度的活动。这种公关方式的公益性强，影响力大，但成本较高。企业的赞助活动可以是独家赞助(或称单一品牌赞助)，也可以是联合赞助。

公共关系活动最常用的工具包括新闻和特殊事件。公关人员通常会找出或创造对公司及其产品和人员有利的新闻，这些新闻有时是自然发生的，有时则是公关人员策划的事件或活动，包括新闻稿、独家报道、采访等。另一种常见的工具是特殊事件，包括新闻发布会、品牌巡回展、赞助、社区参与等。网络媒体以及社交网站等给公共关系活动提供了新的工具。主要公共关系活动工具的含义和举例如表 12-5 所示。

表 12-5　主要公共关系活动工具的含义和举例

类　型	含　义	举　例
新闻稿	通过各种渠道发布的有新闻价值的消息	"华为击败高通，获选 5G 编码标准"的新闻稿
独家报道	授予某一特定媒体独家报道的权利	第一财经独家报道"银天下"公司，称该公司为互联网科技型企业
采访	对代表企业的个人进行的采访	凤凰网总裁专访格力集团董事长董明珠
新闻发布会	正式向新闻界公布信息的活动	小米 Note2 发布会
品牌巡回展	进行品牌宣传的展览会	汽车、房地产、教育、工业品等各类展览会
赞助	企业无偿提供人力、物力、财力资助某一项事业	加多宝在汶川地震时捐款 1 亿元，在玉树地震时捐款 1.1 亿元
社区参与	直接或间接参与当地社区事务	浦尔电器有限公司、上海申威塑料有限公司、三齐蔬菜种植专业合作社等 8 家企业走进浦江镇活动
互联网	利用互联网手段进行信息发布	企业的网站、官方微博、微信公众号
社交网站和博客	企业利用社交网站或博客向利益相关者传播信息	上海迪士尼旅游度假区博客的官方发布

2. 公共关系程序

开展公共关系活动的基本程序包括调查、计划、实施、检测四个步骤。

(1) 公共关系调查。公共关系调查是公共关系工作的一项重要内容，是开展公共关系工作的基础和起点。通过调查，能了解和掌握社会公众对企业决策与行为的意见。据此，可以基本确定企业的形象和地位，可以为企业监测环境提供判断条件，为企业制定合理决策提供科学依据等。公关调查内容广泛，主要包括企业基本状况、公众意见及社会环境三方面的内容。

公共关系案例

(2) 制定公共关系计划。公共关系是一项长期性工作，合理的计划是公关工作持续高效完成的重要保证。在制定公关计划时，要以公关调查为前提，依据一定的原则来确定公关工作的目标，并制定科学、合理、可行的工作方案，如具体的公关项目、公关策略等。

(3) 实施公共关系计划。公关计划的实施是整个公关活动的"高潮"。为确保公共关系计划实施的效果最佳，正确地选择公共关系媒介和确定公共关系的活动方式是十分必要的。应依据公共关系工作的目标、要求、对象和传播内容以及经济条件来选择公关媒介。应根据企业自身的特点、不同发展阶段、不同的公众对象和不同的公关任务来选择最适合、最有效的公共关系活动方式。

(4) 公共关系计划实施效果检测。公关计划实施效果的检测，主要依据社会公众的评价来进行。通过检测，能衡量和评估公关活动的效果，在肯定成绩的同时，发现新问题，为制定和不断调整企业的公关目标、公关策略提供重要依据，也为确保企业的公共关系成为有计划的持续性工作提供必要的保证。

公共关系是促销组合中的一个重要组成部分，企业公共关系的好坏直接影响着企业在公众心目中的形象，影响着企业营销目标的实现，如何利用公共关系促进产品的销售，是现代企业必须重视的问题。

12.5 销售促进策略

销售促进是与人员推销、广告、公共关系相并列的四种促销方式之一，是构成促销组合的一个重要方面。

12.5.1 销售促进的特点

销售促进(sales promotion)是指企业在短期内刺激消费者或中间商对某种或几种产品或服务产生大量购买的促销活动。典型的销售促进活动一般用于短期的促销工作，其目的在于解决某一具体问题。销售促进活动采用的手段往往带有强烈的刺激性，因此短期效果明显。销售促进活动可以帮助企业渡过暂时的困境。

销售促进是能强烈刺激需求、扩大销售的一种促销活动。与人员推销、广告和公共关系相比，销售促进是一种辅助性质的、非正规性的促销方式，虽能在短期内取得明显的效果，但它不能单独使用，常常需要与其他促销方式配合使用。销售促进这种促销方式的优点在于短期效果明显。一般来说，只要能选择合理的销售促进方式，就会很快地收到明显增加销售的效果，而不像广告和公共关系那样需要一个较长的时期才能见效。因此，销售促进适合于在一定时期、一定任务的短期性促销活动中使用。

采用销售促进方式促销，似乎能迫使消费者产生"机会难得、时不再来"之感，进而能打破消费者需求动机的衰变和购买行为的惰性。不过，销售促进的一些做法也常使消费者认为企业有急于抛售的意图。若频繁使用或使用不当，往往会引起消费者对产品质量、价格产生怀疑。因此，企业在开展销售促进活动时，要注意选择恰当的方式和时机。

12.5.2 销售促进的种类和具体形式

销售促进的方式多种多样，企业不可能全部使用，这就需要企业根据各种方式的特点、促销目标、目标市场的类型及市场环境等因素选择适合本企业的销售促进方式。

1. 针对消费者的销售促进方式

向消费者推广，是为了鼓励老顾客继续购买、使用本企业产品，激发新顾客试用本企业产品。其方法主要有以下几种。

(1) 派发样品。派发样品是指向消费者提供一定量的服务或产品，供其免费试用。这种形式可以鼓励消费者认购，也可以获取消费者对产品的反映。样品可以有选择地赠送，也可在商店或闹市地区或附在其他商品和广告中无选择地赠送。这是介绍、推销新产品的一种方式，但费用较高，对高价值产品不宜采用。

(2) 赠送礼品。赠送礼品是指以免费产品为诱因缩短或拉近与消费者的距离，从而促使消费者采取购买行为。赠品根据是否以购买为条件可以分为无条件赠品和有条件赠品。前者是可以无条件获得的，如有些商店在开业时对光顾的每一位顾客都赠送一份礼品；后者需要消费者购买一定量的产品方可获得，这种方式是最为常见的。

(3) 优惠券。优惠券是指授权持有者在指定商店购物或购买指定产品时可以免付一定金额的单据。优惠券适用的场合很多，可以用来扭转产品或服务销售下滑的局面，也可以在新产品上市时用以吸引消费者的购买兴趣，按照发行的主体不同，可以分为厂商型优惠和零售型优惠。

(4) 减价优惠。减价优惠是指在特定的时间和特定的范围内调低产品的销售价格，此种方式因最能与竞争者进行价格竞争而深受消费者的青睐。

(5) 退款优惠。退款优惠是指在消费者提供了产品的购买证明后就可以退还其购买产品的全部或部分款项的促销方式。这种方式可以维护消费者的消费忠诚，收集消费者的有关资料，对于较高价位的产品具有较好的促销效果。

(6) 趣味类促销。趣味类促销是指利用人们的好胜、侥幸和追求刺激等心理，举办竞赛、抽奖、游戏等富有趣味性的促销活动，吸引消费者参与，推动销售。

(7) 以旧换新。以旧换新是指消费者凭使用过的产品，或者使用过的特定产品的证明，在购买特定产品时，可以享受一定抵价优惠的促销活动，这类方式一般由生产企业使用。

(8) 示范表演。示范表演是指在销售场所对特定产品的使用方法进行演示，以吸引消费者的注意。这种方式适用于操作相对复杂的或相对之前有重大改进的产品，其目的是消除消费者的使用顾虑或展示产品独特的性能。

屈臣氏的促销策略

2. 针对中间商的销售促进方式

向中间商推广，是为了促使中间商积极经销本企业产品，同时能有效地协助中间商开展销售，加强与中间商的关系，达到共存共营的目的。其推广方式主要有以下几种。

(1) 折扣鼓励。折扣鼓励包括现金折扣和数量折扣。现金折扣是指生产企业对及时或提前支付货款的经销商给予一定的货款优惠；数量折扣是指生产企业对大量进货的经销商给予一定额外进货量的优惠。

(2) 经销津贴。经销津贴指为促进中间商增购本企业产品，鼓励其对购进产品开展促销活动，生产企业给予中间商一定的津贴，主要包括新产品的津贴、清货津贴、降价津贴等。

(3) 宣传补贴。有的生产企业需要借助经销商进行一定的广告宣传，为了促进经销商进行宣传的积极性，经销商可以凭借进行了宣传的有关单据获得厂家一定数额的补贴。

(4) 陈列补贴。随着终端竞争的激烈，生产企业为了给产品在终端获得一个较好的销售位置，往往给予中间商一定的陈列补贴，希望经销商维护产品在终端竞争中的位置优势。

(5) 销售竞赛。销售竞赛是指生产企业对业绩优秀的中间商进行特殊鼓励，包括货款返还、旅游度假、参观学习等。

(6) 展览会。展览会是指企业利用有关机构组织的展览和会议，进行产品和企业的演示。通过这种方式，可以让经销商获知本行业的市场发展和行业发展情况，有利于增加其业务能力和市场信息。

3. 针对销售人员的销售促进方式

针对销售人员的销售促进方式有以下几种：

(1) 销售奖金。销售奖金是为了刺激销售人员的工作积极性，对于能够完成任务的销售人员给予的物质奖励。

(2) 培训进修。培训进修是为了提高销售人员的业绩，对其进行业务技能和技巧方面的培训。

(3) 会议交流。会议交流是定期或不定期召集销售人员对工作经验和工作方法以及工作中的得失开展交流，促进销售人员的共同提高。

(4) 旅游度假。旅游度假是企业为了表彰先进，增强企业内部凝聚力，对销售业绩和素质表现良好的销售人员给予国内外旅游度假的奖励。

12.5.3　销售促进策略的实施步骤

一般情况下，企业应按照以下步骤实施销售促进策略。

1. 确定销售促进的目标

销售促进活动的决策一般是从目标的确立开始的。销售促进目标是在企业总营销目标已经制定的前提下，根据企业的具体需要确定的。

从产品所处的生命周期看，在产品导入期，销售促进的目标主要是为了缩短产品与顾客之间的距离，诱使目标消费者试用新产品，认知新产品；在产品成长期，销售促进的目标主要是鼓励消费者重复购买、刺激潜在购买者和增强中间商的接受程度；在产品成熟期，销售促进的目标在于刺激大量购买、吸引竞争品牌的消费者、保持原有的市场占有率；在产品衰退期，销售促进的目标是快速大量销售，尽可能地处理积压库存产品，加速资金周转。

从销售促进的对象看，针对消费者，销售促进的目标在于鼓励现有消费者大量、重复、及时购买，同时吸引和培养新的消费群体；针对中间商，销售促进的目标是保证现有渠道的稳定，促使中间商维持较高的存货水平，刺激中间商积极销售产品；针对于销售人员，销售促进的目标是在鼓励维持现有产品销售的基础上，积极销售新产品，同时寻找更多的新顾客。

以上是销售促进的基本目标，作为一个企业来讲，不可能同时完成这些目标。企业应该在长远营销目标的基础上，根据自身经营特点，充分考虑企业面临的问题与机遇，确定自己的销售促进目标。

2. 选择销售促进的工具

选择销售促进的具体形式，就是企业为了实现销售促进的目标而选择合适的销售促进工具。前面已经对销售促进的工具进行了基本的介绍，不同的工具其效果是不同的，同时，一个特定的销售促进目标可以采用多种工具来实现。企业在选用销售促进工具时应考虑以下几点。

(1) 销售促进的目标。不同的促销目标决定了需要采用不同的销售促进工具，在选择销售促进工具时，首先要考虑企业在该时期的销售促进目标。如果企业是为了增加购买量，可以采用赠品和优惠券等方式；如果是为了改变消费者的购买习惯，可以采用折扣和特惠包装的形式。

(2) 产品的类型。在市场上销售的产品，可以按其用途分为生产资料和消费品两大类。对于生产资料，可以采用样品赠送、展示会、销售奖励、印发宣传手册等促销方式；对于消费品，可以采用发放优惠券、发放赠品、设置店内广告、降价、在显眼位置陈列等方式。

(3) 企业的竞争地位。对于在竞争中处于优势地位的企业，在选择销售促进工具时应该偏重于具有长期效果的工具，如消费者的教育、消费者组织化等；对于在竞争中处于劣势的企业，应选择能为消费者和中间商提供更多实惠的工具，例如交易折扣、样品派送、附赠销售等，此外还应考虑选择差异化的销售促进工具。

(4) 销售促进的预算。每一种销售促进的发生都要耗费一定费用，这些费用是开展销售促进活动的硬约束，企业应该根据自己的经济情况考虑使用不同的销售促进工具。

3. 制定销售促进方案

在为销售促进活动确定了目标和具体的工具后，还需要对销售促进活动制定具体的行动方案。一个完整的销售促进方案应该包括以下几个方面的内容。

(1) 销售促进范围。企业要确定本次销售促进活动的产品范围和市场范围，是针对单项产品进行促销还是对系列产品促销；是对新产品促销还是对老产品进行促销；是在所有的销售区域进行促销还是在特定的市场内促销。

(2) 诱因量的大小。诱因量是指活动期间的产品优惠程度与平时没有优惠时进行比较的差异，它直接关系到促销的成本。诱因量的大小与促销效果密切相关，因为诱因量的大小直接决定了消费者是否购买。

(3) 传播媒体的类型。传播媒体的类型是指企业选择何种媒体作为促销信息的发布载体。不同的媒体有不同的信息传递对象和成本，其效果必然不同，这是企业在销售促进方案中应明确的问题。

(4) 参与的条件。不同的销售促进目标和工具有不同的参与对象，在方案中对参与活动的对象应有一定的条件限制，以降低成本、提高效率。

(5) 销售促进时间。销售促进时间的确定包括三个方面的内容：举行活动的时机、活动的持续时间和举办活动的频率。

(6) 销售促进费用的预算。科学合理地制定预算，是活动的顺利开展的有力保障。销售促进的费用通常包括两项：一是管理费用，如组织费用、印刷费用、邮寄费用、培训教育费用等；二是诱因成本，如赠品费用、优惠或减价费用等。

此外，在方案中还要有其他内容，如奖品兑换的具体时间和方法、优惠券的有效期限、销售促进活动的具体规则等。

4. 实施和控制销售促进方案

对每一项销售促进工作都应该确定实施和控制计划。实施计划必须包括前置时间和销售延续时间。前置时间是指开始实施这种方案所必需的准备时间。这一时期内所做的工作包括：最初的计划工作、设计工作、材料的邮寄和分送、与之配合的广告准备工作、销售现场的陈列、现场推销人员的通知、个别分销商地区配额的分配、购买和印刷特别赠品或包装材料、预期存货的生产、存放到分销中心准备在特定日期发放，以及对零售商的分销工作。销售延续时间是指从开始实施优惠办法起，到大约95%的采取这种优惠办法的商品已经在消费者手中为止的时间。这段时间可能是几个星期或几个月，具体取决于实施这一办法持续时间的长短。

5. 评价销售促进结果

企业可用多种方法对销售促进结果进行评价。评价程序随着市场类型的不同而有所差异。例如，企业在测定对零售商促销的有效性时，可根据零售商销售量、商店货架时间的分布和零售商对合作广告的投入等进行评估。企业可通过比较销售绩效的变动来测定销售促进的有效性。在其他条件不变的情况下，销售的增加可归因于销售促进的影响。

本章小结

促销是指企业通过各种有效的方式向目标市场传递有关企业及其产品(品牌)的信息，以启发、推动或创造目标市场对企业产品和服务的需求，并引起购买欲望和购买行为的一系列综合性活动。促销的实质是企业与目标市场之间的信息沟通，促销的目的是诱发购买行为。促销是企业市场营销组合中的基本策略之一，常见的促销方式有人员促销和非人员促销两大类，其中，非人员促销包括广告、公共关系和销售促进等方式。

为了有效地与消费者沟通信息，企业可以通过广告来传递有关企业及产品的信息；可以通过各种销售促进的方式来增加消费者对产品的兴趣，进而促使其购买；可通过公共关系的方式来改善企业在公众心目中的形象；可通过人员推销，面对面地说服消费者购买产品。

重要概念

促销组合　　　　整合营销传播　　　　人员推销　　　　广告　　　　销售促进

公关关系　　　推式策略　　　拉式策略　　　广告媒体　　　广告目标
告知性广告　　劝说性广告　　提醒性广告

复习思考题

1. 简述"推式策略"与"拉式策略"的特点及适用的情况。
2. 广告和公共关系的区别是什么？
3. 人员推销与非人员推销相比，其优点表现在哪些方面？
4. 简述销售促进的类型及其具体形式。
5. 公共关系的含义和职能是什么？
6. 如何理解促销组合和整合营销传播？

案例分析

故宫博物院文创产品的促销策略

近年来，故宫博物院深度挖掘明清皇家文化元素与丰富文物资源，大力发展文创等衍生品产业，累计开发文创产品超 1.2 万种，网红爆款层出不穷。通过丰富的创意营销、文化节目、跨界合作等手段，大力弘扬中华传统文化，同时重塑鲜活、年轻、接地气的品牌形象，打造了互联网时代的超级文化 IP。博物馆文创产品能够在文物和大众之间搭建起一座桥梁，使人们不需要直接接触那些容易受损的珍贵文物，就能够最大限度地了解和接触历史知识，所以文创产品一经面世便受到各方欢迎，尤其是故宫博物院的文创产品，受到广大消费者的喜爱和支持，极大地推动了文化产业的蓬勃发展。故宫文创也采取了一系列的促销措施，提升品牌形象和促进产品销售。

1. 广告策略

故宫博物院借助"互联网+"在网络平台上进行的促销具有较强的综合性，而不是仅将博物馆的线下商店转移到网上购物平台进行产品售卖。2012 年是网络文化全面流行的一年，这一年诞生了很多经典流行词，而故宫博物院也在网络流行的浪潮中顺势而为，通过设计非常贴合年轻人口味的趣味图文广告，利用微博、微信公众号等上传到网上，借助微博和微信的巨大流量，使内容一经发布就迎来大量传播转发，成为文创产品软文营销中的经典案例。据统计，仅在 2013 年，故宫博物院通过创意制作的文创产品就有 5000 种之多。2017 年，故宫文创产品的收入取得了 15 亿元的好成绩，并且引发了其他博物馆的争相效仿。在移动互联网的趋势下，故宫文创团队也顺势而为，上线了十余款与故宫相关的 App。故宫博物院更是于 2018 年入驻抖音，运用比图文更加直观的短视频广告宣传形式，向全国十几亿大众展示更加年轻而富有创意的故宫文创产品。其抖音的主页面附有橱窗小店，消费者可以在选择观看自己喜欢或感兴趣的短视频广告后，直接进入橱窗小店购买相关文创产品。

2. 人员推销策略

人员推销是故宫博物院在终端销售的一种重要促销手段。故宫博物院文化创意体验馆是游客参观故宫博物院的"最后一个展厅",馆内有各式各样的文创产品供消费者观看和购买,能够满足不同消费者的多种需求,店内的推销人员根据产品的不同属性以及消费者的需求偏好向消费者进行推荐。随着移动互联网的发展,"直播带货"在当前的人员推销中占据了很大比例,而且是当下最热门的人员推销形式。主播可以在各大电商平台运用"一对多""多对多"的形式,"面对面"地向消费者进行产品推销。他们将需要推销的产品上架后,一一向消费者展示并介绍。例如,2020 年双十一期间,故宫博物院院长单霁翔老师来到京东直播间亲自带货,既生动地展示了故宫博物院的历史文化,又为不了解故宫的观众上了一节"故宫文化课",还在轻松幽默的氛围中推销了故宫的文创产品。

3. 销售促进策略

故宫文创在销售促进方面运用了多种促销方式,尤其在节假日会重点采用这些策略。在众多文创特色产品中,最值得一说的当数故宫口红,为了迎接"三八国际妇女节",故宫博物院专门在各类电商平台上开辟了专区,专区的产品也都安排了独具创意的名字,而且每一件产品都根据不同的目标人群,打造了特有的文化属性和文化内涵。此外,故宫博物院还推出了优惠活动,如满 600 元减 90 元,全店商品可参与满减活动。2016 年,故宫博物院线上销售额为 3000 多万元,2017 年总收入增长了 26.7%,而 2017 年线下收入近 1 亿元,2017 年总收入达到 1.4 亿元。这些数字不仅代表着消费者对故宫文创的认可,还说明在文化创意产品运营和推广方面,故宫博物院有了相当成熟的经验和心得。

4. 公共关系策略

2005 年推出的纪录片《故宫》,全方位展示了故宫的辉煌瑰丽。2012 年,《故宫 100:看见看不见的紫禁城》以短片的形式,讲述了紫禁城一百座建筑的过去、现在和将来,上线后好评如潮。2016 年推出的高分纪录片《我在故宫修文物》,详细介绍了文物修复师如何让已经被岁月侵蚀的文物重新焕发生机。2017 年上映的纪录片《故宫新事》将故宫的新旧故事串联起来,成为新的话题。2020 年推出的纪录片《我在故宫 600 年》更是通过摄像机镜头,拍摄了故宫不为人知的隐秘角落,其中细腻的局部细节和大气的整体布局引发了刷屏级的热度。在当今竞争日益激烈的市场中,制定有利于故宫博物院文创产品销售的公共关系策略,对于推动产品销量、扩大故宫的知名度,尤其是对年轻一代的教育和引领,都有非常好的帮助。这些精心制作的影片既是了解历史的科普窗口,也是故宫文化的宣传片,更是那些独具创意的文创产品最好的隐性推广方式。

结合上述案例材料,思考以下问题:

(1) 广告和非广告促销的作用有什么不同?

(2) 故宫文创运用了哪些促销手段?各有何特色?

(3) 对促销组合应如何理解?

第 13 章　数字经济时代营销的新发展

──── 学习目标 ────

● 掌握社交媒体营销的概念及策略；
● 掌握移动互联营销的概念、模式及策略；
● 掌握网络社群营销的概念及方式。

引例

"褚橙" 的社会化媒体营销

"褚橙"即云冠冰糖橙，因其种植者褚时健历经跌宕人生，故亦有"励志橙"之称。2012 年，"褚橙"与电商本来生活网合作，首次大规模进入北京市场，5 天内热销 20 吨，11 月 12 日的单日订货量突破 1000 单。2013 年 11 月，"褚橙"再次进行销售，11 月 11 日首批特级"褚橙"全部售罄，当天销售量达到 200 吨，超过 2012 年全年总销量，创下国内农产品销售的奇迹。2014 年 11 月，褚橙上线销售的第一天即创下 8400 多单的销量。当时各大网站、网购平台、知名博客、微博等社会化网络媒体纷纷对褚时健和"褚橙"的故事进行了报道和转载，王石、韩寒等知名人士亦通过个人微博对此进行了宣传。"褚橙"自进京开始即一炮打响，成为近年来销售最为火爆的农产品之一。

"褚橙"的社交媒体营销策略的路径如下：

首先，电商本来生活网通过微博转发了来自传统媒体的文章《褚橙进京》，称褚时健正在开创一个有把控力的新农业模式，从产品培育、合作生产、销售渠道建设到品牌塑造，多点着手。这一报道迅速引发了财经话题，许多业界大咖纷纷转发这条微博。其次，王石在微博上引用巴顿将军的话评价褚时健："衡量一个人是否成功，不是看他登到顶峰的高度，而是看他跌到低谷的反弹力。"这一评价点燃了整个事件。同时，借助网友在微博等网络媒体上的转发、评论和互动，强烈唤起了大众对"褚橙"及其创始人褚时健的积极共鸣，至此"褚橙"迅速获得外界关注，知名度一夜攀升。

通过知名人士进行推广一直是"褚橙"的营销策略之一。王石、潘石屹、韩寒等都是重要的"褚橙"推广者。王石在其个人微博等社交媒体平台上多次发表对"褚橙"及褚时健的感慨，盛赞"励志橙"和褚时健的励志精神。代表 80 后年轻一代的知名作家韩寒也在其微博上晒出"褚橙"图片，引发了 300 多万人次阅读、4000 多个转发与评论。

知名人士在微博等社交媒体平台的转发迅速引起众多粉丝围观，越来越多的粉丝通过其关注的知名人士接受了"褚橙"传递的信息。知名人士的推波助澜通常会对产品产生巨大的推进作用,"褚橙"深谙此道,将这些知名人士变成其营销策略网络中一个个不同的节点,向不同的人群传递着"褚橙"的信息,成功引来大量的关注,从而将"褚橙"介绍给了更广泛的消费群体。

在数字经济时代的浪潮下,市场的细分已变得前所未有的精细。这得益于数字化技术的突飞猛进和社交媒体平台的广泛普及。这些变革不仅重塑了消费者的购买行为,还催生了众多新颖、高效的营销模式和手段。其中,社交媒体营销凭借其强大的用户黏性和传播力,成为品牌与消费者互动的新宠;移动互联营销则借助智能手机的便携性,实现了随时随地的精准触达;而网络社群营销更是通过构建共同兴趣和需求的社群,深化了品牌与消费者之间的情感联系。这些新营销模式的崛起,无疑为企业提供了更多争夺市场份额的利器,也预示着未来市场竞争将更加激烈和多元化。

13.1　社交媒体营销

13.1.1　社交媒体与社交媒体营销

1. 社交媒体的概念与特点

社交媒体的起源可以追溯到互联网的发展初期。20 世纪 90 年代,随着互联网的普及,人们开始使用电子邮件、论坛和即时通讯工具进行交流。这些工具虽然也具有社交属性,但并没有形成真正的社交媒体平台。直到 21 世纪初,随着 Web2.0 概念的提出和技术的进步,社交媒体开始迅速发展起来。

社交媒体(Social Media)的概念最早由美国新媒体研究机构"Spanner works"的部门主管安东尼·梅菲尔德(Antony Mayfield)在其 2007 年的电子书《什么是社会化媒体》中提出。随后,社交媒体在全球范围内迅速兴起,成为了人们获取信息、交流意见、分享经验的重要平台。社交媒体是指互联网上基于用户关系的内容生产与交换平台,是人们彼此之间用来分享意见、见解、经验和观点的工具和平台。现阶段主要包括社交网站、微博、微信、博客、论坛、播客等。社交媒体在互联网的沃土上蓬勃发展,爆发出令人炫目的能量,其传播的信息已成为人们浏览互联网的重要内容,不仅制造了人们社交生活中争相讨论的一个又一个热门话题,更吸引着传统媒体争相跟进。

在社交媒体上,用户可以自由地创造和分享内容,这种用户生成的内容具有极高的多样性和实时性,使得社交媒体成为一个充满活力和创意的社区。此外,社交媒体强大的连通性能够将世界各地的人们紧密联系在一起,促进了信息交流和文化传播。对于企业而言,社交媒体的价值更是不可忽视。通过社交媒体,企业可以直接与消费者互动,了解他们的需求和反馈,从而优化市场策略和产品方向。同时,社交媒体也是企业进行品牌建设和营销推广的重要平台,通过精准的定位和富有创意的内容,企业可以吸引更多的潜在客户,提升品牌影响力。然而,社交媒体也存在一些挑战和问题。由于社交媒体的开放性和匿名性,一些不良信息和虚假内容也在平台上广泛传播,给用户和企业带来了一定的风险和挑战。因此,在使用社交媒体时,用户和企业需要保持警惕,加强信息筛选和风险管理,确保社交媒体的健康有序发展。总的来说，社交媒体在数字时代扮演着越来越重要的角色，它已经渗透到人们日常生活的方方面面，成为了现代社会不可或缺的一部分。未来，随着技术的不断发展和创新，社交媒体将会继续拓展其应用领域，提升用户体验，为人们带来更加便捷和丰富的社交体验。

社交媒体的特点主要体现在以下几个方面：

(1) 内容多元化与个性化。社交媒体平台上的内容极为丰富多样，涵盖了政治、经济、日常生活等各个领域。用户可以根据自己的兴趣和偏好，自主选择和定制信息，构建个性化的信息网络。

(2) 信息碎片化与高效传播。与传统媒体相比，社交媒体的信息更加简短、碎片化，传播更加迅速且高效。用户可以通过手机等终端设备随时随地接收和发布信息，实现信息的即时传播和共享。

(3) 用户参与度高、互动性强。在社交媒体平台上，用户不再是单纯的信息接受者，而是可以积极参与信息的生产和传播过程。他们可以通过点赞、评论、转发等方式与其他用户互动，形成强大的社交网络和舆论场。

(4) 真实性强、透明度高。社交媒体上的信息往往来自事件的参与者或目击者，他们可以通过文字、图片、视频等形式发布现场情况，使得信息的真实性和透明度大大提高。

(5) 社交属性与连通性强。社交媒体平台具有强大的社交属性，用户可以通过关注、添加好友等方式建立自己的社交网络，并与他人保持紧密联系。同时，平台之间也可以互联互通，实现信息的跨平台传播和共享。

以上这些特点使得社交媒体在现代社会中发挥着越来越重要的作用，不仅改变了人们的信息获取和交流方式，也对政治、经济、文化等领域产生了深远的影响。

2. 社交媒体营销的概念与特点

社交媒体营销是一种利用社交媒体平台(如 Facebook、Twitter、Instagram 等)来推广产品或服务的策略和方法。通过发布有吸引力的内容，与潜在客户互动，企业可以实现提高品牌知名度、扩大客户群体、促进销售和加强客户关系等目标。社交媒体营销可以采用多种形式，如发布有关公司、产品或服务的信息，组织活动，提供客户服务等。这种营销方式的优势在于其低成本、广覆盖、实时互动和可量化等特点，使企业能够更有效地与潜在客户建立联系，提升客户满意度和忠诚度。同时，社交媒体营销也需要注意一些关键点，如避免内容过于单一，尊重用户隐私，注意风险控制，以及遵守相关的法律法规等。只有充分考虑这些因素，企业才能成功地在社交媒体上开展预期活动，实现营销目标。

社交媒体营销的特点主要包括以下几个方面：

(1) 能够满足企业不同的营销策略。社交媒体营销可以灵活地适应各种营销策略和目标，无论是提高品牌知名度、扩大市场份额还是增加销售。

(2) 能够有效降低营销成本。与传统广告形式相比，社交媒体营销无需大量的广告投入，却能通过用户的参与、分享和互动，以较低的成本实现良好的传播效果。

(3) 能够实现目标用户的精准营销。社交媒体营销中的用户数据相对真实，企业可以根据地域、收入状况等进行用户筛选，有针对性地与这些用户进行宣传和互动。

(4) 真正符合网络用户的需求。社交媒体营销模式的参与、分享和互动特点符合网络用户的真实需求，这也是网络营销发展的新趋势。

(5) 能够提升品牌认知和用户忠诚度。通过在社交媒体上分享有价值的内容，企业不仅可以提高品牌知名度，还可以与潜在客户建立联系，提高客户满意度和忠诚度。

在进行社交媒体营销时，企业还需要注意以下几点：根据自身的特点和目标受众选择合适的社交媒体平台，如针对年轻人的消费品牌可以选择抖音、快手等短视频平台；设定清晰的社交媒体营销目标，如提高品牌知名度、增加网站流量、促进销售等；发布有趣、有用、有吸引力的内容，以吸引潜在客户的注意并激发他们的兴趣；积极回应评论和问题，与潜在客户建立联系并保持互动，以提高客户满意度和忠诚度；在进行社交媒体营销时，要遵守相关的法律法规和道德规范，避免不当行为和法律风险。

13.1.2　社交媒体营销策略

在数字化时代，社交媒体以其独特的魅力迅速崛起，成为人们获取信息、交流意见和分享经验的重要平台。对于企业而言，社交媒体不仅是一个展示品牌形象和产品的窗口，更是一个与目标受众建立深度互动、提升市场影响力的关键渠道。因此，构建一套科学、系统、高效的社交媒体营销策略，对于企业在激烈的市场竞争中脱颖而出具有重要意义。

"故宫淘宝"的社交媒体营销策略

1. 明确目标受众，实现精准定位

在制定社交媒体营销策略之前，企业必须首先明确其目标受众。并通过深入分析和精准定位，掌握其兴趣、需求和行为特点，从而为后续的营销策略制定提供有力支撑。为了实现精准定位，企业需要对目标受众进行细分，包括年龄、性别、地域、职业、收入等。同时，还需要对目标受众的社交媒体使用习惯进行深入研究，了解他们常用的社交媒体平台、关注的内容类型、互动方式等，以便更好地制定针对性的营销策略。例如，如果目标受众是年轻人群体，企业可以选择在抖音、快手等短视频平台上发布时尚、潮流的内容，以吸引他们的关注。

2. 设定营销目标，引领策略制定

明确的营销目标是社交媒体营销策略的指南针。企业需要设定具体、可衡量、可实现的营销目标，以便引领后续的策略制定和执行。常见的社交媒体营销目标包括提高品牌知名度、增加网站流量、提升销售额、加强客户关系管理等。在设定营销目标时，企业需要充分考虑自身实际情况和市场环境，确保目标合理且可行。同时，还需要将目标与具体的业务指标相结合，以便更加直观地衡量营销效果。例如，如果企业的目标是提高品牌知名度，那么可以通过在社交媒体上发布有趣、有吸引力的内容，引发用户的关注和分享，从而扩大品牌的影响力。

3. 选择合适的社交媒体平台，发挥平台优势

不同的社交媒体平台各具特点和优势，企业需要根据自身的营销目标和目标受众选择合适的平台。例如，微博是一个广泛使用的社交媒体平台，适合进行品牌宣传和推广；微信则是一个更加私密、互动性强的平台，适合进行客户关系管理和精准营销；抖音、快手等短视频平台则以其独特的视频内容和互动性吸引了大量年轻用户，适合进行内容营销和

用户互动。在选择社交媒体平台时，企业还需要考虑平台的用户规模、活跃度、传播效果等因素，以便更好地发挥平台的优势，实现营销目标。

4. 创造有吸引力的内容，激发用户兴趣

内容是社交媒体营销的核心。内容可以包括文字、图片、视频等多种形式，需要根据目标受众的喜好和平台的特点进行选择和创作。例如，可以通过发布精美的图片和短视频来吸引用户的眼球，通过发布有价值的文章和资讯来提高用户的参与度和互动性。在创造内容时，企业需要注重内容的原创性、实用性和趣味性。原创性内容可以展现企业的独特视角和品牌价值，实用性内容可以满足用户的需求和解决问题，趣味性内容则可以引发用户的共鸣和分享。同时，还需要注重内容的更新频率和发布时间，以便保持用户的关注度和互动性。

5. 保持互动，建立深度关系

社交媒体是一个双向交流的平台，企业需要保持与用户的互动，建立深度关系。通过积极回应评论、解答问题、参与讨论等方式，企业可以了解用户的需求和反馈，及时调整和优化营销策略。同时，互动还可以增强用户的参与感和归属感，提升品牌忠诚度和口碑传播效果。为了保持高效的互动，企业需要建立完善的互动机制，包括明确互动目标、制定互动计划、分配互动任务等。同时，还需要注重互动的质量和效果，避免机械式的回复和无效的互动。

6. 利用数据分析优化策略，提升营销效果

数据分析是社交媒体营销策略优化的重要手段。通过对社交媒体营销活动的数据进行深入分析，企业可以了解营销效果、用户行为、竞争对手情况等多方面的信息，为后续的营销策略制定提供有力支持。在利用数据分析优化策略时，企业需要注重数据的真实性、准确性和完整性。同时，还需要运用科学的数据分析方法和技术，对数据进行深入挖掘和解读，以便更加准确地把握市场趋势和用户需求。此外，还需要将数据分析结果与具体的营销策略相结合，以便更加有针对性地优化营销策略，提升营销效果。

7. 整合其他营销渠道，实现全方位营销

社交媒体营销不是孤立的，需要与其他营销渠道进行整合，实现全方位营销。企业可以将社交媒体营销与电子邮件营销、搜索引擎优化(SEO)、搜索引擎营销(SEM)、线下活动等相结合，形成多渠道、全方位的营销体系。通过整合营销渠道，企业可以扩大营销覆盖面，提高营销效果，降低营销成本。在整合其他营销渠道时，企业需要注重渠道之间的协同和互补。同时，还需要根据不同渠道的特点和优势制定针对性的营销策略，以便更好地发挥各个渠道的作用，实现营销目标。

8. 建立品牌形象，提升品牌价值

社交媒体是企业展示品牌形象和价值观的重要平台。通过发布与品牌形象相符的内容、与用户进行积极的互动、及时处理用户的投诉和反馈等方式，企业可以在社交媒体上建立良好的品牌形象和口碑。良好的品牌形象可以提升企业的认知度和美誉度，进而提升品牌价值和市场竞争力。为了建立品牌形象，企业需要注重品牌故事的传播和品牌文化的

塑造。同时，还需要关注用户对品牌的评价和反馈，及时调整和优化品牌策略，以便更好地满足用户的需求和期望。

13.1.3　社交媒体营销工具

社交媒体营销工具是指利用社会化网络、在线社区、博客、微博、微信、SNS 社区、论坛等互联网协作平台和媒体，以及图片和视频分享功能，来进行营销、销售、公共关系处理以及客户关系服务的维护和开拓的一种方式。这些工具能够帮助企业或个人在社交媒体平台上推广品牌、产品和服务，与目标受众建立联系，增强品牌意识和客户关系，从而实现营销目标。

1. 国内常用的社交媒体营销工具

1) 微信

微信作为中国最大的社交媒体平台，业务范围已经远远超出了其原始的即时通讯功能。它集合了公众号、朋友圈、微信群、微信支付和小程序等一系列功能，形成了一个完整的社交媒体生态系统。这一系统由以下几个版块构成。

公众号：企业、媒体和个人都可以创建公众号，发布文章、视频、音频等多种形式的内容。公众号已成为企业与用户之间沟通的重要桥梁，通过定期发布有价值的内容，企业可以吸引和保持用户的关注，进而促进销售和品牌传播。

朋友圈：类似于 Facebook 的个人动态，用户可以在朋友圈分享文字、图片、视频等，同时也可以看到好友的动态。企业可以通过精心设计的朋友圈广告，以更原生、更自然的方式触达目标用户。

微信群：用户可以创建和加入各种主题的微信群，进行多人聊天和文件分享。企业可以利用微信群进行社群营销，与群成员建立更紧密的联系，提高用户黏性和忠诚度。

微信支付：作为微信的支付功能，为用户提供了便捷、安全的支付体验。企业可以通过微信支付实现线上线下的交易闭环，提高销售效率。

微信小程序：一种轻量级的应用，用户无需下载安装即可使用。企业可以通过小程序提供线上服务、展示产品、进行营销活动等，实现与用户更紧密的互动。

2) 微博

微博是一个基于用户关系的社交媒体平台，用户可以通过发布文字、图片、视频等形式的"微博"来分享自己的生活和观点。微博之所以能够成为品牌营销的重要阵地，是由于它具备以下优点：

(1) 实时性。微博的信息传播速度非常快，用户可以随时发布和获取最新的信息，是企业发布新品、活动、促销等信息的首选平台。

(2) 互动性。微博提供了评论、转发、点赞等互动功能，企业可以通过与用户的互动，了解用户的需求和反馈，进而优化产品和服务。

(3) 话题营销。微博的话题功能使得用户可以围绕某个主题进行讨论和分享。企业可以通过创建和参与话题，提高品牌曝光度和用户参与度。

(4) KOL 合作。微博上有大量的意见领袖(KOL)，他们拥有庞大的粉丝群体和影响力。企业可以与 KOL 合作，通过他们传播品牌和产品信息，提升营销效果。

3) 抖音和快手

抖音和快手都是国内非常受欢迎的短视频平台，用户可以通过拍摄和上传短视频来分享生活和才艺。企业在短视频平台展示产品和品牌形象主要通过以下途径。

(1) 短视频创作。企业可以制作和上传与产品和品牌相关的短视频，通过创意和趣味性吸引用户的关注和互动。

(2) 挑战赛。抖音和快手经常举办各种挑战赛，鼓励用户参与和分享。企业可以通过发起或参与挑战赛，提高品牌曝光度和用户参与度。

(3) 广告投放。抖音和快手提供了精准的广告投放功能，企业可以根据目标用户的兴趣、地理位置等进行定向投放，增强广告效果。

4) 小红书

小红书是一个以 UGC(用户生成内容)为主的社交电商平台，用户可以分享购物心得、生活经验和美妆技巧等。小红书以其高质量的内容和精准的推荐算法，成为企业进行社交媒体营销的重要平台。为了充分利用这一平台，企业可以采取以下几种营销策略：

(1) 口碑营销。企业可以通过与小红书上的意见领袖或普通用户合作，让他们分享真实的产品使用体验和推荐，提升产品的信誉度和销量。

(2) 购物指南。小红书上有大量的购物指南和评测文章，用户可以在购买前了解产品的性能和口碑。企业可以通过发布优质的购物指南和评测文章，引导用户的购买决策。

(3) 广告投放。小红书也提供了广告投放功能，企业可以投放与产品和品牌相关的广告，提升品牌知名度和销售额。

5) bilibili(哔哩哔哩)

bilibili 是一个以弹幕视频分享为主的社交媒体平台，用户可以观看和分享各种类型的视频内容。凭借独特的弹幕文化和年轻的用户群体，bilibili 成为面向年轻用户的创意内容营销的重要平台。

以下是企业在 bilibili 上的主要营销方式：

(1) 创意内容营销。企业可以制作和上传与产品和品牌相关的创意视频内容，通过有趣、有料的视频吸引年轻用户的关注和互动。

(2) 弹幕互动。bilibili 的弹幕功能使得用户可以在观看视频的同时发表评论。企业可以通过弹幕了解用户的反馈和需求，进而优化视频内容和营销策略。

(3) 广告投放。bilibili 也提供了广告投放功能，企业可以投放与产品和品牌相关的广告，提高在年轻用户群体中的品牌知名度和影响力。

2. 国外常用的社交媒体营销工具

1) Facebook

Facebook 是全球最大的社交媒体平台，拥有庞大的用户群体和丰富的营销功能。企业可以通过创建主页、发布内容、与粉丝互动和投放广告等方式，实现全方位的社交媒体营销。

以下是企业利用 Facebook 的主要策略：

(1) 主页创建与管理。企业可以在 Facebook 上创建主页，展示品牌形象、发布产品信息、分享企业动态等。精心设计的主页可以吸引更多用户的关注和互动。

(2) 内容发布与传播。企业可以在 Facebook 上发布各种类型的内容，如文字、图片、视频等。定期发布有价值的内容，有助于与用户保持紧密的联系，提高品牌认知度和用户忠诚度。

(3) 广告投放与定向。Facebook 提供了强大的广告投放功能，支持按目标用户的兴趣、年龄、地理位置等进行定向投放。同时，Facebook 还提供了丰富的广告形式和创意工具，帮助企业制作和投放更具吸引力的广告。

2) Instagram

Instagram 是一个以图片和视频分享为主的社交媒体平台，用户可以在平台上发布和分享照片和视频。Instagram 以其高质量的内容和视觉冲击力，成为时尚、美食、旅游等行业的重要营销平台。以下是企业在 Instagram 上进行营销的主要方式：

(1) 视觉营销。企业可以通过发布高质量的图片和视频内容，展示产品的外观、功能和使用场景等，通过视觉冲击力吸引用户的关注和互动。

(2) 广告投放与定向。Instagram 也提供了广告投放功能，企业可以在平台上投放与产品和品牌相关的广告，并利用精准的定向功能，将广告推送给目标用户。

(3) KOL 合作。Instagram 上有大量的意见领袖和网红，他们拥有大量的粉丝和强大的影响力。企业可以与 KOL 合作，通过他们传播品牌和产品信息，提升营销效果。

3) X(原名 Twitter)

X 是一个以短文本和实时信息为主的社交媒体平台，用户可以发布和分享自己的动态和观点。X 以其快速、广泛的信息传播特点，成为品牌宣传、客户服务和危机公关的重要平台。以下是企业在 X 上的主要应用策略：

(1) 实时信息发布。企业可以通过 X 发布最新的产品信息、活动动态等。通过实时更新内容，企业可以与用户保持紧密的联系，提高品牌曝光度和用户关注度。

(2) 客户服务与互动。X 提供了丰富的互动功能，如回复、转发、点赞等。企业可以及时回复用户的咨询和反馈，提高客户满意度和忠诚度。

(3) 危机公关与处理。在面临危机事件时，企业可以通过 X 及时发布官方声明和进展情况，保持透明、开放的沟通态度，降低危机对品牌形象的负面影响。

4) LinkedIn(领英)

LinkedIn 是一个以职业社交为主的社交媒体平台，用户可以在平台上建立个人档案、发布工作经验、寻找职业机会等。LinkedIn 以其专业性和针对性强的特点，成为 B2B 营销、招聘和品牌建设的重要平台。以下是企业在 LinkedIn 上可以开展的主要活动：

(1) B2B 营销。企业可以通过 LinkedIn 发布与产品和行业相关的专业内容，吸引潜在客户的关注和互动。同时，LinkedIn 的广告投放功能可以帮助企业精准触达目标用户群体。

(2) 招聘与人才管理。企业可以在 LinkedIn 上发布招聘信息、浏览求职者简历、与候选人在线沟通等，更高效地找到合适的人才。

(3) 品牌建设与管理。企业可以在 LinkedIn 上展示企业文化、价值观和发展成果等。通过精心设计的品牌形象展示，提升在潜在客户和合作伙伴中的认知度和信誉度。

5) YouTube

YouTube 是全球极具影响力的视频分享平台之一，用户可以在平台上观看和上传各种类型的视频内容。YouTube 以其海量的用户群体和强大的内容创作能力，成为视频内容营销的重要平台。以下是企业在 YouTube 上进行营销的主要方式：

(1) 视频内容创作。企业可以制作和上传与产品和品牌相关的视频内容，如产品介绍、使用教程、品牌故事等，通过有趣、有料的视频内容吸引用户的关注和互动。

(2) 广告投放与定向。YouTube 也提供了广告投放功能，企业可以投放与产品和品牌相关的广告，并利用精准的定向功能，将广告推送给目标用户群体。

(3) 合作伙伴计划。YouTube 的合作伙伴计划(YouTube Partner Program)允许内容创作者通过广告分成获得收益。企业可以与内容创作者合作，通过他们的视频内容传播品牌和产品信息。

6) Pinterest

Pinterest 是一个以图片分享为主的社交媒体平台，用户可以在平台上发现、保存和分享自己感兴趣的图片。Pinterest 以其海量的图片资源和精准的推荐算法，成为时尚、家居、美食等行业的视觉营销重要平台。以下是企业在 Pinterest 上的主要营销方式：

(1) 图片分享与传播。企业可以在 Pinterest 上创建主页和画板(board)，发布与产品和品牌相关的图片内容，通过精心设计的图片吸引用户的关注和互动。

(2) 广告投放与定向。Pinterest 也提供了广告投放功能，企业可以投放与产品和品牌相关的广告，并利用精准的定向功能，将广告推送给目标用户群体。

(3) 购物功能集成。Pinterest 还集成了购物功能(Shop the Look)，允许用户在浏览图片时直接购买相关产品。企业可以通过在图片中添加产品链接或标签等方式引导用户进行购买。

7) Snapchat

Snapchat 是一个以消息传递和"快照"式内容分享为主的社交媒体平台，用户可以发送和接收消息、分享照片和视频等。Snapchat 以其限时性、趣味性的内容特点，成为面向年轻用户的创意营销的重要平台。以下是企业在 Snapchat 上的主要营销策略：

(1) "快照"式内容的分享与传播。利用 Snapchat 的时间限制分享模式，发布有趣、有料的内容，吸引年轻用户的关注和互动，提高品牌的认知度和口碑。企业应该注重内容的创意性和时效性，以抓住用户的注意力并激发传播欲望。

(2) 广告投放与定向投放。虽然 Snapchat 的广告投放功能相对较弱，但企业可以通过与网红或意见领袖合作进行产品推广。企业应该根据目标受众和预算选择合适的合作方式，以获得最佳营销效果并扩大品牌影响力。

(3) 增强现实(AR)技术应用。Snapchat 的增强现实(AR)技术允许用户在现实世界中与虚拟元素互动，从而提高用户的参与感和沉浸感。企业可以考虑利用 AR 技术为产品或品牌打造独特的互动体验，吸引年轻用户关注并提高转化率。

13.2　▷▷▷　移动互联营销

13.2.1　移动互联营销的内涵

移动互联营销是基于手机、平板电脑等移动通信终端，利用互联网和无线通信技术，实现企业和客户之间产品、服务及价值交换的新型营销方式。它通过在线活动创造、宣传和传递客户价值，并通过移动系统管理客户关系，以实现企业营销目标。其核心是让消费者在移动设备上轻松地找到品牌的信息，并更好地与品牌互动。这种营销方式具有以下特点：

(1) 灵活性强。移动互联网营销不受时间和空间的限制，企业可以随时随地向目标客户推送营销信息，实现精准营销。同时，消费者也可以随时随地获取所需信息，与企业进行互动。

(2) 精准性高。企业可以根据用户的兴趣、需求和消费习惯进行精准推送。这不仅可以提高营销效果，还可以降低营销成本。

(3) 推广性强。移动互联网营销具有强大的传播能力，一条有价值的信息可以在短时间内迅速传播开来，形成口碑效应。此外，企业还可以通过社交媒体等平台与消费者进行互动，提高品牌知名度和美誉度。

(4) 互动性强。企业可以通过移动设备收集用户的反馈和建议，及时调整营销策略，满足消费者的需求。同时，消费者也可以与企业进行实时交流，表达自己的意见和看法。

移动互联营销为企业提供了一个集信息化、商务服务和电子商务为一体的全方位移动营销平台，已经成为现代企业营销的重要组成部分。

13.2.2　移动互联营销的模式

1. 移动互联营销的主要模式

移动互联营销作为数字时代的新型营销方式，已经逐渐渗透到各行各业，成为企业推广品牌、拓展市场的重要手段。它依托于智能手机、平板电脑等移动终端设备，以及高速发展的移动互联网技术，通过多样化的营销模式，实现与消费者的深度互动和精准沟通。以下将详细探讨移动互联营销的主要模式，并分析其特点、优势及适用场景。

1) 社交媒体营销

社交媒体营销是指利用社交媒体平台(如微信、微博、抖音等)，通过发布内容、互动交流和活动策划等方式，吸引用户关注并推广品牌或产品的营销方式。在移动互联网时代，社交媒体已经成为人们日常生活中不可或缺的一部分，因此社交媒体营销具有广泛的覆盖面和强大的传播力。

社交媒体营销的特点在于其互动性和传播性。企业可以通过发布有趣、有价值的内容，吸引用户的关注和转发，从而实现品牌的快速传播。同时，企业还可以利用社交媒体的互动功能，与用户进行实时交流，了解用户需求和反馈，进一步优化产品和服务。

社交媒体营销的优势在于其低成本和高效率。相比传统广告，社交媒体营销的投入成本较低，但传播效果却非常显著。此外，社交媒体营销还可以实现精准投放，根据用户的兴趣、地理位置等信息，将广告推送给目标用户，提高营销效率。

2) 搜索引擎营销

搜索引擎营销是指利用搜索引擎的排名机制，通过优化网站结构、提高内容质量、增加外部链接等方式，提高网站在搜索结果中的排名，从而吸引更多的潜在客户。在移动互联网时代，搜索引擎仍然是用户获取信息的主要渠道之一，因此搜索引擎营销具有重要地位。

搜索引擎营销的特点在于其针对性和精准性。用户通过搜索引擎主动获取信息时，搜索引擎营销可以针对用户的需求和意图，提供相关的广告和信息。同时，搜索引擎营销还可以根据用户的搜索历史和浏览行为，进行精准投放，提高广告的点击率和转化率。

搜索引擎营销的优势在于其效果可衡量和持续改进。企业可以通过搜索引擎提供的数据分析工具，实时监测广告的展示量、点击量、转化率等指标，评估营销效果。同时，企业还可以根据数据分析结果调整关键词、优化广告创意等，持续改进营销效果。

3）内容营销

内容营销是指通过创造和分享有价值的内容，吸引和留住潜在客户，并最终实现营销目标的一种营销方式。在移动互联网时代，内容营销的重要性愈发凸显，因为用户更加注重信息的品质和实用性。

内容营销的特点在于其可以有价值性和可持续性。企业需要创造对用户有价值的内容，从而解决用户的问题、满足他们的需求、激发他们的兴趣。同时，内容营销需要持续进行，通过不断更新和优化内容，保持用户的关注度和忠诚度。

内容营销的优势在于其可以提高品牌知名度和美誉度。有价值的内容能够吸引用户的关注和分享，从而提高品牌的曝光度和认知度。同时，优质的内容还能够提升用户对品牌的好感和信任度，为后续的营销活动奠定良好的基础。

4）应用营销

应用营销是指通过开发和推广移动应用来推广品牌或产品的营销方式。在移动互联网时代，移动应用已经成为人们日常生活中必不可少的一部分，因此应用营销具有广阔的市场前景。

应用营销的特点在于其便捷性和互动性。移动应用可以为用户提供便捷的服务和体验，如在线购物、在线支付、社交娱乐等。同时，移动应用还可以实现与用户的实时互动，如推送消息、在线客服等，提高用户的满意度和忠诚度。

应用营销的优势在于其能够提高用户黏性和促进二次消费。通过移动应用，企业可以基于用户的消费习惯和偏好，进行有针对性的产品推广和促销活动，促进二次消费，增加销售额。

2. 移动互联营销的模式升级

移动互联营销模式的升级是随着移动互联网技术的不断发展和用户需求的不断变化而进行的。以下是移动互联营销模式升级的几个主要方向。

1）数据驱动的营销

在移动互联网时代，数据无处不在。移动互联营销模式的升级需要更加注重数据的应用。通过对用户数据的收集、分析和挖掘，企业可以更准确地了解用户的需求和行为习惯，从而制定更精准的营销策略。数据驱动的营销不仅可以提高营销效果，还可以降低营销成本，实现更高效的用户获取和转化。

2）个性化营销

随着用户需求的日益多样化，个性化营销成为移动互联营销模式升级的重要发展方向。企业需要根据用户的兴趣、需求和消费习惯，提供个性化的产品和服务。通过定制化的内容、推荐和优惠，企业可以更好地满足用户的需求，提高用户的满意度和忠诚度。个性化营销需要借助大数据和人工智能等技术，实现对用户需求的精准识别和个性化推荐。

3) 跨屏营销

随着智能手机、平板电脑、智能手表等移动设备的普及，用户在不同屏幕之间切换已经成为常态。因此，移动互联营销模式需要实现跨屏营销，确保在不同设备上提供一致的用户体验。企业需要优化移动网站的响应式设计，确保在不同设备上都能正常显示和使用。同时，企业还需要整合不同屏幕上的营销资源，实现跨屏的广告投放和内容传播，提高营销效果和覆盖面。

4) 整合营销

移动互联营销模式需要与其他营销渠道整合，形成全方位的营销体系。企业需要将移动互联营销与传统广告、线下活动、社交媒体等渠道相结合，发挥多渠道的协同作用。通过整合营销，企业可以提高品牌的知名度和美誉度，增加用户的接触点和互动机会，从而提高营销效果和市场竞争力。

5) 场景化营销

场景化营销是移动互联营销模式升级的新兴方向。企业需要根据用户所处的场景和需求，提供相关的产品和服务。通过定位技术、传感器技术等手段，企业可以获取用户的位置、时间、行为等信息，从而判断用户所处的场景和需求，并推送相关的广告和内容。场景化营销可以实现更精准的用户触达和更高的用户参与度，提升营销效果和用户体验。

13.2.3　移动互联营销的具体策略

移动互联营销策略在当今的商业环境中具有不可或缺的重要性。随着移动互联网的普及和深入，消费者的生活与移动设备紧密相连，信息获取和购物决策常常在指尖完成。因此，有效的移动互联营销策略能够帮助企业迅速捕捉目标受众，实现精准的市场定位。它不仅能够提升品牌曝光度和认知度，更能够通过个性化的互动体验深化消费者与品牌之间的情感联系。在这个信息爆炸的时代，缺乏移动互联营销策略的企业可能面临被市场边缘化的风险。因此，企业必须紧跟移动互联网的发展趋势，积极布局和优化移动互联营销策略，以保持竞争优势并实现持续增长。常见的移动互联营销策略如下。

1) 社交媒体营销

在移动互联网时代，社交媒体平台如微信、微博、抖音等已经成为人们日常生活中不可或缺的一部分。这些平台不仅提供了人们交流互动的场所，也为企业进行品牌推广和产品营销提供了广阔的空间。

2) 移动广告

移动广告是移动互联网的重要营销方式，具有覆盖面广、精准度高、互动性强等特点。企业可以通过应用内广告、插屏广告、原生广告等多种形式，将广告精准地推送给目标用户，并结合用户数据和广告效果分析，不断优化广告策略，提高点击率和转化率。例如，某电商平台在应用内投放了一系列个性化推荐广告，根据用户的浏览历史和购买记录推荐相关的商品。这种方式不仅提高了广告点击率，还提升了用户的购买意愿和购买量。

3) 移动支付

随着移动支付技术的不断发展和普及，越来越多的消费者开始使用移动支付进行购物。企业可以通过整合移动支付功能来简化交易流程，提高用户的购物体验。同时，利用移动支付的便捷性和安全性，增加用户的信任和忠诚度。例如，某餐饮品牌在其移动应用中集成了移动支付功能，用户可以直接下单并支付。这种便捷的支付方式不仅提升了用户的购物体验，还提高了复购率，增强了品牌忠诚度。

4) 移动电商

移动电商是指通过移动设备进行商品和服务的在线交易。随着智能手机的普及和移动互联网的发展，移动电商已经成为一种重要的购物方式。企业可以通过优化移动电商平台的用户体验和购物流程提高转化率，增加销售额。同时，还可以利用移动设备的便携性和实时性，提供个性化的购物体验和定制化的服务。例如，某服装品牌开发了一款移动电商应用，用户可以在应用中浏览和购买最新的时尚单品。该应用不仅提供了流畅的购物体验，还根据用户的喜好和购买历史推荐相关的商品，实现了个性化营销和销售额的提升。

5) 移动社群营销

移动社群营销是指通过移动社交媒体或专门的社群平台创建社群，与用户进行深度互动的一种营销方式。企业可以通过创建社群或加入现有的社群平台，与用户互动交流，提供有价值的内容和服务。同时，利用社群的影响力和传播力，扩大品牌的知名度和影响力。例如，某化妆品品牌创建了一个微信群，邀请美妆博主和爱好者加入。在群内，该品牌分享化妆技巧、新品试用等信息，与群成员互动。这种营销方式不仅增强了用户的忠诚度和黏性，还提高了品牌的知名度和美誉度。

6) 移动视频营销

移动视频营销是指通过移动设备进行视频内容创作和传播的营销方式。随着短视频平台的兴起和智能手机的普及，移动视频营销已经成为一种重要的营销手段。企业可以通过创作有趣、有教育意义的视频内容吸引观众，并借助平台的算法推荐和社交分享功能，扩大视频的传播范围和影响力。例如，某食品品牌在抖音上发布了一系列美食制作教程和品鉴体验的视频，吸引了大量美食爱好者的关注。这些视频不仅展示了产品的特点和优势，还提高了品牌的知名度和美誉度。

7) 移动 SEO/SEM

移动 SEO(搜索引擎优化)和 SEM(搜索引擎营销)是指通过优化移动网站的搜索引擎排名和投放搜索引擎广告来提高品牌知名度和获取潜在客户的一种营销方式。企业可以通过关键词优化、内容优化、网站结构优化等手段，提高移动网站在搜索引擎中的排名。同时，利用搜索引擎广告进行精准投放，提高品牌的曝光率和点击率。例如，某旅游网站针对移动设备进行了 SEO 优化，提高了网站在搜索引擎中的排名。同时，该网站还投放了搜索引擎广告，将广告精准地推送给目标用户。这种组合策略不仅提高了网站的流量和曝光率，还增加了潜在客户的数量和转化率。

8) 病毒式营销

病毒式营销是指通过创意内容和社交网络的传播，迅速扩大品牌影响力的一种营销方式，具有传播速度快、覆盖面广、成本低等特点。企业需要创作出具有传播力的内容，如有趣的视频、引人入胜的故事等，并利用社交网络的分享功能和用户的口碑传播，迅速扩大内容的传播范围和影响力。例如，某饮料品牌推出了一款新口味的产品，并创作了一段有趣的广告视频。该视频在社交媒体上被大量分享和转发，迅速扩大了品牌的影响力。这种营销方式不仅提高了品牌的知名度，还增加了产品的销量和市场份额。

9) 数据驱动营销

数据驱动营销是指通过收集和分析用户数据来制定营销策略的一种营销方式，具有精准度高、效果可衡量等优点。企业可以通过数据分析工具收集和分析用户的浏览历史、购买记录、行为偏好等信息，从而制定更加精准的营销策略，如个性化推荐、定制化服务等。例如，某电商平台通过数据分析发现某一群体的用户对某类商品有较高的购买意愿。于是，该平台针对该群体进行了个性化推荐和定制化服务，实现了销售额的大幅增长。这种数据驱动营销方式不仅提高了营销效果，还降低了营销成本。

移动营销研究
述评与展望

13.3　网络社群营销

13.3.1　网络社群营销的概念

网络社群营销又称为社群营销或社交媒体营销，是一种基于互联网和移动终端的新型营销方式。它借助社交媒体平台，将具有共同兴趣、爱好或需求的人们聚集在一起，形成特定的社群。企业通过在社群内发布有价值的内容，引发成员关注和讨论，进而实现品牌传播、产品销售和客户维护等营销目标。与传统营销方式相比，网络社群营销更加注重与消费者的互动和沟通，通过对话和交流建立情感联系，提升品牌忠诚度。同时，网络社群营销还具有低成本、高效率的特点，能够迅速扩大品牌影响力，获取潜在客户。

网络社群营销具有如下特点。

(1) 互动性强。网络社群营销打破了传统营销中信息传播的单向性，实现了品牌与消费者之间的双向互动。在社群中，消费者可以发表自己的观点和看法，与其他成员进行讨论和交流。这种互动不仅能够增强消费者的参与感和归属感，还能够为品牌提供宝贵的市场反馈和产品建议。

(2) 情感营销。网络社群营销注重与消费者建立情感联系。通过发布有价值的内容和关心消费者需求，树立起良好的形象和口碑。这种情感营销的方式能够让消费者更加信任和喜爱品牌，从而提升购买意愿和忠诚度。

(3) 自行运转。网络社群一旦形成后可自我稳定运转，品牌只需要提供适当的引导和服务，就能够让社群保持活跃并持续产生价值。社群成员之间的口碑传播和互相推荐，能够为品牌带来源源不断的新客户和订单。

(4) 精准定位。通过社交媒体平台的用户画像和数据分析功能，品牌可以准确地找到具有共同兴趣和需求的潜在客户群体，并进行有针对性的营销活动。这种精准定位的方式能够提高营销效果和转化率，降低营销成本。

(5) 多元化活动连接。网络社群营销通过举办各种线上或线下活动，如知识分享、经验交流、产品试用等，满足社群成员的不同需求和兴趣。这些活动增强了成员之间的联系和信任，为品牌的传播和销售创造了有利条件。

(6) 有利于铁杆粉丝的培养。网络社群营销为品牌提供了一个与消费者深度互动的平台。在这个平台上，品牌可以更加直接地了解消费者的需求和反馈，及时调整产品策略和服务方式。同时，通过与消费者的持续互动和关怀，培养出一批忠诚度高、口碑传播力强的铁杆粉丝。这些粉丝不仅会为品牌带来稳定的销售收入，还会在社交媒体上积极宣传品牌，吸引更多新客户。

(7) 个体影响力很容易被放大。在网络社群中，每个成员都有可能成为意见领袖或关键节点。他们的言论和行为往往会对其他成员影响较大。因此，品牌要重视与这些关键节点的合作和互动，借助他们的力量扩大品牌影响力和传播范围。同时，品牌也要注重培养自己的意见领袖或网红，吸引更多潜在客户关注和参与社群活动。

13.3.2　网络社群营销的价值

网络社群营销的价值不仅体现在销售业绩的提升上，更重要的是它对于品牌建设、客户关系维护、市场调研等多方面的积极贡献。

1) 提升品牌影响力与知名度

网络社群成员之间频繁互动、分享信息，使得品牌信息能够在短时间内迅速传播开来。当品牌在社群中发布有价值的内容、参与讨论、回答问题时，不仅能够吸引社群成员的关注，还能够提升他们对品牌的好感和信任度。这种基于真实体验的口碑传播，比传统广告具有更高的可信度和说服力。

此外，网络社群营销还可以通过与意见领袖、网红等合作，借助他们的影响力将品牌信息传播给更广泛的受众。这些意见领袖和网红拥有大量的粉丝，他们的推荐和评论往往能够左右消费者的购买决策。因此，与意见领袖和网红合作是提升品牌影响力和知名度的重要途径。

2) 建立与消费者的紧密关系

网络社群营销的另一个重要价值在于建立与消费者的紧密关系。在传统的营销方式中，品牌与消费者之间的关系往往是单向的、疏远的，消费者很难感受到品牌的温度和关怀。而网络社群营销通过互动、分享、讨论等方式，让消费者参与品牌建设和传播，成为品牌的忠实拥趸。

在社群中，品牌可以发布有价值的内容、回应消费者的反馈、提供个性化的服务，与消费者建立紧密的情感联系。这种联系不仅有助于培养消费者的忠诚度和信任感，还能够为品牌带来稳定的客户群体和持续的收益。同时，通过与消费者的互动和交流，品牌可以更好地了解消费者的需求和偏好，为产品研发和营销策略调整提供重要依据。

3) 精准定位目标客户群体

网络社群营销还能够精准定位目标客户群体。在社交媒体平台上，用户可以根据自己的兴趣、爱好、职业等特征加入不同的社群。这些社群往往具有明确的主题和定位，便于品牌准确找到目标客户群体，并开展有针对性的营销活动。

通过精准定位目标客户群体，品牌可以更加准确地把握消费者的需求和痛点，提供符合他们期望的产品和服务，从而提高营销效果和转化率，降低营销成本，同时提升消费者的满意度和忠诚度。同时，精准定位还有助于品牌在市场竞争中占据有利地位，避免与竞争对手的正面冲突。

4) 促进口碑传播和推荐购买

网络社群营销的另一个重要价值在于促进口碑传播和推荐购买。在社群中，消费者会相互分享购物体验、产品评价等信息，形成口碑传播效应。这种口碑传播具有较高的可信度，能够激发其他消费者的购买欲望，为品牌带来更多潜在客户和销售机会。

口碑传播的力量是巨大的，一个满意的消费者可以影响周围多个人的购买决策。因此，品牌在社群营销中要注重口碑管理和维护，鼓励消费者分享正面的购物体验和产品评价，及时回应投诉和反馈。通过口碑传播和推荐购买，品牌可以实现低成本、高效率的营销目标。

5) 获取市场反馈和产品建议

最后，网络社群营销还能助力品牌获取市场反馈和产品建议。在社群中，消费者可以直接向品牌表达需求、期望和改进建议。这些反馈对于品牌来说是非常宝贵的资源，可以帮助品牌更好地了解市场动态和消费者需求，为产品研发和营销策略调整提供重要依据。

通过及时收集和处理消费者反馈，品牌可以不断优化产品和服务，提升消费者的满意度和忠诚度。同时，这种直接交流的方式也有助于塑造良好的品牌形象，积累口碑，为品牌的长远发展奠定坚实基础。

13.3.3　网络社群营销的方式

1. 社交媒体营销

社交媒体营销是社群营销的重要组成部分。通过在社交媒体平台上发布有价值的内容，与用户进行互动和交流，可以提升品牌知名度和用户黏性，进而实现营销转化。以下是几种常见的社交媒体营销方式：

(1) 微博营销。微博是一个传播速度快、覆盖面广的社交媒体平台。企业可以通过发布有趣、有料的内容吸引用户关注和转发，同时利用微博的搜索功能精准定位目标用户，开展有针对性的营销活动。

(2) 微信营销。微信是一个集社交、支付、信息等功能于一体的综合性平台。企业可以通过微信公众号或朋友圈发布产品信息、活动优惠，利用其社交属性与用户互动，提升用户黏性和忠诚度。此外，微信小程序也为企业提供了更多的营销可能性，如线上商城、会员管理等。

(3) 视频营销。随着短视频平台的兴起，视频营销逐渐成为社群营销的重要趋势。企业可以通过拍摄和发布与产品相关的短视频，展示产品特点和使用方法，吸引用户的关注。同时，短视频平台的精准推荐和广告投放等功能可以帮助企业更好地触达目标用户。

2. 社群运营

社群运营是社群营销的核心环节，通过建立和运营具有共同兴趣、需求或特征的社群，聚集目标用户，提供相关的产品或服务。以下是常见的社交群运营方式：

(1) 微信群运营。微信群是一个便捷、高效的社群运营工具。企业可以通过建立微信群，将具有共同需求的用户聚集在一起，提供产品咨询、售后服务等。同时，在微信群中组织活动、分享有价值的信息和资源，可以增加用户参与度和黏性，促进口碑传播和推荐。

(2) QQ群运营。QQ群也是一个广泛使用的社群运营工具。与微信群相比，QQ群具有更加丰富的管理功能和互动形式。企业可以在QQ群中发布产品信息、活动优惠等内容，同时设置管理员和禁言规则，维护社群的秩序和活跃度。

(3) 论坛运营。论坛是一个专业性强、互动性高的社群平台。企业可以在相关论坛中发布与产品相关的文章和帖子，吸引潜在用户关注和讨论。同时，积极参与互动和交流，回答用户提问，可以提升品牌形象和认知度。

3. KOL 合作

KOL(意见领袖)合作是社群营销中的重要策略之一。与行业内有影响力的 KOL 合作，利用他们的粉丝基础和信任度进行产品推广和品牌宣传，可以快速提升品牌知名度和销售额。以下是常见的 KOL 合作方式：

(1) 直播带货。直播带货是近年来兴起的 KOL 合作方式之一。通过与知名主播合作，在直播间中展示产品特点和使用方法，同时回答用户提问，解决疑虑。直播带货具有实时性、互动性强等特点，能够有效提升用户的购买信心和决策速度。

(2) 评测体验。邀请行业内有影响力的 KOL 对产品进行评测和体验，并发布评测报告和使用心得。这种方式借助 KOL 的专业性和公信力，提升用户对产品的信任度和购买意愿。

(3) 联名推广。与知名品牌或 IP 合作，推出联名产品或活动，借助双方的品牌影响力和粉丝基础进行联合推广。这种方式可以扩大品牌曝光度和用户群体，提升销售额和市场占有率。

4. 内容营销

内容营销是社群营销中的重要组成部分，通过创作和分享高质量的内容，提升品牌形象和认知度，吸引潜在用户的关注。以下是常见的内容营销方式：

(1) 创作优质文章。根据目标用户的需求和兴趣，创作有价值的文章或博客内容，如行业动态、产品教程、使用技巧等。通过在自媒体平台或行业网站上发布这些内容，可以吸引潜在用户的关注和阅读。

(2) 制作精美图片。利用图像处理工具制作精美的海报、宣传画等，展示产品特点和品牌形象。同时，在社交媒体平台上分享这些图片，可以吸引用户的注意力和并激发。

(3) 创作有趣的视频。结合产品特点和用户需求，创作有趣、有启发性的视频内容，如产品使用教程、搞笑短片等。通过在视频平台上发布这些内容，吸引用户的观看和分享。

5. 裂变营销

裂变营销是利用用户的社交关系和信任度，通过邀请、分享等方式实现用户裂变式增长的营销策略。以下是常见的裂变营销策略：

(1) 邀请好友注册。设置激励机制，鼓励用户邀请朋友加入社群或关注品牌。这种方式可以利用用户的社交关系链，快速扩大用户群体和品牌影响力。

"完美日记"的
社群营销管理

(2) 分享获得优惠。设置活动规则，鼓励用户将产品信息或活动优惠分享给朋友或分享到社交媒体上。这种方式可以利用用户的分享行为，实现品牌信息的快速传播和扩散。

本章小结

本章主要介绍了社交媒体营销、移动互联营销和网络社群营销。社交媒体营销是一种利用社交媒体平台来推广和营销产品或服务的策略和方法。社交媒体营销工具包括社会化网络、在线社区、博客、微博、微信、SNS 社区、论坛、图片和视频分享平台等，用于营销、销售、公共关系处理、客户关系服务维护及开拓。移动互联营销是基于手机、平板电脑等移动通信终端，利用互联网和无线通信技术实现企业和客户产品、服务及价值交换的新型营销活动。常见策略有：社交媒体营销、移动广告、移动支付、移动电商、移动社群营销、移动视频营销、移动 SEO/SEM、病毒式营销、数据驱动营销等。网络社群营销借助社交媒体平台，将具有共同兴趣、爱好或需求的人们聚集在一起，形成特定的社群并开展营销活动。主要方式有：社交媒体营销、社群运营、KOL 合作、内容营销、裂变营销等。

重要概念

社交媒体营销　　移动互联营销　　病毒式营销　　数据驱动营销　　网络社群营销
社群运营　　　　KOL 合作　　　　内容营销　　　裂变营销

复习思考题

1. 简述社交媒体营销的概念和特点。
2. 移动互联营销的策略有哪些？
3. 简述网络社群营销的概念及主要方式。

案例分析

瑞幸咖啡的社交媒体营销

瑞幸咖啡成立于 2017 年，以"让咖啡触手可及，成为每个人日常生活的一部分"为愿景，通过充分利用移动互联网和大数据技术，重构咖啡消费体验，迅速在中国市场扩张。在新媒体营销方面，瑞幸咖啡采用了多元化的策略，包括社交媒体平台营销、内容营销、跨界合作等，实现了品牌与消费者之间的高效互动和传播。

瑞幸咖啡在社交媒体平台上积极布局，包括微信、微博、抖音等。他们通过发布品牌动态、咖啡知识、活动信息等内容，与消费者保持紧密互动。同时，瑞幸咖啡还充分利用社交媒体的裂变效应，通过邀请好友助力、分享免费咖啡等活动，鼓励消费者将品牌信息传播给更多的人。这种策略不仅提升了品牌的曝光度和知名度，还吸引了大量新用户。具体来说，瑞幸咖啡的裂变营销策略主要体现在以下几点：首先，免费赠送咖啡优惠券，瑞幸咖啡初期大量向用户发放免费咖啡优惠券，用户可以使用优惠券免费或以极低的价格尝试他们的产品，这不仅可以吸引消费者试喝，又能产生口碑效应；其次，推出邀请好友注册活动，用户可以邀请自己的朋友注册瑞幸咖啡 APP，邀请成功后双方都能获得咖啡的免费优惠券，这就形成了用户间口口相传的链条；再者，推行会员营销策略，用户购买后可以成为会员，从而享受更多的优惠和权益，诸如积分兑换、专享优惠等。

瑞幸咖啡注重内容营销，通过讲述品牌故事、分享咖啡文化等方式，提升消费者对品牌的认同感和归属感。瑞幸咖啡在官方网站、社交媒体等平台上发布了一系列关于品牌故事的文章和视频，让消费者更加深入地了解瑞幸咖啡的价值观和使命。这些故事不仅增强了消费者对品牌的认同感和归属感，还提升了品牌的传播效果。

瑞幸咖啡致力于推广咖啡文化，通过分享咖啡知识、制作教程等内容，提升消费者对咖啡的认知和兴趣。他们在官方微信公众号、微博等平台上定期发布关于咖啡的文章和视频，包括咖啡豆的品种介绍、咖啡的制作方法、咖啡与健康的关系等。这些内容不仅丰富了消费者的咖啡知识，还增强了消费者对品牌的好感度和信任度。

瑞幸咖啡注重与用户的互动，通过发起话题讨论、征集用户故事等方式，鼓励用户参与品牌内容的创作和传播。他们在社交媒体平台上定期发布互动话题，邀请用户分享自己的咖啡体验、故事等，同时选取优质内容进行展示和推广。这种用户生成的内容不仅增加了品牌的曝光度和话题性，还拉近了品牌与消费者之间的距离。

瑞幸咖啡善于与各种知名品牌进行跨界合作，借助合作伙伴的影响力提升品牌的知名度和美誉度。他们与时尚、艺术、娱乐等领域的品牌合作，推出了一系列联名产品和活动。这些合作不仅拓展了瑞幸咖啡的消费群体，还为品牌注入了新的活力和创意。

瑞幸咖啡还注重社群运营与私域流量的打造。它通过线下门店、官方公众号等渠道引导消费者加入企业微信群，打造私域流量池。在群内，瑞幸定期发布优惠信息、新品推荐等内容，与消费者保持紧密互动。瑞幸咖啡在 APP 上提供了社交功能，推广"邀请好友、共同拼单后优惠更多"的模式，使得用户主动将自己的朋友、亲人拉入社群，实现裂变效应。同时，瑞幸咖啡还通过企业微信客服提供一对一的咨询服务，解答消费者的疑问和问题，提升了消费者的满意度和忠诚度。

通过多元化的新媒体营销策略，瑞幸咖啡成功地提升了品牌的知名度和美誉度。他们的社交媒体平台粉丝数量迅速增长，品牌话题讨论度持续走高。同时，瑞幸咖啡的线下门店数量也在不断增加，市场份额稳步提升。更重要的是，他们与消费者之间建立了紧密的情感联系，培养了一大批忠实的粉丝。

结合上述案例材料，思考以下问题：

(1) 社交媒体营销策略有何特点？

(2) 瑞幸咖啡都采用了哪些社交媒体营销策略？

(3) 瑞幸咖啡社交媒体营销策略的优缺点有哪些？

参 考 文 献

[1] 晁钢令，楼尊. 市场营销学[M]. 5 版. 上海：上海财经大学出版社，2018.

[2] 菲利普·科特勒，加里·阿姆斯特朗. 市场营销：原理与实践[M]. 楼尊，译. 16 版. 北京：中国人民大学出版社，2015.

[3] 菲利普·科特勒，加里·阿姆斯特朗. 市场营销原理[M]. 郭国庆，译. 14 版. 北京：清华大学出版社，2013.

[4] 郭国庆，陈凯. 市场营销学[M]. 6 版. 北京：中国人民大学出版社，2019.

[5] 郭国庆，等. 市场营销学概论[M]. 3 版. 北京：高等教育出版社，2018.

[6] 加里·阿姆斯特朗，菲利普·科特勒. 市场营销学[M]. 王永贵，郑孝莹，等，译. 12 版. 北京：中国人民大学出版社，2017.

[7] 连漪. 市场营销学：理论与实务[M]. 3 版. 北京：北京理工大学出版社，2016.

[8] 陆雄文. 管理学大辞典[M]. 上海：上海辞书出版社，2013.

[9] 迈克尔·A 希特，R 杜安·爱尔兰，罗伯·E 霍斯基森. 战略管理：概念与案例[M]. 12 版. 北京：中国人民大学出版社，2017.

[10] 三谷宏治. 经营战略全史[M]. 南京：江苏凤凰文艺出版社，2016.

[11] 孙琳，刘璐. 市场营销实务[M]. 北京：对外经济贸易大学出版社，2017.

[12] 田雨. 市场营销学[M]. 杭州：浙江大学出版社，2017.

[13] 王核成. 战略管理：数字化与全球化[M]. 杭州：浙江大学出版社，2023.

[14] 王晓萍，高海霞，陈月艳. 市场营销学[M]. 杭州：浙江大学出版社，2012.

[15] 王永贵. 市场营销学[M]. 北京：中国人民大学出版社，2019.

[16] 吴健安，聂元昆，郭国庆，等. 市场营销学[M]. 7 版. 北京：高等教育出版社，2022.

[17] 吴健安，钟育赣，胡其辉. 市场营销学[M]. 6 版. 北京：清华大学出版社，2018.

[18] 吴泗宗，盛敏，熊国钺. 市场营销学[M]. 4 版. 北京：清华大学出版社，2012.

[19] 岳俊芳，吕一林. 市场营销学[M]. 5 版. 北京：中国人民大学出版社，2019.

[20] 钟旭东. 市场营销学：现代的观点[M]. 2 版. 上海：格致出版社，上海人民出版社，2019.

[21] 庄贵军. 营销渠道管理[M]. 北京：北京大学出版社，2018.